クリミア戦争

CRIMEA
The Last Crusade

Orlando Figes
オーランドー・ファイジズ
染谷 徹◆訳

下

白水社

16.マメロン稜堡からマラホフ要塞を望む(1855年夏)

17.陥落後のマラホフ要塞の内部(1855年9月)

19.マラホフ要塞からセヴァストポリを望む(1855年9月)

18.『1855年9月のセヴァストポリ』(Léon-Eugène Méhédin撮影)

20.レダン要塞からセヴァストポリを望む(1855年9月)。湾上に仮設された浮橋が見える。

21.近衛歩兵旅団のためのクリミア戦勝記念碑。
ウォータールー広場を挟んでヨーク公の円柱と向き合っている。(1885年)

22.近衛歩兵旅団のためのクリミア戦勝記念碑。
「名誉」を象徴する女神像の下の台座に三人の近衛歩兵の像が刻まれている。
後に、すぐ近くにフローレンス・ナイチンゲール像と
シドニー・ハーバート像が建てられた。(1940年代撮影)

23.『傷病兵を初めて慰問するヴィクトリア女王』(1856年、Jerry Barrett画)

24.『クリミア戦争、作戦後の点呼』(1874年、Elizabeth Thompson,Lady Butler画)

25.『三人のクリミア戦争傷痍兵』(1855年、Joseph Cundall and Robert Howlett撮影)。
1855年11月28日にチャタム病院でヴィクトリア女王が慰問した三人の傷痍兵。
(左から)1855年6月18日にレダン要塞攻防戦で負傷した第23連隊のウィリアム・ヤング、
凍傷で両脚を失った第34連隊のヘンリー・バーランド伍長、
塹壕戦中に凍傷で左膝から下を失った第49連隊のジョン・コナリー

26.英国砲兵隊の
クリスティー曹長と
マッギフォード軍曹
(1856年、ヴィクトリア女王の要請に
応じてRobert Howlettが撮影した写真)。
この写真について
当時の『ロンドン・
イラストレイテッド・ニューズ』は
次のように説明している。
「二人の勇士が掲げている旗幟には、
彼らがセバストポールの
教会の壁から剥ぎ取ってきた聖画が
あしらわれている。
一枚は聖マイケル、もう一枚は
聖ジョージと龍の聖画だったが、
二枚とも完璧なビザンチン様式の
絵画で、
部分的に金箔が施されていた」

27.パリのセーヌ川にかかるアルマ橋(1910年の大洪水時)

28.1856年にアレクサンドル・ショヴローが建造した「マラコフ・タワー」
(原画のキャプション)「インケルマンの谷」、「インケルマンの谷を見下ろす台地」

29.パノラマ『セヴァストポリ防衛戦』(部分)(1905年)。
このパノラマの前に立つと、
マラホフ要塞防衛戦の全景をあたかも要塞の頂上から眺めるように見渡すことができる。
手前に配置された模型と絵とが混然一体となって臨場感を高めている。

30.バラクラヴァで
戦ったロシア兵の
最後の生存者
(1903年、モスクワ)

クリミア戦争◆下

カバー図版提供：Bridgeman Images/アフロ

セリーンに

クリミア戦争◆下

目次

日付と固有名詞について

日付

ロシアでは一七〇〇年から一九一八年までユリウス歴が用いられた。
ユリウス暦の日付は西欧で使われるグレゴリオ暦より、
十八世紀には一一日、十九世紀には一二日、二十世紀には一三日、それぞれ遅れていた。
本書では、混乱を避けるために、すべての日付をグレゴリオ暦に統一して表示する。

固有名詞

ロシア語の固有名詞の英語による表記は標準翻字システム（英国議会図書館方式）に従った。
ただし、ロシア語の有名な固有名詞のうち、たとえば Tsar Alexander のように、
英語としての慣用的な表記が定着している場合には、その慣用的表記を採用した。

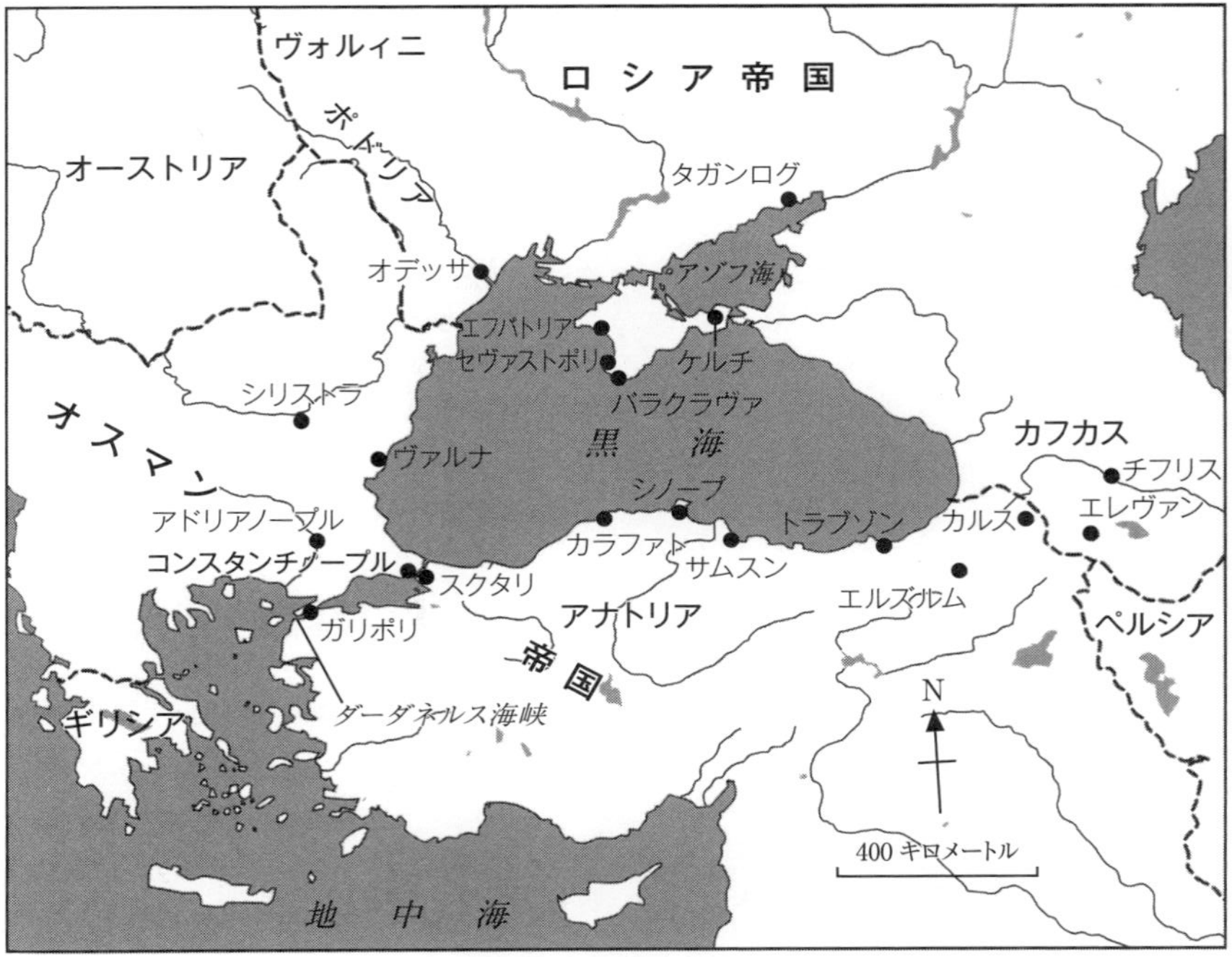
ヴォルィニ
ロシア帝国
ポドリア
オーストリア
タガンログ
オデッサ
アゾフ海
エフパトリア
セヴァストポリ
ケルチ
シリストラ
バラクラヴァ
オスマン帝国
カフカス
ヴァルナ
黒海
チフリス
シノープ
アドリアノープル
トラブゾン
カルス
エレヴァン
カラファト
サムスン
コンスタンチノープル
スクタリ
エルズルム
アナトリア
ガリポリ
ペルシア
N
ダーダネルス海峡
ギリシア
400 キロメートル
地中海

東方問題の紛争地帯

ドナウ川下流域の紛争地帯

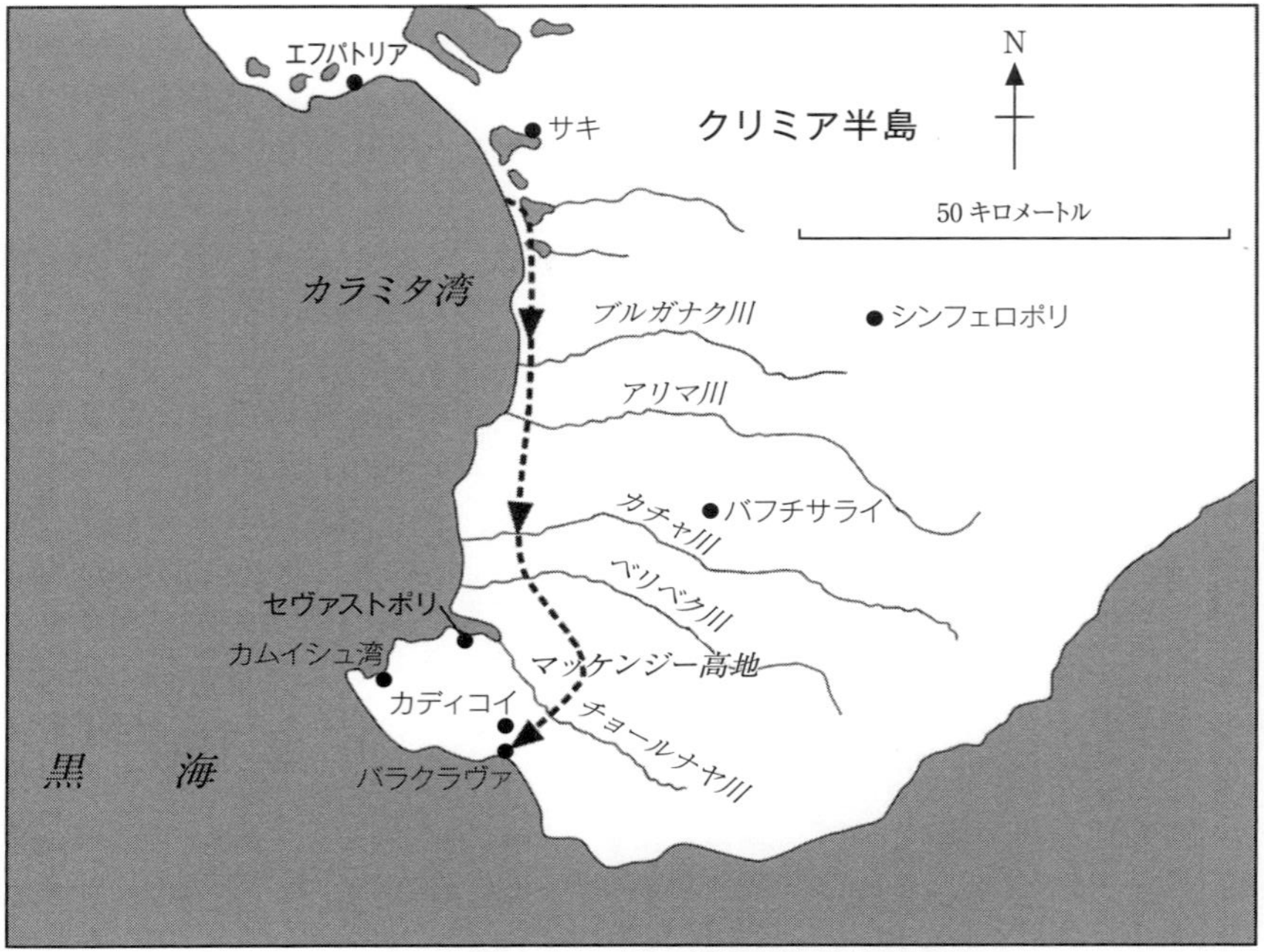

セヴァストポリへの連合軍の進路

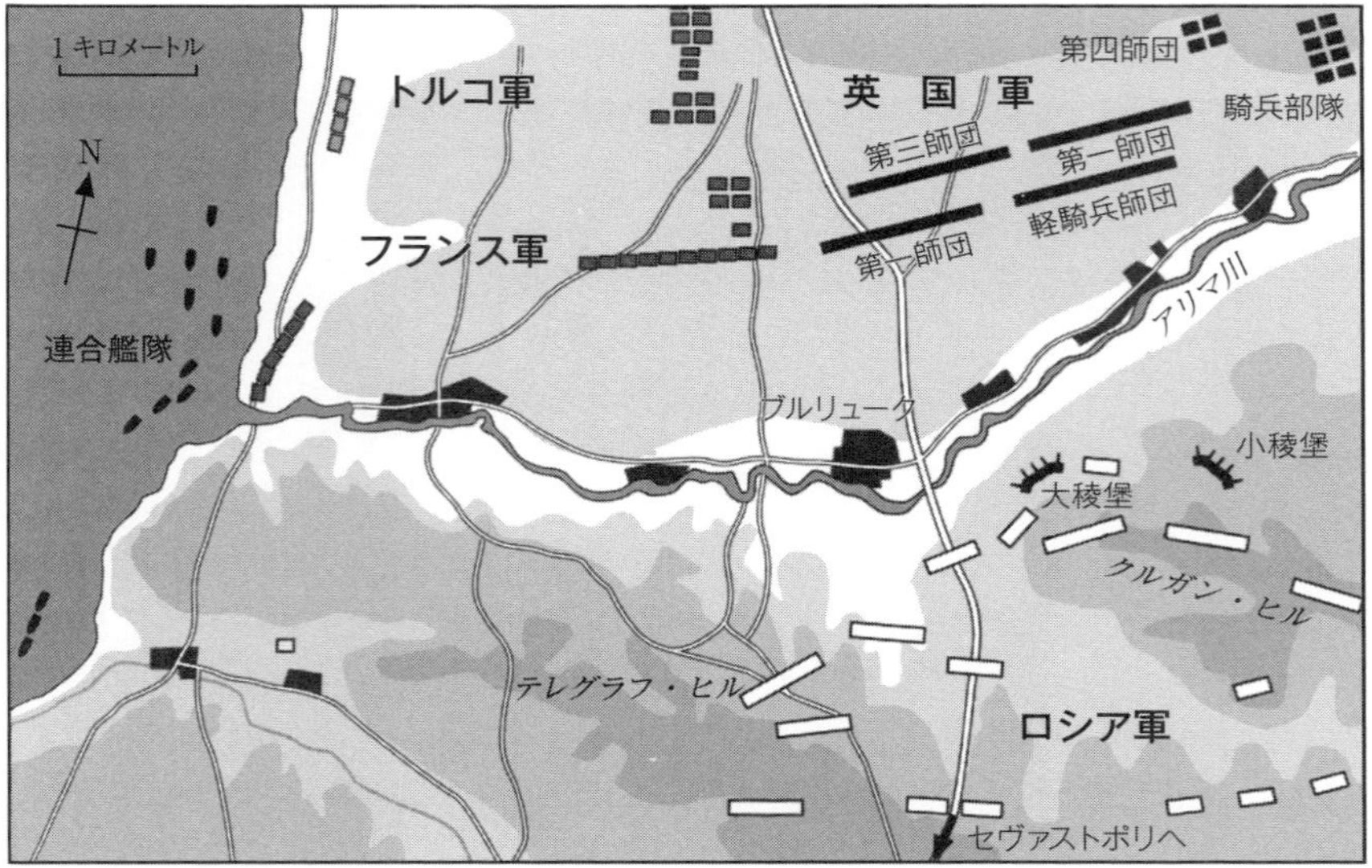
1キロメートル
N
トルコ軍
英　国　軍
第四師団
騎兵部隊
第三師団
第一師団
軽騎兵師団
第二師団
フランス軍
連合艦隊
アリマ川
ブルリューク
小稜堡
大稜堡
クルガン・ヒル
テレグラフ・ヒル
ロシア軍
セヴァストポリへ

アリマ川の戦い

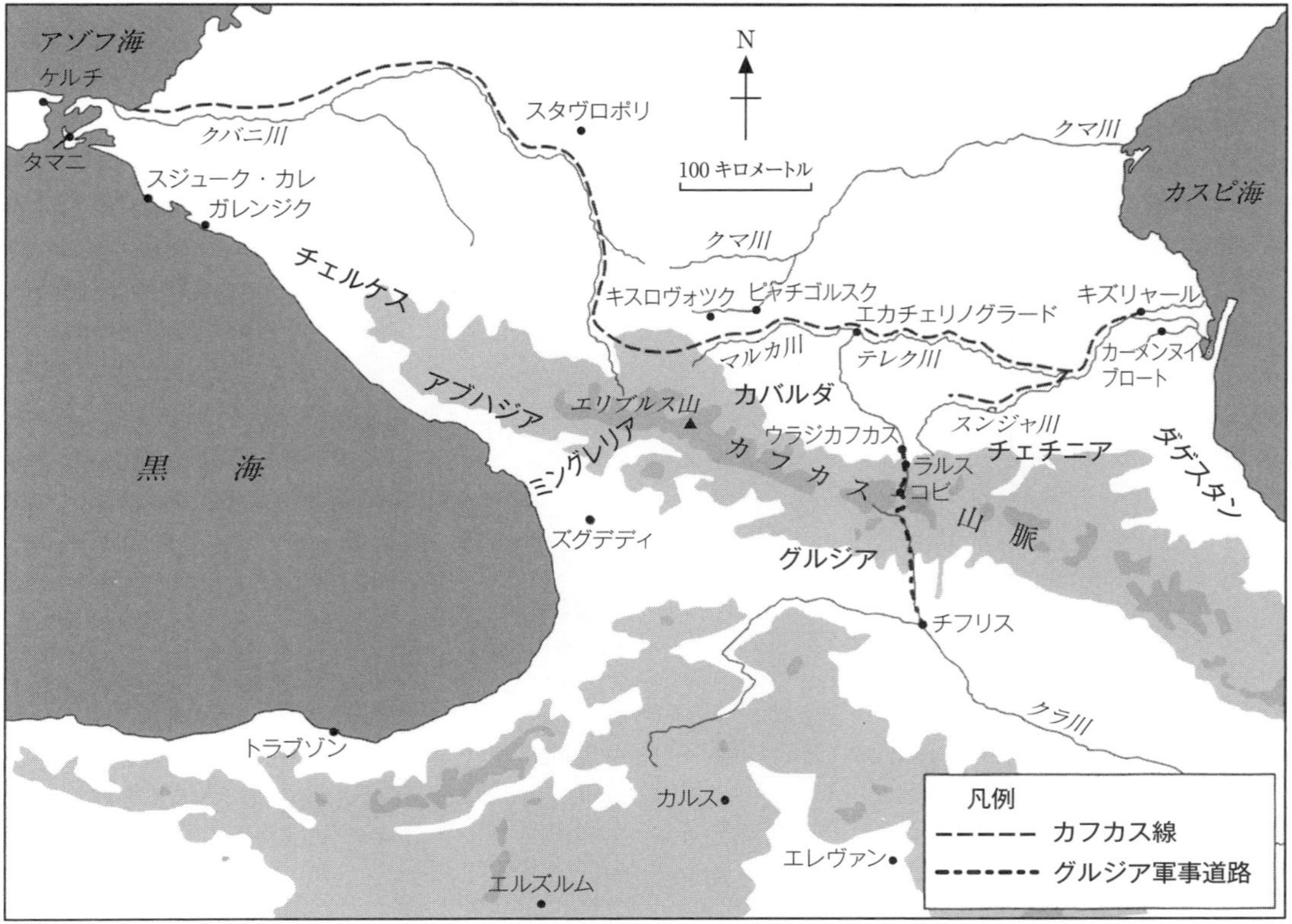
アゾフ海
ケルチ
タマニ
クバニ川
スタヴロポリ
N
100 キロメートル
クマ川
カスピ海
スジューク・カレ
ガレンジク
クマ川
チェルケス
キスロヴォツク
ピャチゴルスク
エカチェリノグラード
キズリャール
マルカ川
テレク川
カーメンヌイ
ブロート
アブハジア
エリブルス山
カバルダ
スンジャ川
ウラジカフカス
チェチニア
ダゲスタン
黒　海
ミングレリア
カ フ カ ス 山 脈
ラルス
コビ
ズグデディ
グルジア
チフリス
クラ川
トラブゾン
カルス
エレヴァン
エルズルム
凡例
カフカス線
グルジア軍事道路

カフカス地方

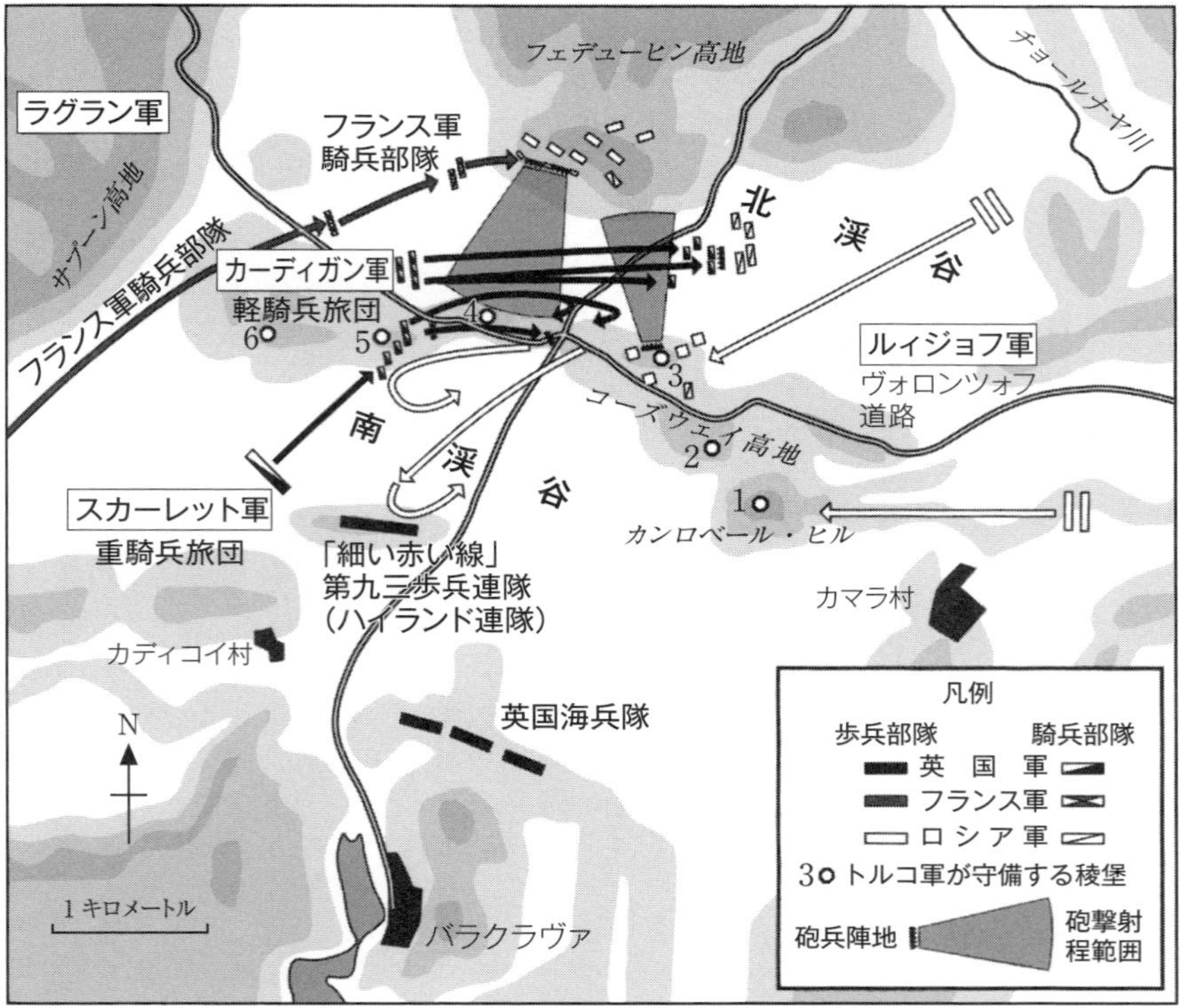
ラグラン軍
サプーン高地
フランス軍騎兵部隊
フェデューヒン高地
フランス軍
騎兵部隊
チョールナヤ川
北
渓
谷
カーディガン軍
軽騎兵旅団
6
5
4
3
2
1
ルィジョフ軍
ヴォロンツォフ
道路
コーズウェイ高地
南
渓
谷
スカーレット軍
重騎兵旅団
カンロベール・ヒル
「細い赤い線」
第九三歩兵連隊
(ハイランド連隊)
カマラ村
カディコイ村
英国海兵隊
N
1キロメートル
バラクラヴァ
凡例
歩兵部隊
騎兵部隊
英国軍
フランス軍
ロシア軍
3 トルコ軍が守備する稜堡
砲兵陣地
砲撃射程範囲

バラクラヴァの戦い

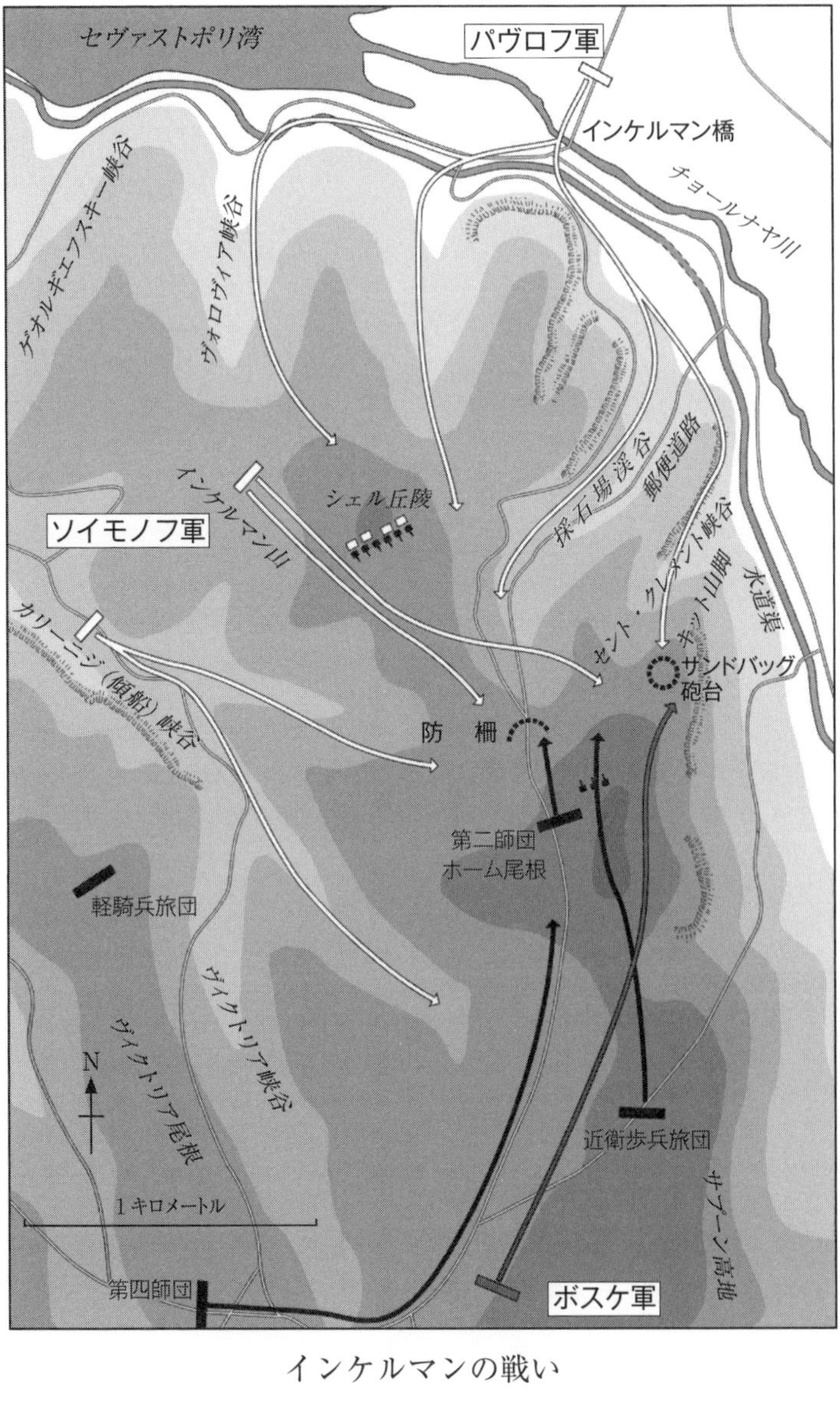
セヴァストポリ湾
パヴロフ軍
インケルマン橋
チョールナヤ川
ヴォルギエフスキー峡谷
ヴォロヴィア峡谷
採石場渓谷
郵便道路
シェル丘陵
インケルマン山
ソイモノフ軍
セント・クレメント峡谷
キャット山脚
水道渠
カリーニジ（傾船）峡谷
サンドバッグ
砲台
防　柵
第二師団
ホーム尾根
軽騎兵旅団
ヴィクトリア峡谷
ヴィクトリア尾根
N
近衛歩兵旅団
サプーン高地
1キロメートル
第四師団
ボスケ軍

インケルマンの戦い

セヴァストポリ包囲作戦

第9章　冬将軍

一八五四年の冬は十一月の第二週に始まった。セヴァストポリ周辺の高地では、三日三晩、肌を刺す寒風が吹きすさび、冷たい雨が降り続いた。英国軍の野営地では多くのテントがなぎ倒された。毛布と外套以外に風雨を凌ぐ手立てを持たない兵士たちはずぶ濡れになり、泥の中で震えながら寒さに耐えた。そして、十一月十四日の早朝、クリミア半島の沿岸部一帯を冬のハリケーンが襲った。暴風によってテントは紙切れのように吹き飛ばされ、箱や、樽や、トランクや、荷車さえもが宙に舞った。テントの支柱、毛布、帽子、外套、椅子、テーブルなどが渦を巻いて吹き上げられ、怯えた馬が柵を離れて野営地の中を駆け回った。樹木は根こそぎ倒れ、窓のある施設ではすべての窓が割れた。兵士たちは四方八方へ走り回って、吹き飛ばされた身の回り品や衣服の後を追った。避難する場所を必死に探し求めて、屋根のない納屋や馬小屋に入り込み、稜堡の陰に隠れ、あるいは地面の穴にもぐり込む兵士もいた。コールドストリーム連隊のチャールズ・コックス大佐は十一月十七日付の兄宛の手紙に次のように書いている。「何とも馬鹿げた光景だった。テントはすべて潰れるか、吹き飛ばされた。ベッドの中にいた者も、下着姿で起きていた者も、全員がずぶ濡れになり、士官たちは従卒の名を大声で喚いていた。風の勢いはすさまじかった。テントがセヴァストポリ方面に飛ばされるのを防ぐために、我々は両手両足を広げてテントの上に覆いかぶさった[1]」

ハリケーンは午前中いっぱい猛威を振るった。午後二時頃、風が収まり、兵士たちは隠れ家から這い出して、吹き飛ばされた荷物を探し回った。衣服や毛布は泥水でびしょ濡れになり、家具類はバラバラに壊れ、鍋やフライパンは泥の中に埋まっていた。夕方になると気温が急激に下がり、雨が雪に変わった。大雪だった。兵士たちは凍える手でテントを立て直し、あるいは納屋や掘立小屋に逃げ込んで身を寄せ合い、何とか暖を取ろうとした。

しかし、これら野営地の被害は、海岸部や海上の惨状に比べれば取るに足りなかった。当時、ザ・スター・オブ・ザ・サウス号の船上にいたファニー・デュバリーはバラクラヴァ湾全体が白い泡を吹いて逆巻き、船という船が木の葉のように波に弄ばれる様子を目撃した。「高さ数十メートルの崖の上から滝のような水流がしぶきを上げて湾内に降り注いでいた。とも綱と錨の両方を失った船が互いにぶつかり合い、こすれ合っていた。なかには粉々に砕ける船もあった」。レトリビューション号も波にもまれる船の一隻だった。レトリビューション号にはインケルマンの戦いで体力を消耗したケンブリッジ公が乗船していた。翌日、公爵はラグラン卿宛に手紙を書き、ハリケーンの恐怖について、「実に恐るべき疾風だった。この二四時間はかつて経験したことのない恐怖の一日だった」と書き送っている。

本船は三つの錨のうちの二つを失い、舵も失った。上甲板の艦砲はすべて海中に投棄しなければならなかった。岩礁まで二〇〇ヤードを残すのみだったが、残された錨にすべてを託して、何とか座礁を免れることができた。天佑だった……私はすっかり健康を害してしまっている……しばらくの間コンスタンチノープルに戻ることを許していただきたい。医師のギブソンによれば、

私がこの悪天候の中で陣地に戻ったとしても、ベッドに寝ているしかないということだ。(2)

湾外の状況は湾内よりもさらに深刻だった。ロシア軍が再び陸上からバラクラヴァ港を襲撃する事態を予想して、英国軍は多数の補給船を湾外に係留していたが、そのうち二〇隻以上が岩に激突して沈没し、数百人の人命と貴重な越冬物資が失われた。最大の痛手は蒸気船プリンス号の沈没だった。一五〇人の乗組員のうち一四四人が命を失い、積み荷の冬用制服四万着が海底に沈んだ。プリンス号に続いて、ミニエ銃の弾丸一〇〇〇万発を積んだレゾリュート号も沈没した。一方、フランス軍の補給基地カムィシュ港でも、フランス艦隊の戦列艦アンリ四世号と蒸気戦艦プリュトン号が沈没し、さらに、フランス商船隊も二隻の輸送船を乗組員積荷もろとも失った。フランス軍の補給用食糧の入った箱が漂流し、検疫所湾のロシア軍陣地や遠く北のエフパトリアまで流れ着いた。ベリベク河畔で野営していたクバン出身のロシア軍歩兵イワン・コンドラートフは十一月二十三日付の家族宛の手紙に次のように書いている。

樫の巨木が何本もなぎ倒されるほどの大嵐だった。敵船が多数沈没した。サキの沖合でも蒸気船が三隻沈んだ。沈没寸前の輸送船から身を投じて溺れかかっていたトルコ兵五〇人ほどをジーロフのコサック連隊が救出した。救助されたトルコ兵の話ではクリミア半島の沿岸で三〇隻以上の敵船が沈没したということだ。というわけで、今、我々は沈没船から流れ着いた英国製のコーンビーフを食べ、英国産のラム酒とフランス産のワインをたらふく飲んでいる。(3)

フランス軍はハリケーンの打撃から数日で立ち直った。しかし、英国軍が立ち直るにはもっと長い時間が必要だった。この冬の間、英国軍は食糧、居住用資材、医薬品など、あらゆる物資の不足によって多数の困難な問題に直面するが、その困難の多くは、補給システムの欠陥に起因していただけでなく、今回のハリケーンの被害の結果でもあった。冬の到来は軍隊の経営能力を証明する試験の場となった。この試験にフランス軍は辛くも合格したが、英国軍は惨めな不合格点を取ることになる。

早期の勝利を確信していた英仏両軍の司令官たちは、部隊がセヴァストポリ周辺の高地で冬を過ごすための作戦計画を立てていなかった。そもそも、クリミア半島の冬の気温がどこまで下がるかについての認識さえなかったのである。英国軍の場合は特にひどかった。夏用の閲兵式用軍服を着てクリミア半島に送り込まれた兵士たちには、冬用の制服が支給されていなかった。やっと届いた冬用の制服四万着はプリンス号とともに海底に沈んでしまった。その後、あらためて外套が届くまでの間、兵士たちは夏用の制服で寒さに耐えなければならなかった。フランス軍はややマシだった。フランス兵には早い時期に羊革の上着が支給され、後に、毛皮の裏地とフードのついたマントが支給された。「クリミア外套」と呼ばれたこのマントは、もともと士官専用だったが、兵士にも同じ物が支給されることになったのである。フランス軍は、好きなだけ重ね着することを兵士に許していた。一方、英国軍の堅苦しい規則は、兵士が常に「紳士らしい」外装と身だしなみを保つことを要求していた。厳寒期の寒さに耐えるために種々雑多の衣服を重ね着したフランス兵の集団は到底まともな軍隊には見えなかったが、その身づくろいが英国兵に比べて温かかったことは間違いない。フランス軍第三ズアーヴ連隊のフレデリック・ジャピ中尉は故郷ボークールで息子の身を案ずる母親宛に「安心してください」と書き送っている。

どんな服装をしているかといえば、まず、フランネルのチョッキ（ジレ）、その上にシャツ、ウールのチョッキ、制服の上着、そしてウールの防水コート（カバン）を重ねて着るという具合です。履物は長靴ですが、非番の時には革の短靴を履き、ゲートルを巻きます。着る物については特に不満はありません。上着は二着持っています。一着はズアーヴ連隊から支給された軽い制服、もう一着は防寒用にコンスタンチノープルで買った途方もない代物で、重さが五〇キロ近くあります。塹壕掘りの日はその上着を着て塹壕の中で寝ます。ただし、いったん濡れると重くなって持ち運びが不可能になります。できることなら、記念品としてフランスに持ち帰りたい珍品です。

ルイ・ノワールはズアーヴ兵の防寒用の服装について書き残している。

大隊の兵士たち、特にアフリカ出身の兵士たちは、身を切るような当地の寒さに上手く対処している。防寒対策は万全といってもよい。普通は、制服の上に「クリミア外套」と呼ばれるフード付きの大型外套か、または羊革製の上着を重ね着する。脚部は毛皮で裏打ちした長いゲートルで保護する。羊革製の温かな帽子も全員に支給されている。ただし、兵士の服装に関する画一的な規則はない。誰もが独自のスタイルを選んでいる。ベドウィン族のような服装もあれば、御者の格好をした者もいる。僧侶のような姿もあれば、ギリシア風の装いもある。なかには、軍の制服だけで通している頑固者もいる。履物も、革靴、ゴム靴、木靴など、種々雑多だ。帽子も各人の趣味に合わせて千差万別である……

夏用の制服しか持たない英国兵にとって、フランス軍兵士の温かな羊革製上着や「クリミア外套」は羨ましい限りだった。「フランス軍は当地の寒さに適した服装をしている」と英国軍の軍医だったジョージ・ローソンは家族宛に書き送っている。

我が軍の兵士たちにも、フランス兵と同様の服装をさせたいところだ……英国兵の多くは靴もシャツも持っていない。外套は擦り切れている。外套は日中に着るだけでなく、夜も着たまま眠るからだ。(4)外套の上に毛布を掛けて寝るのだが、その毛布は、塹壕内でも使うので、ぐっしょりと濡れている。

連合軍の司令官たちは、兵士が風雨を凌ぐための居住環境についても何ら配慮していなかった。クリミア半島上陸に際して持ってきたテントには防水性がなく、ほとんど物の役に立たなかった。しかも、テントの多くはハリケーンで破壊されて、修理不能だった。英国軽騎兵連隊のトムキンソン大尉は、連隊のテントの半数以上が使用不能の状態にあることについて、次のように苦情を述べている。「テントが水を通してしまうために、大雨が降ると足元が水浸しになり、兵士たちは支柱の周りに立っていなければならない」。カディコイ村の野営地を視察したルーカン卿も、多くのテントが人間の居住に適さない状態であると指摘している。「テントの多くは劣化し、破れており、風雨を凌ぐ役目を果たしていない。兵士のほぼ全員が凍死寸前の状態だ」。実際、兵士たちは寒さと下痢で激しく苦しんでいた。(5)

同じ英国軍の中でも、士官の生活は兵士に比べてややマシだった。士官の多くは従卒に命じてテントの下に材木の床を張らせ、あるいは、地面を掘って石を敷き詰めさせるなどして、直接地面に触れない環境を確保していた。なかには、地面を掘り下げて作った穴の壁面に石を積み、粗朶で屋根を葺

「クリミアの冬、クリミアの夏」
（第90軽歩兵連隊所属のヘンリー・ホープ・クリーロック大尉によるスケッチ）。
「クリミアの冬」（右）には「日なたでも気温が零下18度に下がるクリミアの真冬を過ごす英国兵の服装」の説明があり、「クリミアの夏」（左）には「日陰でも気温38度になるクリミアの真夏を過ごす英国兵の服装」のキャプションがある。

いて半地下室を作らせる将校もいた。第二〇歩兵連隊のウィリアム・ラドクリフ大尉は十一月二十二日付の両親宛の手紙で次のように報告している。

私のあばら家が着々と完成に近づいています。今週末には「半地下室の住人」になれるでしょう。まず、深さ三フィート半〔一メートル強〕、幅八フィート〔二メートル半〕、長さ一三フィート〔四メートル弱〕の穴を掘る作業から始めました。次に数ヵ所に支柱を立て、支柱の上に横木を渡して固定します。固定するには、ロープや釘、その他何でも使える材料を使います。横木と地面の間は板の壁で塞ぎ、同じように固定します。支柱や壁板の材料は人からもらったり、借りたり、盗んだりして調達します。切妻の部分を石と泥で塞げば、それで屋根の骨組は完成です……掘った穴の壁面がそのまま壁になります。屋根は人が立てる高さに設定し、普通は横木の上に粗朶を並べ、泥を被せて屋根としますが、私は馬や牛の皮を張って防水性の高い改良型の屋根を作るつもりです（馬は大量死しており、死骸はいくらでもあります）。ただし、皮はしばらく寝かせておく必要があるので、屋根の完成までにはやや時間がかかります。このあばら家にはマクニール中尉と一緒に住む予定で、すでに「隠れ家の僧院」という名前も考えてあります。マクニール中尉は、今、壁の隅に穴を掘って暖炉を作ろうとしています。煙突はブリキの缶と粘土で工夫するということです。暖炉のそばに座るのを楽しみに待っています。

さらに身分の高い高級将校たちは特権的な生活を享受していた。それは一般兵士の苦しみから考えれば途方もない贅沢だった。カーディガン卿は（健康上の問題を抱えていたこともあって）自家用のヨットに寝泊まりし、フランス料理に舌鼓を打っていた。引きも切らさず本国からやって来る訪問客をもてなすのがカーディガン卿の仕事だった。一部の将校は、コンスタンチノープルに戻って冬を過ごすことを認められ、また、自費負担で宿泊施設を見つけることも許されていた。後に〔太平天国の乱を鎮圧した功績により〕「中国のゴードン」と呼ばれることになるチャールズ・ゴードン中尉は「当地の暮らしが快適かどうかについて言えば、英国にいても望めないくらい快適な生活をしている」と妻に書き送っている。ザクセン公国の駐ロンドン大使だったフィッツトゥム・フォン・エクシュテットは後年次のように書き残している。「クリミアの厳しい冬を経験して帰国した何人かの英国軍士官と話したことがある。彼らは、現地の兵士たちがいかに悲惨な生活を強いられているかは帰国後に新聞で読むまで知らなかったと言って笑った[6]」

英国軍の高級将校たちは快適な生活を送っていたが、フランス軍の事情はまったく違っていた。フランス軍では士官と兵士の生活条件にほとんど差がなかった。ジャン＝ジュール・エルベ大尉は十一月二十日付の家族宛の手紙でハリケーンの被害を次のように報告している。

兵士と士官はみな一緒に小さなテントで生活していた。テントは気候の良い時は快適な住まいだし、行軍に際しても、持ち運びに便利だが、長雨と寒さの季節には不便この上ない。踏みつけられた地面は泥濘となり、泥があらゆるところに入り込む。陣地全体が泥沼と化し、全員がずぶ濡れになる……そのテントの中で兵士たちは六人一組になって身体を寄せ合って眠る。毛布は一人に一枚ずつ支給されているので、三枚を重ねて地面に敷き、六人が寝て、その上に三枚の毛布を掛ける。荷物を詰めた背嚢が枕のかわりだ。(7)

しかし、フランス軍の居住環境は英国軍に比べて相対的に優れていた。フランス軍のテントの方が広かっただけでなく、風への対策も工夫されていた。木の板をめぐらして防風柵とし、あるいは、雪を積み上げて防風壁を作った。フランス軍は、また、様々なタイプの居住施設を臨機応変に開発した。「もぐら塚」（トーピニェール）と呼ばれる大型住居は地面を一メートルほど掘り下げ、床に石を敷き詰め、木の枝を編んで壁と屋根にしたものだった。数人の兵士の背嚢をほどいて縫い合わせ、地面に立てた杭に縛りつけたものは「小型テント」（タント・アブリ）であり、また、「円錐テント」（タント・コニーク）は帆布地を縫い合わせて屋根とし、その中央を支柱で支える構造で、一六人程度を収容することができた。テントの種類を問わず、その内部には調理用の竈が作られ、暖房用としても役立っていた。「我が軍の兵士たちが作る竈は英国軍の羨望の的だった」とルイ・ノワールは回想している。

竈の本体となる円蓋の部分は、時には粘土を固めて作り、時には砲弾の破片を組み合わせて作った。煙突の部分は金属の箱や屑鉄を繋ぎあわせて間に合わせた。フランス軍の兵士たちは、塹壕掘りや歩哨の勤務から凍死寸前の状態でテントに戻った時も、竈の熱で身体を温め、また、濡れた衣服を乾かすことができた。英国兵のように、真夜中に寒さで目を覚ますということはなかった。しかし、竈の燃料には大量の薪が必要だったので、インケルマン高地の森林は三ヵ月で消滅してしまった。一本の樹木も一叢のやぶも残らなかった。竈を羨む英国軍はフランス軍が木を切り倒したことを非難したが、彼らは樹木を資源として利用する方法を知らなかった。英国兵は誰一人として自分で竈を作ろうとは思わないようだった。ましてや、木を切って薪を集める気もなかったらしい。英国兵は何もかも軍から支給されるものと思い込んでいるので、支給が止まればお手上げだった。(8)

ルイ・ノワールに限らず、フランス軍の中には英国兵に対して一種の軽蔑心を抱く者が少なくなかった。彼らは、英国兵には戦場の環境への適応能力が欠けているのではないかと疑っていた。「あの英国兵たちときたら！ 彼らは間違いなく勇敢な兵士だが、生き残る知恵が不足している」とエルベ大尉は十一月二十四日付の家族宛の手紙に書いている。

攻囲戦が始まる前から、英国軍は大型のテントを保有していたが、いまだにその立て方が分からないようだ。彼らはテントの周囲に細い溝を掘って雨や風の侵入を防ぐという工夫さえ学び取っていない。英国軍はフランス軍の二倍から三倍の糧食を支給しているはずだが、その食事内容はひどいものだ。不運や欠乏に見舞われた時にそれを撥ね返す柔軟性と適応能力が英国軍の兵士には欠けているとしか思えない。

フランス軍の方が軍隊の経営に優れていることは、英国人自身も認めざるを得なかった。ファニー・デュバリーは十一月二十七日の日記に次のように書いている。「フランス軍はあらゆる点で英国軍よりもはるかに優れている。英国軍の仮兵舎はどこにあるのか？ 厩舎はどこにあるのか？ すべてはコンスタンチノープルに残したままだ。フランス軍はすでに当地に仮兵舎を建てて暮らしているが、英国軍の兵士は泥の中で眠っている。少しの工夫で簡単に改善できるような生活環境が劣悪なまま放置されている。そのために、兵士も馬もバタバタと倒れている。同じ失態が繰り返されている。怠慢と不手際が蔓延している(9)」

フランス軍と違って、英国軍には組織的に薪を集めるというシステムがなかった。英国軍の兵士には燃料として一定量の木炭が支給されることになっていたが、輜重隊の牛馬の餌となる飼葉が不足していたために、バラクラヴァ港から高地まで木炭を運び上げることができなかった。士官は従卒に命じて自分の馬で木炭を運び上げていたが、兵士には木炭が支給されなかった。その結果、十二月から一月にかけての厳寒期には、数千人が凍傷にかかるなど、兵士の生活は耐え難い苦しみとなった。特に新たにクリミア半島に送り込まれたばかりで、気候に慣れない兵士たちが凍傷にかかりやすかった。加えて、コレラその他の疾病が体力の衰えた兵士たちを襲った。第九三ハイランド歩兵連隊のスターリング中佐は「兵士の惨状は目を覆うほどだ。燃料の支給が実質的に止まっていることが原因だ。彼らは灌木の根っこまで掘り起こして薪にしている」と書いている。

兵士には燃料として木炭が支給されることになっているが、実際には支給停止の状態である。病気が蔓延し、行動できる兵士の数が激減した結果、バラクラヴァ港から六マイルないし七マイルの距離にある高地まで木炭を運び上げる作業に人手を割くことができない。燃料がないので、靴下も靴も乾かすことができない。塹壕から戻ってくる兵士たちの足先は凍傷にかかり、足そのものが膨れ上がり、膿疱ができている。靴は凍りついて履くことさえできない。その惨状にもかかわらず塹壕掘りの義務を果たそうとすれば、兵士たちは靴を履かずに働くことを選ばなければならない。どうしても靴を履こうとすれば、靴の踵部分を切り取るしかない……こんなことが続くようなら、塹壕を放棄しなければならなくなるだろう……足の痛みに耐えかねて泣きながら膝行前進する兵士の噂を耳にした。(10)

しかし、英国軍がフランス軍に比べて最も劣っていたのは糧食の供給態勢だった。「クリミアにおける英国軍とフランス軍の間には、比較するのも辛いほどの大きな格差がある」とジェームズ・シンプソン将軍〔総司令官ラグラン卿の参謀長を経て後任の総司令官となる〕は陸軍相のフォックス・パンミュア卿宛に書き送っている。「フランス軍輜重部隊の活動は実に見事である。フランス軍の陣地では、よく整備された荷車や荷馬車が生活用品や糧食を積んで絶え間なく運行しており……毎日のパン焼きを含めて、必要なすべての作業が軍の管理と規制の下で整然と行なわれている」。フランス軍の場合は、糧食の供給と調理、負傷者の手当てなど、兵士の基本的な需要に応える専門家がすべての連隊に随行していた。たとえば、すべての連隊に少なくとも一人のパン焼き職人と数人の料理人がいた。酒保と軍隊食堂の経営は女将に任される場合が少なくなかった。彼女たちは連隊の制服を仕立て直した衣装に身を包み、野戦用の移動酒保や移動食堂を経営して食事と飲み物を提供した。フランス軍の食事は共同調理と集団給食が普通だった。そのため、連隊にはそれぞれ独自の調理場があり、シェフが任命されていた。一方、英国軍の場合は、兵士が個別に糧食の配給を受け、自分の責任で調理するシステムだった。フランス軍の兵士に支給される糧食の量が英国兵の半分であり、肉に至っては三分の一だったにもかかわらず、フランス兵が英国兵に比べて驚異的と言ってもいいほど健康を維持し得た背景には両軍のこの違いがあった。十二月に入ると、英国軍もついにフランス軍に倣って食堂での共同給食システムに移行するが、その途端に英国軍兵士の食事内容は改善の方向に向かった(11)。

かつてナポレオン・ボナパルトは「兵士を生かすもの、それはスープだ」と言ったことがある。その言葉どおり、クリミア戦線においても、フランス軍の食事の眼目はスープだった。厳冬期には生鮮食料の供給量が最低限まで減少したが、その時期にもフランス軍は乾燥食品の供給を絶やさなかった。小さな塊状の乾燥野菜をゆで戻し、それに生鮮肉または保存肉を加えれば栄養満点のスープを作ることができる。小麦粉を材料としたフランス軍のビスケットは、数ヵ月間保存できるだけでなく、水分が少なく、脂肪分が多いので、普通のパンよりも栄養価が高かった。コーヒー豆も十分な量が供給された。フランス人はコーヒーなしでは生きられないからだ。「熱いコーヒーであれ、冷めたコーヒーであれ、とにかく私はコーヒーしか飲まなかった」と若手の竜騎兵だったシャルル・ミスメルは回想している。「コーヒーには色々な利点がある。あの当時も、気分を高め、士気を保ち、病気を予防するにはコーヒーが一番だった。時には、砕いたビスケ

ズアーヴ兵の制服を着たフランス軍の軍隊食堂の女将(1855年)

ットのかけらをコーヒーに浸して食べ、それで命をつないだ時期もあった。普段は塩漬けの肉、ラード、米などの配給があった。稀には新鮮な肉も出た。コーヒーの他に、ワイン、砂糖なども支給された。パンについては配給が途絶えることがあった。パンがない時には、代わりにビスケットが支給された。そのビスケットは石のように硬くて、斧で砕くか削らなければ食べられない代物だった[12]」

フランス軍はカムイシュ港と攻囲陣地とを結ぶ道路に舗石を敷き詰めて、荷馬車による輸送システムを確立していた。その結果として、様々な物資の順調な輸送が可能となったのである。そもそも、バラクラヴァ港よりもカムイシュ港の方が物資の陸揚げに適していた。広い馬蹄形のカムイシュ湾の波打際には、あっという間に大型の倉庫、屠畜場、民間の店舗や屋台などが立ち並び、港には三〇〇隻の船が出入りして世界中から物資を運び入れた。飲み屋、売春宿、ホテル、レストランなども次々に開業した。一定額を支払えば三日三晩にわたって酒池肉林の乱痴気騒ぎができる施設もあった。酒も料理も女性もフランス本国からの直送だった。「カムイシュに行ってきた。カムイシュはもう立派な町だ」とエルベ大尉は家族宛の手紙に書いている。

カムイシュに行けば、欲しいものは何でも手に入る。パリ仕込みの香水や婦人用の帽子を売るファッションの店さえ二軒もある。食堂の女将たちが買うのだろう。英国軍のバラクラヴァ港にも行ったことがあるが、我々のカムイシュ港とは比較にならないほどみすぼらしい所だ。バラクラヴァでは、小さな港の周りに粗末な小屋が乱立して商売をしているが、商品を乱雑に積み上げているだけで、買い手の気持ちをそそるような魅力は少しもない。そもそも英国軍がカムイシュではなくバラクラヴァを補給基地に選んだのは何故なのか、理解に苦しむ[13]。

バラクラヴァは混沌とした雑踏の港町だった。陸揚げされる英国政府の物資と競争して商品を売り込もうとするギリシア人、トルコ人、ユダヤ人、クリミア・タタール人、ルーマニア人、アルメニア人、ブルガリア人などの民間商人が黒海地域の全域から集まっていた。追放を免れていた少数のロシア人商人さえ競争に参加していた。「バラクラヴァという町がどんなところか、もし、バラクラヴァに似た町を英国に作るとしたらどうすればいいか、説明しましょう」とファニー・デュバリーは書き送っている。一八五四年十二月のことだった。

家という家、小屋という小屋が破壊されて半ば廃墟と化した村を思い浮かべてほしい。屋根のない家や壁のない小屋も少なくない。その村の上に想像できる限りの厚さで土埃が降り積もっている。そこへ雨が降って、あらゆる場所が水浸しとなり、床は踝の深さまで汚泥に埋まる。疫病に感染したトルコ人を一〇〇〇人捕まえて、村の家々に無差別に詰め込む。一日に一〇〇人のトルコ人が死亡するが、埋葬はお座なりで、死骸は半ば露出したまま放置され、ゆっくりと腐敗していく。死亡したトルコ人に見合う人数のトルコ人を毎日補給する。海岸には疲弊した馬や牛や駱駝が倒れているが、これらの動物も放置されたまま餓死していく。動物は倒れてから平均三日で死亡し、すぐに腐り始め、悪臭を放つ。海面には湾内に停泊している約一〇〇隻の船の乗組員と町の住民の食料として処分された家畜の残滓や臓物が漂っており、時には人間の死骸がまるごと、またはバラバラになって浮かんでいる。これに難破した船の残骸も加わって、狭い湾内はほとんど水面が見えないほどのゴミで覆われている。これがバラクラヴァの基本的な姿である。(14)

しかし、バラクラヴァ港は英国軍が抱えていた困難な輸送問題の第一歩でしかなかった。陸揚げした物資を港から運び出すためには、複雑な様式による裁可の手続きが必要だった。手続きを行なうのは兵站部の係官で、すべての手続きに三通の書類が必要だった。能率の悪い官僚的手続きを経て荷物が確認され、運搬の裁可が出るまでの間、箱に入ったままの食品や梱包されたままの飼葉が何週間も波止場に放置され、ついには腐敗してしまう。[*1] バラクラヴァからセヴァストポリ周辺の高地の陣地までは一〇キロないし一一キロの距離だったが、英国軍は適切な輸送道路を建設していなかった。そのため、弾薬、毛布、ビスケットなど、すべての物資は急斜面の泥道を馬またはロバの引く荷車で運び上げるのだが、厳冬期の十二月と一月には飼葉の供給が止まり、輜重用の動物が相次いで死んだために、物資の大半は人間が一回に二〇キロずつ担いで運ばなければならなくなった。

　問題は組織上の欠陥だけではなかった。英国軍の兵士たちには、自分の手で食料を調達し、自力で窮状を切り抜けるという習慣がなかった。彼らの大半は土地を持たない都市貧困層の出身者だったので、農村出身者の多いフランス軍の兵士とはちがって、農民の伝統的な知恵や創意工夫の才能を持ち合わせていなかった。フランス兵は狩りをして小動物を捕え、海や川で魚を釣り、あらゆる物を食材として利用する能力を備えていた。フランス軍のルイ・ノワールは次のように結論している。「英国兵は、戦場がどこであれ、戦争に行けばすべての食事は軍から支給されるものと思い込んでいる。骨の髄まで頑固な英国兵たちは、その習慣を変えるくらいなら餓死する方がマシだと思っているようだ」。フランス兵は食材の調達、料理、洗濯、その他の雑用を難なくこなしていたが、自力で対処する能力を持たない英国兵は連隊付きの女房たちに大きく依存せざるを得なかった。英国軍に随行する女性の数がフランス軍に比べて多かった背景には、このような事情が絡んでいた（フランス軍には軍隊食堂の女将はいたが、連隊付きの女房は存在しなかった）。英国軍第二八歩兵連隊の連隊付き女房の一人だったマリアンヌ・ヤングはこぼしている。「英国の兵士は糧食を十分に支給されているにもかかわらず、いつも半ば飢えている。英国兵は石を並べて竈を作ることもできず、錫の鍋で料理する方法も知らない。一方、フランス兵は食べられる物ならどんな物でも見逃さずに料理して食べる」。確かに、フランス兵は蛙や亀を捕まえて「好みの味に料理し」、亀の卵を掘り起こし、鼠でさえも珍味に変えていた。英国軍医のジョージ・ローソンはフランス兵が生きた蛙の足をむしっているのを見て、その残酷さを責めたことがある。「すると、フランス兵は静かに微笑みながら自分の胃袋のあたりを指差して、料理の材料を揃えているところだと言った。多分、英国人の無知を笑っていたのだと思う(15)」

英国兵には肉とラム酒が十分に支給されていた。しかし、英国兵の食事はフランス軍に比べて貧弱だった。第一二砲兵大隊の砲手チャールズ・ブラントンは十月二十一日付の妻宛の手紙に次のように書いている。「多くの戦友がコレラで命を失った。彼らはまるで羊のようにバタバタと倒れて死んでいった。しかし、食料と酒が不足しているわけではない。一日当たり一パイントのラム酒、塩漬けの豚肉、それに、一ポンド半のビスケットが支給されている。ラム酒の配給は、運が良ければ、一日に二パイントに増えることもある」。しかし、季節が秋から冬に移るにつれて、バラクラヴァ港から英国軍陣地までの泥道の状況はいっそう悪化し、糧食の輸送量は確実に減少した。十二月の中旬には、野菜と果物はほとんど姿を消し、稀にレモンとライム・ジュースが配給されるのみとなった。兵士たちは壊血病を予防するためにレモンやライム・ジュースを紅茶やラム酒に入れて飲んだ。ただし、個人的な輸送手段を利用できる士官たちは、バラクラヴァやカディコイの商店で物資を買うことができた。チーズ、ハム、チョコレート、葉巻、ワイン、シャンパンなど、ありとあらゆる食料が手に入った。フォートナム・アンド・メーソン社製のピクニック用バスケット弁当さえ入手可能だった。一方、兵士の間からは数千人の病死者が出ていた。特に、冬に入ると、コレラの流行が復活して猖獗を極めた。一月に入ると、完全に健康な状態で戦える英国軍兵士の数は二ヵ月前の半分以下にあたる一万一〇〇〇人程度にまで減少した。ライフル旅団の兵士ジョン・パインは一月八日付で父親宛に次のような手紙を書いている。彼は数週間前から壊血病と赤痢にかかり、下痢に苦しんでいた。

前線に出て以来、ほとんどの期間、ビスケットをかじり、塩を舐めて生きている状態です。牛肉は稀に出るだけで、羊肉は一度か二度お目にかかっただけです。それも、英国なら犬に投げ与えるようなひどい代物でした。でも、ここではどんなにひどい肉でも神に感謝して食べています。妹のミリアムからの手紙によれば、戦地向けに大量のドイツ風ソーセージが送られてくる予定だそうです。ぜひ早急に送ってほしいものです。ソーセージが着いたら、一キロでも二キロでも食べてしまいそうです……ここ数週間は文字どおり餓死寸前の生活です……父上にお願いがあります。壊血病予防の粉末薬を手紙に同封して送ってください。恩に着ます。このところ壊血病に苦しんでいます。いずれお返しができるでしょう。神の思し召しを待つのみです。

その後、ジョン・パインは病状が悪化し、輸送船でコンスタンチノープルに後送され、近郊のクラルにあった野戦病院に収容されるが、一ヵ月後に病死してしまう。ところが、軍の不手際で、パインの死亡記録は残されていない。家族が戦友の口から彼の運命を知ったのはその一年後のことだった。[16]

英国軍の士気が低下するのに長い時間はかからなかった。兵士の間に、軍当局に対する不満が鬱積していた。第三三歩兵連隊のマンディー中佐は二月四日付の母親宛の手紙に次のように書いている。

「前線では停戦を望む声が高まっています。本国の人々が軍人の義務や軍の規律を論ずるのは結構なことですが、ここではこれ以上苦しむのはたくさんだと誰もが感じています。軍当局の怠慢のせいで数千人もの兵士が死んでいくのを見るのは辛いことです」。第二三歩兵連隊の補充兵として十一月末にクリミアに送り込まれたばかりの兵士トーマス・ハッガーも家族宛に次のように書いている。

僕より前に当地に派遣された連中は、もう二ヵ月間も汚れたシャツを着たままだと言っている。残念なことだ。本国ではクリミアの兵士には十分な食料と物資が支給されていると思っているかもしれないが、僕らは実際には犬にも劣る扱いを受けている。もし帰国できたら、兵士たちは二度と戦場に戻ろうとはしないだろう。戦いを恐れるからではない。待遇の悪さに耐えられないのだ。このことを本国の人々は理解すべきだ。

待遇の悪さを訴えて、新聞に投書する軍人も現れた。近衛第一連隊のジョージ・ベル大佐は『タイムズ』への投書を書き始めた。十一月二十八日のことだった。

我々を取り巻いているのは病気、死、物資の不足、塩漬け肉の配給の滞りなど、マイナスの要素ばかりだ。いざという時に兵士を奮い立たせるもの、それはラム酒だが、そのラム酒もこの二日間は一滴も口にできない有様だ。このような状態で英国軍が勝利する見込みはない。バラクラヴァから陣地までの一〇キロの道は膝の深さまで泥に埋まっており、馬車の車輪を前に進めることができない。輜重用の動物に与える餌がないので、馬も牛も、たとえ荷物を積まなくても泥の中を進む力がない。騎兵隊の馬も、砲兵隊の馬も、輜重隊の馬も、将校の乗馬も、寒さと飢えのために毎晩何十頭も柵に繋がれたまま死んでいく。馬だけではない。人間もバタバタと倒れている。今日、第一連隊では同じテントで寝ていた兵士のうち九人が死亡しているのが発見された。

さらに一五人が瀕死の状態だ。彼らはすべてコレラに罹っていたのだ……兵士たちの背中は乾く暇がない。ぼろぼろになった制服を着て塹壕に入り、水と泥に漬かって朝まで過ごすうちに身体が骨の髄まで冷えてしまう。兵士が痙攣を起こして倒れると、マルケの野戦病院に収容されるが、嵐で半ば倒壊した野戦病院は病人や怪我人で溢れかえり、不潔で空気が悪く、そこにいるだけで病気になりそうだ。病院に収容された兵士たちも、苦しみながら死んでいくしかない。この戦争は決してロマンチックなものではない。謙虚で勇敢な兵士たちの苦しみを和らげ、欠乏を補うことは指揮官としての私の義務だが、私にはその義務を果たす力がない。特に野戦医療の分野では何もかも不足しており、組織も運用も初めからなっていない。医療システムの不備に誰よりも強い不満を抱いているのは、他ならぬ連隊の医療担当者や軍医たち自身である。

ジョージ・ベル大佐は二日がかりで投書を書き上げた。最後に『タイムズ』の編集者に向けて投書の掲載を要請し、次の一文で締めくくっている。「残念ながら、これが戦場のありのままの真実である」。『タイムズ』はベル大佐の投書を十二月二十九日号に掲載した（投書の日付は十二月十二日となっていた）。実際に掲載された投書は、内容が薄められ、口調も和らげられていたが、それでも、投稿者のその後の人生を台無しにするには十分だったとベル大佐は後に語っている(17)。

クリミア戦線の傷病兵がまともな医療と看護を受けずに苦しんでいるという事実を英国民が初めて知ったのは、『タイムズ』紙の戦場特派員報告を通じてだった。十月十二日の朝、朝食のテーブルで『タイムズ』紙を開いた読者は、コンスタンチノープル駐在の戦争特派員トーマス・チェネリー〔後にジョン・ディレーンの後継者として『タイムズ』紙の編集長となる〕の現地報告を読んで衝撃を受けた。「クリミア半島の戦場で負傷した兵士たちは五〇〇キロ離れた当地スクタリの軍病院に搬送されてくるが、ここでは十分な医療も適切な看護も行なわれていない。医師の数が足りないのは、状況からしてある程度やむを得ないかも知れない。だが、それだけではない。医療助手や看護婦の姿が見えないのも、組織上の欠陥であって、特に誰かを責めるべき問題ではないかも知れない。しかし、それだけでもない。そもそも負傷兵の傷に巻く包帯の材料となる布地さえないというのは一体何としたことなのか?」この記事に続いて、翌日の紙面には、編集長ジョン・ディレーンの怒りに満ちた社説が掲載された。世論は沸騰し、『タイムズ』社には読者からの投書と寄付金が殺到した。『タイムズ』社はこの寄付金を基礎として「傷病兵救済のためのクリミア基金」(「タイムズ基金」)を設立した。基金の理事長には、元首相ロバート・ピール卿の子息である同名のロバート・ピール卿が就任した。『タイムズ』に寄せられた投書の多くが重大な問題として指摘したのは、クリミア派遣軍に看護婦が随行していないという事実だった。それを知って、事態の改善に貢献しようとする善意の女性たちが各方面から現れ、従軍志願を申し出た。フローレンス・ナイチンゲールもそのひとりだった。ナイチンゲールはロンドンのハーリー・ストリートにあった女性のための病院で無給の院長を務めていたが、クリミア戦争の戦時相シドニー・ハーバートとは家族ぐるみでつきあう間柄だった。ナイチンゲールはシドニー・ハーバートの夫人エリザベス宛に手紙を書き、看護婦団を組織してトルコに渡る計画を提案した。同日、ハーバート戦時相自身もナイチンゲール宛に手紙を書き、看護婦団の編成を依頼した。二人の手紙が郵便局ですれ違った。

英国軍は負傷兵の救急医療に関してもフランス軍に大きく後れを取っていた。クリミア半島とコンスタンチノープルのフランス軍病院を訪ねたことのある人々は、その清潔さと整然とした運営に強い印象を受けている。多数の看護婦が医師の指示の下に活動していたが、その大部分が聖ヴァンサン・ド・ポール修道会の修道女だった。「スクタリの英国軍病院に比べて、ここでは状況ははるかに優れている」

と、コンスタンチノープルのフランス軍病院を訪問したある英国人は書いている。

清潔さでも、快適さでも、また看護の手厚さについても、フランス軍の病院は英国軍よりはるかに優れている。ベッドは上等だし、その配置も過密ではない。換気は申し分なく、私が見たり聞いたりしたかぎりでは、すべてが十分に行き届いている。重傷を負った兵士たちの看護は聖ヴァンサン・ド・ポール修道会の修道女たちに任されている。修道女たちの勇気と活力と忍耐力はどんなに称賛しても足りないほど立派だ。スクタリの英国軍病院ではすべてが淀み、沈黙が支配している。陰鬱で悲惨な雰囲気と言っても過言ではない。しかし、フランス軍の病院では陽気な生命力が感じられる。知り合いになったフランス兵たちはベッドサイドでドミノに興じ、煙草を巻き、議論に花を咲かせている……医師が負傷兵たちに話しかける時の「ねえ、君」という親しげな呼びかけさえも雰囲気を明るくしている。

フランス軍のジャン゠ジュール・エルベ大尉は年末になって病院に収容された。大尉は家族宛の手紙で病院の食事内容を書き送っている。

朝食はココア、昼食は午前十時、夕食は午後五時。午前十時前と午後四時頃に医者の回診がある。今日の昼食の内容は次のとおり。

タピオカ・ポタージュ（きわめて美味）
骨付きの羊背肉、温野菜添え

ロースト・チキン
ポテトフライ
上質のボルドー・ワイン（カラフ入り）
新鮮な葡萄とビスケット

病室の大きな窓から流れ込む潮風を浴びて昼食を摂る気分は、ご想像のとおり、実に心地よいものです。この調子なら、健康を回復するのにそう長い時間はかからないでしょう。(18)

最初の冬に関して言えば、フランス軍傷病兵の死亡率は英国軍を大幅に下回った（ただし、二年目の冬になるとフランス軍の病死率は急上昇する）。フランス軍傷病兵の死亡率が低かった背景には、フランス軍病院の清潔さに加えて、前線のすぐ近くに応急手当所が設置され、すべての連隊に衛生兵が配置されていたという事情があった。応急処置の訓練を受けた衛生兵は戦場の現場で負傷者の手当てをすることができた。一方、英国軍は傷病兵の大半をクリミアからスクタリまではるばる搬送するという手法を取ったが、これは重大な失敗だった。傷病兵は輸送船でコンスタンチノープルまでの長距離を搬送されたが、輸送船には定員をはるかに超える人数の傷病兵が積み込まれ、しかも、軍医が乗り合わせることは稀だった。ラグラン総司令官は傷病兵の扱いについて純粋に軍事作戦上の観点から方針を決定しており（「傷病兵は作戦の足手まといになる」）、傷病兵はスクタリまでの長い船旅には耐えられないので、できるだけ早く現地で治療する必要があるという幕僚の提言に耳を貸さなかった。たとえば、輸送船として使われたアーサー・ザ・グレート号の甲板には、三八四名の傷病兵が足の踏み場もなくぎっしりと詰め込まれた。負傷者、病人、死体、絶命寸前の患者などが区別なく隣り合わせに寝かされ、まるで奴隷運搬船の様相を呈していた。ベッドも枕も毛布もなく、飲み水の桶も、簡易便器も、食料も薬もなかった。船の収納庫には薬品があったが、船長が使用を許さなかった。別の輸送船カンガルー号はコレラ患者を専門に輸送する任務を帯びていた。海軍の輸送責任者だったピーター・クリスティー大佐は、コレラの蔓延を恐れて、すべてのコレラ患者をカンガルー号に集めて輸送するよう命令していた。カンガルー号の収容定員は二五〇名だったが、いよいよスクタリに向けて出航する時には、五〇〇人を超える患者が詰め込まれた。乗船する予定の軍医は二人だけだった。そのうちの一人、二十三歳の軍医助手ヘンリー・シルヴェスターによれば、「それは見るも恐ろしい光景だった。甲板には、すでに死体となった者、息絶えようとする者、重症者、軽症者、回復期の患者などが無秩序に積み重なっていた」。船長は定員過剰を理由に出航を拒否したが、紆余曲折を経て結局カンガルー号が出航した時には、八〇〇人に近いコレラ患者が詰め込まれた。軍医助手のシルヴェスターはカンガルー号ではなく、ダンバー号に乗船してスクタリに向かった。輸送船上の死亡率は驚くべき高さだった。カンガルー号とアーサー・ザ・グレート号の船上では、それぞれ四五人が死亡した。カデューシャス号では、乗船していた患者の三分の一がスクタリの病院に到達する前に死亡してしまった[19]。

フローレンス・ナイチンゲールはスクタリで英国軍病院の惨状を目にすることになるが、当時のロシア軍の病院はそれよりもさらに悪い状態だった。しかし、ロシア軍は、フランス軍と同様に、傷病兵に対する現地治療の必要性をよく理解していた。戦場の外科医療システムを世界に先駆けて確立したのは他ならぬロシア軍であり、その功労者は軍医ニコライ・ピロゴーフだった。この分野で諸外国がロシアの水準に追いつくのは第一次大戦になってからのことである。ピロゴーフの名は国外ではほとんど知られていないが、ロシア国内では国民的英雄と見なされている。事実、クリミア戦争の全期間を通じてピロゴーフが戦場医療の発展のために行なった貢献は、英国のフローレンス・ナイチンゲールに勝るとも劣らないものがあった。

ニコライ・ピロゴーフ

ニコライ・ピロゴーフは一八一〇年にモスクワで生まれ、十四歳でモスクワ大学医学部に入学し、二十五歳の時、ドイツ系のドルパット大学〔現エストニアのタルトゥ大学〕の医学部教授となり、その後サンクトペテルブルク軍医科大学の外科学教授に任命された。一八四七年にはロシア軍に随行してカフカス地方に赴任し、外科手術にエーテルを使用する技術を世界に先駆けて導入した。戦場での手術に麻酔術を使用した最初の外科医はピロゴーフだったのである。一八四七年から五二年にかけて、ピロゴーフはロシア語の刊行物にエーテル使用の利点を解説した論文を数点発表したが、ロシア国外で彼の文献に注目した医師はほとんどいなかった。ピロゴーフによれば、麻酔は手術を受ける負傷兵を苦痛とショックから救済するだけではなかった。病院に運び込まれた時点で負傷兵にエーテルを与えれば、彼らを落ち着かせ、気絶させないでおくことができる。その結果、医師は緊急に手術が必要な患者としばらく待たせてもよい患者との区分けをすることが可能となる。手術の緊急性に応じて患者を区分するシステム、つまり「トリアージュ」こそ、ピロゴーフがクリミア戦争中に達成した最大の成果だった。

一八五四年十二月にクリミア半島に赴任したピロゴーフが最初に感じたのは、現地の医療システムの混乱と傷病兵への非人間的な扱いに対する強い怒りだった。極寒の季節だったにもかかわらず、数千人の負傷兵が無蓋の荷馬車に積まれてペレコフに輸送されてきたが、その多くが途中で凍死し、生き残った者も重い凍傷を負って、手足を切断しなければならなかった。しかし、ペレコフまで生きて到達できた者は幸運だった。輸送手段の不足から、不潔な納屋や道路脇の溝に放置された傷病兵が少なくなかった。医薬品も慢性的に不足していたが、不足の最大の原因は汚職だった。医師たちは医薬品を横流しして金を儲け、患者には偽薬を与えていたのである。適切な医療を受けようと思えば、医師に袖の下を使わなければならなかった。病院は膨大な数の負傷兵を抱えて四苦八苦していた。英仏同盟軍がクリミア半島に上陸した時点で、クリミア半島のロシア軍病院の病床数はあわせて二〇〇〇床だったが、アリマ川の戦闘後には六〇〇〇人の傷病兵が収容され、インケルマンの戦闘後にはさらにその倍の一万二〇〇〇人が詰め込まれた[20]。

セヴァストポリ市内の病院は特に驚くべき惨状を呈していた。アリマ川の戦闘の二日後に市内の海軍病院を訪れたホダセーヴィチ連隊の軍医は次のように回想している。

病院は負傷兵で溢れていた。彼らはアリマ川の戦線から搬送されて以来、何の手当ても受けずに放置されていた。わずかに包帯らしきものを巻いている者もいたが、それは自分のシャツを引き裂いて傷口に当てているのだった。部屋に入った途端、惨めな亡者の群れが私を取り巻いて迫って来た。私が医師であることを知った兵士たちが、我先に切断された手足の痕を見せようとしたのである。手当と言えば、傷口に汚れた襤褸布が当てられているにすぎなかった。大声をあげて助けを求める者もいた。病院中に耐え難い悪臭が漂っていた。

ロシア政府の当局者自身も認めていたが、当時、ロシア軍の病院で負傷兵の手術を行なっていた医師は、医者というよりもむしろ「手先の器用な農民技能者」であり、医師としての専門的な訓練をほとんど受けていなかった。不潔な肉切り包丁で荒っぽい切断手術をやってのける「軍医」たちは、消毒の必要性や感染症の危険に関する知識を持ち合わせていなかった。ピロゴーフが赴任当初に見た患者たちは、手足を切断されたまま何週間も血の海の中に寝かされていた。[21]

ピロゴーフがセヴァストポリ到着後に最初に手掛けた仕事は、市内の各病院の混乱に終止符を打ち、一定の秩序を回復することだった。その上で、彼は徐々にトリアージュのシステムを導入していく。貴族会館に設置された市内最大の野戦病院の責任者としてピロゴーフが最初に目にしたのは驚くべき混乱だった。英仏軍の砲撃を受けるたびに、瀕死の重傷者、緊急処置を必要とする負傷者、軽傷者など、さまざまな症状の多数の患者が無秩序に運び込まれた。最初のうち、ピロゴーフは最も重症と思われる患者を優先的に手術台に運ぶよう看護婦に命じていた。しかし、一人の患者の手術に集中している間に、次から次に重症者が運び込まれ、到底対応が追いつかなくなった。手術をすれば助かるのに、治療が間に合わないために無駄に死んでいく重傷者が放置されている一方で、医師たちはあまりにも重傷で助かる見込みのない患者の手術に追われるという状態だった。「これでは意味がないと私は思い、断固として合理性を貫徹すべきだと心に決めた」とピロゴーフは回想している。「命を救うためには、手術台の上の医療活動よりも、応急手当所での患者の区分けの方がはるかに重要だった」。ピロゴーフが解決策として導入したのは基本的なトリアージュのシステムだった。このシステムが初めて採用されたのは一八五五年一月二十日のセヴァストポリ砲撃の最中だった。ピロゴーフは貴族会館の大広間に運び込まれた負傷兵を応急手当を施すべき優先順位に従って大きく三つのグループに区分した。治療すれば命の助かる重傷者は手術室に運ばれてすぐに手術された。軽傷者は番号札を渡され、近くの兵舎に運ばれて、医師の手当てを待つように言われた。助かる見込みのない重傷者は安息所に運ばれ、医療助手、看護婦、司祭などの看護をうけて死を待つのだった。[22]

トルストイは『セヴァストポリ物語』の中で貴族会館の大広間の様子を次のように描写している。

ドアを開けると、何の前触れもなしに、突如として異様な光景が眼に飛び込んでくる。それと同時に、異様な臭気に襲われる。四、五〇人もいるだろうか、手や足を切断された者を含む重症の負傷兵が、一部は簡易ベッドに寝かされ、大部分は床に直接に寝かされている……さて、度胸があれば、彼らの間を抜けて左手の小部屋に入ってみよう。この部屋では医師が手術を行ない、看護婦が傷に包帯を巻いている。医師たちは青白い顔に沈鬱な表情を浮かべ、その手は肘のところまで血に染まっている。彼らが全身の注意を集中して手術を施している手術台上の患者はクロロホルムを与えられて意識を失っているが、譫妄状態にありながら両眼を見開き、意味の分からない譫言《うわごと》を発している。譫言は時として悲痛な叫び声となり、聞く者の憐れを誘う。手足の切断手術は残酷だが、患者の命を救うためには致し方ない。三日月状の鋭利なメスが白く逞しい肉体を切り裂く。すると、患者が突然意識を回復し、痛ましくもすさまじい金切り声で抗議の叫びをあげる。切断された片腕を医療助手が部屋の隅に放り投げる。その同じ部屋に、担架に寝かされた別の負傷兵がいて、仲間の兵士が手術を受ける様子を見ている。彼は自分の傷の痛みからというよりも、心理的な恐れから身もだえし、呻き声をあげている。この野戦病院では見る者の存在を根底から揺るがすような光景が繰り広げられている。戦争の真実は華やかな軍服や整然とした分列行進、軍楽隊の勇壮な演奏や太鼓の響き、たなびく軍旗や颯爽と駿馬に跨る将軍の姿にあるわけではない。この野戦病院で展開される流血と苦痛と死、これこそが戦争の真相なのだ。[23]

ピロゴーフによる麻酔術の導入は手術の迅速化を可能にした。彼とその部下の外科医たちは同時に三台の手術台を使い、一日七時間の作業で一〇〇件以上の切断手術をこなした（まるで工場作業のようだという批判もあった）。ピロゴーフは、また、足首の切断に関する新しい手術方法を開発した。それは踵の骨の一部を残すことによって脚部の骨を支えるという手術で、一般の手術よりも切断部分を小さく限定し、傷口を必要最小限の大きさにとどめ、出血量を抑制する手術法だった。大量の出血が患者の生命にとって重大な脅威であることをピロゴーフはよく理解していた。彼は、また、感染症の危険も認識しており（ただし、病気を媒介するのは汚染された空気であると信じていた）、手術の終わった患者が、傷口から膿を発している他の患者や壊疽の兆候のある患者と接触することを厳重に禁止した。これらの先進的な対策によって、ピロゴーフは英仏軍よりもはるかに高い手術生存率を達成した。たとえば、腕の切断手術を受けたロシア兵の生存率は六五パーセントまで向上した。クリミア戦争で最も広く行われ、最も危険だった手術は大腿部の切断手術だったが、これについても、ピロゴーフは二五パーセントの生存率を実現している。一方、英仏軍の野戦病院で大腿部切断手術を受けた患者の生存率は一〇パーセント前後の水準にとどまっていた[24]。

英国軍は麻酔術の導入についてロシア軍やフランス軍よりもはるかに消極的だった。軍医総監のジョン・ホール卿は、英国軍がクリミア半島に向けてヴァルナ港を出航する直前に発した通達の中で、麻酔術の利用を控えるよう軍医たちに指示している。「患者が重い銃創を受けて深刻なショック状態にある場合であっても、クロロホルムの使用は極力慎むべきである……麻酔薬を使わないことは、表面上は残酷に思われるかもしれないが、メスの痛みは強力な刺激となって患者に力を与える。意識を失ったまま静かにあの世に行くよりも、元気に喚き声を上げて生きかえる方がはるかにマシである」。当時の英国の医学界では、麻酔術という新技術に対する消極的な意見が主流を占めていた。クロロホルムは患者の回復力を弱めるという主張があり、また、麻酔術の専門医がいない戦場で麻酔薬を使うのは問題外であるという説もあった。このような意見の背景に、どんな窮地に陥っても「歯を食いしばって」勇敢に頑張り、いかなる苦痛にも耐えることこそが男らしさの証左だとする英国特有の観念があったことは間違いない。英国の兵士はいかなる苦痛にも動じないという考え方はごく一般的だった。軍医の一人はクリミアから次のように書き送っている。

英国の兵士がいかに豪胆であるかについては、まだ十分に語り尽くされていない。彼らは苦痛を笑い飛ばし、死に直面しても弱音を吐かない。肉体に対する精神の完全な勝利とも言える彼らの気力は、実に驚嘆すべきである。もし、手足をもぎ取られたり、潰されたりする事故が英国内で起きれば、患者は気絶した状態で運び込まれるか、病院についたとたんに倒れ込むのが普通である。しかし、ここ戦場では、腕がちぎれかかった兵士や、肘を銃弾で撃ち抜かれた兵士がやって来て言うのだ。「軍医殿、できれば急いで処置してください。まだくたばってはいられない。前線に戻って戦闘を続けなければならないからだ」。勇敢な兵士たちの多くが切断された腕の痕に冷水で絞ったタオルをあてがい、這うようにして前線に戻っていく。砲弾が頭をかすめて爆発し、銃弾が足元の草を引きちぎる戦場に戻って、戦闘の推移を見届けるためだ。紛れもない事実だが、私が片足の切断手術を施した一人の大尉は、手術が済むと、「足の治療が終わったからには、戦闘に復帰する」と宣言し、馬に乗せてくれと懇願した。(25)

ピロゴーフに率いられるロシア軍の軍医たちは、フランス軍と同様に、野戦病院における看護婦の役割を重視していた。傷の程度に応じて負傷兵を区分けする作業を手伝うのは看護婦であり、患者に慰めの言葉をかけ、薬品の調剤と投薬を行ない、茶やワインを配り、患者の手紙を代筆し、臨終の患者を精神的に支えるのも看護婦だった。愛情に満ちた看護婦に接した兵士たちの多くが、看護婦のなかに母親の姿を見出している。ピロゴーフは妻宛の手紙に次のように書いている。「女性が果たす役割には驚くべきものがある。病院の勤務者の中にきちんとした服装の女性がひとり存在するだけで、負傷兵たちの苦痛は大いに和らげられるのだ」。ロシア宮廷の貴婦人たちの間に看護婦団をクリミア半島に送り込もうとする動きが始まった時、ピロゴーフはその動きを歓迎し、奨励した。たとえば、皇帝の義理の妹に当たるドイツ生まれのエレナ・パヴロヴナ大公妃[*2]はインケルマンの敗北が伝えられた直後に「聖十字架看護婦会」を設立したが、その第一陣として三四人の看護婦がピロゴーフに協力すべく、十二月一日にシンフェロポリに到着している。サンクトペテルブルクから一〇〇〇キロの泥道を踏破する困難な長旅を経てクリミア半島にやって来た看護婦たちの多くは軍人の娘や妻や寡婦であり、一部に商人や宗教関係者や下級貴族たる役人の子女も混ざっていた。もちろん、彼女たちが戦場の厳しい環境に接するのは初めてであり、チフスその他の疫病に感染して倒れる者も少なくなかった。ピロゴーフは看護婦たちを三つのグループに分けた。傷の手当てと手術の助手を務めるグループ、薬の調剤と投薬を担当するグループ、病院の管理運営に当たるグループの三グループだった。手術助手を務めることになったアレクサンドラ・スターホヴァにとって、最初の切断手術は勇気が試される試練だったが、彼女は試練を乗り切り、その経験を家族宛に書き送っている。

> ピロゴーフ軍医が執刀する切断手術を二件手伝いました。腕の切断手術と脚部の切断手術です。神様の思し召しで、何とか気絶しないで助手を務めることができました。腕を切断する手術では、可愛そうな兵士の背中を支え、傷口に包帯を巻きました。自分にそれ程の勇気があったことに驚

きますが、こんなことを書くのも私が怖がっていないことをお知らせするためです。苦しんでいる兵士たちを助けることは本当にやりがいのある仕事です。お医者さんたちも私たち看護婦の働きを評価してくれています。(26)

クリミア半島の現地でも、地元の女性たちがみずから志願し、あるいは看護婦団を組織してセヴァストポリ周辺の応急手当所や野戦病院に馳せ参じる動きがあった。ダーシャ・セヴァストポリスカヤもそのひとりだった。ダーシャはアリマ川の戦場で負傷兵の救護に当たった後、セヴァストポリに退いてからは、貴族会館の野戦病院でピロゴーフの手術を手伝った。エリザヴェータ・フローポチナという女性も有名だった。彼女は砲兵隊指揮官だった夫につき従って戦場をめぐっていたが、夫がアリマ川の戦闘で頭部に重傷を負った後はカチャの応急手当所で看護婦として働いた。ピロゴーフはこれらの女性の勇気ある行動を称賛している。ロシア軍当局は女性が部隊に出入りすることを嫌ったが、ピロゴーフは当局の圧力に抗して、さらに多数の看護婦団を組織しようとしていた。最終的にはエレナ・パヴロヴナ大公妃の影響力が物を言って、皇帝ニコライ一世が聖十字架看護婦会の活動を公式に認める運びとなる。クリミア半島における聖十字架看護婦会の医療活動を支えた資金は、当初はエレナ・パヴロヴナ大公妃自身が負担していた。大公妃は、また、親族のコネを利用して、当時高貴薬だったキニーネを含む医薬品を英国から買い入れ、サンクトペテルブルクのミハイロフスキー宮殿にある自宅の地下室に保管していた。ひとたび皇帝の認可が下りると、貴族、商人、役人、司祭など各界から看護婦会への寄付が殺到した。一月に入ると、聖十字架看護婦会はさらに二度にわたって看護婦団をセヴァストポリに派遣する。そのうち、二番目の看護婦団を指揮したエカチェリーナ・バクーニナはサンクトペテルブルク市長の娘で、無政府主義者の革命家ミハイル・バクーニンの従姉だった（当時、ミハイル・バクーニンは逮捕されてサンクトペテルブルクのペトロパヴロフスク要塞に収監されていた）。ロシアの上流階級の家庭ではよくあることだったが、エカチェリーナ・バクーニナは子供時代の夏を毎年クリミアの別荘で過ごしていた。その懐かしい保養地が外国軍に蹂躙《じゅうりん》されることは、とうてい許せない恐ろしい事態だった。「偉大なロシア帝国のこの美しい片隅が残忍な戦争の舞台になるとは、想像もできない出来事だった(27)」

フローレンス・ナイチンゲールも、エレナ・パヴロヴナ大公妃と同様に、傷病兵の救護に貢献したいという衝動を感じていた。ダービーシャーの大産業資本家の一家に生まれたフローレンスは、当時の英国政府の政治家や役人の大半よりも高度の教育を受けた女性だった。ナイチンゲール家は政財界に広くコネを持っていたが、女であるがゆえに、フローレンスの活動範囲は慈善事業の分野に限られていた。キリスト教の信仰に燃える二十五歳のフローレンスは、家族の反対を押し切って貧民街での慈善事業に乗り出し、次いで、ドイツに渡って、デュッセルドルフ郊外のカイザースヴェルト・アム・ラインにあったルーテル派教団の看護婦養成学校に入学する。そこで、テオドル・フリードナー牧師が設立した慈善看護婦会の看護方法を学び、一八五一年に卒業すると看護術の基本原則を英国に持ち帰って、一八五三年にはハーリー・ストリートの慈善病院の院長に就任した。ナイチンゲールがクリミアに持って行きたかったのは、看護の基本原則、すなわち、病棟を清潔に保ち、効率的に運営するという原則に他ならなかった。しかし、この考え方自体には目新しい点は何もなかった。クリミア半島に駐留する英国軍の医療関係者も、病院の清潔さと整然たる運営が医療に役立つことは十二分に認識していた。ただし、この常識的な理想を実現するために必要な人材と資金が不足していることが問題だった。ナイチンゲールにとっても、この問題を完全に解決することは最後まで困難だった。

当時戦時相だったシドニー・ハーバートは、その権限を行使して、ナイチンゲールを在トルコ英国軍の野戦病院で働く看護婦の総責任者に任命する。ただし、クリミア半島は彼女の責任範囲に含まれていなかった。つまり、戦争がほとんど終結を迎えようとする一八五六年春になるまで、ナイチンゲールはクリミア半島における医療活動に関して何の権限も持たなかったのである。そもそも、ナイチンゲールの立場は微妙だった。ハーバート戦時相からは、現地の看護態勢を監督し、陸軍医務当局のやり方に不手際があれば直接に報告するよう指示されていたが、彼女は公式には軍隊の階級序列に従うべき身分だった。その陸軍当局は看護婦が前線に近づいたり、前線付近で働いたりすることに基本的に反対していた。ナイチンゲールの改革が成功するかどうかは軍隊の官僚機構との力関係にかかっていた。両者の戦いは熾烈を極めた。ナイチンゲールは生まれながらの指導者として他人を強引に支配するタイプの人物だったが、たとえそうでなかったとしても、陸軍医務局の当局者たちに一目置かせて医療改革を実現するためには、看護婦たちを独裁的に支配管理する必要があった。当時の英国にはトルコ派遣の要請に応えて有資格の看護婦を供給し得るような職業団体は存在しなかったので、ナイチンゲールは、ハーバート夫人エリザベスの協力を得つつ、自分で看護婦団を組織しなければならなかった。参加する看護婦を選別するにあたって、彼女は冷徹な機能重視の原則を適用した。ナイチンゲールが優先したのは下層階級出身の年若い女性たちだった。現地の厳しい環境に耐え、本気で困難な仕事に立ち向かうことのできる女性が必要だったからである。次に、看護の経験を持つカトリックの修道女たちを採用した。若い女性を監督する役を務めさせるためであり、また、派遣軍兵士の三分の一を占めるアイルランド系カトリック教徒への配慮でもあった。ただし、数百人規模で志願してきた中産階級の善意の女性たちは一人も採用しなかった。感受性の鋭敏な中流婦人の「扱いの難しさ」を恐れた結果だった。

ナイチンゲールと三八人の看護婦がコンスタンチノープル近郊のスクタリに到着したのは一八五四

年十一月四日だった。バラクラヴァの戦い〔十月二十五日〕で負傷した兵士が大量に海上輸送されて入院した直後だった。スクタリのめぼしい建物はすでにフランス軍が病院として接収していたので、英国軍の野戦病院用に残されたのは荒れ果てた狭い建物だけだった。汚れた床の上に隙間なく並べられたベッドとマットレスの上には、重傷者と軽傷者、軽症の病人と瀕死の病人が区別なく折り重なるように寝かされていた。多くの病人が下痢に苦しんでいたが、トイレの施設としては、病棟内と廊下に大型の木桶が置かれているだけだった。水道管が老朽化して破損したために、水の供給は事実上止まっていた。暖房システムも壊れていた。ナイチンゲールが到着してから数日以内に、状況はさらに悪化した。インケルマンの戦い〔十一月五日〕で負傷した兵士が数百人規模で運び込まれ、病院の収容能力が限界を超えたのである。搬送されてきた負傷兵の状態は「まことにもって悲惨だった」とスクタリ病院に近いハイデル・パシャ病院の外科医助手だったウォルター・ベリューは日記に記している。「輸送船が入港した時点で多数の負傷兵がすでに死亡していた。港から各病院に向かう途中で死亡する者も少なくなかった。生き残った者も悲惨この上ない状態だった。彼らの衣服は泥と排泄物にまみれ、手や顔は火薬と泥で真っ黒に汚れ、全身蚤やダニに覆われていた」。毎日、五〇人から六〇人の割で死亡者が出た。息を引き取った患者はすぐに毛布にくるまれて病院裏の共同墓地に埋葬され、空いたベッドには別の患者が運び込まれた。看護婦たちは不眠不休で働いた。兵士たちの身体を洗い、食事と薬を与え、死に際には慰めの言葉をかけた。多くの看護婦が勤務の緊張に耐えきれず、深酒を飲むようになった。ミス・ナイチンゲールの専横な支配を非難し、召使いのような下働きの仕事に不満を漏らす者もあった。ナイチンゲールは、不満分子が出ればすぐさま本国に送り返した。(28)

十二月末、看護婦の第二陣が到着して、ナイチンゲールの看護団に参加した。これと同じ時期に、『タイムズ』社のクリミア基金を自由に利用する権限がナイチンゲールに委ねられた。スクタリの各陸軍病院のために医療用品と薬品を購入することが可能になった。これにより、ナイチンゲールは軍事当局の妨害を受けずに自分の判断で活動することができるようになる。軍事当局は劣悪な医療態勢から脱却するために、ナイチンゲールの資金力と行政能力を利用した。ナイチンゲールは確かに優れた管理能力の持ち主だった。後年ナイチンゲールを偶像視して美化する人々は、当時の英国の軍医、手術助手、調剤師たちが野戦医療に貢献した事実を完全に無視する一方で、ナイチンゲールの功績だけを過大に評価する傾向があるが、とはいえ、スクタリの中央病院の惨状を改善するための道筋をつけたのがナイチンゲールであったことは間違いない。調理場のあり方を一新し、新規にボイラーを購入し、トルコ人の洗濯女を雇ってその仕事を監督し、病棟の清掃状態を監視するなど、休む間もなく二四時間働き続けただけでなく、毎晩病棟を巡回し、傷病兵にキリスト教徒としての慰めの言葉をかけるナイチンゲールは、「ランプを持つ貴婦人」の呼び名で広く知られるようになる。しかし、彼女のあらゆる努力にもかかわらず、死亡率は驚くべき速度で上昇していた。翌年一月には、駐留英国軍の全兵士の一〇パーセントが病気で死亡するという事態になり、二月に入ると、スクタリの英国軍野戦病院の患者死亡率が五二パーセントに達する。前年十一月にナイチンゲールが着任した時点の死亡率が八パーセントだったことを考えれば、恐るべき上昇率だった。十一月のハリケーン以降の冬の四ヵ月の間にスクタリの各病院で合計四〇〇〇人の英国軍兵士が死亡したが、その圧倒的大部分の死因は負傷ではなく、病気だった。実態を知って、英国の世論は沸騰し、『タイムズ』紙の読者は説明を要求した。世論に動かされた英国政府は、三月初め、衛生委員会をスクタリに派遣して調査を開始する。衛生委員会による調査の結果、スクタリの中央病院は汚水溜めの上に建っており、下水が漏れて飲料水に混入しているという事実が判明する。ナイチンゲールはこの危険を見落としていたのである。彼女は病気の伝染源は汚染された空気であると信じていた〔コッホがコレラ菌を発見するのは一八八三年になってからだった〕。しかし、いずれにせよ、病院の衛生状態に不備があることは間違いなかった。傷病兵が生き残る確率は、スクタリの病院に収容されてナイチンゲールの看護を受けるよりも、トルコ国内のどこか別の村に収容される方が高かったのである。

英国でも、フランスでも、ロシアでも、戦争の推移に関する国民の関心と憂慮はかつてないほど高まっていた。連日の新聞記事はもちろん、雑誌に掲載される写真やスケッチなどを通じて、国民は戦争の実態を知り、過去に例がないほど正確に戦争の現実を把握していた。戦争の報道に反応する国民世論の動向は、軍事当局にとっても無視できない要素になっていた。戦時中に軍事当局がこれほどまでに世論の批判にさらされるという事態は、これまでの戦争では考えられないことだった。クリミア戦争は歴史上初めて国民の世論が決定的な役割を演じた戦争だった。

国民が戦争の実態を知りたがると言う点では、英国が世界の最先端を進んでいた。兵士の苦難や傷病兵の惨状が報道されると、国民は重大な懸念を抱きつつ、セヴァストポリ周辺の連合軍陣地の状況を知ろうとした。その年の冬、英国が厳しい寒さに見舞われたこともあって、ロシアの地で冬を過ごす兵士の身を案ずる憂慮がいっそう深まった。『タイムズ』社の「クリミア基金」にも、また、兵士の妻子を支援する目的で設立された「王立愛国基金」にも、あらゆる階層の人々から寄付金が寄せられ、その額は巨額に達した。人々は寄付をするだけでなく、慰問袋に食品を詰め、温かな衣料品を編んで前線に送った（当時考案されたニット帽は「バラクラヴァ・ヘルメット」と呼ばれた）。ヴィクトリア女王もケンブリッジ公宛の手紙で、ウィンザー城で暮らす「女性軍の全員」が女王自身を含めて「兵士に送るための編み物に精を出している」と書いている。(29)

英国では欧州大陸のどの国よりも早く報道の自由が実現していたが、今やその自由が具体的な効果を発揮し始めていた。一八五五年に新聞印紙税が廃止された結果、価格の引き下げが可能となり、新聞は労働者階級にも手の届く媒体となった。新聞には兵士や士官からの投書が多数掲載されたが、クリミア戦争の時期には、それだけでなく、「戦争特派員」という新しい報道分野が生まれ、中産階級が朝食のテーブルで戦場の出来事を読むようになる。過去の戦争では、新聞の情報源は社外の「情報提供者」だった。「情報提供者」の多くは外交官、または、軍事当局がお墨付きを与えた軍人だった。この伝統は十九世紀末まで続く。たとえば、陸軍士官としてスーダンに勤務していた若き日のウィンストン・チャーチルも「情報提供者」として新聞に情報を提供している。彼らの情報は軍事当局の公式発表の引き写しであることが多く、もちろん、検閲を受けていた。「情報提供者」がみずから目撃した事件を直接に書き送るようなことはなかった。しかし、一八四〇年代から五〇年代にかけて事態は変化し、新聞各社が独自に特派員を雇用して重要な地域に派遣する時代になる。たとえば、スクタリの各病院の驚くべき惨状を特ダネとして書き送ったのは、『タイムズ』社が一八五四年三月にコンスタンチノープルに派遣した戦争特派員のトーマス・チェネリーだった。(30)

蒸気船と電信の出現によって、新聞社の戦争特派員が記事を書いてからその記事が印刷されるまでの時間は数日間にまで短縮された。クリミア戦争中には、戦場と欧州各国の首都を結ぶ電信網が段階的に整備され、その結果、ニュースの伝達速度は飛躍的に早まった。開戦当初は、ニュースがクリミアからロンドンに届くまでに最短で五日間が必要だった。バラクラヴァからヴァルナまで蒸気船で二日、ヴァルナから最も近い電信基地のあるブカレストまで馬で三日かかったからである。しかし、一八五四年の冬までにフランス軍がヴァルナに電信基地を設置したので、戦場のニュースはわずか二日でロンドンに届くようになった。さらに、一八五五年四月末に英国軍がバラクラヴァとヴァルナの間に海底ケーブルを敷設すると、戦場とロンドンとの通信時間はわずか数時間に短縮された。*3

日々の新聞紙面で戦争の成り行きを知る国民にとって、報道の速報性は欠かせない条件だったが、それと並んで重要だったのは、真実を詳細に報道するという新聞社の姿勢だった。検閲の束縛から解放された戦争特派員たちは読者の要望に応えて詳細な記事を書き送った。その結果、特派員の報告記事を掲載する新聞と雑誌は一種のブームを迎えた。戦闘場面の生きいきとした描写や兵士の悲惨な状況についての分析記事を通じて、戦争はすべての家庭に入り込み、その結果、国民の間に戦争の進め方についての活発な議論が沸き起こった。『タイムズ』をはじめ、各新聞社には過去に例がないほど多数の投書が寄せられたが、そのほとんどすべてが作戦行動の改善に関する意見と提案だった。[*4] 英国の中産階級がこれほど幅広く政治に関与したことはかつてなかった。辺鄙な田園地帯にすむ人々までが、突如として世界的な事件の推移にさらされることになった。詩人のエドマンド・ゴスはその有名な回顧録の中でデヴォンシャーの小さな宗教共同体で過ごした少年時代を回想しているが、クリミア戦争の影響は世間から隔絶した彼の家庭生活にも及んでいた。「ロシアに対する宣戦布告は世間から隔絶したカルヴァン派の村に外部世界から吹き込んだ最初の風だった。それまで私の家では新聞を定期購読したことはなかったが、両親はこれを機会に日刊紙の購読を始め、父と私は地図を取り出して、聞いたこともない珍しい場所で起こっている戦争の推移を熱心に話し合った[31]」

臨場感のある戦争報道に対する国民の要求は飽くことなく拡大した。ファニー・デュバリーなどの観戦旅行家が書く目撃手記も評判を集めた。しかし、人々が最大の関心を寄せたのは写真と挿絵だった。『イラストレーテッド・ロンドン・ニューズ』などの雑誌は、安いコストで簡単に印刷できるリトグラフ〔石版印刷〕の技術を採用して売り上げを伸ばし、クリミア戦争中にブームを迎えた。売上、利益ともに膨大だった。何よりも国民の興味を引きつけたのは写真だった。写真こそは戦争の真相をありのままに伝える手段と見なされた。ジェームズ・ロバートソンとロジャー・フェントンの二人はともにクリミア戦争で名を成した報道写真家だったが、彼らの写真集は確実に需要を伸ばしていた。

写真はこの世に登場してからまだ日の浅い技術だった。英国民の多くは一八五一年のロンドン大博覧会で初めて写真の存在を知り、驚異の目を見張ったばかりだった。クリミア戦争は写真に撮影された最初の戦争であり、その意味では、国民が戦闘の様子をほぼ即時的に「見る」ことができた最初の戦争でもあった。すでに、一八四六～四八年の米墨戦争ではダゲレオタイプ〔銀板写真〕が使われ、一八五二～五三年のビルマ戦争でも、カロタイプ〔ヨウ化銀写真〕が採用されたが、どちらも技術的に未開発で、写真はぼやけていた。それに対して、クリミア戦争の写真は、当時のある新聞によれば、「きわめて高い精度で現実を再現し、戦争の実態を直接に見せてくれる窓」だった。ただし、実態は少々違っていた。当時採用されていたコロジオン法〔湿板法〕の写真技術では、ガラス板を最大二〇秒間露出する必要があり、したがって、動きのある被写体を撮影することは不可能だった（その後、技術革新が進み、一八六〇年代前半のアメリカ南北戦争では、動きのある被写体の撮影が可能となる）。ロバートソンとフェントンが撮影した写真の大半はポーズを取る人物の写真か風景写真であり、それは主要な購読層である中産階級の趣味と感受性に合致する絵画的な写真だった。二人の写真家はもちろん多くの死を目撃したが、死の場面そのものを撮影することはなかった。フェントンの写真の中で最も有名な『死の影の谷』では、荒野の道端に散乱する砲弾によって死が暗示されている（フェントンは効果を高めるために砲弾を掻き集めて撮影したと言われている）。写真家たちが戦死の場面を撮影しなかったのは、クリミア戦争が正義の戦争であるというヴィクトリア朝の社会通念に反しない範囲で写真を撮ろうとしたからである。特に、ロバートソンの場合、戦争の暗い部分を撮影しなかった理由は検閲への配慮というよりも、むしろ写真の売れ行きを気にする商業的な圧力にあった。ただし、フェントンの場合には明らかにプロパガンダの要素もあった。フェントンは、『タイムズ』をはじめとす

『死の影の谷』(1855年、ロジャー・フェントン撮影)

る新聞各紙の批判的な報道への対抗措置として英国政府がクリミアに送り込んだ王室御用達の写真家だったのである。たとえば、フェントンが撮影した写真の兵士たちは、政府から最近支給された上等の長靴を履き、羊革の大型外套を身に着けているが、それは英国の兵士が温かな軍服を支給されていることを国民に納得させる意図に基づいていた。しかし、フェントンがクリミア半島に到着したのは一八五五年三月以降である。つまり、その写真が撮影されたのは四月に入ってからであり、すでに温かな服装の必要ない季節になっていた。多くの兵士が寒さに震えて死んでいった冬の季節はすでに終わっていたのである。四月に入れば、クリミア半島の気温は二六度に達する。フェントンの写真のモデルを務めた兵士たちは、温かな軍服を着て大いに汗をかいたに違いない。(32)

フェントンのカメラには嘘があったとし

『冬用の軍服を着た第68連隊の兵士たち』(1855年、ロジャー・フェントン撮影)

ても、『タイムズ』紙に掲載された戦争特派員ウィリアム・ラッセルの報道記事には嘘はなかった。英国民は他の何よりもラッセルの報道記事を通じてクリミア戦争の実態を知ることになった。ラッセルの署名記事はクリミア戦争の特派員報告の中で最も多くの読者を集めていた。一八二〇年にダブリン近郊のアイルランド系英国人の家庭に生まれたラッセルは、一八四一年、アイルランド総選挙の最中に『タイムズ』社の記者となった。一八五〇年にプロイセンとデンマークの小規模な国境紛争を取材した後、編集長ジョン・ディレーンの命令で、一八五四年二月、近衛歩兵旅団を取材するためにマルタに派遣される。ディレーン編集長は近衛旅団司令官に、ラッセルを復活祭までに本国に呼び戻すことを約束していたが、ラッセル自身はその後の二年間を遠征軍とともに過ごし、クリミアからほぼ連日のペースで最新ニュースを送り続けた。

その報道には、軍事当局の不手際を批判する記事も数多く含まれていた。アイルランド系英国人という背景を持つラッセルの記事は、英国の軍事当局に対する冷静な批判精神に貫かれており、軍事指導部の無能さに対する非難は容赦なかった。ラッセルは明らかに一般兵士に同情していた。一般兵士の三分の一はアイルランド系だった。ラッセルは打ち解けた態度で兵士に接し、兵士たちもラッセルに心を開いた。軽騎兵師団の参謀将校だったヘンリー・クリフォードはラッセルを次のように評している。

ラッセルは教養のない俗悪なアイルランド人で、英国人から見れば異教のカトリック教徒だが……人の心をつかむ才能があり、弁舌さわやかで、筆が立ち、歌を好み、愚かしい青年士官たちと一緒になってやたらに葉巻をくゆらし、誰とでも酒を酌み交わし、幕営地の大多数の兵士から「快男児」として好かれている。情報をつかむのが得意なタイプで、特に若い士官や兵士に受けが良い。(33)

軍指導部はラッセルを毛嫌いしていた。ラグラン総司令官にとって、ラッセルは軍事機密を漏らす危険人物だった。総司令官は部下の参謀たちにラッセルとの接触を禁じていた。ラグランを特に怒らせたのは、派遣軍の悲惨な状況を訴える士官や兵士の手紙が『タイムズ』紙に掲載されることだった。『タイムズ』はその種の手紙を金で買っているという噂があった。士官や兵士が公表を意図せずに書いた手紙を親族が新聞に売り込んでいるというのである。兵士の福利よりも上官への忠誠と服従を重視する軍当局は、軍隊の秩序を破って新聞に投書する士官や兵士の存在に激怒していた。「士官たちが愚劣で悪辣な投書を新聞社に送るような事態は前代未聞である。『タイムズ』が投書をでっち上げている可能性もある。いずれにせよ、軍人にあるまじき卑劣な内容の投書だ」と、総司令部の参謀でスコットランド近衛師団司令官のナイジェル・キングズコート少佐はいきまいている。「『タイムズ』の否定的報道にもかかわらず、当地の兵士たちは元気であり、士気も高い。士官たちとはあまり話をしていないが、筋目正しい出身の将校ほど不平不満を言わないことは確かだ」

ラグランは新聞との対決姿勢を緩めず、十一月十三日には、陸軍相ニューカースル公爵に書簡を送り、『タイムズ』の特派員報告は利敵行為であると訴えた。確かに、補給態勢の不備や兵士の窮状を伝えるラッセルの記事はロシア軍の士気を高める効果を発揮した可能性がある（皇帝ニコライ一世もサンクトペテルブルクで『タイムズ』の特派員報告を読んでいた）。ラグランの苦情に応えて、陸軍省は法務総監補ウィリアム・ロメーンの名でクリミア現地の戦争特派員に対する警告を発し、ニューカースル陸軍相自身も各新聞社の編集長に警告の書簡を送った。しかし、『タイムズ』のディレーン編集長は報道の自由を制限しようとする陸軍の圧力に抵抗する姿勢を貫いた。ディレーンはラグラン総司令官の能力に疑いを持っており、クリミア派遣軍の運営の不手際を暴露することこそが国益につながると信じていた。したがって、機密保護に関する陸軍省の要請に耳を貸そうとしなかったのである。十二月二十三日の『タイムズ』紙の社説は、戦争指導部の無能ぶりと、それに対して何ら手を打たない政府の無策ぶりを非難している。問題は政治的抗争に発展しつつあった。一方には職業軍人の専門性に依拠する実務的な戦争指導を追求する能力主義的な勢力があり、他方には貴族階級の伝統的特権に固執する旧時代的な勢力があった。ラグラン総司令官の参謀本部が縁故主義によって構成されていることは誰の目にも明らかだった（副官のうちの五人までがラグランの甥だった）。

批判にさらされたラグラン総司令官が反撃に出る日が来た。一月四日、ラグランは陸軍相ニューカースル公宛に再び書簡を送った。ラッセルを反逆罪で告発する事実上の告発状だった。

この記者はあらゆる事柄に難癖をつけ、あらゆる人間を糾弾しているが、その非難は世間の不満を煽り、混乱を助長するように巧みに計算されている。ヨーロッパ最大の発行部数を誇る新聞の特派員記事がロシア皇帝に雇われたすべてのスパイよりもロシアの役に立っているという事態を見逃すことはできない……通信手段の迅速化が進む現在、英国陸軍が強大な敵国を相手に長く持ちこたえられるかどうかが危ぶまれる事態が生じている。敵は英国の新聞報道を通じて、また、ロンドンからの直通の電信を通じて、英国軍の兵力、配置、装備に関する必要な情報をすべて知り得る立場にあるからだ(34)。

しかし、ニューカースル陸軍相はこの告発に応じなかった。陸軍相は『タイムズ』紙の主張に同調する世論がすでに政治的圧力として無視できない勢力となっていることを感じ取っていたからである。クリミア派遣軍の惨状についてのスキャンダルはアバディーン内閣にとっての脅威になりつつあった。軍指導部を非難する世論の高まりを背景にして、ニューカースル陸相は、逆に、ラグラン総司令官に主計総監リチャード・エアリー卿と総務局長ジェームズ・エストコート少将の更迭を要請する。この二将軍を更迭すれば、失態の責任者の首を求める世論を満足させることができると踏んだのである。ところが、ラグラン卿は二将軍を擁護して譲らなかった。そもそも、陸軍が直面する困難の責任が軍指導部にあるとは思いもしなかったのである。ただし、ラグランはルーカン卿を本国に召還する措置には喜んで応じた。きわめて不当な責任転嫁だったが、軽騎兵連隊の突撃が惨敗に終わった責任を(不当にも)ルーカン卿に負わせたのである。

ルーカン卿が帰還命令を受け取ったのは二月十二日だった。その時点で、アバディーン内閣は新聞と世論の圧力を受けてすでに退陣に追い込まれていた。一月二十九日、自由党急進派の下院議員ジョン・ローバックがクリミア派遣軍の窮状と陸軍省の責任を調査する特別委員会の設置案を提出し、この動議に下院の三分の二が賛成した。政府の戦争指導に対する事実上の不信任決議だった。ローバックの意図は必ずしも内閣打倒ではなく、むしろ議会に対する内閣の説明責任を明確にしようとすることにあったが、政府を追及する圧力は議会の枠内にとどまっていなかった。圧力の主体はすでに世論と新聞に移っていたのである。翌日、アバディーン内閣は総辞職し、一週間後の二月六日、ヴィクトリア女王は決してお気に入りの政治家ではなかったパーマストンに組閣を命じる。初めて首相として内閣を組織することになったパーマストンは、この時すでに七十歳だったが、愛国主義的傾向の強い中産階級から強く支持されていた。パーマストンが新聞を通じて主張してきた強硬な外交政策は英国民の世論動向と完全に一致していた。国民大衆にとって、パーマストンは彼らが考える英国的理想の代弁者であり、無能な将軍たちの手からクリミア戦争を救出してくれるはずの指導者だった。

フランス皇帝ナポレオン三世は一八五五年に次のように述べている。「現在の文明社会では、たとえそれがいかに輝かしい勝利であっても、軍事上の勝利は一時的な過程にすぎない。実は、最終的に勝利するのは世論である」。ルイ・ナポレオンは新聞と世論の力を身に沁みて理解していた。彼自身が新聞と世論の力を背景にして権力を獲得したからである。というわけで、ナポレオン三世はクリミア戦争中も厳しい検閲制度を実施して、新聞を政府の支配下においていた。新聞の論調は政府を支持する勢力によって「買い上げられて」しまい、政治的な傾向から言えば、大部分の読者層の意見よりも保守的な路線を維持していた。ナポレオン三世はクリミア戦争を帝政への大衆の支持を取りつけるための手段と見なしており、大衆の反応を見ながら戦争を進めていた。決断力に欠けることで有名だったカンロベール総司令官に対してナポレオン三世が与えた基本的な指示は、「確実に勝利が予想できないかぎり攻撃しないこと、人命の過大な犠牲が予想される作戦は行なわないこと」というものだった[35]。

大衆の批判に敏感だったナポレオン三世は、クリミア戦争に関する世論の動向を探るために警察組織を使って情報を収集していた。密偵たちは演説会だけでなく、神父の説教にも、個人の会話にも耳をそばだて、収集された情報は各地の地方長官や知事の報告書としてまとめられた。その報告書によれば、フランス国民の世論がクリミア戦争を支持したことは一度もなかった。国民はフランス軍が緒戦で勝利を収めなかったことに苛立ち、戦争の継続に対して批判的だった。国民の不満はとりわけカンロベール総司令官の指導力不足と皇帝の従弟ピエール・ナポレオン公の「臆病さ」に集中していた。ピエール・ナポレオン公はインケルマンの戦闘後にクリミアを離れて、一月にフランスに帰国してからは、反戦的世論におもねるかのように、セヴァストポリは「難攻不落」であり、したがって、セヴァストポリ攻囲作戦は中止すべきであるという見解を明らかにしていた。この時期の知事たちの報告書は、国民の間に広がる厭戦的気分が反政府運動に転化する可能性を指摘している。セヴァストポリを包囲する陣地で塹壕掘りの指揮を取っていたフランス工兵隊のアンリ・ロワジョン中佐は、兵士たちが本国での革命計画について噂をするのを耳にしている。クリミア戦争のための新たな動員を阻止する目的でストライキとデモが準備されているという内容だった。ロワジョン中佐は家族宛ての手紙に次のように書いている。「危険な噂が広まっている。すべて革命についての噂だ。パリ、リヨン、その他の主要都市を革命派が占拠すると言っている。マルセイユでは、兵士の乗船を阻止するために市民が蜂起するという話だ。誰もが和平を望んでいる。和平を実現するためならどんなこともいとわないという空気だ」。パリでは、皇帝ナポレオン三世が暴力革命の勃発を予測し、恐れていた。群衆がバリケードを築いて七月王政を打倒した二月革命からまだ六年半しか経っていなかった。皇帝は首都での騒乱を阻止するための詳細な計画を実行に移した。ヴィクトリア女王に宛てた皇帝の書簡によれば、まず、パリの中心部に「蜂起が発生した場合に鎮圧にあたるべき兵士の大部隊を収容できる」ビルディング群を建設した。また、「市民が敷石を剥がして『バリケードを作る』ことを阻止するために、ほとんどすべての道路を砕石舗装《マカダム》に変えた」。国民の戦争批判をかわす手段としてナポレオン三世が出した結論は、戦争指導部への支配管理を強化すること、そして、皇帝自身がクリミアを訪問し、それによってセヴァストポリ攻囲戦の勝利を早め、ナポレオンの名の栄光を回復することだった。(36)

ロシア国内では、戦争に関する情報が公表されることはほとんどなかった。黒海周辺地域で発行されるロシア語の新聞は『オデッサ時報』一紙のみだったが、同紙はクリミア半島に記者を派遣していなかった。『オデッサ時報』の戦争報道の内容は大雑把で、しかも、ニュースは事態が発生してから二、三週間遅れて掲載された。記事の内容も検閲によって厳しく制限されていた。たとえば、アリマ川の戦闘に関する報道記事は戦闘から二二日後の十月十二日になってようやく『オデッサ時報』に掲載された。しかも、事実とは異なり、ロシア軍はアリマ川の戦闘で敗北したのではなく、「左右両側と海上から押し寄せるはるかに優勢な敵軍の脅威を前にして、戦術的な撤退を行なった」という内容だった。簡略にすぎる表現で虚偽を隠蔽しようとする報道が読者を満足させることはあり得なかった。人々の間に噂話が広がった。セヴァストポリはすでに陥落し、黒海艦隊も壊滅したという噂が囁かれた。戦闘から四九日を経過した十一月八日になって、『オデッサ時報』はやや詳細な内容の記事を掲載し、アリマ川でのロシア軍の敗北を認めた。しかし、記事はロシア軍が恐慌状態で潰走したことにも、敵軍の優秀なミニエ銃がロシア軍歩兵部隊の旧式なマスケット銃を圧倒したことにも言及しなかった。新聞がロシア軍指導部の過誤や英仏軍に比べてのロシア軍の技術的な後進性を一般国民に知らせることは不可能だった。(37)

信頼に値する情報が公表されない状態が続き、その結果、知識層までが噂話に耳を傾けるようになった。当時サンクトペテルブルクで生活していたある英国人女性によれば、クリミア戦争に関する「馬鹿げた噂話」は上流階級の間にも広がっていた。「政府が徹底的に情報を隠蔽したために、人々の間に疑心暗鬼が生じ、さまざまな憶測が行き交った」。たとえば、英国の意図はポーランド人に反露蜂起を起こさせることにあるという説が流れ、また、インドがまもなくロシアのものになるという噂もあった。さらに、アメリカがクリミア半島に軍隊を派遣してロシアを支援するという観測もあった。少なからぬ数のロシア人が、ロシアとアメリカ合衆国はすでに軍事同盟条約を締結したと信じていた。[*5] サンクトペテルブルクに住む例の英国人女性によれば、「嵐に遭遇した船乗りが予備の大錨《シート・アンカー》に最後の望みを託すように、ロシア人はアメリカ合衆国の大統領を頼みの綱と見なしていた」。当時ロシア国内にいたアメリカ人は大いに歓待され、尊敬された。アメリカ人の方も「まんざらではない様子」だった。

> 奇妙なことだが、共和国であるアメリカ合衆国の市民のなかに、爵位や称号や勲章など、彼らにとってどうでもいいはずの制度に大いに執着する人々がいる……私がサンクトペテルブルクを離れたその日に、アメリカ大使館の館員のひとりが興奮して私の友人たちに見せた品物があった。それはいくつかの復活祭の卵《イースター・エッグ》で、何々公爵、何々公爵夫人その他宮廷の高位高官から贈られた物だという。その大使館員は、さらに、皇帝一家を描いた肖像画をありがたそうに見せて、ニューヨークに帰ったら家宝として居間の壁に飾るつもりだと言った。

ロシア警察は噂話が広がるのを阻止しようとして躍起になり、いたるところに密告者を配置していた。例の英国人女性は、アレクセイ・オルロフ長官の秘密警察「第三部」に呼び出された二人のロシア人女性の話を書き残している。二人は喫茶店での雑談中に、ロシアの新聞に掲載される戦争報道は信用できないと話しているところを密偵に聞かれたのである。「二人は秘密警察によって厳しく譴責され、今後は政府の検閲を経た新聞報道をすべて信用するように命じられたということだった」[38]

戦争はロシア社会の各層に様々な反応を呼び起こした。知識層は英仏連合軍のクリミア侵攻に憤激していた。多くの知識人サークルが一八一二年の勝利の記憶を軸に結集して、愛国主義的な訴えを行なった。ただし、皮肉なことに、大多数の人々の怒りはフランスよりも、むしろ英国に向けられていた。ロシアがナポレオン軍を打ち破った記憶は、結果としてフランスを軽視する傾向を生んでいたのである。例のサンクトペテルブルクの英国人女性によれば、「フランスは憐憫にしか値しない無力な勢力」と見なされていた。一方、英国嫌いは古くからのロシアの伝統だった。ロシアの上流社会には、あらゆる問題の責任を「二心あるアルビオン」に帰する傾向があった。「彼らの話を聞いていると、世界の諸悪の根源はすべて英国にあるかのようである」と例の英国人女性は嘆いている。サンクトペテルブルクのサロンでは、クリミア戦争を引き起こしたのは英国の侵略主義であり、紛争の根本的原因は英国マネーにあるという考え方が支配的だった。英国が戦争を引き起こしたのはシベリアに眠るロシアの金鉱を奪うためだという説もあり、また、英国はその帝国の版図をカフカスとクリミアに拡大しようとしているという説もあった。その英国の政策を主導し、世界に不幸をもたらしている張本人はパーマストンであるとロシアでは誰もが考えていた。パーマストンは不誠実なやり方で覇権を求める英国の象徴として、ロシアだけでなく、ヨーロッパ大陸のほぼ全域で嫌われていた。自由主義と自由貿易を唱道しながら、実は英国自身の経済的利益と領土的野心を世界的に追及していると思われていたのである。さらに、ロシア人にとって、パーマストンはヨーロッパ全域を巻き込む反露主義的政策の主導者として特に嫌悪すべき存在だった。例の英国人女性によれば、クリミア戦争開戦直後に英国のバルチック艦隊を指揮したネーピア提督と並んでパーマストンの名前は「ロシアの庶民階級の間で恐怖の的となっていた」。ベッドに入りたがらない子供を寝かす脅し文句として、女たちは「ほら、言うことを聞かないと、イギリスの提督が来るよ!」と言ったものだった。

そして、庶民の男たちが口論する時には、考えつく限りの悪口雑言を使い果たした後に(ロシア語は罵り言葉の語彙が特に豊富な言語だが)、最大級の侮蔑を込めて「イギリスの犬畜生!」と怒鳴るのである。その後、さらに激しいやり取りが続くような場合には、とどめの一撃として、相手を「パーマストン!」と罵ることになる。ただし、その言葉が何を意味するのかは双方とも全く理解していない。それでも決着がつかない場合、彼らが憎悪と復讐の念に燃えて最終的に口にする罵声は「ネーピア!」である。「ネーピア」は悪魔の五〇倍も悪い存在だと思われている。

ロシア軍の士官の間でもパーマストンを皮肉る歌が流行っていた。

戦争好きの情熱家
パーマストン司令官殿
人差し指一本で
地図上のロシアを打ち負かす。
その意気に押されて
例のフランス人もそそくさと後に続く。

伯父さんの剣を振り回し、
「勇気を出して、前へ！」と叫ぶ。[39]

最も好戦的だったのは汎スラヴ主義派とスラヴ派の人々だった。ロシアがバルカン地域に侵攻すると、彼らはそれをスラヴ民族解放のための宗教戦争の始まりとして支持したが、皇帝がドナウ両公国からの撤退を命令すると落胆し、ロシアは全ヨーロッパを敵にまわしても単独で戦うべきだと主張した。モスクワで発行される雑誌『モスクワ人』の編集長だったミハイル・ポゴージンは、ドナウ両公国からの撤退という事態に失望して、その汎スラヴ主義思想をさらに先鋭化させた。スラヴ民族解放のために、皇帝はあらゆる慎重さを投げ捨てて、オスマン帝国だけでなく、オーストリアに対しても革命戦争をしかけるべきだと主張したのである。ヨーロッパ戦争を求める汎スラヴ主義派の主張は英仏連合軍のロシア侵攻によって現実の問題となった。彼らの好戦的思想は愛国主義の波となって社会全体に広がった。皇帝の公認を得たポゴージンは宮廷に出入りする資格だけでなく、外交政策についての意見を皇帝に奏上する機会を与えられた。ポゴージンがどの程度までニコライ一世に影響を与えたかは不明だが、宮廷にポゴージンが登場したことは貴族階級が公然と汎スラヴ主義に賛同する契機となった。例の英国人女性によれば、「皇帝はトルコを侵略し、コンスタンチノープルを奪取するという意図を隠そうとしたかも知れないが、彼の貴族たちには隠す気がまったくなかった。この戦争が始まる二年も前のある晩、貴族の一人の口から『コンスタンチノープルについてはご安心ください。必ず我々のものになります』という言葉が発せられている」。[40]

しかし、比較的リベラルな親西欧派のロシア人の間では、戦争への支持はそれほど強くなかった。外国の新聞に接する機会のある人々は戦争に批判的でさえあった。ロシアは東方問題に関与すべきではないし、ましてや、悲惨な結果を招きかねない西欧列強との戦争に巻き込まれるべきではないと考える人々は少なくなかった。「神聖なるロシアの名のもとに、ありとあらゆる醜悪な策略が進められている」とピョートル・ヴャゼムスキーは書いている。ヴャゼムスキーは自由主義的傾向の詩人、評論家で、一八一二年のナポレオン戦争に従軍した後、財務省に二〇年間勤務し、一八五六年に文部次官として検閲の責任者となった人物である。「いったい、いつになったら終わるのか？　愚見によれば……われわれには勝ち目はない。ロシアが英仏連合軍に勝てるわけがないのだ」。秘密警察「第三部」が一八五四年にまとめた報告書によれば、知識人層のかなりの部分が基本的には戦争に反対しており、戦争回避のための外交交渉の継続を政府に期待していた。[41]

庶民階級の動向は複雑だった。顧客の減少を恐れる商人たちは概して戦争に反対だった。例の英国人女性によれば、サンクトペテルブルクでは「どの商店街のどの商店も不景気の波に洗われていた。商品の売れ行きは止まり、買い物客の姿はほとんど見られなくなった。今後の窮乏に備えて、誰もが節約しているからだ」。最大の影響を受けた被害者は農奴制下の農民だった。壮健な青年たちが軍隊に徴集されて農場から消えてしまっただけでなく、戦争のための増税の負担の大半が農民の肩にのしかかっていた。開戦以来、農村人口は劇的に減少しつつあった。ある地域では六パーセントもの人口減少が見られた。農村では不作が続いていた。原因は悪天候と労働力不足だったが、農耕用の家畜が軍隊に徴用されたことも重大な打撃だった。地主を襲撃し、その財産を焼き討ちする農民蜂起が多発し、深刻な騒乱事件が三〇〇件以上発生した。そのため、上流階級の人々の間には革命への恐怖が生まれた。例の英国人女性は書いている。「私がサンクトペテルブルクを離れた時には、多数の兵士が街路に野営し、あるいは市民の住宅に分宿しており、その数は八万人と言われていた。市内にこれだけの兵士が配置されるのは、外敵の侵入から首都を守るためというよりも、市内の治安を維持するためだろうと多くの人々が考えていた」[42]

しかし、農民の間には戦争を好機と見なす動きもあった。一八五四年の春になると、陸軍であれ、海軍であれ、軍に志願する農奴には自由が約束されるという噂が農村地帯の全域に流れ始める。政府がバルト海を航行するガレー船艦隊の創設を決定し、漕ぎ手として農民の志願兵の徴募を始めたことが、この噂の根拠だった。ガレー船に志願した農奴は、期間終了後に農園に戻ることを条件として、艦隊に勤務する間は地主による支配から解放されることが約束された。噂を耳にした膨大な数の農奴が北部の港湾をめざして殺到した。警察が道路を封鎖し、数千人の農民が逮捕され、まとめて鎖につながれて故郷までの道を行進させられた。ガレー船への志願が農奴身分からの解放につながるという噂は、その後、拡大解釈されて一般の兵役志願にまで広がった。教会の司祭、村の代書人、扇動家たちが誤解を増幅した。たとえば、リャザンでは、教会の輔祭が農奴たちへの説教の中で、志願入隊すれば毎月銀貨八ルーブルが支給され、さらに三年間兵役を務めれば家族ともども農奴の身分から解放されると言明している。

同じ趣旨の話がいたるところで繰り返された。農民は、「父なる皇帝」が軍隊への志願を条件に農奴を解放するという勅令を発したものと確信した。噂が間違いであると言われると、皇帝の勅令を奸臣たちが隠蔽し、あるいは改竄しているに違いないというのが彼らの反応だった。この確信が無邪気な皇帝信仰だったのか、あるいは、農奴身分からの解放を求めようとする政治的な表現だったのかを見分けるのは難しい。兵役に志願すれば農奴の身分から解放されるという噂は、多くの地域に古くから伝わる「黄金宣言」伝説と結びついた。いつの日か皇帝が勅令を発して農奴を解放し、すべての土地を分け与えるという皇帝信仰である。たとえば、ある徴兵事務所に押しかけた農民グループは、皇帝がクリミア半島の山頂にある「黄金の玉座」から「クリミアに来るすべての農奴に自由を与える。

ただし、来ない者、遅れた者はこれまでどおり奴隷の地位にとどめる」と宣言したと主張した。また、クリミア半島に行って英国軍かフランス軍に志願入隊すれば奴隷身分から解放されるという噂が広がった地域もあった。南の地を目指す農奴の大量逃亡が始まった。農民の意識の中では、南部は土地と自由を保証する約束の地だった。中世以来、地主の農園から脱走した農奴が目指す土地は南部のステップ地帯と決まっていた。自由の民コサックの伝統が根強く残る南部地域の農村では、兵役志願の動きは革命運動に似た様相を帯び始める。地主の農園で働くことを拒否した農民たちが集団を組んで地元の守備隊本部まで行進し、兵役登録を要求した。要求を拒否された農民集団が熊手やナイフや棍棒で武装し、兵士や警官隊と衝突する事例も少なくなかった。(43)

膨大な兵役志願者をはじめとして、動員すべき豊富な国内資源を有するロシアにとって、この冬の数ヵ月は、セヴァストポリ周辺の高地で弱体化し、飢えと寒さに震える英仏連合軍を撃破する絶好の機会だった。しかし、ロシア側に積極的な攻撃の動きはなかった。インケルマンの敗北以来、ロシア軍の最高指導部は権威と自信の両方を失くしていた。皇帝ニコライ一世は司令官たちへの信頼を失い、前にも増して意気消沈して陰鬱な顔つきになり、戦争に勝利する希望を見失ったばかりか、そもそも戦争を始めたこと自体を後悔し始めていた。廷臣たちの目に映る皇帝の姿は、疲労困憊し、抑鬱状態に苦しむ病気の敗残者だった。皇帝は開戦当時に比べて十歳も老け込んだように見えた。

おそらく、皇帝は「冬将軍」が英仏軍を撃破してくれることを依然として信じていたに違いない。英仏軍は吹きさらしの高地で飢えと寒さと病気で兵力を消耗していたが、皇帝がロシア軍に認めたのは、連合軍の前線陣地に対する小規模な出撃だけだった。この種の出撃は実質的な損害を与えなかったが、敵を消耗させるには役立った。セヴァストポリに籠城していたあるコサック兵は、一月十二日付の家族宛の手紙に次のように書いている。「われらの皇帝は英仏軍を兵糧攻めにし、彼らを眠らせないつもりだ。連中が全員死に絶えないでいるのが残念だ。そうなれば、戦わないで済むのだが」(44)

ロシア軍による意欲的な大規模作戦を困難にしていたのは兵站の問題だった。制海権を連合軍に奪われたために、ロシア軍の補給はすべて陸路で行なわなければならなかった。南部ロシアからクリミア半島への陸上輸送の手段は牛馬の引く農業用の荷車だった。道路は雪に閉ざされているか、さもなければ、泥濘に埋まっていた。鉄道は存在しなかった。十一月のハリケーン以来、クリミア半島の全域で飼料用乾草の深刻な不足が起こっていた。飼料不足が原因となって、輜重用の動物が大量に餓死し始めた。十二月の第一週にペレコフ地峡からセヴァストポリまでの道をたどった軍医のピロゴーフによれば、「道路脇の至る所に膨れ上がった牛の死体が転がっていた」。一八五五年一月の段階で、クリミア半島のロシア軍は約二〇〇〇台の荷車を補給用の車両として使っていたが、その三分の一は十一月初めから使い始めたものだった。セヴァストポリでは、飼料だけでなく食糧の不足も深刻だった。手に入る肉と言えば、死んだ牛から切り取った腐りかけの肉の塩漬けだけだった。トルストイは十二月にシンフェロポリ近郊のエスキオルダに移動したが、そこでは兵士たちに冬用外套が支給されていなかった。外套の代わりに支給されていたのは大量のウォッカだった。兵士たちはウォッカを飲んで身体を温めるしかなかった。セヴァストポリの稜堡に立て籠もるロシア兵たちも、塹壕の英仏軍兵士と同じように飢えと寒さに苦しんでいた。この冬の間、ロシア軍からは連日少なくとも一〇人以上の脱走兵が出ていた(45)。

しかし、皇帝がクリミア半島での大規模攻勢に踏み切れないでいた最大の理由は、オーストリア軍の脅威に対する恐れだった。インケルマン戦以降、皇帝が心から信頼できる軍幹部は慎重派のパスケーヴィチ将軍ただ一人だったが、そのパスケーヴィチは久しく前からロシア領ポーランドに対するオーストリアの脅威に警鐘を鳴らしていた。パスケーヴィチによれば、ポーランド危機はクリミア戦争をはるかに上回る重大な問題だった。彼は一八五四年十二月に皇帝宛に書簡を送り、オーストリアの侵入に備えて国境地帯のドゥブノ、カーメネッツ、ガリツィアの各地域に大規模な兵力を配置する方がクリミアへの増派よりもはるかに重要であると進言している。オーストリアの脅威は、その二週間前に同国がドナウ両公国の保護をめぐって英仏両国と軍事同盟を締結したことによって再確認されていた。オーストリアと英仏両国が互いにドナウ両公国のロシアからの防衛を約束し、一方、英仏両国はクリミア戦争終結までの間、オーストリアによるイタリア領有を保証するという内容の軍事同盟だった。実は、この同盟を結ぶにあたってのオーストリアの真意は、ロシアとの対決姿勢の強化というよりも、むしろウィーンの主導権の下で英仏両国にロシアとの和平交渉を受け入れさせることにあった。しかし、ロシア皇帝は、わずか数ヵ月前の夏にオーストリアが行なった動員がドナウ両公国からのロシア軍の撤退を余儀なくさせたことを忘れていなかった。それはロシアに対するオーストリアの裏切り行為であり、今再び裏切り行為が繰り返されようとしているというのがニコライ一世の見方だった。一八五五年一月七日から二月十二日までの間に、皇帝は何通かの長文の覚書を自筆でしたため、その中で、オーストリア、プロイセンその他のドイツ諸邦と戦火を交える場合に取るべき対策を論じているが、覚書を書くたびに、開戦が間近に迫っているとの確信を強めている。恐らくは、人生の最終段階で皇帝ニコライ一世を捕らえて離さなかった深い絶望感がそうさせたのであろう。皇帝はロシア帝国崩壊の悪夢に取りつかれていた。自分が愚かしい「聖戦」を始めたばっかりに、祖先が勝ち取ったすべての領土が失われる可能性があった。英国とスウェーデンの海軍はバルト海でロシア海軍を攻撃していた。オーストリアとプロイセンはポーランドとウクライナを経由して攻め入ろうとしていた。そして、英仏両国は黒海とカフカスに侵攻していた。全線戦を同時に防衛することは不可能だった。皇帝は防衛の重点をどこに置くべきか苦慮したあげく、「ロシアの心臓部」の防衛態勢を維持するためには、最悪の場合、ウクライナをオーストリアに引き渡すこともやむを得ないという結論を下した(46)。

二月に入って、ついに戦局が動き始めた。ニコライ一世が、連合軍の再上陸地点として予測されるエフパトリア港を奪還する攻撃作戦を命じたのである。英仏両国軍が増強部隊をクリミア半島に上陸させ、ペレコフ地峡を奪ってクリミア半島とロシア本土を分断することを恐れての作戦だった。当時、エフパトリア港を占領していたのはオメル・パシャが指揮する約二万人のトルコ兵部隊であり、このトルコ軍を英仏連合艦隊が海上から支援していた。重砲三四門を含むエフパトリア港の防衛態勢は万全だったので、エフパトリア地域のロシア軍騎兵部隊司令官ウランゲル中将は攻撃作戦に反対した。しかし、エフパトリア攻撃作戦にあくまでも固執する皇帝は、反対するウランゲルを罷免し、その副官のステパン・フルリョーフ中将に指揮権を与えた。ゴルチャコフ将軍はかつてフルリョーフについて、「頭の中身は軽いが、非常に勇敢で行動力があり、命令されたことは正確に実行する人物」と評したことがある。エフパトリア港の奪還は可能かどうかとメンシコフ総司令官に問われて、フルリョーフは必ず成功させると答えている。騎兵隊二四大隊と火砲一〇八門を中心とするフルリョーフ軍一万九〇〇〇人は二月十七日の未明に攻撃を開始した。ところが、この時に至って、皇帝の考えに変化が生じた。エフパトリア港を奪還するよりも、連合軍の増援部隊をエフパトリアに上陸させ、ペレコプ地峡に移動する際に側面から攻撃する方が有効であると思い始めたのである。しかし、手遅れだった。フルリョーフ軍の攻撃作戦はすでに始まっており、中止させることはできなかった。攻撃は三時間続いただけで、ロシア軍は簡単に撃退され、一五〇〇人の戦死者を残して、遮るもののない平野をシンフェロポリの方向に敗走した。身を隠す場所がなかったために、敗走する途中で多数の兵士が疲労と寒さから命を失った。彼らの凍った死体はステップに放置された。

エフパトリア戦の敗北の知らせがサンクトペテルブルクに届いたのは二月二十四日だった。その時には、ニコライ一世はすでに重症の病人となっていた。皇帝は二月八日にインフルエンザに罹患したが、その後も日常の政務を継続していた。二月十六日には小康状態となり、医師たちの助言を無視して、冬用外套も着用せずに零下二三度のサンクトペテルブルク市街に出て部隊を閲兵し、翌十七日にも外出した。症状が急激に悪化し、肺炎を引き起こしたのはその日の晩だった。医師たちが皇帝の胸に聴診器を当てると、両肺にたまった水の音が聞こえた。主治医のマルティン・マント博士は回復の見込みなしと判断した。二十四日にエフパトリア戦敗北の知らせを聞いて激しく落胆したニコライ一世は、マント医師の助言に従い、皇太子アレクサンドルを呼んで、皇帝の座を譲った。新皇帝は父の要請に従ってエフパトリア攻撃の司令官フルリョーフを解任するとともに、総司令官をメンシコフからゴルチャコフに入れ替えた。当時、メンシコフも病人だった。しかし、エフパトリア攻撃を命令した責任がニコライ一世自身にあることは周知の事実だった。皇帝は恥辱にまみれていた。ニコライ一世の最期を看取ったマント医師によれば、皇帝は「肉体の病気よりも、むしろ精神的苦痛によって打ちのめされていた」。エフパトリア戦敗北の知らせは、すでに衰弱していた皇帝の健康に対する「最後の一撃」となった(47)。

ニコライ一世は一八五五年三月二日に死去した。その時まで、国民は皇帝の病気について何も知らされていなかった。皇帝自身が自分の健康状態に関する報道を禁止していたのである。皇帝の突然の死の知らせはすぐに自殺の噂を呼んだ。エフパトリア戦の敗北で気を取り乱した皇帝が主治医マント博士に毒薬を所望したという、まことしやかな噂が広まった。皇帝の居城である冬宮の前には、弔旗を掲げた群衆が集まり、ドイツ人風の姓を持つ医師の処刑を求めて怒りの声を上げた。身の危険を感じたマント博士は密かに馬車で冬宮を脱出し、その後まもなくロシアから出国した(48)。

さまざまな噂が飛び交い始めた。マント医師による謀殺という説は、皇帝自殺説を打ち消すために廷臣の一部が意図的に流した噂だった可能性がある。その一方で、マント博士は皇帝に忠実であり、ダイヤモンド入りの額に入った皇帝の肖像画を下賜されていたという話もあった。皇帝の死に関心を寄せすぎたグルーバーという名の医師がペトロパヴロフスク要塞に収監されたという噂もあった。ニコライ一世の専制政治に反感を抱いていた人々の間では、自殺説が容易に受け入れられた。自殺という行為によって皇帝が自分の罪を事実上認めたものと考えられたのである。ニコライ一世自殺の噂は長く尾を引き、一九一七年までの数十年間にこれを支持する著名な学者も現れた。たとえば、ニコライ・シーリデルは四巻から成る『ニコライ一世伝』で自殺説を支持している。シーリデルの父カルル・シーリデル将軍はニコライ一世の廷臣だった。ニコライ・シーリデルの著作は一九一七年以降のソ連時代の歴史家によっても広く引用された。現在もなお、一部の歴史家の間に自殺説が残っている(49)。

当時の宮廷生活の日常を詳細に記録したアンナ・チュッチェワの日記には、ニコライ一世の最期の日々についての記述も含まれている。チュッチェワは皇帝が自殺した可能性を全面的に否定しているが、一方で、皇帝は精神的破綻状態にあったと明言している。ニコライ一世は犯した過ちへの後悔に苛まれ、自分の衝動的な外交政策がロシアに災厄をもたらしたことを恥じ、死んでしまいたい気分だった。もはや神に見離されたと思っていたに違いない。死の直前、ニコライ一世は息子のアレクサンドルを呼び、ロシア軍の将兵、特にセヴァストポリの防衛にあたる将兵に伝える言葉を託した。『私は常に諸君のために最善を尽くそうとしてきた。しかし、目標を達成することができなかった。意欲はあったが、知識と知性が及ばなかったためである。どうか私を許してほしい(50)』

ニコライ一世は陸軍の制服姿でペトロパヴロフスク要塞の中央にある大聖堂に埋葬された。このペトロパヴロフスキー大聖堂はピョートル大帝以来の歴代皇帝の墓所である。棺の蓋が閉じられる直前、皇后アレクサンドラ・フョードロヴナがニコライ一世の胸の上に銀の十字架を置いた。十字架にはコンスタンチノープルの聖ソフィア寺院が刻まれていた。「天国に行っても、皇帝が忘れずに東方の兄弟たちのために祈る」ことができるための配慮だった。(51)

章末注

＊1　兵站部の無能さを示す例として、コーヒー豆の調達と支給の件をあげることができる。大英帝国建設の基盤となったのは紅茶の取引であり、当然ながら英国兵士は紅茶を常用していたが、クリミア戦争の兵站部はなぜか焙煎前の緑色のコーヒー豆を大量に調達して兵士に配給した。豆を焙煎し、すり潰し、コーヒーを入れるという作業は英国兵の大半にとってあまりに面倒だったので、彼らは支給されたコーヒー豆を捨ててしまった。

＊2　ヴュルテンベルク王国の王女としてシュトゥットガルトで生まれたフリーデリケ・シャルロッテ・マリーは、一八二四年にパーヴェル一世の四男ミハイル・パヴロヴィッチ大公の妻となった。彼女は婚姻前にロシア正教に改宗し、エレナ・パヴロヴナというロシア名に改名した。

＊3　電信はいうまでもなく軍事用の通信手段として敷設されたものであり、新聞特派員の原稿の打電が軍事通信に優先することはあり得なかった。そのため、まず見出し部分だけを電信で送り、記事本文はその後に蒸気船で送るというやり方が普通だった。この時間的なずれから、しばしば誤報が生じた。『タイムズ』の場合、最も有名な誤報は一八五四年十月四日付の「セヴァストポリ陥落」報道だった。アリマ川の勝利を伝える電報と連合軍のクリミア上陸の様子を知らせるラッセルの最初の記事とが重なったために誤解が生じ、誤報の原因となった。アリマ川の戦闘に関するラッセルの記事の本文がロンドンに到着したのは十

月十日になってからだった。しかし、それより前に、別の電報報道によって事情が判明し、誤報は訂正された。

＊4　ハートフォードシャーの教区牧師だったジョゼフ・ブレイクスリーは「ハートフォードシャーの教区牧師」の筆名でしばしば『タイムズ』に長大な投書を投稿し、その中で自分の豊かな学識を披露した。彼の投書は、クリミア半島の気候からロシア人の国民性にいたるまで、クリミア戦争に関するありとあらゆる話題を網羅していた。ブレイクスリーには学問的な実績はなかったが、やがて、民間歴史家としての評判が高まり、後にはケンブリッジ大学の欽定講座担当教授に任命された。

＊5　アメリカ参戦の噂には根拠がないわけではなかった。米国の世論はクリミア戦争に関して概して親露的だった。奴隷制の廃止を主張する北部諸州には英仏連合に同情的な動きもあったが、奴隷制経済の上に成り立つ南部は農奴制ロシアを断固として支持していた。一般の世論も、独立戦争の仇敵である大英帝国との戦いで不利な立場にあるロシアに同情していた。また、もし英国がロシアとの戦争に勝利すれば、再び米国への干渉を強めるのではないかという恐れもあった。一方、英国はカナダをめぐる米国の領土要求とキューバ侵攻計画に対して重大な憂慮を抱いており、そのため当時の英米関係は緊張状態にあった（ジョージ・クラレンドン外相は閣議で、もし米国がキューバに侵攻すれば、英国としては米国に宣戦布告をせざるを得ないと発言している）。クリミア戦争をめぐってヨーロッパで孤立したロシアは米国との関係強化を狙っていた。ロシア側には米国の共和制に対する根強い不信があり、米国側にもロシアの専制君主制に対する嫌悪感があったが、それにもかかわらず、英国を共通の敵とする米露両国の関係は深まり、通商条約が結ばれるに至った。米国は後年の南北戦争の初期に北軍総司令官を務めることになるジョージ・B・マクレラン将軍を含む軍事使節団をロシアに送って軍事上の助言を行なった。米国の民間人の間にはロシアに武器弾薬を送る動きもあった（武器製造業者のサミュエル・コルトはロシアに拳銃と小銃を供給する申し出を行なった）。さらに、米国人の中には、志願兵としてクリミア半島に渡り、ロシア軍に加わって戦闘

に参加し、あるいは工兵部隊で働いた者もいた。ロシア軍の医療部隊には米国の医師四〇人が参加していた。米国がロシア領アラスカの買収をロシア側に初めて提案したのもクリミア戦争中だった。そのアラスカ買収は一八六七年に実現する。

第10章 大砲の餌食

ニコライ一世死去の知らせは、その日のうちにパリとロンドンに伝えられた。一八五五年三月二日のことである。いち早く情報に接したヴィクトリア女王は、当日の日記にロシア皇帝の死についての感想を記している。

哀れなロシア皇帝よ。何千人もの兵士を死に追いやったことが良心の痛みとなって彼の上に重くのしかかっていたに違いない。しかし、彼も昔は優れた資質を持つ善良で偉大な人物だった。彼の最近の行動は、正義と権利と義務に関する思い違いと頑迷な性格の結果であろう。十一年前に英国を訪れた時の皇帝は、思いやりに満ちた、魅力溢れる美男子だった。その後も、何年間かは英国に対して非常に友好的だった。皇帝の死が今後どのような影響をもたらすかは、今のところ、まだ誰にも予測できない。[1]

ロシア皇帝死去のニュースはすぐに英国全土の劇場、集会場、その他の場所で人々に伝えられた。たとえば、ノッティンガムでは、ドニゼッティのオペラ『ランメルモールのルチア』（原作はウォルター・スコットの『ラマームーアの花嫁』が上演されていたが、一幕目の幕が下りたところでニュースが伝えられた。聴衆は起立して拍手喝采し、オーケストラは国歌を演奏した。人々はそれを聞きながら、祝賀気分で街頭に繰り出した。誰もがこれで戦争は英国の勝利のうちに間もなく終わるだろうと確信した。侵略政策を強行して世界を戦争に引きずり込んだニコライ一世がこの世から姿を消した以上、ロシアもついに正気に戻り、早期講和を求めるに違いない。『タイムズ』は戦争を引き起こしたニコライ一世に神罰が下ったと宣言し、連合軍の勝利は近いと報じた。パリとロンドンの証券取引所では株価が急騰した。

しかし、クリミア現地の連合軍に皇帝死去のニュースが伝わるまでには、やや時間がかかった。しかも、その伝わり方は予想外だった。皇帝の死の知らせが公式の電信によってもたらされる前の三月四日の夕方、セヴァストポリ城外のロシア軍の塹壕から手紙を結びつけた小石が投げられた。フランス軍の兵士が拾い上げた手紙には、複数のロシア軍士官の意見として次のようなフランス語のメッセージが記されていた。

> ロシアの専制君主が死んだ。間もなく和平が実現するだろう。尊敬するフランスを相手に戦争を続ける理由はもはや存在しない。もし、セヴァストポリが陥落するとすれば、それを望んだのはあの独裁者にほかならない。
>
> 祖国を愛し、独裁を憎む真のロシア人より(2)

しかし、和平を求めるロシア人がどれほど多かったとしても、新たに皇帝となったアレクサンドル二世には、父親の政策を変更するつもりはなかった。三〇年におよぶ皇太子時代を経て三十六歳で皇帝の座に就いたアレクサンドル二世は、少なくとも即位後の最初の一年間は、父親の残した道筋を忠

皇帝アレクサンドル二世

実に辿ろうとしていた。皇太子時代のうちの一五年間、教育係を務めた自由主義派の詩人ワシリー・ジュコフスキーの影響を受け、また、広く西欧諸国を訪れた経験をもつアレクサンドル二世は、ニコライ一世に比べればリベラルな性向を有しており、軍事にはまったく興味を示さなかった。その点では父親を落胆させていたが、しかし、新皇帝はロシア民族主義の支持者であり、汎スラヴ主義派への共感を隠そうとしなかった。帝位に就くと同時に、アレクサンドル二世は和平交渉の可能性を否定した。この段階で和平交渉に入ることはロシアにとって屈辱であり、交渉を通じて和平を受け入れるような国があるとすれば、それは英国以外にないとして、ロシアの「神聖なる大義」と「世界的栄光」を守るために戦い続けることを宣言したのである。ただし、その一方で、「ロシアの名誉と領土の保全」が確保されるならば交渉に応じるという意向を外相のネッセリローデを通じて表明することも忘れなかった。アレクサンドル二世はフランス国内の厭戦気分の高まりについて情報を得ており、フランスに対して早期和平の可能性を匂わせれば英仏関係に楔を打ち込むことができると計算していた。ネッセリローデ外相は自分の義理の息子にあたるザクセン公国のパリ駐在公使ゼーバッハ男爵に手紙を送り、「フランスとロシアの間には、戦争を不可避とするような相互憎悪の関係は存在しない」と書いた。ゼーバッハはこの手紙の内容をナポレオン三世に伝えて、こう言った。「もし皇帝陛下が希望なされば、仏露間の和平は成立するでありましょう(3)」

しかし、一八五五年の最初の数ヵ月間、英国は同盟国フランスに対して圧力を強めていた。フランスに対してロシアとの対決姿勢の強化を求めたのである。新首相パーマストンは首相就任以前から対露強硬派の筆頭であり、今や単にセヴァストポリのロシア海軍基地を破壊するにとどまらず、黒海沿岸の全域からロシアの影響力を排除し、さらには、カフカス、ポーランド、フィンランド、バルト海などを戦域としてロシアを攻撃すべく、同盟国を引き込み、ロシア帝国の支配に抵抗する各地の解放運動を支援しようとしていた。ロシア帝国領に対するこの攻撃作戦は一八五四年に英仏両国とオーストリアが合意した対露四項目要求の範囲を大きく逸脱していた。四項目合意はアバディーン首相の前内閣が慎重に練り上げた限定的な戦争計画だった。アバディーン政府は、限定的、局地的な作戦を通じて、四項目に基づく交渉にロシアを誘い込もうとしたのである。しかし、パーマストンはクリミア作戦をヨーロッパと近東地域での対露全面戦争に拡大する決意だった。

ほぼ一年前の一八五四年三月、パーマストンは当時のアバディーン内閣に書簡を送り、その中で自分が理想とする次のような「戦後処理構想」を明らかにしていた。

オーランド諸島とフィンランドをロシア領からスウェーデン領に復帰させる。バルト海沿岸地域のロシア領のうち、ドイツ系の諸州はプロイセンに割譲するものとする。ポーランドには、その旧領地の大部分を版図とするポーランド王国を再建し、ドイツとロシアの間の緩衝地帯とする……クリミア、チェルケス、グルジアの三地域はロシアから分離し、クリミアとグルジアはトルコに与え、チェルケスは独立国とするか、あるいはその宗主権をトルコのスルタンに与える。このような戦後処理を実現するには、スウェーデン、プロイセン、オーストリア、英国、フランス、トルコの協力関係が不可欠であり、また、ロシアがこの戦争で大敗することが前提条件となるが、この構想は不可能ではないし、また、我が国の取るべき選択肢から排除すべきものでもない。

当時の英国政府はパーマストンの野心的な構想に対して懐疑的だった（前にも触れたように、アバディーン首相はヨーロッパ大陸に新たな「三十年戦争」をもたらすものとしてパーマストンの構想に反対だった）。しかし、そのパーマストンが首相となり、ロシアが弱体化し、厳しい冬の季節が終わろうとしている今、戦争拡大政策はにわかに可能性を増してきていた(4)。

英国政府が戦争拡大政策に傾いた背景には、ロシアを敵として大規模な欧州戦争を目論む国内勢力の影響力拡大があった。たとえば、当時の外務省幹部や陸軍指導者の間で広く読まれていた文書の中に、バッキンガム州選出の自由党下院議員ハリー・ヴァーニー卿*1が一八五五年春に刊行した『ロシアとの戦い』という題名の小冊子がある。トルコ駐在大使のストラトフォード・カニングは明らかにヴァーニー議員の同調者だった。この小冊子はパーマストンやクラレンドンのような政治家にも、また、ウィリアム・コドリントン将軍のような軍人にも送付された。コドリントンは軽騎兵師団の司令官で、やがては、クリミア派遣軍の総司令官に就任する人物である。コドリントンの残した資料の中には、今もこの小冊子が残されている。ヴァーニー卿は、ドイツ諸邦を対露戦争に参加させるべく、英国は努力を強化すべきであると主張した。ドイツ諸邦にはロシアの侵略を恐れる理由がある。ロシア軍が侵攻を開始すれば、ロシア帝国の国境からわずか二、三日でベルリンに到達することができるからである。ドイツ諸邦は基本的にプロテスタント国家であり、その意味では英国と共通点が多い。それだけでない。西欧のキリスト教社会を「野蛮なロシア」の脅威から守るための戦争の戦略基地として、ドイツ諸邦は理想的な位置を占めている。ヴァーニー卿は、さらに、西欧の反露主義者が決まって口にする定型的な言葉遣いで「ロシアをドニエプル川の向こう岸に追いやり、アジアのステップ地帯に封じ込めるべきだ」と次のように論じている。

　ロシアという国は、知的部門でも、産業部門でも、何ら進歩を遂げたことがなく、その影響力を世界の利益のために行使したことのない国である。ロシア政府とその行政機関は上から下まで腐敗しており、汚職の巣となっている。ロシア政府を支えているのは陰謀政治であり、その陰謀政治は高い報酬を支払って雇っている国内外のスパイの報告書に基づいて行なわれている。ロシアは自分よりも高度の文明と政治制度を有する諸国を侵略し、自国と同程度の野蛮な状態に引き下げようとしている。ロシアは聖書の流布と伝導団の活動を禁止している……トルコ国内のギリシア人はキリスト教徒としての信仰と習慣をほとんど維持していない。トルコはキリスト教を貶めようとしているが、トルコ国内のギリシア人たちはトルコ当局よりも効果的にキリスト教の信用を掘り崩している。ギリシア人はトルコ国内の至る所でロシアに情報を提供し、ロシアに協力してその侵略政策を助けている。ロシアが是が非でも獲得しようとしている技術はただひとつ、卓越した戦争技術であり、そのためならば金に糸目をつけないのだ。

　我々とロシアとの対立の焦点は、言葉の最高の意味で、文明の進歩を目指すかどうかの違いにある。ここで言う文明には、その最も貴重な属性として、宗教的自由、市民的自由、社会的自由、通商の自由、聖書の流布、聖書が定める諸原則の公布などが含まれている。(5)

　パーマストンは、この戦争を通じて欧州の地図を書き換えるという構想を抱いていた。ナポレオン三世はパーマストン構想に基本的に賛成だったが、カフカスをめぐってロシアと争うことについては冷淡だった。ロシアからカフカスを奪うという作戦はもっぱら英国の利益のためにすぎないと思われたからである。さらに、フランス国内の厭戦的な世論にも配慮しなければならなかった。緒戦で目覚ましい軍事的勝利を勝ち取るという期待が裏切られたために、フランス国内では厭戦的な世論が急速に勢いを増しつつあった。世論を考慮すれば、出口の見えない長期的戦争にフランスを引き込むことには無理があった。ナポレオン三世は二つの選択肢の間で揺れ動いていた。クリミア戦線に努力を集中してセヴァストポリを奪取し、それを「名誉と威信」の象徴として体制の強化に役立てつつ、戦争を「栄光のうちに」終結させるというのが当面の現実的な課題であり、ナポレオン三世の本能的な判断もそこにあった。その一方で、皇帝の胸には、叔父の大ナポレオンが追及したヨーロッパ解放戦争の夢が消えることなく残っていた。民主主義的な国民国家の集合体としてヨーロッパを再構築するという大ナポレオンの革命の夢がよみがえれば、再びフランス国民に戦争への情熱を吹き込むことができる、という期待も捨てきれなかった。

ナポレオン三世はクリミア半島をオスマン帝国に復帰させたいと思っていた。また、イタリアの独立を強く支持する立場から、オーストリアにロンバルディアとヴェネツィアを放棄させる絶好の機会としてクリミア戦争に期待していた。それと引き換えに、オーストリアにはドナウ両公国の支配権を与えてもよいと考えていた。しかし、ナポレオン三世の最大の関心事はポーランド問題だった。ポーランドの独立はフランスにとって最も重要な外交課題だったと言ってもよい。ポーランド独立を回復させ、この戦争で拡張主義的傾向をいっそう鮮明にしているロシアとの間の緩衝国とするという構想には、オーストリアとプロイセンの両国も賛成するはずだった。ナポレオン三世は和平交渉の条件の中にポーランド王国の復活を入れるよう、パーマストンを説得しようとした。しかし、英国はポーランドの独立が神聖同盟の復活を促し、イタリアとドイツの独立戦争に火をつける事態を恐れていた。そうなれば、ヨーロッパは再び一連の「ナポレオン戦争」に巻き込まれる可能性があった。

これらすべての要素が重なった結果、外交交渉による和平の実現を目指して一八五五年初頭にオーストリア主導で始まった「ウィーン会議」は、結局のところ挫折することになる。オーストリアは前年十二月に英仏両国と軍事同盟を結んだが、その狙いはロシアとの戦争拡大ではなかった。戦争が長期化すればオーストリア経済は打撃を受け、帝国内の少数民族であるスラヴ民族の不安定化を招くのみだからである。オーストリアは、むしろ、新軍事同盟を通じて英仏両国を対露和平交渉に引き込むつもりだった。そのために「ウィーン会議」を主導したのである。

一八五五年一月には、外交交渉を通じて和平を実現しようとする機運が急速に高まった。まず、厳冬期に入って現地の兵士が直面している窮状と軍事的な手詰まりの状態を知った英仏両国民の世論が政府に打開策を求めていた。特に、フランスの世論は外交交渉を通じての和平実現を強く要求していた。フランス政府の中枢部にも、ドルーアン・ド・リュイ外相やエドゥアール＝アントワーヌ・ド・トゥーヴネル駐コンスタンチノープル大使のように、軍事的勝利の可能性に疑問を抱く意見が出始めていた。政治家たちは戦争の長期化が厭戦的な世論の高まりを招くことを恐れていた。クリミアの戦場で実際に戦闘行為の大部分を担っているのはフランス軍だが、それにもかかわらず、この戦争は主として英国の利益のために戦われているのではないか、という疑いがフランス国民の間に広まっていた。これら諸般の情勢を考慮して、ナポレオン三世は和平構想に応じる姿勢に傾く。和平を追求すれば、その過程でポーランドとイタリアの独立を推進する可能性が高まるという期待もあった。ただし、英国との同盟関係を解消するつもりはなかった。一方、英国のパーマストン首相はオーストリア主導の和平構想を信用せず、和平に応じる気持ちもなかった。しかし、パーマストンが一八五五年初頭に組閣した内閣には、和平を主張するピール派〔一八四六年に穀物法廃止を主導したロバート・ピール首相の流れを汲むグループ〕の閣僚数人が含まれていた。ピール派と手を組んだことは、パーマストンの姿勢がやや軟化したという印象を与えた。パーマストンでさえも、オーストリアの講和提案を検討せざるを得ない（あるいは検討する姿勢を示さざるを得ない）だけの圧力を感じていたのである。

一月七日、ロシアの駐ウィーン大使アレクサンドル・ゴルチャコフ公爵[*2]が英仏墺三ヵ国の対露要求四項目を受諾する旨の通告を行なう。黒海の制海権放棄に関する第三項目を含めての全面的な条件受諾だった。その頃、生涯の最期を迎えようとしていたニコライ一世は、必死に和平交渉を進めようとしていた。オーストリアと英仏両国との間に軍事同盟が成立して以来、ニコライ一世はロシアが単独で全ヨーロッパを相手に全面戦争を戦うという悪夢に怯え、クリミア紛争からの「名誉ある出口」を探し求めていた。しかし、英国は四項目条件を受諾するというロシアの意図を疑っていた。一月九日、ヴィクトリア女王はクラレンドン外相に向かって、四項目受諾通告は英仏連合軍によるクリミア半島奪取を阻止するためのロシアの「外交的策略」にすぎないという見解を明らかにする。軍事作戦は中止すべきではなく、ロシアによる四項目受諾を実効あらしめるためにも、セヴァストポリを奪取すべきだと女王は信じていた。パーマストン首相も女王の意見に賛成だった。パーマストンはロシア軍に対する春季攻勢を計画しており、その計画の邪魔となる和平構想に参加するつもりは毛頭なかった。(6)

一方、フランス政府の閣僚たちの間には、ロシアの条件受諾通告を額面通りに受けとめ、交渉による紛争解決の可能性を探ろうとする機運が生まれた。その動きは二月に入ってさらに強まる。ナポレオン三世がみずからクリミア半島に赴いて軍事作戦の指揮を取る意向を表明したのである。皇帝の身の安全を危ぶむ側近や閣僚たちは、何とかしてナポレオン三世のクリミア行きをとめようとした。英国のパーマストン首相とクラレンドン外相も、ナポレオン三世の「馬鹿げた計画」を阻止するためにあらゆる努力を払うべきであるという点で意見が一致していた。そのためならば、和平交渉を前提とするウィーン会議の開催も容認せざるを得なかった。英国では、ピール派幹部の三閣僚（ウィリアム・

グラッドストン、ジェームズ・グレアム、シドニー・ハーバート）が和平交渉に関するパーマストンの誠意に疑問を抱いて、在任わずか二週間で辞任するという事態が発生した。[*3] パーマストンはフランスとの同盟関係を維持するために、また、和平交渉に真剣に対応しているという印象を与えるために、大物政治家である元首相のジョン・ラッセル伯爵を講和会議大使としてウィーンに派遣した。

久しく主戦論者として知られていたジョン・ラッセル伯爵を講和大使に任命した裏には、講和会議を失敗させようとするパーマストンの意図があると当初は考えられていた。ところが、ラッセルは、大使に就任するとまもなく、オーストリアの和平構想を支持する立場に鞍替えし、それまでとは逆に、東方問題とクリミア戦争に関する英国の政策の原則と動機について疑問を表明し始める。一八五五年三月に書いた才気煥発な覚書の中で、ラッセルはロシアの侵略からオスマン帝国を守るために英国が取り得る戦争以外の方策のいくつかをリストアップして示している。たとえば、黒海に英仏連合艦隊を呼び入れる権限をスルタンに与えることによって、あるいは、ロシアの奇襲攻撃からボスポラス海峡を防衛するための要塞設備を強化し、守備隊を増強することによってトルコを守ることは十分に可能であり、それにもかかわらず戦争という手段に訴えるとすれば、その戦争の目的はロシアを全面的に屈服させることに他ならない、というのがラッセルの見解だった。ラッセルは、また、オスマン帝国内のイスラム教徒とキリスト教徒の関係改善に関する英国政府の教条主義的なアプローチについても批判的だった。英国はトルコ現地の制度、宗教事情、社会慣習などを配慮した上での現実的で地道な改革よりも、英国自身の原則と方式に則った単線型の改革を押しつける傾向があるというのが批判の趣旨だった。オーストリアの和平構想支持に傾いたラッセルの姿勢に、英国政府は驚き慌てた。パーマストンが自分は望みもしない講和条約への調印を迫られかねない恐れが突如として浮かび上がったのである。和平への圧力は、同盟国フランスからだけでなく、国内で増大する和平構想支持派からも強まっていた。ヴィクトリア女王の夫アルバート公も和平支持派のひとりだった。五月初旬の段階で、アルバート公は、トルコとヨーロッパの安全を保障するためには、ロシアとの戦争を継続するよりも欧州四列強とドイツ諸邦との外交同盟の方が有効であるとの結論に達していた。

ウィーン会議が長びくにつれて、パーマストンは何とかして会議を失敗に終わらせ、規模を拡大して戦争を再開するという決意をますます強めていった。一方、戦争か講和かの選択について決定的な鍵を握るフランス皇帝ナポレオン三世は揺れ動いていた。皇帝の決断は、最終的には、ドルーアン・ド・リュイ外相の助言を聞き入れるか、それとも英国の駐仏大使カウリー卿の説得に応じるかの選択にかかっていた。ドルーアン・ド・リュイ外相は、ロシア艦隊の黒海支配を制限することを条件としてオーストリア和平提案を受け入れるよう勧告していた。一方、英国の駐仏大使カウリー卿はオーストリアの和平提案の内容がロシアの黒海艦隊を壊滅させるという目標から程遠いことを指摘し、目標の達成に至る前に和平に応じることは国家の恥辱であると主張した。最終的な意思決定を目指して五月四日にパリで行なわれた会合にはフランスの陸軍相ジャン＝バプティスト・ヴァイヤン元帥が出席し、カウリー英国大使の説を擁護して、軍事的勝利を達成する前に和平を受け入れることはフランスの名誉を汚すと主張した。そのような和平は軍隊の士気に悪影響を与えるばかりか、第二帝政の政治的安定をも揺るがしかねないと論じたのである。和平構想は却下され、ドルーアン・ド・リュイ外相は辞任し、ナポレオン三世は気が進まないながらも、ロシアに対する戦争拡大方針に踏み切った。これで、英仏両国の同盟関係は維持された。(7)

ロシアとの戦争を拡大する方針が決まった頃、新たな同盟軍が出現した。一八五五年一月二十六日、ピエモンテ＝サルデーニャ王国（以下、サルデーニャ王国）と英仏両国との間に軍事同盟が成立したのである。イタリア諸邦のうち、すでにオーストリアの政治支配を脱していたサルデーニャはこの軍事同盟を根拠としてクリミアへの派兵を決定する。アルフォンソ・ラ・マルモラ将軍を指揮官とする一万五〇〇〇人のサルデーニャ軍は五月八日にクリミア半島の英国軍陣地に到着した。サルデーニャの首相カミッロ・カヴールの考えでは、このクリミア派兵は英仏両国との同盟関係を強化し、サルデーニャ王国の主導でイタリア統一を促進するための好機だった。カヴール首相は、新たに国民国家の国境線を画定してヨーロッパの地図を書き換えるという観点から、ロシアおよび神聖同盟に対する全面戦争の構想を支持していた。しかし、サルデーニャ軍のクリミア戦争参入は危険な賭けでもあった。英仏両国は公式にはイタリア独立への支持を表明していなかった。英仏両国にしてみれば、オーストリアとの関係を危険にさらす余裕はなかった（フランスに至っては、十二月二十二日にオーストリアと秘密協定を結び、墺仏両国が対露戦争をめぐって同盟関係にある間はイタリアの現状を維持することで合意していた）。しかし、サルデーニャが有益な役割を果たし得ることを英仏両国に証明して見せることは、同国が国際的な発言権を得るために是非とも必要だった。オーストリアがクリミア戦争に兵力を提供する見込みがない以上、サルデーニャのクリミア派兵は、オーストリアよりもサルデーニャの方が役に立つことを英仏両国に証明する絶好の機会だった。確かに、英仏連合軍の司令官たちの目に映ったサルデーニャ軍は「垢抜けた美男子ぞろい」の第一級の軍隊だったようである。サルデーニャ軍のバラクラヴァ上陸を目撃したフランス軍のある将軍によれば、「真新しい濃紺の制服に身を包んだサルデーニャの兵士たちは意気盛んで、組織も訓練もよく行き届いており、その規律正しい行進は見事だった」(8)。サルデーニャ兵はクリミア戦線で立派に行動し、勇敢に戦った。

ロシア対ヨーロッパの全面戦争という構想はポーランド人にも歓迎された。アダム・チャルトリスキ公を中心とするパリのオテル・ランベール派が英仏両政府の支援を得て結成した一五〇〇人のポーランド軍団は、ウワディスワフ・ザモイスキを司令官とし、亡命ポーランド人、ロシア皇帝軍からの脱走兵、逃亡捕虜などで構成されていた。ポーランド軍団は英仏軍から武器の供与を受けていたが、クリミア半島やカフカスでロシア軍と戦う際には「スルタンのコサック部隊」を名乗っていた。[*4] キンブルンで英仏連合軍の捕虜となったロシア軍士官の証言によれば、連合軍はキンブルンのロシア軍監獄を解放した際、解放されたポーランド人捕虜五〇〇人に対してポーランド軍団への参加を求め、参加する者には褒賞を与え、拒否する者には鞭打ちの刑を与えた。[(9)] ポーランド軍団が実戦に参加したのは一八五五年秋以降だが、軍団をめぐる議論は春から際限なく続いていた。英仏両国がポーランド軍団をポーランドの正規軍として認めるのかどうかという複雑な問題が絡んでいたからである。正規軍として認めるなら、ポーランドの独立を認めることになり、ポーランド問題を戦争の目的のひとつに加えることになる。ただし、この問題は結局十分に検討されず、結論も出されなかった。

英国がロシアとの戦争を拡大するためには兵力の増強が必要だった。パーマストンは世界各地から傭兵を集めようとした。その構想によれば、四万人の傭兵を徴募する必要があった。「可能なかぎり多数のドイツ人とスイス人を集めよう」とパーマストンは一八五五年春に宣言している。「ハリファックスからも、イタリアからも国籍を問わず兵士を募集しよう。報酬も引き上げよう。やるべきことはやらねばならない。兵力を増強しなければならない」。予備兵力を召集して訓練するための徴兵制度を持たなかった英国は昔から外国人傭兵に依存してきたが、この冬の数ヵ月間の大規模な兵力損傷によって、外人部隊への依存度は常にも増して高まっていた。もともと、英国のクリミア派遣軍の兵力はフランス軍のせいぜい半分程度にすぎなかった。それは、戦争の目的や戦略の決定に関してフランスが優先的な発言権を持つことを意味していた。英国議会は十二月中に急遽「外国人徴用法」を成立させたが、この法律については、外国人に不信を抱く世論の強力な反対があった。その結果、海外からの傭兵の数を最大一万人に制限する形で法案が修正された。傭兵の最大グループはドイツ人で、約九三〇〇人、大半が下層階級の職人と農業労働者で、およそ半分が軍事訓練または実戦の経験者だった。次に多かったのは約三〇〇〇人のスイス人だった。傭兵たちは四月に英国に到着し、一人当たり一〇ポンドの報酬を受け取った後に、イングランド南部の町オルダーショットで軍事訓練を受けた。そして、一八五五年十一月、スイス人とドイツ人の混成部隊七〇〇〇人がスクタリに向けて英国を出発した。しかし、部隊がスクタリに到着した時にはクリミア半島の戦闘はすでに終結していた。[10]

対ロシア戦争の拡大に関して英仏両国が直面していた問題は、新たな同盟国の獲得と兵力の増強だけではなかった。攻撃地点の選択も重大な問題だったのである。ロシア軍は一八五五年春の時点で、きわめて薄く広く展開しており、ロシア帝国の防衛線には多くの弱点があった。戦争を拡大するにはその弱点を突くのが理にかなったやり方だった。しかし、どの弱点を突くかの選択が問題だった。展開するロシア軍の兵力は全部で一二〇万、そのうち、二六万がバルト海沿岸に、二九万三〇〇〇がポーランドと西ウクライナに、一二万一〇〇〇がベッサラビアと黒海沿岸に、また、一八万三〇〇〇がカフカス地方に配置されていた。[11]

ロシアにとって、長く延び切った防衛線は頭痛の種だった。英仏連合軍がどの地点で防衛線を突破して来るのか予測できないことが不安を増大させていた。そこで、ゴルチャコフ将軍は、一八一二年の経験に倣ってパルチザン戦術を採用することを計画し、一八五五年二月に「外国軍の侵略に対する国民的抵抗」と題する秘密の覚書を策定した。西欧連合軍が新たな春季攻勢に向けて兵力を増強しているのに対して、ロシア側にはすべての国境線を防衛する十分な兵力が存在しないことをゴルチャコフ将軍は憂慮していたが、彼が最も恐れていたのは、ポーランドとウクライナを経由してオーストリア軍が侵攻して来る事態だった。パスケーヴィチとニコライ一世も同じことを恐れていた。そこで、ロシア軍は兵力の最大部分をポーランドとウクライナに投入していたが、民族構成と宗教分布が複雑に入り組んだ両地域にオーストリア軍が侵入すれば、ポーランド人だけでなくヴォルィニ地方とポドリア地方のカトリック系ルテニア人もオーストリア軍に合流する可能性があった。ゴルチャコフが提案したのは、この両地域のさらに内側の地域、つまりキエフ地区とヘルソン地区に宗教上の境界線を設定し、パルチザン部隊に防衛させるという作戦だった。両地区の農民はロシア正教徒であり、したがって、正教会の司祭が説得すればパルチザン部隊に参加させることができると考えられた。パルチザン部隊はロシア南方軍の指揮下に入って、橋を爆破し、農作物を焼き払い、家畜を殺戮するなど、一八一二年の焦土作戦を再現し、その後は森に身を潜め、侵略軍に対する待ち伏せ攻撃を行なうはずだった。三月には、ゴルチャコフ将軍のパルチザン構想がアレクサンドル二世の承認を得た上で実行に移される。司祭たちがウクライナに派遣され、ニコライ一世が死の床で書いたと言われる遺言の写しを手に、ロシア正教徒の農民たちに向かって侵略者に対する「聖戦」への参加を促した。しかし、計画は順調には進まなかった。確かに、キエフ地区では複数の農民武装集団が結成され、なかには七〇〇〇人規模の部隊も誕生したが、農民たちの大部分は、外敵と戦うのではなく、農奴制度からの解放を求めて戦うために集まったと思い込んでいた。干草用の熊手や猟銃で武装して地主の屋敷に押しかけた農民の集団が守備隊の兵士によって蹴散らされるという事件が続発した。[12]

一方、連合国側も春季攻勢の攻撃目標地点の選択について議論を重ねていた。英国の指導者たちの多くはカフカスへの侵攻が有効だろうと考えていた。カフカスではシャミーリに率いられるイスラム教徒の諸部族がすでにトルコ軍と連携してグルジアとチェルケスのロシア軍を攻撃していた。一八五四年七月、シャミーリはグルジアに駐留するロシア軍の拠点に対して大規模な攻勢をかけ、一万五〇〇〇の騎兵と歩兵部隊を引き連れてトビリシまで六〇キロの地点に迫っていた。当時、トビリシを防衛するロシア軍はわずか二〇〇〇人の駐留部隊だけだった。しかし、カルスに集結していたトルコ軍がシャミーリ軍との合流に失敗したために、シャミーリはダゲスタンまで退却せざるを得なくなる。その時、シャミーリ軍の一部は、シャミーリの息子ガジ・ムハンマドに指揮されて、ツィナンダーリにあったグルジア大公チャフチャヴァーゼの居城を襲撃し、大公の妻とその妹（最後のグルジア王の孫娘）と彼女の子供、および家庭教師のフランス人女性を拉致した。シャミーリは捕虜とした女性と子供たちを人質として、当時サンクトペテルブルクに拘束されていた息子のジェマレディンを取り戻そうとした。女性と子供たちの誘拐は国際的なスキャンダルとなり、英仏両国政府は即時無条件に人質を解放するよう要求した。ところが、無条件釈放を要求する英仏両国政府の通告がシャミーリの手許に届く前の一八五五年三月に人質交換が実現し、シャミーリは女性とその子供たちと引き換えにジェマレディンを奪還し、加えて四万銀ルーブルを獲得した(13)。

一八五三年以来、英国はロシア領内で叛乱を起こしたイスラム諸部族に武器弾薬を供給していたが、カフカスのシャミーリ軍とトルコ軍を全面的に信頼しているわけではなかった。その姿勢の根底には、帝国主義者が植民地の現地住民に対して抱く軽蔑心があった。ロンドンでは、グルジア貴族の女性を拉致したシャミーリ軍に対する反感が広がっていた。しかし、一八五五年春になると、英仏両国は、ロシアを屈服させる新戦術のひとつとして、カフカス地方の諸部族との関係を強化する可能性を探り始める。四月、英国は秘密特使としてジョン・ロングワースをシャミーリの許に派遣した。ロングワースは領事としてモナスティリ〔現マケドニアのビトラ市〕に駐在したことのある人物で、親トルコ派の急先鋒としてチェルケスに肩入れしていたデイヴィッド・アーカートの盟友でもあった。ロングワースに与えられた秘密の使命は、シャミーリに接触し、軍事支援の約束と引き換えに、ロシアに対する「聖戦」に向けてイスラム諸部族を統合するよう要請することだった。フランス政府も〔グルジアの〕レドゥト・カレ駐在副領事シャルル・シャンポアゾー〔外交官であると同時に考古学者でもあり、一八六三年に「サモトラケのニケ」の胴体部分を発掘した〕を特使としてグルジアのスフミに派遣し、その地域のチェルケス人諸部族を糾合しようとした。[14]

英国はシャミーリ軍に武器を供与してチェルケスからロシア軍を駆逐しようとしていた。駐コンスタンチノープル大使のストラトフォード・カニングは、六月十一日付の外務省宛の報告書の中で、「ロシア軍を追放した暁にはチェルケスの独立を保証する」旨の勅令をオスマン帝国政府に出させることに成功したと記している（複雑な民族事情を抱えるチェルケス地方の独立が実現するかどうかは疑わしかった）。この頃、ロングワース特使がチェルケスに到着し、「山岳地帯の諸部族はミニエ銃と猟銃で十分に武装している」と報告している。ロングワースはトルコ軍がチェルケス人諸部族とともにクバン平原に進出してロシア軍と戦う可能性も考えていた。バトゥーミに集結していたトルコ軍の総司令官ムスタファ・パシャはすでにチェルケス人諸部族の指導者たちと会見し、「事実上のチェルケス総督として振舞っている」とロングワースは報告している。そのムスタファ・パシャが六万人を上回るチェルケス軍を組織してカフカスから北上し、ロシア南部を攻撃するという噂が流れていた。しかし、ロングワースはオスマン帝国がこの状況を利用してカフカス支配の復活を狙っていると分析し、英国はその動きをむしろ抑制すべきだと警告している。カフカス現地の実力者（パシャ）たちはオスマン帝国政府との関係復活に便乗して専横的な支配体制を強化しつつあり、その反動として、現地部族の多くはトルコ軍およびトルコ軍と同盟関係にある英仏軍から離反する傾向にあった。ロングワースは、また、シャミーリ軍にイスラム原理主義が浸透していることを根拠として、英国がシャミーリを支援すること自体についても慎重な意見を表明している。たとえば、チェルケス地方でシャミーリの代理人（ナーイブ）を務めていたムハンマド・アミンはカフカス地方からすべてのキリスト教徒を追放すべきだと主張する典型的なイスラム原理主義者であり、シャミーリの信奉者に対して非イスラム教徒と接触することを禁じていた。ロングワースによれば、ムハンマド・アミンが目指していたのは「狂信的なイスラム教に基づく封建主義的帝国」の建設だった。シャミーリ軍への支援に関するロングワースの消極的な姿勢は英国外務省の東方問題専門家の多くにも共通していた。彼らはグルジアとアルメニアにおける対ロシア戦争にイスラム軍（特にトルコ軍）を利用することに反対だった。それらの地域のキリスト教徒住民に対して権威を持ち得るのはヨーロッパの軍隊以外にないというのが反対の根拠だった(15)。

英仏両国はカフカス地方に自国の軍隊を派遣することに気が進まなかったが、かといって、現地のイスラム教徒勢力を利用することにも二の足を踏んでいた。その結果、この決定的に重要な地域について両国が取るべき政策は決まらないままだった。もし、英仏両国がカフカス地方で効果的な軍事作戦の実行に踏み切っていれば、十一ヵ月に及ぶことになるセヴァストポリ攻囲作戦よりもはるかに迅速かつ深刻な打撃をロシアに与えることも可能だった。しかし、両国はあまりに慎重すぎてこの可能性を追求することができなかった。

一八五五年の春、もうひとつの有望な選択肢としてバルト海の軍事作戦が再開された。前年のバルト海海戦で期待されるほどの戦果を上げられずに非難を浴びたチャールズ・ネーピア提督に代わって、リチャード・ダンダス海軍少将が提督に任命され、蒸気戦艦と砲艦によって編制される新バルチック艦隊が出動した。今回は、ネーピアが昨年攻略に失敗したクロンシュタット要塞とスヴェアボリ要塞を奪取し、サンクトペテルブルクを脅かすことができるだろうとの楽観的な見通しが語られた。この作戦に水路測量の責任者として参加したバーソロミュー・サリヴァン大尉はチャールズ・ダーウィンを助けてビーグル号の探検に参加した人物だった。サリヴァン大尉は事前の予備調査を行ない、クロンシュタットとスヴェアボリの両要塞は陸上部隊の支援を待たずに海上からの攻撃だけで攻略可能であるという報告書を提出した。三月初旬、みずからクリミアに赴いて陣頭指揮を取ろうとするナポレオン三世の計画を思いとどまらせるためにクラレンドン外相がパリを訪問するが、その際、外相はこのサリヴァン報告を持参した。前年のバルト海海戦でクロンシュタット要塞攻撃に踏み切らなかったことを不名誉と見なしていたナポレオン三世はサリヴァンの見通しを歓迎した。英国の指導者たちと同じように、ナポレオン三世も、クロンシュタットを奪取すればスウェーデンを反露連合に引き入れることができると考えていたのである。

英国バルチック艦隊の第一陣は三月二十日にスピットヘッド〔イングランド南岸ポーツマスに近い軍港〕を出港し、二週間後には第二陣が後を追った。一方、ペノー提督に率いられるフランス艦隊も六月一日にバルト海に到着する。英仏連合艦隊はまず海上封鎖によってロシアの貿易に打撃を与えようとするが、ロシアはドイツ諸邦を通じて貿易を続行したので、この海上封鎖は失敗に終わる。英国艦隊はロシアの沿岸拠点を次々に攻撃して破壊したが、主要目標は依然としてクロンシュタットとスヴェアボリの両要塞だった。一八五五年六月三日、クロンシュタット要塞の沖合八キロの海上に停泊する英国海軍の軍艦からライニンゲン公エルネスト・レオポルドが叔母にあたるヴィクトリア女王に送った手紙には、次のような記述がある。

水平線上の町には教会と尖塔が無数に立ち並び、砲台が列をなしているのが見える。その砲台からは、こちらが油断すれば、いつでも砲弾が歯を剝いて襲いかかって来るはずだ。海上からクロンシュタット港に到達するには、リスバンク堡塁の三層七八門の砲列の間を通過しなければならないが、そこをなんとか通過したとしても、港の入口にはアレクサンドル堡塁とメンシコフ堡塁という二つの巨大な堡塁が待ち構えている……さらに、船のマストに登ると、サンクトペテルブルクの各教会の銀色の丸屋根と尖塔がはっきりと見える。艦隊の向かいにはオラニエンバウム〔現ロモノーソフ市〕の壮麗な宮殿がある。オラニエンバウム宮殿は大理石に似た白い石で造られている……ここバルト海はまだ寒いが、天候は快晴続きである。真夜中の十一時から一時までの二時間を除けば、夜になっても明るいままだ。[16]

フランス艦隊の到着を待つ間、サリヴァン大尉はバルト海の浅瀬を詳細に偵察したが、エストニアの沿岸を偵察している時には、英国贔屓の現地貴族の別荘に招かれて夕食を共にするという、現実とは思えない経験をした。「実に夢のような一夜だった」と大尉は書いている。

行き先は敵国の海岸線から内陸へ三マイルも入った場所だった。途中の道路の両側には英国によく似た風景が広がっていた。案内役は、かすかな外国訛り別にすれば、私自身と同様に標準的な英語を話す若い女性だった……食事は素晴らしかった。ただし、肉類の量の多さは予想外だった。コーヒーと紅茶を戸外の木の下で楽しみ、やや日の陰った十時ごろに帰途についた。男爵みずから二頭立ての四輪馬車に同乗して送ってくれた。馬は英国種で、御者の服装も、革のベルト、長靴など、すべて英国風だった。

ところが、サリヴァン大尉は六月はじめに提出した二度目の報告書の中で、クロンシュタット要塞の強固な防衛態勢を突破して攻略する可能性について、前年のネーピアと同様の悲観的な見通しを明らかにする。ロシアは過去一年間にバルチック艦隊を大幅に強化し(サリヴァンが数えたところでは、ロシア海軍の砲艦は四三隻に増強されていた)、水中に機雷を敷設して湾の入り口を封鎖し(機雷は「悪魔の装置」として恐れられていた)、さらに木枠に石を詰めた障害物を海底に沈めていた。障害物を除去しようとすれば、その間に砲台からの砲撃を受けて重大な損傷を受けることは明らかだった。結局、クロンシュタット攻略計画は放棄され、それとともにバルト海海戦によってロシアに決定的な打撃を与えるという希望も失われた[17]。

　言うまでもなく、クリミア戦線の拡大も選択肢のひとつだった。ただし、冬季の軍事的な手詰まりを経験した今となっては、ロシア軍がペレコプ地峡とアゾフ海を経由して物資の補給と兵員の補強を続けている限り、南側からのセヴァストポリ砲撃を継続しても十分な戦果は期待できないというのが大方の見方だった。セヴァストポリ攻囲を実効あるものとするためには、北側からの封鎖が必要だった。そもそも、連合軍が一八五四年夏に計画していたのも、セヴァストポリを北側から包囲して孤立させる作戦だった。当初の作戦計画を覆したのは他でもないラグラン総司令官である。セヴァストポリとペレコプとを切り離すためにクリミア平原を占領することになれば、連合軍の兵士を夏の暑さにさらして苦しめることになるというのが作戦変更の理由だった。一八五四年末までには、ラグラン総司令官の作戦変更がいかに愚かしい過ちだったかが誰の目にも明らかになり、連合軍の指導部は戦略の見直しを迫られる。たとえば、ラグランの下で工兵隊司令官を務めていたジョン・バーゴイン卿は、十二月に覚書を提出し、三万人の新部隊を編成してベリベク川の河畔に配置することを提案している。目的は「バフチサライとシンフェロポリに対する攻撃態勢を強化し」、それによって、セヴァストポリへの二つの主要補給路のひとつを切断することにあった(もう一つの補給路はクリミア半島東部のケルチを経由するルートだった[18])。

　ロシア軍による二月のエフパトリア攻撃は、ペレコプ地峡を経由するロシア軍の補給路を断つ作戦の必要性を一層痛感させた。三月にはエフパトリアのトルコ軍守備隊を補強する目的で英仏両軍の分遺隊が派遣されたが、そこで彼らが目にしたのは驚くべき光景だった。ロシア軍に迫害されて住み慣れた村を離れ、エフパトリアに逃げ込んできた約四万人のタタール人農民が、食料もなく、雨露を凌ぐ施設もなしに路上で暮らしていたのである。深刻な人道主義的危機というべき状況だった。この危機を知った連合軍の司令官たちは、クリミア半島北西部の平原地帯に部隊を展開する必要性をいっそう痛感した。それはタタール人農民をロシア軍から保護し、反露闘争に動員するためにも必要な作戦だった。(19)

しかし、英仏両国がクリミア半島に関する軍事戦略の再検討を本格的に開始したのは四月に入ってからだった。四月十八日、英仏両国の首脳部が顔をそろえる戦略会議がウィンザー城で開催された。英国側からはパーマストン首相、ヴィクトリア女王の夫アルバート公、クラレンドン外相、新任の陸軍相兼戦時相パンミュア卿、バーゴイン工兵隊司令官が、また、フランス側からはナポレオン三世、陸軍相ヴァイヤン元帥、辞任したドルーアン・ド・リュイの後任として外相に就任したばかりのアレクサンドル・ヴァレフスキ伯爵〔ポーランド生まれ。ナポレオン一世の庶子と言われた〕の面々が出席した。パーマストンとナポレオン三世の二人はともにクリミア戦線の戦略を変更すべきだという立場だった。つまり、セヴァストポリに的を絞って砲撃する作戦にこだわるのではなく、ロシアに対する戦争拡大の第一歩としてクリミア半島全域を制圧すべきだと考えていた。この戦略変更は、クリミアのタタール人を味方に引き入れる機会となるだけでなく、開かれた平野部での戦闘への復帰という意味で重要だった。アリマ川の戦闘とインケルマンの戦闘ですでに証明されていたように、平野部での戦闘においては、英仏軍の技術的能力がロシア軍をはるかに凌駕していた。英仏軍の最大の長所は歩兵部隊の戦闘技術の高さと小銃の火力の優越性だったが、セヴァストポリ攻囲戦ではその長所が生かされることはなかった。工兵部隊と砲兵部隊の戦闘能力に関して言えば、ロシア軍は英仏軍に比べて少なくとも同等の力量を備えていたからである。

ナポレオン三世は戦略の変更にきわめて熱心だった。セヴァストポリを占領することは、皇帝がこの戦争で目指していた主要目標のひとつではあったが、包囲網を完成して孤立させないかぎりこの要塞が容易に陥落しないことは明らかであり、しかも、完全包囲が実現すれば、セヴァストポリは攻撃するまでもなく陥落するものと思われた。そこで、皇帝はもっぱら南側からセヴァストポリを砲撃するというこれまでの作戦に代えて、海岸線を東へ七〇キロ離れたアルシタに陸軍を上陸させ、そこからシンフェロポリに向けて進軍させる作戦を提案した。セヴァストポリへのロシア軍の補給の大部分がシンフェロポリを経由して行なわれているというのが提案の根拠だった。英国もナポレオン三世の提案に大筋で賛成だった。ただし、みずからクリミアに出向いて軍事作戦の指揮に当るという向う見ずな計画をナポレオン三世が放棄することが賛成の条件だった。フランス軍関係者の間で「ナポレオン計画」と呼ばれることになるアルシタ上陸作戦は、連合軍がクリミア半島の内陸部で実行すべき作戦の選択肢に含まれることになった。作戦の選択肢は全部で三つあり、第二はセヴァストポリ周辺に駐留する連合軍部隊をバフチサライへの攻撃に振り向ける作戦、第三はエフパトリアに部隊を再上陸させてシンフェロポリまで進軍させる作戦だった。戦略の変更について両国が合意し、双方の陸軍相が覚書に署名した。英内閣はパンミュア陸軍相の名前でこの覚書の写しを現地の総司令官ラグランに送付したが、その命令書によれば、三つの作戦のうちのどれを採用するかはラグランの裁量に委ねられるものの、採用した作戦は直ちに発動すべきものとされていた。その間、セヴァストポリ周辺の陣地と塹壕には六万（トルコ軍三万、フランス軍三万）の部隊が残留することになった。残留部隊の任務は、セヴァストポリへの砲撃継続ではなく、ロシア軍が包囲を突破して域外に進出する事態を阻止することだった。

しかし、ラグランは戦略の変更について懐疑的であり、もっぱらセヴァストポリへの包囲攻撃作戦を続行すべきだと考えていた。砲撃を続行すればセヴァストポリは遠からず陥落するだろうというのがラグランの見通しだった。しかし、もし今、平野部での戦闘に作戦を転換すれば、セヴァストポリ周辺の連合軍兵力は手薄となり、攻撃どころか自軍陣地の防衛も危うくなる。そう考えたラグランは、独自の判断で現地戦略会議を開催した。それは、抗命ではないとしても、ロンドンの政治指導部に対する公然たる挑戦行為だった。フランス軍総司令官カンロベールとトルコ軍総司令官オメル・パシャが出席したこの現地戦略会議で、ラグランはパンミュア陸軍相からの命令を単なる「提案」として扱い、それを採用するか否かは現地の判断に委ねられていると発言した。ラグランは、その後も様々な口実を持ちだして包囲戦術に固執し、兵力の移動に抵抗し、戦略変更の足を引っ張った。平野部での戦闘への戦略転換を支持する立場だったフランス軍のカンロベール総司令官は、もしラグランが平野部での作戦を開始するならフランス軍の兵力を提供するという申し出を再三行なったが、ついにラグランの抵抗に業を煮やして、ナポレオン三世宛の報告書に次のように書いている。「皇帝陛下によって策定された新戦略は、英国軍総司令官の非協力的な態度によって事実上不可能になっている」[20]

シンフェロポリを奪い、それを足掛かりにしてクリミア半島全域を制圧する作戦が実現しなかったことについて、フランスは以後長年にわたって英国の責任を問うことになる。フランス側が腹を立てた背景には、不適格とは言わないまでも、少なくとも規律違反の故をもって罷免されてしかるべきだったラグラン総司令官が罷免されなかったばかりか、クリミア半島内陸部への攻撃命令の実行を拒否したことについての譴責さえ受けなかったという事情があった。優秀なミニエ銃を装備した歩兵部隊を有する英仏連合軍にタタール人の支援が加われば、平野部での戦闘でロシア軍を圧倒し、シンフェロポリを奪取することは十分に可能だった。シンフェロポリを奪えば、ロシア軍の主要補給路を断つことができる。補給路を断たれることこそ、ロシア側が最も恐れていたシナリオだった。ニコライ一世が二月にエフパトリア攻撃を命じた理由も、このシナリオを阻止するために他ならなかった。ロシア側は補給路を攻撃された場合の脆さを十分に認識しており、英仏軍がシンフェロポリまたはペレコプに攻撃をかけるとすれば、まず、エフパトリアに再上陸するだろうと予測していた。後にロシア側が認めたところによれば、彼らは英仏軍がなぜ補給路を攻撃してこないのか不思議に思っていた。[21]

しかし、連合軍はロシア軍の補給路への攻撃作戦を一度も試みなかったわけではなかった。たとえば、アゾフ海経由の補給路の要衝であるケルチ港への攻撃はその試みのひとつだった。一度挫折した後に再度試みられることになるケルチ港攻撃作戦は、実は戦争勃発の当初から計画されていたが、実際に作戦命令が出たのは一八五五年三月二十六日になってからだった。パンミュア陸軍相からラグラン総司令官に宛てた命令書には、「ケルチの防衛態勢を弱体化させるために、陸海軍による合同作戦を組織すること」と記されていた。フランス側が英国軍の貢献度について重大な疑問を提示し始めていた時期だけに、これまで活躍の場がなかった英国海軍が参加するこの作戦には大きな期待がかけられていた。当初はケルチ作戦について懐疑的だったフランス軍のカンロベール総司令官も、四月二十九日になってフランス艦隊の一部を作戦に参加させることに同意する。八五〇〇人の兵士を乗せたフランス派遣艦隊の司令官はアルマン・ブリュア提督、作戦全体の指揮官は英国歩兵師団の古参司令官ジョージ・ブラウン中将だった。英仏両軍のケルチ派遣艦隊は五月三日に出航した後、ロシア軍を欺くためにまず北西のオデッサに向けて針路を取り、途中で東に方向転換してケルチに向かった。しかし、艦隊がケルチに到着する直前に、一隻の高速艇が追いつき、フランス艦隊にコンスタンチノープルへの帰港を命じるカンロベール総司令官の命令を伝えた。艦隊の出航後まもなくパリから電報が届き、ナポレオン三世からカンロベール宛にコンスタンチノープルからの予備兵力の引き揚げ命令が伝えられた。兵力の輸送にはブリュア提督の艦隊が必要だったので、カンロベールは渋々ながらケルチ港攻撃作戦からの撤退を決断したのである。フランス艦隊の撤退にともなって、英国艦隊も作戦の中止を余儀なくされた。カンロベールは英国に対して（そして多数のフランス人に対しても）面目を失うことになった。[22]

ケルチ港攻撃作戦の頓挫は、すでに存在していた英仏両軍の相互不信をさらに深める結果となった。この不手際を主たる理由として、五月十六日、カンロベールが仏軍総司令官の職を辞任する。カンロベールは立場を失ったと感じていた。英国軍を失望させた今となっては、ラグラン英国軍総司令官に平野部での戦闘計画の実行を迫る資格を失ったとも感じていた。後任のフランス軍総司令官エマーブル・ペリシエ将軍は背が低く、小太りだったが、豪放磊落な性格で、英国側が久しく前から「何もできないロバート（Robert Can't）」の仇名で呼んでいたカンロベール（Canrobert）に比べて、決断力と行動力に富んでいた。英国軍はペリシエ将軍の仏軍総司令官就任を大いに歓迎した。連絡将校として仏軍総司令部に派遣され、カンロベールと身近に接していたヒュー・ローズ大佐は、クラレンドン外相宛の報告書に、「今後はペリシエ総司令官の下で多くの作戦を『実行できる（can do）』時代が来るであろう」と書いている。

ペリシエ将軍は自分の命令が中途半端に扱われることを許さないだろう。不可能でないかぎり、命令は必ず実行されなければならない。将軍は気性の激しい野人だが、その人柄は公正かつ誠実である。重大な事柄に関しては、公正さと誠実さが感情の爆発に優先するものと思われる。物事の理解が早く、豊かな常識を備え、決断力に富む将軍は困難に直面しても怯むことなく、その克服に努めるだろう。[23]

ペリシエ将軍

フランス軍のペリシエ新総司令官は、戦争の主要目標をセヴァストポリ攻略とする点では英国軍総司令官ラグランと同意見だったが、英仏両軍の関係を修復しようとする観点からケルチ作戦のやり直しに同意する。そこで、五月二十四日、フランス軍七〇〇〇、トルコ軍五〇〇〇、英国軍三〇〇〇の連合軍が六〇隻の軍艦に分乗してケルチに向けて出航した。司令官は前回と同じくジョージ・ブラウン中将だった。艦隊の接近を目にして、ケルチのロシア人住民の大半が農村部へ逃げ出した。連合軍は短時間砲撃を加えた後、抵抗を受けずに上陸する。市内にとどまっていたロシアの民間人代表団がブラウン司令官を出迎え、現地のタタール人に襲撃される恐れがあるので保護してほしいと訴えたが、ブラウン司令官はこの訴えを無視する。ブラウンは主としてフランス兵とトルコ兵からなる小部隊をケルチに残して、市内の武器庫の破壊を命じた後、本隊を率いてケルチ海峡のエニカレ要塞に向かった。エニカレではブラウン司令官の目の前でロシア人の財産に対する略奪が行なわれた。その間に連合艦隊はアゾフ海に入って沿岸を砲撃し、ロシアの船舶を破壊した。アゾフ海北部沿岸の都市マリウポリとタガンログ[*5]は灰燼に帰した。

一方、ケルチとエニカレでは、ロシア市民の財産に対する破壊と略奪が続いていた。連合軍の兵士たちは泥酔して乱痴気騒ぎを始め、一部は恐るべき残虐行為に及んだ。最悪の事態はケルチで発生した。地元のタタール人がロシア人に対する恨みを晴らすべく、占領軍の威を借りて乱暴な復讐を開始したのである。タタール人はトルコ軍の助勢を得て商店や住宅を襲撃して略奪し、ロシア人の女性を強姦し、子供や嬰児を含む数百人を殺害し、その手足を切断した。暴力はとどまるところを知らなかった。ケルチ美術館の破壊もその例だった。美術館とともに、収蔵されていた古代ギリシア芸術の壮麗なコレクションが失われた。この破壊行為については、五月二十八日付の『タイムズ』にウィリアム・ラッセル特派員の報告記事が掲載されている。

美術館の床には、砕け散ったガラス、花瓶や壺のかけら、彫像の破片などの高価なゴミが厚く降り積もっている。黒く焦げた木片や骨片に混ざって、陳列品を収蔵していた棚や台や箱の木端も転がっている。砕いたり焼いたりできる物は何ひとつ原型をとどめていない。すべてが叩き壊され、焼かれてしまった。

ブラウン司令官の許には、タタール人やトルコ兵だけでなく、英仏軍の一部も略奪と殺戮に参加しているという報告が入っていた。しかし、最初の数日間、司令官は残虐行為をやめさせる措置を取らなかった。タタール人は味方であり、彼らの行動はロシアの支配に対する「正当な抵抗」であるというのが司令官の見解だった。最悪の残虐行為についての報告が入ると、ブラウンはようやく腰を上げて秩序回復のための小部隊（英国騎兵隊員二〇名）を派遣する。ただし、強姦の現場で加害者の英国軍兵士数人が射殺されたことを除けば、二〇名の人数で実質的な秩序回復の効果をあげることは不可能だった。(24)

ロシア側の証言によれば、一般の兵士だけではなく、英仏軍の士官の中にも、略奪、強姦、殺戮などの残虐行為に加わる者がいた。「数人の英国軍将校が家具や彫像など多数の品物を略奪して船に持ち帰る姿を目撃した」とケルチの住民のひとりは回想している。英国軍士官に強姦されたと訴える女性も一人や二人ではなかった。[25]

戦争の拡大を目的として戦略を見直す動きは様々な形で試みられたが、その試みがどれひとつとして実現しないうちに春を迎えることになった。英仏連合軍はセヴァストポリ攻囲戦の泥沼から抜け出せないでいた。現地の連合軍部隊にとっては、セヴァストポリを奪うことが依然として最優先の課題だった。攻囲戦を効果的に進めるためにも戦略の修正が必要であることは認識されていたが、もうひと押しすればセヴァストポリを陥落させ、ロシアに屈辱的な講和を迫ることができるという期待も捨てることができなかった。

冬の数ヵ月間、戦闘は一種の休止期間に入っていた。その間、英仏軍とロシア軍の双方が防御態勢の強化に努力を集中した。連合軍側では、主としてフランス軍が塹壕掘りの作業にあたった。英国軍陣地は岩盤の上に位置していたので、塹壕掘りは困難を極め、思いどおりに進まなかった。フランス軍のジャン＝ジュール・エルベ大尉によれば、攻囲戦の十一ヵ月間に仏軍が掘った塹壕の延長距離は六六キロに達したが、英国軍の塹壕の延長は一五キロにすぎなかった。氷点下の気温に耐え、絶えず敵の砲撃にさらされつつ、硬い凍土を掘り起し、岩盤があればダイナマイトで爆破して掘り進む塹壕掘りは消耗の激しい危険な作業だった。「塹壕を一メートル掘り進むたびに兵士一人の命が失われた。いや、二人を失うことも稀ではなかった」と第一ズアーヴ大隊のルイ・ノワールは回想している。[26]

ロシア軍側も精力的に防御態勢を強化していた。天才的な工兵総監エドゥアルト・トートレーベンの指揮の下、ロシア軍は土塁と塹壕を巧みに組み合わせて、過去の籠城戦に比べて格段に精緻な防御陣地を構築した。セヴァストポリ攻防戦の初期段階には、粗朶と束柴と蛇籠で土塁を補強した程度の仮ごしらえにすぎなかった防御陣地は、冬の間に大幅に補強されていた。たとえば、各要塞に穹窖《きゅうこう》砲台が装備された。これは地面を数メートル掘り下げて砲台を設置し、それを分厚い船材と土嚢で覆ったもので、激しい砲撃にも耐える構造になっていた。また、マラホフ要塞、大レダン要塞（第三要塞）など、最も防備の堅い要塞の内部には、迷路のように入り組んだ掩蔽壕と居住区が設けられ、小さな礼拝堂と野戦病院も備わっていた。レダン要塞の一室にはビリヤード台とオットマン椅子が置かれていた。[27]

さらに、これらの重要な要塞を防衛する前哨拠点として、城壁の外側に新たな稜堡が設置された。たとえば、レダン要塞の前方には採石場稜堡が、また、マラホフ要塞の前哨としてはマメロン稜堡が構築された。マメロン稜堡はカムチャツカ連隊の兵士によって築かれたので「カムチャツカ眼鏡堡《リュネット》」とも呼ばれた。二月初旬から三月初旬にかけて、カムチャツカ連隊の兵士たちはフランス軍の間断ない砲撃にさらされつつ稜堡の構築にあたったが、建設工事中に戦死する兵士の数があまりにも多数にのぼったので、たとえ夜陰に紛れて収容しようとしても、全員の死体を収容することができなかった。多くの死体が放置され、土塁の中に埋め込まれた。マメロン稜堡はそれ自体が小要塞としての複合的な構造を持ち、その左翼は「白壁の土塁」と呼ばれる一対の側堡によって守られていた（側堡が「白壁の土塁」と呼ばれたのは、建設工事に際して掘り出された白色の土で覆われていたからである）。フランス軍は一八五五年六月初旬にマメロン稜堡を奪取するが、工兵隊指揮官のアンリ・ロワジョン中佐はその際に稜堡内で目撃した驚くべき様子を次のように記録している。

> 稜堡内の地面の至る所に避難用の蛸壺が掘られており、蛸壺の入口は厚く重い板で覆われていた。ロシア兵は蛸壺に潜って砲撃から身を守っていたのだ。さらに、数百人を収容し得る大規模

な地下掩蔽壕が造られていた。これを見ると、砲撃によるロシア側の人的損害は我々の予測よりもかなり少なかったものと思われる。驚くべきことに、地下掩蔽壕には羽毛布団つきのベッド、瀬戸物の食器類、完璧なティー・セットなど、快適な生活のための設備が揃っていた。ロシア兵の居住環境は悪くなかったのだ。さらに、稜堡内には礼拝堂もあった。礼拝堂には金箔の施された見事なキリストの木像が祀られていた(28)。

敵味方の双方が自軍陣地の防御の強化に励んでいる間、大規模な戦闘はほとんどなかった。ただし、ロシア軍は英仏軍の塹壕に対して散発的な夜間攻撃を行なった。この時期に大胆な夜襲を指揮して勇名をはせた黒海艦隊の水兵ピョートル・コーシカはロシアの国民的英雄となった。しかし、ロシア軍の夜襲の目的が何なのかは必ずしも明確ではなかった。夜襲は連合軍側の防御態勢に決定的な打撃を与えることもなく、大々的な人的被害を引き起こすこともなかった。襲撃される英仏軍よりも襲撃するロシア軍の方に多数の戦死者が出ることも稀ではなかった。フランス軍のエルベ大尉は、塹壕内での睡眠を妨げることによって連合軍兵士を疲労させることがロシア側の狙いだろうと考えていた(事実、ロシア側の意図はそこにあった)。英国工兵隊のホイットワース・ポーター少佐によれば、「何人かの黒い人影が胸墻《きょうしょう》を乗り越えてくる姿」が見えると、それがロシア軍の夜襲の始まりだった。

直ちに警報が発せられるが、次の瞬間にはロシア兵が襲いかかってくる。分散して配置についている我が軍の兵士たちは不意を突かれ、突進してくる敵に押されてじりじりと後退するが、最後には踏みこたえて、一対一の摑み合いの戦闘が始まる。こちらが喊声を上げ、叫び、罵れば、ロシア側も大声で怒鳴る。その怒鳴り声には、猛攻撃に出る前にすでに正気を失って狂人となった兵士たちの憎悪が込められているかのようだ。小銃と小銃がぶつかり合って鋭い金属音を立て、切迫した命令の声が四方から聞こえる。突然、すべての騒ぎを圧倒して、ロシア軍の突撃喇叭が響く。あらゆる騒ぎが重なり合って、どんなに豪胆な神経の持ち主をも狼狽させるような大混乱が頂点に達する。砲台の中で肉弾戦が行なわれる場合には、無数の横檣《おうしょう》や砲身などが場所を塞ぎ、敵も味方も自由に身動きができないまま摑み合いが始まることになる。何とも無残な肉弾戦の光景が展開される。しかし、遅かれ早かれ、通常は数分後に、我が軍は密集隊形を作って勇敢に前進し、敵を胸墻の外側に追い落とすことになる。さらに、正確な狙いの一斉射撃が追い打ちをかけ、敵は一目散に退散する。英国兵の間から歓声が上がる……(29)

連合軍側もロシア軍の前哨拠点に奇襲攻撃をかけることがあった。奇襲攻撃の狙いは敵の拠点を奪うことよりも、むしろロシア兵の士気を挫くことにあった。奇襲攻撃はズアーヴ兵が最も得意とする戦術である。摑み合いの肉弾戦にかけてズアーヴ兵の右に出る者はないと言ってもよかった。一八五五年二月二十三日から二十四日にかけての夜、勇猛なことで名高いズアーヴ第二連隊が、建造されたばかりのロシア軍の「白壁の土塁」を急襲し、一時的に占拠した。占拠した理由は、いつでも好きな時に奪うことができる力をロシア軍に誇示することにあった。この奇襲に際して、ズアーヴ第二連隊は兵士と士官を合わせて六二人の戦死者と二〇三人の負傷者を出したが、退却する際には死傷者をロシア軍陣地に残すことなく、全員を収容して連れ帰った。(30)

連合軍の奇襲は小競り合いの程度だったが、ロシア軍による夜襲は時として大規模な攻撃作戦に発展することがあった。大規模な夜襲は英仏軍をその陣地から駆逐する意図で行なわれたとも考えられるが、実際には英仏軍を圧倒するに足る兵力をロシア軍が動員することはなかった。三月二十二日から二十三日にかけての夜、ロシア軍はマメロン稜堡から出撃して、対峙するフランス軍拠点への奇襲攻撃を敢行した。約五〇〇〇人の兵力を投入した最大規模の奇襲だった。フランス軍側は、第三ズアーヴ連隊が素早く応戦して持ちこたえた。ミニエ銃とマスケット銃が発射される際の閃光を除けば、あたりは漆黒の闇だった。その闇の中で、激しい白兵戦が展開された。ロシア軍は散開して側面攻撃に移り、守りが手薄だった右手の英国軍の塹壕を奪取すると、そこからフランス軍陣地を狙って銃弾を浴びせた。しかし、ズアーヴ兵たちは頑強に持ちこたえ、英国軍補強部隊の到着を待って反撃に転じ、ロシア軍をマメロン稜堡の方向に撃退した。この奇襲作戦はロシア軍にとって高いものについた。ロシア軍の負傷者は一一〇〇人、戦死者は五〇〇人以上で、死傷者のほぼすべてがズアーヴ連隊の塹壕近くに放置された。戦闘が終わった段階で、連合軍とロシア軍の双方が六時間の停戦に合意する。戦場を埋め尽くして横たわる死傷者を収容するためだった。つい先程まで命のやり取りをしていた敵味方の兵士が収容作業を通じて交歓することになった。もちろん、身振り手振りで意思を伝え合うか、あるいは相手の言語の中で自分がわずかに知っている片言を口にするしかなかったが、例外はロシア軍の士官だった。ロシア軍の士官は、そのほぼ全員が貴族階級の言葉であるフランス語を話すことができた。英国軍第八八歩兵連隊のナサニエル・スティーヴンス大尉は目撃した情景を次のように記録している。

英国軍の士官と兵士が集まっている所へ、休戦旗を掲げたロシア軍の士官と兵士の一団がやって来た。二つのグループは混ざり合い、交流が始まった。何とも奇妙な光景だった。両軍の士官たちはまるで旧友に遭遇したかのように打ち解けて陽気に会話し、兵士たちも、つい五分前まで銃口を向けて撃ち合っていたことを忘れたかのように、煙草を分け合い、ラム酒を呑み交わし、「イギリス人、良い」などという類の片言で挨拶を交わした。ロシア軍の士官たちはいかにも紳士然としており、全員がフランス語を話し、一人は英語も話した。やがて、誰かが時計を見て「そろそろ時間だ」と言うと、双方が左右に分かれて死体収容の仕事に戻って行った。その際、英国軍の兵士たちはロシア兵と握手を交わした。誰かが「オー・ルヴォワール」とフランス語で別れを告げた。[31]

散発的な夜間攻撃を除けば、一八五五年の最初の数ヵ月間は、敵味方の双方が自陣内にとどまって動かない状態が続いた。「攻防戦は今や名ばかりだ」と軽騎兵連隊の参謀将校だったヘンリー・クリフォードは三月三十一日付の家族宛ての手紙に書いている。「一日の間に何回か砲撃音を聞くことはあるが、戦闘は全体として休止状態にある」。確かに奇妙な状況が始まっていた。攻撃側には圧倒的な火力を有する砲兵部隊が存在するが、実際には砲撃もせずに無駄に時間を過ごしていた。攻囲戦についてほとんど自信を失ったかのようだった。塹壕掘りに明け暮れたこの数ヵ月間は、兵士にとって満足すべき生活ではなかった。英国軍の兵士たちは「穴掘り作業」にうんざりしていた。兵士にふさわしい仕事とは思えなかったからである。工兵隊のホイットワース・ポーター少佐はアイルランド出身の歩兵の言葉を引用しつつ、次のように書いている。

その兵士はこう言った。「軍隊に入ったのは、こんな作業をするためではない。立派な兵士として見張りに立ち、命令があれば銃剣をつけて戦うつもりで入隊したのだ。穴掘り作業に追われるとは夢にも思わなかった。もともと、穴掘り作業が嫌だから兵役に応募したのだ。入隊する時、軍曹は軍隊には穴掘り作業はないと聖パトリックに誓って約束したが、当地に着いたとたんに鶴嘴とスコップを持たされて塹壕掘りだ。これではアイルランドにいた時と変わらないひどい生活だ」。そうこぼしながらも、彼は塹壕掘りの作業を続けた。そして、何もかもロシア人のせいだとして、ロシアを激しく罵った。セヴァストポリを陥落させたら、この恨みを晴らすべく、ロシア人に思い知らせてやる、というわけだった[32]。

攻防戦は膠着状態に入り、敵味方の双方がまるで儀式のように砲撃を交わし合うだけの単調な日常が続いた。兵士たちは砲撃下の塹壕生活に慣れ始めた。部外者から見れば、兵士たちは危険な環境にあまりにも無頓着であるかのように思われただろう。二十二歳の竜騎兵としてフランス軍騎兵師団に属していたシャルル・ミスメルはその頃初めて塹壕を訪れ、兵士たちが砲撃や銃撃を受けつつ平然とトランプに興じ、あるいは眠りにつく様子を見て驚愕している。兵士たちは飛来する砲弾や銃弾の音の違いを聞き分け、その違いに応じて避難行動を起こすようになっていた。ホイットワース・ポーター少佐の回想によれば、「空気を引き裂くような鋭い金属音」は小銃の一斉射撃を意味していたが、その音で慌てふためくのは経験の浅い若い兵士だけだった。「強力な翼を持つ鳥の大群が激しく羽ばたくような音」は葡萄弾の連続発射であり、複数の小型爆弾を一つの砲弾に詰め込むことから「花束」と呼ばれる砲弾は「長い弓型の光の尾を引いて空中に駆け登り、最高点に達すると次々に炸裂して無数の短い火花を発した」。大型の臼砲弾は「夜中でもそれと分かる導火線の炎を後ろに従え、大きな双曲線を描いて空中を誇らかに上昇し、最高点に達すると急速度で落下し始める……空を切って落下する時にはまるでタゲリのさえずりのような音を立てる」。臼砲の砲弾がどこに落ちるか、砲弾の破片がどこに飛び散るかは予測できないので、「このタゲリのさえずり音が聞こえた時は、ともかく地面に伏せて祈るほかなかった[33]」。

膠着状態が長引き、双方とも戦果をあげる見通しがなくなると、砲撃戦も、銃撃戦も、ほとんど形ばかりの儀式になった。退屈した兵士たちの中には、気晴らしに射撃ゲームを始める者もあった。ズアーヴ連隊の大尉だったフランソワ・リュゲは、部下の兵士たちがロシア兵を相手に射撃ゲームに興じたことを記録している。一方が銃剣の先に布きれを結んで塹壕から突出し、他方がそれを目標に銃撃する。首尾よく命中すれば歓声と笑いが起こり、失敗すればやじり声が起こった(34)。

兵士たちはしだいに大胆になり、前哨地点の歩哨たちが夜中に無人地帯に出かけて気晴らしをしたり、身体を動かして暖を取ったりするようになった。ロシア軍の前哨地点までの距離がサッカー場の長さぐらいの距離しかない場合には、両軍の兵士が無人地帯で接触した。ラグラン総司令官の副官だったサマーセット・カルソープは、英国軍の前哨地点の近くに丸腰のロシア兵の一団が現れて、両者が接触した事例を記録している。

ロシア兵たちはタバコの火を貸してくれという身振りをした。英国兵が火を貸してやると、彼らはそこに数分間とどまって英国兵と言葉を交わした。正確には、言葉を交わそうとしたと言うべきだろう。その時の会話はおおむね次のようなものだった。

ロシア兵一「イギリス人、良い」。

英国兵一　「ロシア人、良い」。

ロシア兵二「フランス人、良い」。

英国兵二　「良い」。

ロシア兵三「モスレム、良くない」。

英国兵三　「そうだ。トルコ人、良くない」。

ロシア兵一「モスレム、良くない」。（そう言って顔をしかめ、軽蔑心を表すために地面に唾を吐く）。

英国兵一「トルコ人、良くない」。（怖がって逃げ出すような仕草をする。居合わせた全員がどっと笑う。両グループは握手して別れ、それぞれの任務に戻った）(35)。

兵士たちは退屈凌ぎに様々な遊びやゲームを考え出した。セヴァストポリの要塞内では「あらゆる種類のトランプ・ゲームが四六時中行なわれている」とロシア軍砲兵隊の青年士官エヴゲニー・エルショーフは記録している。チェスに興じ、あるいは、本を貪り読む士官も少なくなかった。第六要塞の穹窖《きゆうこう》砲台にはグランドピアノが運び込まれ、他の要塞から演奏家を招いてコンサートが開催された。エルショーフによれば、「最初のうちは、クラシック・コンサートにふさわしく謹厳な雰囲気だったが、しだいに聴衆の気分が高まり、庶民的な旋律や民謡が演奏され、ダンスが始まった。別の機会には仮面舞踏会が開催され、士官候補生の一人が女装して登場し、ロシア民謡を歌った(36)」。

フランス軍陣地では演劇が人気を集めていた。ズアーヴ連隊には兵士たちが結成した素人演劇の一座があり、急ごしらえの木造の小屋に大観衆を集めて歌や踊りや軽喜劇を演じた。女優の役は女装した兵士が演ずるのである。従軍司祭のアンドレ・ダマは回想している。「想像してみてほしい。若い羊飼い娘に扮したズアーヴ兵が男たちに媚を売るかと思えば、別のズアーヴ兵は社交界の若い貴婦人に化けて乙に澄まして見せる。これほど面白い見世物は初めてだった。女装したズアーヴ兵たちは見事に女性の役を演じて拍手喝采を浴びた(37)」

英国軍の陣地で特に人気の高かった娯楽は競馬だった。この間、騎兵部隊は競馬以外にすることがなかった。しかし、競馬に参加したのは騎兵隊の騎馬だけではなかった。ホイットワース・ポーター少佐は第三騎兵師団が高台の平地で開催した競馬を見物し、その感想を一八五五年三月十八日の日記に書き残している。

ひどく寒い一日だった。身を切るように冷たい西風が吹き、骨の髄まで冷え切ってしまった。それでも、にわか作りの競馬場は英国軍のあらゆる部隊から集まってきた物見高い連中で混雑を極めた。馬を調達できる者は誰もがこの機を逃さず競馬に参加した。しかし、その騎手たちの大半は実に奇妙な連中だった。たとえば、ある士官はどう見ても身長一九〇センチを下らない大男だったが、見たこともないほど小型で痩せこけたみすぼらしい子馬に跨って現れた。(38)

比較的静穏だったこの数ヵ月間に確実に増加したものがあった。それは兵士の飲酒量である。どんな軍隊についても言えることだが、飲酒量が増えれば規律は乱れる。酔ったあげくに罵り合いが始まり、横柄な態度や口論が暴力沙汰に発展する。それればかりか、飲酒は兵士の反抗心を呼び覚まし、士気の低下を招くことが多い。クリミア戦争中に、泥酔した上での不品行を理由に軍法会議にかけられた英国軍兵士は、全体の八分の一に相当する五五四六人もの多数にのぼった（飲酒泥酔について言えば、英国軍がフランス軍またはロシア軍に比べて特にたちが悪かったとは考えられない）。どの国の兵士たちも、その大多数が朝食時に大型のコップでアルコール（ロシア兵はウォッカ、英国兵はラム酒、フランス兵はワイン）を飲み、夕食時にも同じように飲んだ。日中に酒を飲む兵士も少なくなく、中には攻囲戦の全期間を通じて一度も素面《しらふ》に戻らなかった兵士もいた。飲酒はトルコ兵を含むすべての軍の兵士たちにとって最大の娯楽だった。トルコ兵は甘口のクリミア・ワインを好んで飲んだ。ヘンリー・クリフォードは連合軍陣地の飲酒事情を次のように回想している。

英国軍であれ、フランス軍であれ、ほぼすべての連隊に酒保がある。酒保の出入り口付近にはいつも兵士たちが群がっている。群がっていると言っても、立っている者はごくわずかで、多くは、その酔いの程度に応じて、しゃがみこんだり、寝転がったりしている。楽しそうに笑っている者、叫んでいる者、踊っている者、摑み合いをする者、涙もろくなっている者、愛想の良い者、歌う者、喋る者、言い争う者、呆然としている者、乱暴をはたらく者、酔いつぶれている者など、酔態は様々だ。フランス兵も英国兵も同じようにひどく酔っぱらっている……兵士に余分な給料を払うことがいかに大きな間違いかは、これでよく分かる。ほんのわずかでも必要以上の金が手に入ると、兵士たちは野蛮な本性のままに酒を飲み、酔っぱらってしまうのだ……英国兵であれ、フランス兵であれ、トルコ兵であれ、サルデーニャ兵であれ、金を手にすれば、兵士はみな飲んでしまう。(39)

突然のように寒さが緩み、季節が春に移ると、兵士たちも元気を回復した。「今日、春の訪れを実感した」と、エルベ大尉は四月十六日の日記に書いている。「晴天が三週間続いた。その間に周囲の様子ががらりと変わった」。フランス軍の兵士たちはテントの近くで菜園作りを始めた。エルベ大尉だけでなく、多くの士官が冬の間に伸びた髭を剃り、敷布を洗い、身なりを整えた。「もし、セヴァストポリの貴婦人たちの舞踏会に招待されるようなことがあったら、彼女たちの優雅なドレスに負けないように、フランス軍士官らしい立派な制服姿で出かけたいものだ」。厳しい冬の間、雪と泥濘の下に隠れていたクリミアの自然が突如として美しい楽園に変身した。荒れ地の至る所に春の花が咲き競い、畑にはライ麦が高さ一メートルほどに育ち、あらゆる場所で小鳥が囀り始めた。『タイムズ』

紙の特派員ウィリアム・ラッセルは三月十七日付で次のような記事を書き送っている。

気温が暖かくなってからまだ数日しか経たないが、地上では至る所にスノードロップ、クロッカス、ヒヤシンスなどの花が咲き始めている……また、空には、フィンチやヒバリなどの小鳥が、彼らの聖ヴァレンタイン祭を祝うかのように、群をなして飛び交っている。クリミア半島の至るところで、色鮮やかなゴシキヒワ、大型のホオジロ、キクイタダキ、ヒバリ、ムネアカヒワ、タヒバリ、三種類のシジュウカラ、カヤクグリ、セキレイなどを身近に目にすることができる。砲声の合間に、近くの茂みの中から小鳥の囀りや地鳴きが聞こえてくるかと思えば、砲撃でできた地面の割れ目から、あるいは砲弾や重い兵器の下から、可憐な春の花が顔を覗かせている。どちらも、何とも場違いで、奇妙な感じの光景である。(40)

英国軍の陣地では食料品など基本的な物資の補給が改善され、それにともなって兵士の士気も回復した。補給改善に貢献したのは主として民間業者が参入したためであり、民間業者の参入を許したのは、政府による調達補給システムの機能不全だった。一八五五年春、カディコイ村には多数の貿易業者や酒保商人が屋台や売店を開いていた。法外に高い値段を支払いさえすれば、ありとあらゆる商品を買うことができた。瓶詰の肉類や漬物はもとより、瓶入りのビールやギリシアのラキ酒、焙煎済みのコーヒー豆、缶入りのアルバート・ビスケット、チョコレート、葉巻、洗顔用品、紙、ペンとインクなどが売られていた。さらに、オッペンハイムとフォートナム・アンド・メイソンの両社がカディコイに開設した直売店では、最高級のシャンパンが売られていた。その他、馬具屋、靴屋、仕立屋、パン屋、宿屋などが相次いで進出していた。その中にジャマイカ出身の有名なメアリー・シーコールの宿屋もあった。シーコールはみずからスプリング・ヒルと名付けたカディコイ近郊の地に「英国ホテル」を開設し、十分に腹を満たす食事で兵士を歓待するとともに、病気や怪我の治療も行なっていた。薬草による治療は彼女の特技だった。

一八〇五年にジャマイカのキングストンでスコットランド人の父親とクレオール女性の母親との間に生まれたメアリーは、並外れた女性だった。ジャマイカ駐留の英国軍基地で看護婦として働いている時にシーコールという名の英国人と結婚したが、結婚後一年を経ないうちに夫が病死して寡婦となり、パナマに移って兄とともにホテルを兼ねた雑貨屋を経営することになる。パナマでは様々な病気の療法を学んだ。クリミア戦争が勃発すると英国に渡って、フローレンス・ナイチンゲールの看護婦団に応募するが、何度応募しても採用されなかった。不採用の理由がクレオールとしての彼女の肌の色にあったことは間違いない。しかし、メアリー・シーコールはクリミアに渡って英国の戦争努力に貢献し、同時に、酒保兼宿屋の経営者として成功を収めたいと心に決めていた。そこで、亡夫の遠縁にあたるトーマス・デイと組んで「シーコール・アンド・デイ社」という会社を設立して船を仕立て、一八五五年二月十五日にテームズ川河口の町グレーヴズエンドから出航した。途中、コンスタンチノープルで商品を積み込み、同時にギリシア系ユダヤ人の青年(メアリーは「ユダヤ人のジョニー」と呼んでいた)を雇い入れた。彼女が始めた「英国ホテル」は名前こそ大仰だが、実態は雑貨屋を兼ねた食堂であり、『タイムズ』紙のウィリアム・ラッセル特派員に言わせれば「鉄骨の倉庫と木造小屋の組合せ」にすぎなかったが、常連客の英国軍士官には好評だった。そこは士官たちにとっての一種の将校クラブであり、気ままにくつろげる場所だった。故郷を思い起こさせる食事を楽しむこともできた。(41)

メアリー・シーコールの「英国ホテル」やカディコイの民間商店は主として士官の生活に潤いを与

えたが、一方、一般兵士のための食事の改善に大いに貢献したのは、シーコールと同じく一八五五年の春にクリミアにやって来た著名な料理人アレクシス・ソワイエだった。一八一〇年にフランスで生まれたソワイエは英国に渡ってロンドンのリフォーム・クラブ〔ペルメル街の有名な紳士クラブのひとつ〕の料理長となり、ホイッグ党時代と自由党時代の政府要人たちの間で当代随一の料理人との評判を得た。彼を一躍有名にしたのは一八五四年に出版した料理本『一シリングでできる家庭料理』だった。この本は生活の向上に熱心な中流階級のすべての家庭の必備品となった。一八五五年二月、ソワイエはスクタリの英国軍病院における劣悪な食糧事情を報ずる『タイムズ』の記事を目にして同紙に手紙を書き、陸軍の食事に関する助言者として現地に出かけることを志願する。まず、スクタリに赴任し、すぐにナイチンゲールに付き従ってクリミアに渡った。ナイチンゲール自身はバラクラヴァの病院を視察した後に自分も罹病して重態となり、スクタリへの帰還を余儀なくされるが、ソワイエはナイチンゲールの仕事を引き継ぐ形でバラクラヴァの各病院の調理を監督した。フランス人とイタリア人の料理人チームを指揮して、毎日一〇〇〇人以上の兵士の食事を用意したのである。ソワイエの最大の功績は移動式野戦食堂による集団給食システムを英国陸軍に導入したことだった。それはフランス軍がすでにナポレオン戦争以来実施していたシステムだった。この時ソワイエが独自に開発した野外調理用の専用コンロ（「ソワイエ・ストーブ」）は二十世紀の半ばまで英国陸軍の標準装備となる。クリミア駐留英国軍の全部隊に集団給食を提供するために、四〇〇台のソワイエ・ストーブが英国から現地に輸送された。ソワイエは、また、軍隊用のパン焼き釜を開発し、数ヵ月間保存できるタイプの扁平なパンを焼いた。さらに、一部の兵士に調理訓練を施し、各連隊に一人ずつ調理担当兵を配置した。調理兵はソワイエのレシピに忠実に従って簡素で栄養価の高い軍隊食を調理した。ソワイエはその天才を発揮して無味乾燥な糧食を味わうに値する料理に変えたのである。彼が最も得意とした献立は各種のスープだった。

たとえば、五〇人分のスープを想定した次のようなレシピが残されている。

・鍋に七・五ガロン（野営用の薬缶五・五杯）の水を入れて沸かす。
・牛肉または羊肉五〇ポンドを入れる。
・適量の保存野菜または新鮮野菜を加える。
・塩小さじ一〇杯で味付けする。
・弱火でコトコトと三時間ほど煮て、配膳する。(42)

英国軍の物資補給態勢の改善にあたって決定的に重要な役割を果たしたのは、バラクラヴァ港からセヴァストポリを包囲する英国軍陣地までを結ぶ鉄道の建設だった。世界の戦争史上初の戦場鉄道である「クリミア鉄道」の構想は前年一八五四年の十一月に始まった。当時、英国軍兵士の惨状が『タイムズ』紙によって初めて本国に伝えられ、最大の問題点がバラクラヴァ港から高地にある英国軍陣地までの泥道を泥濘に抗して補給品を運び上げる作業の難しさにあることが明らかになった。この記事を読んだ人々の中に鉄道王サミュエル・モートン・ピートーがいた。ピートーはロンドンの建設業者として名を成した後、一八四〇年代に入って鉄道事業に進出した人物だった。*6 ピートーはアバディーン政権から一〇万ポンドの補助金を引き出してクリミア鉄道のための建設資材を調達し、同時に、膨大な数の労働者を雇い入れた。この事業に鉄道工夫として参加したのは、主としてアイルランド人の荒くれ男たちだった。鉄道工夫の第一陣は一八五五年一月末にクリミアに到着し、一日に五〇〇メートルのレールを敷設するという猛烈な勢いで仕事を開始した。三月末までには、バラクラヴァ港と英国軍陣地近くの積み降ろし基地を結ぶ延長一〇キロの鉄道が全線開通する。鉄道の完成によって、セヴァストポリに対する砲撃再開を目的としてバラクラヴァ港に到着していた重砲と臼砲をラグラン総司令官が指定した期限内に運び上げることが可能となった。[43] 英仏連合軍は砲撃再開の日時を復活祭の月曜日にあたる四月九日とすることにすでに合意していた。

計画では、セヴァストポリに対して一〇日間連続砲撃を加え、その後に市内に突入する予定だった。英仏軍合わせて五〇〇門の大砲が四六時中砲撃を続けるという今回の作戦は、前年十月の第一次砲撃作戦のほぼ二倍の規模であり、セヴァストポリ攻囲戦を通じて最大の砲撃作戦というにとどまらず、史上最大の砲撃作戦になるものと考えられた。戦争の終結を願っていた連合軍の兵士たちはこの攻撃作戦に大きな希望を託し、作戦開始の合図を今や遅しと待ち構えていた。「いつもと同じように作業を続けているが、ほとんど前進していない！」とエルベ大尉は四月六日付の家族宛ての手紙に書いている。「将校も兵士もしびれを切らして、落ち着きを失い、互いに過去の間違いを非難し合うような雰囲気が生まれている。秩序と平静を回復するためには、何らかの効果的な突破作戦が必要だと誰もが感じている……こんな状態を長く続けることは不可能だ[44]」

ロシア軍も連合軍側が砲撃準備に入ったことを察知していた。ロシア側に脱走した英仏軍兵士から情報が入っただけでなく、目の前の稜堡で英仏軍の活発な活動が始まり、毎日新たに大砲が運び込まれる様子を直接に目視することができたからである。[45] 砲撃開始の予定時刻が数時間後に迫った復活祭の日曜日の夜、セヴァストポリ市内の全教会とすべての要塞で祈禱会が開かれ、司祭たちがイコンを掲げて兵士たちの間を練り歩いた。そのイコンの中には、セルギエフ・ポサードの「至聖三者聖セルギイ大修道院」から皇帝の命令で運ばれてきた「ラドネジの聖セルギイ」のイコンも含まれていた。それはロマノフ朝の初期の皇帝たちが遠征の際に携行して戦った神聖なイコンだった。一八一二年のナポレオン戦争でもモスクワ防衛軍がこのイコンを掲げて戦った。居合わせた全員がこの神聖な儀式の重大な意義を理解していた。まもなくセヴァストポリの運命が決まる。それも神意によって決まろうとしているると誰もが感じていた。この感覚は、攻撃側と防衛側の双方がともに復活祭を祝うという事実によっていっそう強まっていた。この年は、暦の関係で、ロシア正教とローマカトリックがたまたま同じ日に復活祭を祝うことになった。「私たちは熱心に祈った」とロシア軍のある看護婦は書いている。「セヴァストポリの町と私たち自身のために全身全霊をこめて祈った」

深夜のミサが執り行われたセヴァストポリ中央教会は蠟燭の明かりで煌々と照らされ、英仏軍の塹壕からもその様子を見ることができた。やがて、膨大な数の群衆が街路に出て、立ったまま黙って祈りを捧げた。各人が一本ずつ蠟燭を持ち、時々深く頭を下げて十字を切った。地面に跪く者も少なくなかった。司祭たちはイコンをかかげて行進し、合唱隊が聖歌を歌った。真夜中を過ぎた頃、天候が急変し、風が激しく吹き、猛烈な雨が降り始めた。しかし、人々はその場から動こうとしなかった。彼らは嵐を神の業と受けとめて、朝までそのまま祈り続けた。夜明けとともに英仏軍の砲撃が始まった。砲撃とともに人々はようやく解散したが、復活祭の晴れ着姿のまま要塞に駆けつけ、防衛軍を支援した市民も少なくなかった(46)。

夜が明けて、嵐はますます勢いを増した。高台から砲撃の様子を観察していた英国工兵隊のホイットワース・ポーター少佐によれば、嵐があまりにも激しかったので、砲撃が始まってもその砲声は「風の唸り声と容赦なく降り注ぐ雨の鈍く単調な音にかき消されて、ほとんど聞こえないほどだった」。セヴァストポリの町は黒い硝煙と朝霧によって完全に覆い尽くされていた。町の中にいる人々には砲弾がどこから飛んで来るのか分からなかった。「連合軍の大艦隊が港の入口付近にいることは知っていたが、煙と霧と強風と豪雨に隠れていて見ることはできなかった」とエルショーフは回想している。

恐怖に駆られた人々は混乱して叫び声を上げながら、逃げ場を求めて街路を駆け回った。比較的安全と思われるニコライ堡塁を目指して多くの市民が殺到した。そのため、ニコライ堡塁は混雑し、一種のゲットーの様相を呈していた。市の中心部の建物は砲撃によって次々に破壊されつつあった。街路は破壊された建物の瓦礫、ガラスの破片、砲弾などで埋まった。砲弾が「まるでゴム玉のように転がっていた」。エルショーフは至る所で展開される小さな人間ドラマを目撃している。

病気の老人がその息子と娘らしい二人に抱えられて通りを運ばれていく。その周りに砲弾が落ちて、炸裂している。三人の後ろを老婆が小走りに追いかけていく……きれいに着飾った数人の若い女性が回廊の手摺にもたれて、守備隊の軽騎兵のグループと視線を交わしている。彼らの傍らで三人のロシア人商人が立ち話をしている。三人は砲弾が炸裂するたびに十字を切って嘆きの言葉を発する。「神よ！　神よ！　ここは地獄よりもひどい有様です！」

転用されて市内最大の病院となっていた貴族会館では、看護婦たちが大量に運び込まれる負傷者の手当てに追われていた。ピロゴーフと同僚の医師たちは次から次へと四肢の切断手術をこなしていたが、その最中に手術室の壁が砲弾の直撃で崩壊した。英仏軍側には、病院への砲撃を手控えようとする意図はさらさらなかった。無差別砲撃を受けて死傷した市民の中には多数の女性と子供が含まれていた。(47)

セヴァストポリ攻防戦の全期間を通じて最も危険な場所のひとつだった第四要塞では、兵士たちが「ほとんど不眠不休で」砲撃に耐えていた、と砲兵隊指揮官のリプキン大尉は四月二十一日付の兄宛ての手紙に書いている。「ほんの数分間だけ眠ることが許される場合でも、制服と軍靴のままで眠るのだ」。二〇〇メートルないし三〇〇メートルの近距離から間断なく撃ち込んでくる英仏連合軍の砲撃は耳を聾する物凄さだった。着弾地点を予測する暇もなく次から次に砲弾とその破片が飛んで来るので、少しでも判断を誤って無駄な動きをすれば砲弾に直撃される恐れがあった。絶え間ない砲撃にさらされると、人間の精神構造も変調を来す。エルショーフは経験豊かな砲兵士官だったが、砲撃を受けている第四要塞を訪ねた時には、「何も知らない旅行者が別世界に突然足を踏み入れたような気持ちだった。そこでは全員が四方八方へ走り回っており、何もかも混乱の極みだった。何ひとつ理解できず、怒鳴り合う言葉さえ聞き分けられなかった[48]」。

トルストイが再びセヴァストポリに入ったのは、この砲撃の最中だった。それまでは北に一二キロ離れたベリベク川の河畔に置かれた第一一砲兵旅団の陣地で冬を過ごしていたのである。セヴァストポリへの砲撃が始まると、その砲撃音はトルストイの耳にも届いた。軍人として自分にできる最大の貢献は戦争の実態を書き記すことにあると心に決めていたトルストイは、セヴァストポリに入った後、ゴルチャコフ将軍の参謀本部に副官として勤務することを希望したが、実際に配属された先は最大の激戦地第四要塞の砲兵部隊だった。「苛立ちを感じないではいられない」とトルストイは日記に書いている。「身体の調子が良くないので、なおさらだ（当時、トルストイは風邪を引いていた）。私という人間に『大砲の餌食（シェール・ア・カノン）』以外の使い道があることに気づいてくれる者は誰一人いないようだ。しかも、ここで死ぬとしたら、それはまったくの犬死でしかないのだ」

しかし、風邪が治ると、トルストイは元気を回復して人生を楽しみ始める。彼は八日のうち四日間は補給担当将校として第四要塞に詰め、非番の日はセヴァストポリ市内の大通りに面した質素で清潔な下宿で過ごした。下宿からは軍楽隊の演奏が聞こえた。当直の日には、穹窖《きゅうこう》砲台内の小部屋が住まいだった。その小部屋の家具は簡易ベッドとテーブルだけで、テーブルの上には雑多な書類と自伝

『青年時代』の草稿が散乱し、置時計とイコンと常灯明が置かれていた。樅の木の柱で支えられた天井のすぐ下には、落ちてくる砂礫《されき》を受けとめるためにタールを塗った防水シートが張られていた。セヴァストポリ滞在の全期間を通じて、トルストイが大学生だった頃からの従者だったアレクセイという名の農奴が従卒としてトルストイの身の回りの世話をした（アレクセイはトルストイの複数の作品に「アリョーシャ」として登場する）。要塞勤務の日には、アレクセイがセヴァストポリ市内から食事を運んだが、食事を運ぶのもかなり危険な仕事だった。(49)

砲撃は間断なく続いた。第四要塞には連日二〇〇〇発の砲弾が撃ち込まれた。最初はその物凄さに怖気づいていたトルストイだったが、すぐに恐怖心を克服し、自分の中に新たな勇気が生まれるのを発見する。大砲の餌食として扱われることに不平を漏らした日の二日後には、日記に次のように書き込んでいる。「常に危険にさらされる生活には、一種抗いがたい魅力がある。共に暮らす兵士たちと彼らの戦い方も気に入っている。この持ち場を離れたくないと感ずるほどだ」。トルストイは要塞で出会った兵士たちに親密な感情を抱き始めていた。後年、兵士の一人はトルストイを「立派な戦友」として記憶し、トルストイのする話は「戦闘の最中も我々全員の心を捉えて離さなかった」と回想している。この頃、トルストイは兄宛の手紙の中で「本物の戦争に際しても善良さを失わない単純で優しい兵士たちとともに砲火を浴びて生活するという得難い経験」について語り、その経験から『戦争と平和』の基本テーマを得たことを打ち明けている。(50)

砲撃は一〇日間止むことなく続いた。ロシア軍によれば、その間にセヴァストポリに撃ち込まれた砲弾は一六万発に達した。数百棟の建物が破壊され、兵士と市民を合わせて四七一二人が死傷した。連合軍側も無傷ではなかった。ロシア軍は大砲四〇九門と臼砲五七門で反撃し、一〇日間に八万八七五一発の砲弾を敵陣地に撃ち込んだ。しかし、反撃を維持するために十分な弾薬がロシア軍側に不足していることは明らかだった。ロシア軍砲兵部隊の指揮官たちは敵の砲撃二発に対して反撃は一発とするよう命令されていた。英国砲兵部隊のエドワード・ゲージ大尉は四月十三日付の家族宛ての手紙に次のように書いている。

我が方の砲撃は執拗で猛烈だが、砲撃戦に関する限り、敵も頑強に反撃している。ロシア軍はその勇気と才能を発揮し、最善を尽くして抵抗している。我が軍の砲兵部隊も苦戦を強いられているが、しかし、ロシア軍の砲火が相対的に弱いことは明らかだ。我が方は前回の砲撃戦より多数の死傷者を出しつつも、前回を上回る大規模な兵員と大砲を投入して戦っている……この砲撃戦が長引くとは考えられない。兵隊たちはすでに十二時間以上連続して塹壕に立て籠っており、疲労の極に達している。生身の人間にはこれ以上耐えられない状況だ。(51)

ロシア軍側の反撃が弱まると、連合軍側は勢いに乗じてさらに大量の砲弾を撃ち込んだ。その結果、マメロン稜堡と第五要塞はほぼ完全に破壊された。両要塞への連合軍の突入を予測して、ロシア軍は必死に兵力を補強し、地下掩蔽壕に潜んで連合軍の突入部隊を待ち伏せする態勢を整えた。ところが、連合軍の突入部隊はやって来なかった。おそらく、ロシア軍の頑強で勇敢な抵抗を前にして、連合軍の指揮官たちが突入攻撃をためらったのであろう。ロシア軍は激しい砲撃を受けながらも、破壊された要塞の補修を行なった。その頃、英仏両軍の間に意見の対立があることが明らかになり、カンロベール仏軍司令官が公然と不満を口にし始めた。カンロベールは戦略の転換を支持していた。つまり、セヴァストポリへの砲撃戦よりもクリミア半島全域の征服に努力を振り向けるべきであるという観点から、フランス軍部隊を突入攻撃に投入することに消極的になった。突入すれば大量の死傷者を出すことなるが、同じ犠牲を強いられるのなら、新戦略に戦力を投入する方が効果的と思われた。さらに、フランス軍工兵隊司令官アドルフ・ニエル将軍も突入攻撃に反対だった。ニエル将軍の許には、クリミア行きをまだ諦めていないパリのナポレオン三世から、自分が到着して直接に作戦の指揮を取る時までセヴァストポリ突入攻撃作戦の開始を引き延ばすようにとの秘密命令が届いていたのである。

フランス軍抜きの単独行動を嫌って、英国軍も突入を中止し、作戦をヴォロンツォフ峡谷の東端に位置するロシア軍射撃壕への夜襲に限定した。襲撃は四月十九日の夜に実行された。この射撃壕はレダン要塞への英国軍の攻撃を阻止する働きをしていた。英国軍第七七歩兵連隊は激戦の末に射撃壕を奪取したが、勝利の代償は大きかった。連隊司令官と副指令官がともに戦死したのである。司令官のトーマス・エジャートン大佐は身長二メートルを超える巨漢であり、二十三歳の副司令官オードリー・ランプリエール大尉は身長一五〇センチに満たない短軀だった。この戦闘を目撃したナサニエル・スティーヴンス大尉は四月二十三日付の家族宛の手紙に次のように書いている。

我が軍も重大な損傷をこうむった。兵士の死傷者は六〇人に達し、士官も七人が戦死した。戦死者の中には、第七七歩兵連隊司令官のエジャートン大佐（頑強な巨漢）とランプリエール大尉も含まれていた。この作戦で初めて中隊の指揮を任されたランプリエール大尉はまだ年若い青年で、連隊では最も小柄な士官だった。エジャートン大佐はランプリエール大尉を「我が息子」と呼んで可愛がっていた。ランプリエールは射撃壕への第一波突撃を指揮して倒れた。エジャートン大佐はランプリエールの身体を両腕で抱え上げて陣地まで戻り、「我が息子を死なせてなるものか」と言い残して第二波突撃を敢行したが、彼もまた戦死した。(52)

フランス軍が動かない以上、さしあたり英国軍にできることと言えば、ロシア軍射撃壕への夜襲がせいぜいのところだった。四月二十四日、ラグラン総司令官はパンミュア陸軍相宛に書簡を送り、「カンロベール将軍を説得してフランス軍を動かし、マメロン稜堡の奪取を実現しないかぎり、我が軍が安全に前進して作戦を成功させる見込みはない」と報告している。フランス軍にとってマメロン稜堡を奪取することはマラホフ要塞を落すための前提条件であり、同様に、英国軍がレダン要塞を攻略するためには、その前に採石場を占領する必要があった。カンロベールが総司令官の地位にある間、フランス軍の動きは鈍かったが、五月十六日にカンロベールに代わってペリシエ将軍が総司令官に就任すると、フランス軍はにわかに積極的になり、英国軍の採石場攻撃と連携してマメロン稜堡を攻撃することに同意する。ペリシエ将軍は英国軍のラグラン総司令官と同様にセヴァストポリ攻略を優先する考え方に与していた。

六月六日、作戦は前哨地点に対する砲撃とともに始まった。砲撃は翌七日の夕刻六時まで続いた。夕刻六時には突撃を開始する予定だった。ラグランとペリシエが六時に戦場で合流し、共同して同時に突撃開始の号令を下すことになった。ところが、約束の時刻になってもペリシエは現れなかった。フランス軍総司令官は戦闘開始前に仮眠を取ろうとして、つい熟睡してしまったのである。気性の荒い将軍を起こす勇気は誰にもなかった。結局、ペリシエは約束に一時間遅れて戦場に姿を見せたが、その時にはすでに突撃は始まっていた。先にフランス軍がマメロン稜堡に向かって突進し、その喊声を耳にして、英国軍も採石場への突撃を開始した。[*7] ペリシエに代わってフランス軍部隊に突撃命令を下したのはボスケ将軍だった。ボスケ将軍の司令部に随行していたファニー・デュバリーは次のように書いている。

ボスケ将軍は整列した兵士たちに直接話しかけた。将軍が言葉を区切るたびに、兵士たちは歓呼し、鬨の声を上げ、歌を歌った。生死を賭けて戦闘に出かける前というよりも、結婚式のパーティーに招かれた一団が騒いでいるような雰囲気だった。だが、私にとっては悲しい情景だった。兵士たちは中隊ごとに列を作って渓谷を下り、フランス軍の砲兵陣地を過ぎて、マメロン稜堡に迫って行った。ボスケ将軍は私の方を振り返ったが、彼の眼には涙が溢れていた。私も涙を抑えることができなかった。将軍は私に向かって言った。「マダム、今頃、パリは万博で賑わい、人々は舞踏会や祝宴で浮かれていることだろう。だが、ここでは、あの勇敢な兵士たちの半数が一時間半以内に戦死してしまうのだ[53]」

フランス軍はズアーヴ部隊を先頭にして、さらなる命令を待つまでもなく、マメロン稜堡に向かって突進した。これに対して、マメロン稜堡のロシア軍は猛烈な砲撃で迎え撃った。攻撃側はまともに砲撃を受けてパニック状態に陥り、四散し始めたが、指揮官たちが再結集を促して態勢を立て直した。嵐のように襲いかかるマスケット銃の弾幕をくぐり抜けて、フランス軍はついにマメロン稜堡の防壁の下にたどり着き、防壁を攀じ登ろうとした。ロシア軍は胸壁の上から下に向けてマスケット銃を乱射し、弾が尽きると、込め直す時間を惜しんで石を投げおろした。攻撃の最前線にいたズアーヴ連隊の士官オクターヴ・キュレによれば、「壁の高さは約四メートルあり、素手で攀じ登るのは困難だった。我々には梯子がなかった。しかし、ここで引き下がってはいられなかった」。

人の肩の上に人が乗り、上のものが下のものを引き上げつつ、我々は壁を攀じ登り、胸壁を守っていた敵の抵抗を打ち破って突入した。突入すると、稜堡内のロシア軍に対して一斉射撃を浴びせた。その後に起こったのは、口にするのも恐ろしい事態だった。大虐殺だった。我が軍の兵士たちは狂ったように銃を撃ち込み、敵の大砲を破壊した。勇敢に抵抗しようとするロシア兵はことごとく殺戮された。(54)

ズアーヴ兵たちはマメロン稜堡を落としただけで満足せず、続けてマラホフ要塞に向かって突進した。命令は出ていなかったが、それは戦闘で高揚した兵士たちが激情に駆られて行なった自発的な突進だった。マラホフ要塞のロシア軍は前進するフランス軍を数百発の砲撃によってなぎ倒した。この恐るべき情景を目撃した英国砲兵部隊のセント・ジョージ中佐は六月九日付の手紙に次のように書いている。

マラホフ・タワーからの砲撃が始まった。経験したこともないような猛烈な砲撃だった。着弾地は一面火の海となり、その中で激しい爆発が続いた。砲撃はすさまじい速度で繰り返された。その砲兵隊の専門家としての私の感想を言えば、ロシア軍の砲撃技術はきわめて高度だった。その砲弾は情け容赦なくズアーヴ兵の上に降り注いだ。勇敢なズアーヴ兵部隊は要塞のすぐ前の掘割まで到達したが、掘割を渡る手段がないままに躊躇しているところを砲撃でなぎ倒された。生き残った連中は、砲撃に耐えきれず、浮き足立って、マメロン稜堡まで引き下がったが、そこでもロシア軍の砲撃を受け、結局、自軍の塹壕まで退却した。増強部隊が駆けつけて、再びマメロン稜堡まで進出した。マメロン稜堡のロシア軍の大砲はすでに破壊されており、ロシア兵はすべて戦死していた。私には愚かな作戦と思われたが、フランス軍は再びマラホフ要塞に向かって突進し、今度もまた撃退されて退却した。ただし、今回はマメロン稜堡で踏み止まり、讃嘆すべき勇気をもって稜堡を確保した。戦場には、二〇〇〇人ないし三〇〇〇人の死傷者が放置された。[55]

同じ頃、英国軍は採石場のロシア軍陣地を攻撃していた。ロシア軍はこの陣地にわずかな兵力しか配置していなかった。万一、採石場が攻撃されて奪われても、レダン要塞から援軍を送ればすぐに奪回できると思っていたからである。英国軍は採石場を一旦は簡単に占拠したが、ロシア軍がレダン要塞から次々に兵力を繰り出して反撃するので、維持することは困難だった。両軍は数時間にわたって激しい接近戦を展開した。一方が他方を射撃壕から駆逐しても、すぐに他方が援軍を繰り出して壕を奪回するという攻防戦が繰り返された。朝の五時頃、採石場から最終的にロシア軍を駆逐し終った時には、辺り一面に死傷者の山が築かれていた。

六月九日の昼頃、ロシア軍のマラホフ要塞に白旗が上がった。フランス軍が占領するマメロン稜堡にも白旗が上がった。戦場に残された死体を収容するための一時停戦の合図だった。フランス軍はマメロン稜堡と「白壁の土塁」を奪取するために膨大な犠牲を強いられ、戦場には七五〇〇人もの死傷者が残されたままだった。エルベ大尉はピエール・ド・ファィイ将軍に随行して無人地帯に出向き、ロシア軍のポルースキー将軍との停戦協議にあたった。公式的な挨拶が済むと、「会話は寛いだ世話に移った。パリとサンクトペテルブルクについての噂が話題になり、厳しかったこの冬の経験が語り合われた」と、その日の晩、エルベ大尉は家族宛の手紙に書いている。死体の収容作業が行なわれている間、両軍の士官たちは「葉巻を交換して歓談した。まるで、狩猟の途中で出会った友人同士が一服しながら歓談しているような雰囲気だった」。しばらくすると、数人のフランス軍士官がシャンパンの大瓶を持って現れた。ファィイ将軍が持ってこさせたものだった。将軍は「和平のための乾杯」を提案し、ロシア軍の士官たちも喜んで応じた。六時間後、数千体の死体の収容が完了すると、停戦は終わりを迎えた。無人地帯に自軍の兵士が残っていないことを双方が確認した後、要塞と稜堡に掲揚されていた白旗が下げられ、ポルースキー将軍の命令でマラホフ要塞から空砲が発せられた。戦闘再開の合図だった[56]。

マメロン稜堡と採石場陣地がフランス軍と英国軍の手に落ちたことは、マラホフ要塞とレダン要塞への攻撃準備が整ったことを意味していた。攻撃決行の日付は六月十八日に設定された。六月十八日はワーテルローの戦いの四〇周年にあたる日だった。つまり、この日に英仏両軍が連合軍としてロシア軍に勝利を収めることができれば、英仏両国間に横たわる古いわだかまりの傷を癒し、共同で祝福できる新たな歴史を開くことができるものと期待されたのである。

しかし、勝利のために多大の犠牲を払わなければならないことは明らかだった。どちらの要塞を攻撃するにも、梯子を抱えて数百メートルの上り坂を走らなければならない。斜面には身を守るための隠れ場所は存在しない。しかも、多数の掘割を渡り、逆茂木《さかもぎ》[*8]を乗り越えなければならない。その間、マラホフ要塞とレダン要塞からの激しい砲火にさらされるだけでなく、側面に位置する国旗掲揚要塞からも砲火を浴びることになる。要塞の足元までたどり着けたとしても、すぐに突入できるわけではない。梯子を使って掘割を渡り、城壁を攀じ登らなければならない。その間、胸壁の上からの至近距離の直射にさらされる。胸壁までよじ登ってロシア兵を圧倒したとしても、後続の援軍が到着するまでの間、要塞内の多数のバリケードから反撃されることになる。

英仏両軍は協議を行ない、まずフランス軍がマラホフ要塞を奪取してロシア軍の大砲を沈黙させ、それに続いて英国軍の歩兵部隊がレダン要塞を襲撃するという手筈を取り決めた。また、フランス軍総司令官ペリシエ将軍の主張を入れて、セヴァストポリ市全般を攻撃するのではなく、攻撃目標をマラホフとレダンの両要塞に絞ることになった。ただし、英国軍によるレダン要塞への攻撃は不必要になる可能性もあった。フランス軍がマラホフ要塞を奪い、そこからフランス軍の砲兵部隊がレダン要塞を狙う事態になれば、ロシア軍はほぼ確実にレダン要塞を放棄すると思われたからである。しかし、ラグラン英国軍総司令官は、ワーテルローの記念日に英仏両軍が共同作戦を行なうという象徴的な目標を達成するためには、たとえ不必要な犠牲を出したとしても、英国軍は何らかの攻撃作戦に出る必要があると考えていた。クリミアに到着して以来、英国軍の貢献が十分でないことについてフランス軍側にくすぶっている不満を解消するためにも、攻撃への参加が必要だった。

多数の死傷者が出ることが予測された。フランス軍の場合、マラホフ要塞に到達する前に攻撃する兵士の半数が戦死するだろうと予測されていた。最前線に出て突撃する兵士には、褒賞金または昇進を約束して説得する必要があった。英国軍の陣地では、突撃に参加する兵士たちを「決死隊」（Forlorn Hope ＝失われた希望）と呼んでいた。語源はオランダ語の Verloren hoop で、その本来の意味は「失われた軍勢」だったが、これは誤訳が真実を伝える好例だった(57)。

マラホフ要塞攻撃の前夜、野営地のフランス軍兵士たちは各自明日に備えていた。少しでも眠っておこうとする者、小銃の掃除をする者、話し合う者、ひとり祈る者など、その準備はさまざまだった。多くの兵士が首に掛ける札に名前と住所を記入していた。戦死した際に身許を家族に知らせてもらうためだった。大切な人宛に手紙を書く兵士も少なくなかった。手紙を従軍司祭に預ければ、戦死した場合に発送されるはずだった。従軍司祭のアンドレ・ダマは大きな郵便袋を用意していた。ダマの印象では、戦闘前夜の兵士たちの多くはごく冷静だった。敵に対する憎悪や復讐心や民族主義的な反感によって興奮している兵士はほとんどいなかった。ある兵士は次のように書いている。

> 自分でも驚きだが、僕は冷静で、自信に満ちている。危険を目前にしてこんなことが言える相

手は、弟よ、お前だけだ。他人にこんなことを言ったら傲慢と思われるだろう。僕は力をつけるために十分に食べた。飲み物は水だけにしている。アルコールで空元気をつけて戦闘に臨むようなことはしたくない。酒はろくな結果を生まない。

別の兵士の手紙には次のような記述がある。

これを書いている今も戦闘態勢を整えよとの号令の声が聞こえている。ついに偉大な日が来たのだ。二時間後には突撃命令が出るだろう。聖母マリアのメダルと修道女からもらったスカプラリオ〔信仰のしるしとしての肩衣〕を身に着けて戦場に出るつもりだ。気分は落ち着いている。神の加護を祈るのみだ。

また、ある大尉は次のように書いている。

兄さん、心からの挨拶を送ります。僕が兄さんを愛していることを忘れないでください。今は神の加護を祈るのみです。真心をもって神に身を委ねます。神の御意志が実現することを！　フランス万歳！　フランスの鷹よ、セヴァストポリの空に舞え！(58)

しかし、連合軍の戦闘準備がすべて予定どおり順調に進んだわけではなかった。攻撃開始の前夜、フランス軍と英国軍の両方から脱走兵が出たのである。兵士だけでなく士官の中にも、翌日に迫る突撃作戦に怖気づいたあげく、前線をくぐり抜けて敵側に走る者があった。脱走兵は攻撃計画の情報をロシア側に提供した。たとえば、フランス軍の参謀本部から脱走したある伍長は、フランス軍の攻撃計画の詳細をロシア軍に伝えた。エルベ大尉は後に「ロシア軍はフランス軍の全部隊の位置と規模を正確に知っていた」と書いている。戦後になってロシア軍の高官から聞かされた話だった。英国軍に関する情報も第二八歩兵連隊（ノース・グロスター連隊）の一兵士をはじめとする複数の脱走兵の口を通じてロシア側に伝わっていた。しかし、たとえ脱走兵による情報の提供がなかったとしても、六月十七日の夜の英国軍の慌ただしい動きはロシア軍を警戒させるのに十分だった。英国軍第一四歩兵連隊のジェームズ・アレクサンダー中佐は回想している。「興奮した兵士たちは寝ようとせず、真夜中に整列命令が出るまで起きて騒いでいた。陣地はまるで祭日の夜のように明るく、騒がしかった。ロシア軍は当然これに気づいていたはずだ」[59]

もちろんロシア軍は気づいていた。レダン要塞司令官ゴーレフ将軍の当番兵だったプロコフィー・ポドパーロフは、その夜、採石場陣地の英国軍の慌ただしい動きに気づいたことを回想している。「喚き合う声、塹壕の中を往来する物音、砲車を移動させる車輪の音などから、敵が攻撃準備をしていることは明らかだった」。当時、ロシア軍はレダン要塞から一時的に撤退する作戦に入っていた。兵士たちはセヴァストポリ市内に戻って夜を過ごすはずだった。しかし、ゴーレフ将軍は、敵の攻撃が迫っている気配に気づいた段階で、すべての兵士に持ち場への復帰命令を出し、砲撃の準備を整え、すべての胸壁に部隊を配置した。ポドパーロフは敵の襲撃を待つ間のロシア兵たちが「異常に静かだった」ことを記憶している。「墓のような沈黙の裏には不吉な予感が秘められていた。もうすぐ恐ろしい事態が起こることを全員が知っていた。強力で不気味な敵を相手に命を懸けて戦う時が迫っていたのだ」[60]

フランス軍はまだ暗い午前三時に砲撃を開始する予定だった。そして、三時間にわたって砲撃を加えた後、午前六時にマラホフ要塞への突入作戦に移ることになっていた。午前六時は夜明けの一時間前である。ところが、六月十七日の夕方になって、突然、ペリシエ総司令官が作戦計画の変更を決定した。ペリシエによれば、辺りが仄明るくなってからフランス軍が行動を起こせば、ロシア軍は必ずやその動きを察知し、予備の歩兵部隊を投入してマラホフ要塞の防備を強化する恐れがあった。そこで、ペリシエは午前三時の砲撃開始と同時に歩兵部隊による突撃を開始する作戦を新たに策定して、命令を出し直した。午前三時にはフランス軍が占領しているマメロン稜堡近くのヴィクトリア稜堡から突撃開始を知らせる合図のロケット弾が打ち上げられる手筈だった。前夜になっての突然の計画変更はこれだけではなかった。三時間にわたって砲撃を加えた上で突撃するという従前の作戦を支持し、作戦の変更に疑問を差し挟んだ突撃部隊の司令官ボスケ将軍を、腹立ちまぎれにか、あるいは予測される戦果を独り占めするためか、ペリシエ総司令官が突如として解任してしまったのである。ボスケ将軍はロシア軍の配置状況を熟知していただけでなく、フランス軍兵士の間で人望が高かった。しかし、後任の司令官にはそのどちらの資質もなかった。兵士たちは司令官の交代に動揺した。しかし、最も動揺したのは他でもない、第九七連隊を率いて突撃することになった新司令官のデクリュ・メラン将軍だった。ある時、怒りっぽいペリシエ将軍はメラン将軍を面と向かって侮辱したことがあった。その時、ペリシエはメラン将軍に持ち場に急ぎ復帰することを促して、こう言ったのである。「君にできることといえば、それは戦死することだけだ」[61]

そのメラン将軍が熱心さのあまりに致命的な過ちを犯すことになる。通常の砲弾が光の尾を曳いて飛ぶのを見て信号弾と取り違え、予定時刻より一五分も早く、第九七連隊に突撃命令を出してしまったのである。フランス軍の他の部隊はまだ準備が整っていなかった。第九五連隊の一員として後列に控えていたエルベ大尉によれば、その一時間ほど前に発生した出来事がメラン将軍を焦らせていた。

午前二時過ぎのことだった。二人のロシア軍将校が闇に乗じてフランス軍の塹壕の直近まで這いより、大声で挑発したのである。

暗闇の中からフランス語で呼びかける声が聞こえた。「フランス人諸君！　用意ができたらやって来たまえ！　待っているぞ」。それを聞いて我々は愕然とした。敵は明らかに我々の作戦をすべて知っているのだ。鉄壁の守りを固めて我々を待ち構えているに違いない。この挑発を受けて頭に血が上ったメラン将軍は部隊を整列させた。信号弾が上がったらすぐに突撃命令を出す構えだった……全員の眼がヴィクトリア稜堡の上空に向けられた。すると、突然、夜空を横切る光の尾が見えた。時刻は二時四五分だった。メラン将軍を取り巻く数人の士官が「信号弾だ！」と叫んだ。すぐに、別の光の尾が続いた。「間違いない」と将軍は言った。「信号弾だ。それに、遅すぎるよりは早すぎる方がマシというものだ。よし、第九七連隊、前進せよ！」

第九七連隊は将軍の号令に応じて突進した。しかし、彼らを待ち受けていたのは大砲の放列とマスケット銃の一斉射撃だった。ロシア軍はすべての胸壁を埋め尽くして射撃準備を整えていた。「突然、巨大な黒い波となって敵が押し寄せてきた」と、レダン要塞から状況を見ていたポドパーロフは回想している。

やがて、薄明かりを通じて、梯子、ロープ、スコップ、板など、様々な物を抱えた敵兵の姿を見分けることができた。彼らはまるで蟻の大群のようにこちらに向かって近づいてきた。突然、戦線全体に喇叭が鳴り響き、我が軍の大砲が一斉に火を噴いた。大地が揺れ、雷鳴のような大音響が続き、硝煙が立ち込めて何も見えなくなった。硝煙が晴れると、要塞の前の地面には、死傷したフランス兵が累々と横たわっていた。

メラン将軍自身もこの第一波突撃で腕に重傷を負った。それでも、エルベ大尉によって助け起こされた時、メラン将軍は退却を拒んで第二派の突撃を命じた。「第九五連隊、前進せよ！」。命令に従って、後続の第九五連隊が突撃したが、彼らもまたロシア軍の圧倒的な砲撃によってなぎ倒された。それは戦闘と言うよりも、もはや虐殺だった。フランス兵はメラン将軍の突撃命令を無視して、本能的に地面に伏せ、ロシア軍との砲撃戦に移ろうとした。二〇分が経過し、戦場がフランス軍の死傷兵で埋め尽くされた頃、ロケット弾が打ち上げられた。突撃開始を告げる本物の信号弾だった。(62)

ペリシエ総司令官は、攻撃態勢の混乱を何とか立て直そうとして信号弾の打ち上げを命じたのだったが、メラン将軍が早すぎたとすれば、一方で、他の将軍たちの準備は立ち遅れていた。彼らは突撃開始の時刻が延期されるだろうと予測していたのである。後続の部隊に次々に突撃命令が下されたが、兵士の多くは突然の前進命令に動揺し、「指揮官たちが厳罰を振りかざして督戦しても、塹壕から出ようとしなかった」と、フランス軍政治部の責任者だったデッサン中佐は報告している。兵士たちは「悲惨な運命が自分たちを待っていることを本能的に察知していたのだ」(63)。

ヴォロンツォフ高地から戦況を観察していたラグラン英国軍総司令官は、フランス軍の突撃作戦が支離滅裂のうちに大失敗に終わろうとする様子を見て取った。フランス軍の一部は左翼からマラホフ要塞に迫っていたが、その支援部隊もマラホフ要塞とレダン要塞からのロシア軍の砲撃によって撃破されつつあった。その時ラグランが取るべきだった作戦には、レダン要塞を砲撃することによってフランス軍を支援するという選択肢も含まれていた。そもそも、突撃に先立って要塞を砲撃するというのが当初の計画だったからである。しかし、ラグランは、事前の砲撃なしに、いきなりレダン要塞に突撃するという形でフランス軍を支援する作戦にこだわった。それが不必要な犠牲をともなう作戦であり、悲惨な結果に終わることは予測できたはずだが、ラグランにとって、突撃を強行することこそが名誉と義務を守る道だった。ラグランは六月十九日付のパンミュア陸軍相宛の手紙で説明している。「私は英国軍とフランス軍が同時に行動するという考え方に縛られないように自分を戒めていた。また、英国軍が動く前にフランス軍が勝利を収める可能性もあると考えていた。しかし、フランス軍がロシア軍の頑強な反撃を受けている事態を目にして、英国軍が突撃することによってフランス軍を支援することは義務だと思った……もし、英国軍が塹壕にとどまっていれば、それが原因で作戦が失敗したとフランス軍が考えることは必定だった」(64)

英国軍は五時三〇分に攻撃を開始した。突撃部隊が採石場陣地とその両側の塹壕から走り出て突進し、その後から、レダン要塞の城壁を攀じ登るための梯子を抱えた支援部隊が続いた。しかし、突撃作戦が絶望的な失敗であることはすぐに明らかになった。突撃部隊を指揮していたジョージ・ブラウン中将は報告している。「突撃部隊の兵士たちは、塹壕から首を出した途端に、経験したこともないほど激しい葡萄弾の砲撃に見舞われた」。ロシア軍の最初の一斉砲撃で突撃部隊の三分の一がなぎ倒された。コドリントンは、距離二〇〇メートルほどの空き地を走り抜けてレダン要塞に到達しようとする英国兵部隊がロシア軍の圧倒的な砲撃によって壊滅的打撃を受ける様子を左翼の塹壕から見ていた。

突撃部隊が姿を見せるや否や、葡萄弾の一斉砲撃が彼らを襲った。砲撃は地面を抉り、多くの兵士を薙ぎ倒し、埃を巻き上げて彼らの視界を奪った。兵士の多くは前進することができなくなり、左翼の塹壕に逃げ込んだ。指揮官たちが後に語ったところによれば、彼らも葡萄弾が巻き上げる土埃で何も見えなくなっていた。ある士官は半ばまで進んだところで、呼吸ができなくなって倒れた[65]。

突撃部隊は滝のように降り注ぐ葡萄弾に圧倒されて浮き足立ち、一部の兵士は怖気づいて逃げ出そうとした。指揮官たちは声をかぎりに叫んで再結集を促した。最前線の突撃部隊と梯子を抱えた支援部隊の一部がやっとのことでレダン要塞まで三〇メートルの距離にある逆茂木群に到達した。逆茂木群を抜けようとして悪戦苦闘する英国軍部隊をめがけて「ロシア軍はレダン要塞のすべての胸壁から一斉射撃を浴びせかけた」と第七近衛歩兵連隊のティモシー・ガウイング軍曹は回想している。

敵の要塞に巨大な黒旗が掲げられた。できるものならかかって来い、という挑発だった。周囲から「人殺し!」と叫ぶ声が聞こえた。すでに負傷し、血を流して身もだえする英国軍の兵士たちをめがけて、ロシア軍は卑劣にも一斉射撃を加えてきた。「何ということだ! いずれは必ずこの仕返しをしてやる!」と一人の士官が叫んだ。無防備な負傷兵を要塞の上から銃撃して殺戮するようなやり方は決して許せなかった。

突撃部隊の兵士たちは次々に倒れ、最後まで生き残った一〇〇人ほども後ずさりを始めた。勝手に退却する兵士は射殺すると叫んで指揮官たちは脅したが、その脅しも効果がなかった。督戦にあたっていたある士官によれば、「兵士たちは、前進すれば砲撃で吹き飛ばされると思い込んでいた。相手が人間ならどんなに多くても戦うが、空中に吹き飛ばされて身体がバラバラになると思えば、前進する気にはなれなかったのだ」[66]。英国兵の間では、レダン要塞の周囲には地雷が仕掛けてあるという噂が広く信じられていた。

その頃、英国軍第三師団に属する二〇〇〇人の歩兵部隊がウィリアム・エア少将に率いられて、左側面からセヴァストポリ市内への突入に成功した。エア少将に与えられていた命令は、レダン要塞への突撃作戦に呼応して、可能ならばロシア軍の射撃壕をいくつか占領し、ピケット・ハウス峡谷まで前進するというものだったが、少将は命令の範囲を越えて市内に突入し、応戦するロシア軍を圧倒して共同墓地付近まで進出した。しかし、市街地に入った時点で激しい銃撃にさらされ、袋小路に追い込まれた。第九歩兵連隊のスコット大尉は回想している。「前進することも後退することもできず、午前四時から午後九時までの一七時間、地歩を確保して攻撃に耐えなければならなかった。その間、猛烈な砲撃と銃撃に見舞われた。葡萄弾と散弾が雨霰のように頭上に降り注いだ。敵は狙撃兵を数百人配置して狙い撃ちしてきたのだ。我々は数軒の家屋を盾に身を隠したが、その家屋も砲撃を受けて次々に崩壊しつつあった」。ただし、第一四歩兵連隊のジェームズ・アレクサンダー中佐によれば、セヴァストポリ市内に突入した英国軍部隊の一部は逸脱行為を行なっていた。アイルランド人部隊は「セヴァストポリ市内に突入した後、民家に押し入った。民家にはロシア人の女性がおり、絵や家具やピアノがあった。強いワインもあった……アイルランド兵の中には衣装を奪って女装する者も出た。女装して戦いを続けたのだ。また、戦利品として鏡やテーブルを持ち帰る者もいた。果実つきのグズベリーの枝を持ち帰った者さえいた！」しかし、瓦礫と化した建物の陰で砲撃に耐えていた大多数の兵士たちにとっては、気晴らしをする暇もなく一日が過ぎていった。彼らが数百人の負傷者を抱えてようやく退却できたのは、日が暮れて暗くなってからだった[67]。

翌朝、一時停戦が成立して、戦場に残された死傷兵の収容が行なわれた。損傷は重大だった。英国軍の戦死者と負傷者は合わせて一〇〇〇〇人に達した。フランス軍はおそらくその六倍の死傷者を出したはずだが、正確な数字は公表されなかった。死体収容の任務で無人地帯に派遣されたズアーヴ部隊のある大尉は、そこで目にした光景を六月二十五日付の家族宛の手紙に書いている。

その日、戦場跡で目にした恐るべき光景のすべてを書く気はないが、無人地帯の至る所に死体が転がり、暑さですでに腐り始めていた。親しかった戦友の死体も何人か確認した。私と共に出動した一五〇人のズアーヴ兵は担架を担ぎ、ワインの入った魔法瓶を携えていた。同行の医師の指示で、助かる可能性のある負傷者を最優先に収容することになった。負傷兵はいくらでもいた。彼らは皆喉の渇きを訴えたので、ズアーヴ兵たちはワインをたっぷりと飲ませた……辺り一面に漂う耐えがたい腐臭を避けるために、死体を運ぶズアーヴ兵たちはハンカチで鼻を覆わなければならなかった。死体を担架に載せると、死体の首と足がぐらぐらと揺れた。(68)

メラン将軍も戦死者のひとりだった。戦死したメラン将軍の失策が作戦失敗の原因である、とペリシエ総司令官はナポレオン三世に報告したが、真実を言えば、少なくとも最後の瞬間に計画を変更したという点で、ペリシエ将軍自身にも責任があった。英国軍総司令官のラグランも作戦失敗の主たる責任はペリシエにあると考えていた。単に最後の瞬間に計画を変更したというだけにとどまらず、攻撃対象をマラホフとレダンの両要塞に限定したこと自体が間違いだった。もし、セヴァストポリ全体を攻撃対象としていれば、防衛にあたるロシア軍の兵力を分散させることができたはずである。セヴァストポリ全体を攻撃対象としなかった理由は、市内に入ったフランス軍が「暴徒」と化すことをペリシエが恐れたからだった。以上が、ラグランがパンミュア陸軍相宛の書簡に記した説明だった。

しかし、ラグランのペリシエ批判の裏には、ラグラン自身が英国軍に不必要に重大な犠牲を強いたことへの罪悪感が秘められていたことは間違いない。突撃作戦が失敗に終わった後、ラグランは重症の抑鬱状態となり、六月二十六日には病床に伏せてしまう。同行の医師の一人によれば、病状は噂されていたようなコレラではなく、「急性の精神的疾患だった。まず重い鬱症状が表れ、それに続いて心臓の機能が急激に低下した(69)」。ラグラン総司令官が死亡したのは、一八五五年六月二十八日だった。

章末注

*1　ハリー・ヴァーニー卿は一八五七年にフローレンス・ナイチンゲールの姉パーセノピー・ナイチンゲールと結婚し、その後も、生涯にわたってフローレンス・ナイチンゲールと近しい関係にあった。

*2　このアレクサンドル・ゴルチャコフ〔駐オーストリア大使、後に外相〕とクリミア軍総司令官のミハイル・ゴルチャコフ将軍は別人であり、混同してはならない。

*3　植民地相として入閣していたシドニー・ハーバートが辞任した背景には、英国のジャーナリズムが数週間にわたって展開した乱暴な排外主義的排斥キャンペーンがあった。新聞はハーバート家とロシアとの関係に焦点を合わせてシドニー・ハーバートを攻撃したのである。たとえば、一八五四年十二月二十九日付の『ベルファスト・ニュースレター』紙は、シドニー・ハーバートの母親であるハーバート伯爵夫人がロシア人であり、「オデッサに壮麗な宮殿を有する」ヴォロンツォフ伯爵の妹であることを指摘し、その因縁から英国艦隊はオデッサ砲撃に際して意図的にヴォロンツォフ宮殿を攻撃目標から除外したと報じている（実際には、オデッサ砲撃によってヴォロンツォフ宮殿は壊滅的な損害をこうむった）。また、一八五五年一月三十一日付の『エクセター・フライイング・ポスト』紙は、ハーバートが「ロシア皇帝の意向を受けて、英国政府の活動を妨害している」として非難している。

＊4　ロシア軍から脱走してトルコ軍に加わるポーランド軍人は少なくなかった。その一部は、ロシア軍に身分を知られない方策として、トルコ名を名乗った。たとえば、ドナウ戦線のオメル・パシャ軍に参加したイスカンデル・ベイ（後にイスカンデル・パシャ）、サディク・パシャ（本名ミハウ・チャイコフスキ）、「ヒダイヨット」などである。エフパトリアのエジプト軍部隊で参謀総長を務めたクチンスキ大佐、さらには、クリミア戦線でトルコ軍を指揮したクレチンスキ少佐、イェジマノフスキ少佐などもポーランド人だった。

＊5　タガンログ市の防備は手薄だった。守備隊の兵力は歩兵一個大隊とコサック部隊一個連隊のみであり、これに武装市民二〇〇人を合わせても、兵力は全部で二〇〇〇人程度にすぎず、砲兵部隊は存在しなかった。タガンログ市長は、砲撃による破壊から何とかして市を守ろうとして、英仏艦隊司令部に軍使を送り、双方の代表者の決闘によってタガンログ市の運命を決めようと提案する。海上戦力の優位を反映して艦隊側の代表者の人数を多くし、市側の人数を少なくしてもよいとさえ申し出た。中世の歴史書を地で行くような騎士道的な提案だった。しかし、連合艦隊の司令官たちはこの申し出を無視して砲撃を開始する。タガンログ港が壊滅し、丸屋根の大聖堂をはじめとして、多数の建物が破壊された。大多数の住民が砲撃を避けて町から避難したが、その中には五年後にタガンログで劇作家アントン・チェーホフを産むことになるエヴゲニア・チェーホヴァも含まれていた。（L.Guerrin, *Histore de la derniere guerre de Russie*（1853-1856）, 2 vols. (Paris, 1858), vol. 2, pp.239-40; N.Dubrovin, *Istoriia krymskoi voiny i oborony Sevastopolia*, 3 vols. (St Petersburg, 1900), vol. 3, p. 191）

＊6　サミュエル・ピートーは一八三〇年に従兄のトーマス・グリッセルと共同で建設会社グリッセル・アンド・ピートー社を設立し、リフォーム・クラブ、オックスフォード・アンド・ケンブリッジ・クラブ、ライシーアム劇場、ネルソン記念碑など、多数の有名な建造物をロンドン市内に建設した。

＊7　この経緯が元となって「フランス軍では、兵士は獅子の軍団だが、指揮官たちは驢馬だ」という有名な文句が生まれた。最初に言い出したのはロシア軍のトートレーベンだった。後年、第一次大戦では、この

文句が英国軍を評する言葉として使われた。

＊8　ロシア軍は、切り倒した自然木、材木、粗朶などを組み合わせて、高さ二メートル、幅一メートルほどの逆茂木を作り、多数設置していた。

第11章

セヴァストポリ陥落

ボスケ将軍の副官の一人としてフランス軍のセヴァストポリ攻囲作戦に参加していたピエール・ド・カステラーヌ伯爵は、一八五五年七月十四日付の父親宛の手紙に次のように書いている。「親愛なる父上、例によって、『ここでは新しい事は何も起こっていない』という言葉で手紙を書き始めなければならない状況です。つまり、連日、いつものように塹壕を掘り、大砲を整備し、夜は焚火を囲んで酒を飲むというわけです。毎日、二個中隊に相当する人数の兵隊が病気で倒れて後方に搬送されて行きます(1)」

マラホフ、レダンの両要塞に対する突撃作戦が失敗に終った後、攻囲戦は塹壕掘りと形式的な砲撃という単調な日常に復帰していた。再度の突撃作戦が敢行される気配はまったくなかった。塹壕戦が九ヵ月に及んだ今、この膠着状態にうんざりし、それが永久に続くのではないかという悲観的な気分が敵味方の双方に漂い始めていた。疲労感から来る士気の低下が目立った。何とかして戦争に終止符を打ちたいという思いから、行き詰りの打開に向けて、ありとあらゆる案が考え出された。ロシア側では、トルストイの友人でチェスの名手でもあったセルゲイ・ウルーソフ公がチェスの試合で決着をつけるという案を思いつき、セヴァストポリ守備隊司令官のオステン＝サーケン伯爵に提言した。毎回数百人の兵士の命と引き換えに両軍が繰り返し奪い合っている最前線の塹壕にロシアと英仏の代表者が会してチェスの手合わせをするという提案だった。トルストイ自身は決闘によって勝敗を決すべきだと考えていた。(2) クリミア戦争は、塹壕戦として戦われることになる第一次世界大戦の総稽古とも言うべき最初の近代戦だったが、その一方で、まだ幾分かは中世の騎士道時代のイメージを残す戦争でもあった。

連合軍側でも兵士の士気が低下していた。再度突撃作戦を敢行しても、その成功はおぼつかないと誰もが思っていた。ロシア軍が六月以降さらに防備を固めていることは明らかだった。連合軍の陣営では、セヴァストポリ周辺の高地で二度目の冬を過ごす事態を全員が恐れていた。この頃から、兵士の手紙には帰国を願う言葉が並び始める。「何としても帰国する決心をしました」と、第三三歩兵連隊のジョージ・マンディー中佐は七月九日付の母親宛の手紙に書いている。「次の冬もここで過ごすことには耐えられないし、耐えるつもりもありません。そんなことをしたら、私は一年のうちに役立たずの老いぼれになってしまうでしょう。獅子として死ぬよりも、驢馬として生きていたいと思っています」。兵士たちは負傷兵として送還される戦友を羨ましがった。英国軍のある士官によれば、「高地でのこの攻囲作戦から離脱することができるならば、腕の一本ぐらい失っても構わないと考える兵士は決して少なくなかった(3)」。

終る見通しのない戦争への絶望感から、多くの兵士が戦争の意義そのものに疑問を持ち始めていた。殺し合いが長引けば長引くほど、自分たちと同様に苦しんでいるに違いない敵兵への同情心が生まれ、戦争のすべてが無意味に思われてきた。フランス軍の従軍司祭だったアンドレ・ダマは、信仰上の理由で戦争に疑問を抱いて彼を訪ねてきたズアーヴ連隊のある兵士に言及している。そのズアーヴ兵は（他のすべての兵士と同様に）この戦争は「野蛮人との戦い」だと言い聞かされていた。しかし、六月十八日の戦闘後の一時停戦で死傷者の収容にあたった彼は重傷のロシア軍士官を救護したが、その際、ロシア軍士官は感謝のしるしとして聖母子像の浮き彫りのある革製のペンダントを首から外してズアーヴ兵に手渡した。「この戦争はやめるべきだ」と、ズアーヴ兵はダマに言った。「これは道義に反する戦争だ。我々はともにキリスト教徒であり、ともに神を信じ、ともに信仰に生きている。同じ信仰を持つ者同士が戦うことはできない」(4)

夏の数ヵ月間、兵士の最大の敵は塹壕戦から来る疲労だった。セヴァストポリ攻囲戦の開始から十ヶ月を経て、兵士たちは絶え間ない砲撃で神経を冒され、睡眠不足によって疲労困憊していた。これ以上は持ちこたえられない状態だった。多くの兵士がその回想記の中で「塹壕の中の狂気」に言及している。それは閉所恐怖症、「砲弾ショック」、「戦闘ストレス」などの名称で後に知られることになる様々な精神疾患をひとまとめに表現した言葉だった。たとえば、ズアーヴ連隊の士官ルイ・ノワールは、「連戦の猛者であるズアーヴ兵中隊の全員が真夜中に突然起き上がって銃を取り、他の中隊に向かってヒステリックに支援を求めつつ、実在しない敵に向かって突進する姿」を何度も見かけている。「このような過剰な神経反応は伝染病のように他の兵士に広がっていった。そして、不思議なことに、肉体的、精神的に最も頑強と思われる兵士が真っ先に影響を受けるのだった」。第二ズアーヴ連隊のジャン・クレール大佐も、古参の兵士が突然「正気を失う」例を目にしている。ロシア側に逃亡する兵士もいれば、ストレスに耐えかねて自分を撃つ兵士もいた。自殺については多数の証言が残されている。たとえば、「アフリカ戦線で連戦してきた古強者」のズアーヴ兵は、それまでまったく頑健に見えたが、ある日、戦友たちとともにテントの傍に座ってコーヒーを飲んでいる最中に突然「もう沢山だ!」と叫ぶと、銃を握って数歩遠ざかり、自分の頭を撃ち抜いた。(5)

一般に、前線の兵士が戦友を失うことは重大な精神的ストレスとなる。しかし、兵士が故国に送る手紙の中で戦友の死に言及することはむしろ稀だった。兵士が家族に書き送る手紙については、実質的に検閲が存在しなかった英国軍の場合にも、その事情は同様だった。兵士が戦闘で戦死することは当然予測される事態であり、残された者は戦友の死を受け入れるべきだという社会的合意が存在したからであろう。しかし、クリミア戦争に出征した兵士の手紙には、戦友の死を悲しむ記述が頻繁に含まれている場合があった。そのような手紙からは、書き手が表現している以上に深刻な心理的動揺があったことが窺われる。たとえば、刊行されているフランス工兵隊指揮官アンリ・ロワジョン中佐の書簡集に収められている一八五五年六月十九日付の家族宛の手紙には筆者の苦悶と自責の念が込められている、と中佐の戦友のミシェル・ジルベールは指摘している。手紙には、前日のマラホフ要塞襲撃戦で戦死した将兵の名が集団葬儀の死者のリストのように延々と並んでいる。ジルベールによれば、「行方不明となった戦友の名、戦死した将校の名が延々と列挙されたその手紙は、ロワジョンが自分の魂のすぐ近くまで迫る死の息づかいを感じていたことを物語っている」。ロワジョンは悲しみに打ちひしがれ、罪悪感に苛まれていた。自分だけが生き残ったことへの罪悪感だった。ただし、ロワジョンが手紙の最後に書いた軽剽な一節は、「生き抜こうとする旺盛な精神を示していた」。それは祈りが聞き届けられなかった戦友についての一節だった。

出撃の直前、信心深い戦友コングリアーノが私に言った。「俺が身に着けているこのロザリオは教皇様の祝福を直々に受けたというロザリオだ。このロザリオにかけて、メラン将軍の無事を祈り、兄の無事を祈り、もちろん君の無事も祈っておいた」。だが、哀れなコングリアーノよ！その三人のうち、君の祈りが通じて助かったのは私だけだった。(6)

塹壕戦を戦う兵士が精神的に消耗したのは、多くの死を直接に目撃したからだけではなかった。攻囲戦がもたらす損傷の恐るべき規模と性質それ自体が兵士たちを打ちのめしていたのである。セヴァストポリ攻防戦を通じて人間の肉体が受けた損傷は、後に第一次世界大戦によって更新されるまで、史上最悪の激しさだった。大砲と小銃の技術革新によって、クリミア戦争の兵士たちはナポレオン戦争やアルジェリア征服戦争の時代に比べて格段に深刻な損傷を強いられることになった。たとえば、新式小銃に使われる細長い円錐形の銃弾は昔の球形弾に比べてはるかに強力で重かった。銃弾は兵士の身体に命中すれば骨を砕いて貫通した。昔の球形の軽い弾丸は身体の中で針路を変えたので、骨を砕くことはなかった。攻囲戦の開戦当初、ロシア軍は重さ五〇グラムの円錐形銃弾を使っていたが、一八五五年の春以降は長さも重さもさらに大きな銃弾を採用した。新しい銃弾は長さ五センチ、重さは英仏軍の銃弾の二倍だった。新式の銃弾が人体の柔らかい部分に命中すると、大きく開いた傷が残った。傷はいずれ塞がるが、銃弾が骨にあたった場合には、骨の損傷は広い範囲に及んだ。もし腕か足に被弾すれば、ほぼ確実に切断手術が必要となった。ロシア軍は最後の瞬間まで敵を近づけて至近距離から狙い撃つという戦法を取ることが多かったので、それは敵の兵士に最大限の損害を与えた。(7)

連合軍の野戦病院に担ぎ込まれる負傷兵の創傷は陰惨を極めたが、ロシア軍の病院にも同じように多数の重傷者が収容された。ロシア軍の兵士は英仏軍の先進的な大砲と小銃の犠牲となって苦しんでいた。セヴァストポリの軍病院に外科医として勤務していたフリスチアン・ギュッベネト教授は一八七〇年になって次のように回想している。

セヴァストポリ攻防戦の最終段階で私が治療した兵士たちは、それまで誰も見たことのないような恐ろしい創傷を負っていた。頻発した最悪のケースは腹部の銃創だった。血まみれの内臓が腹からはみ出して垂れ下がっていた。不幸な患者たちが応急手当所に運び込まれる時には、まだ意識があり、口もきけるが、二、三時間後には絶命してしまう。腸と骨盤が背中から飛び出しているケースもあった。そのような患者は、まだ意識が残っていても、下半身が動かず、これも二、三時間後には亡くなった。最も恐ろしい印象を受けたのは、砲弾で顔を吹き飛ばされた患者だった。すでに人間の面影はなかった。かつて顔だった場所には肉と骨が絡み合った血みどろの塊が載っているだけだった。想像していただきたい。そこには、眼も、鼻も、口も、頬も、舌も、顎も、耳も、何一つ残っていない。だが、その生き物は依然として自分の足で立ち、まだ人間であると主張するかのように動き、腕を振り回すのである。顔があったと思われる場所に血まみれの皮膚が垂れ下がっているだけというケースもあった。(8)

ロシア軍がこうむった損傷は連合軍を大きく上回っていた。一八五五年七月末現在、セヴァストポリ攻防戦におけるロシア軍の死傷者数の累計は連合軍の二倍以上にあたる六万五〇〇〇人に達していた。これは戦病死者を含まない数字である。加えて、連合軍による六月の砲撃で兵士と民間人を合わせて数千人が負傷し、すでに過密状態となっていた病院に担ぎ込まれた（六月十七日と十八日の砲撃だけで四〇〇〇人の死傷者が出た）。「貴族会館の寄せ木張りの床の上に負傷者を並べて収容した。隙間なく横に並べただけでなく、人の上に人を積み重ねる有様だった」と、ギュッベネト医師は回想している。「一千人の瀕死の人間が発する呻きと叫びが陰鬱な大ホールを満たしていた。照明と言えば、当番兵がかざす蠟燭の灯だけだった」。パヴロフスク砲台にも五〇〇〇人を超える負傷兵が担ぎ込まれ、屋外の埠頭や倉庫の剝き出しの床の上に隙間なく寝かされていた。この過密状態を解消するために、ロシア軍は、七月に入って、セヴァストポリから六キロ離れたベリベク川沿いの陣地に大規模な野戦病院を新設した。この野戦病院には、ピロゴーフのトリアージュ・システムによって比較的軽症の部類に区分された負傷兵が移送された。この他、インケルマン、マッケンジー高地、バフチサライの旧宮殿などにも予備の病院が設置された。負傷兵の一部は遠くシンフェロポリまで運ばれた。それどころか、さらに遠く、六五〇キロ離れたハリコフまで馬車にゆられて田舎道を搬送される者もあった。ハリコフ市内のすべての病院がセヴァストポリから搬送された傷病兵で満杯となった。しかし、それでもなお、増加する一方の傷病兵を収容するには十分ではなかった。六月と七月の二ヵ月間、毎日少なくとも二五〇人が新たに負傷者リストに加えられた。後に連合軍の捕虜となったロシア兵たちの証言によれば、攻防戦の最後の何週間か、その数字は一日八〇〇人の割で増大していた。ゴルチャコフ将軍の公式報告に記載されている損耗数の二倍である。(9)

ロシア軍は窮地に追い込まれていた。連合軍が六月初めにケルチを占領してアゾフ海経由の補給路を封鎖して以来、武器弾薬が不足し始めていた。不足が特に深刻だったのは小型の臼砲弾だった。砲兵隊の指揮官たちは、反撃は敵の砲弾四発に対して一発に限定せよと命令されていた。一方、連合軍側の集中砲火は世界の攻囲戦史上最大の規模に達しようとしていた。英仏両国の工業力と輸送能力が一日七万五〇〇〇発の砲弾の発射を可能とした。(10)時代遅れの農奴経済に依存していたロシアは、工業生産力を背景とする新しいタイプの戦争に対処することができなかった。

ロシア軍の士気は危険な水準にまで低下していた。それに追い打ちをかけるように、六月、ロシア軍はこれまでセヴァストポリ防衛戦を鼓舞してきた二人の指揮官を失うことになる。まず、六月二十二日の砲撃でトートレーベンが重傷を負い、余儀なく後方へ移送されて現役を退いた。その六日後、ナヒーモフ提督が第四要塞の砲台を視察中に顔面に敵の銃弾を受けて倒れ、意識不明のまま運ばれた二日後の六月三十日に宿舎で死亡した。ナヒーモフ提督の葬儀はセヴァストポリの全住民が参加して厳粛に執り行われた。葬儀の間は連合軍側も砲撃を中断し、城壁に沿って進む葬列を望見した。「この人物を失ったことへの深甚な悲しみは、それを伝えるべき言葉が見つからないほどです」と、葬儀に出席したある看護婦は家族宛の手紙に書いている。

海を埋めつくす敵の大艦隊、そしてナヒーモフ提督が昼夜を分かたず過ごした丘の上のロシア軍の要塞群、その光景がどんな言葉よりも雄弁に事態を物語っています。ナヒーモフ提督の葬列は、高台に布陣してセヴァストポリを脅かしている敵の砲台からもよく見えたはずです。砲撃される可能性は十分にありました。しかし、提督に敬意を表したのか、敵の大砲は沈黙したままで、葬儀の間は一発も砲弾を発射しませんでした。嵐の到来を告げる黒い雲の下、哀悼の音楽が響き、弔鐘がもの悲しく鳴り渡り、沈痛な葬送歌が歌われる様子を想像して見てください。こうして、水兵たちはシノープ海戦の英雄を葬り、セヴァストポリ市民は勇猛果敢で英雄的な防衛司令官に別れを告げたのです。(11)

六月末、セヴァストポリは絶望的な状況に追い込まれていた。補給不足は武器弾薬にとどまらず、食料と水までが逼迫し、生活そのものが脅かされる状況となった。そこで、ゴルチャコフ将軍はセヴァストポリからの撤退準備を開始する。これまでも、餓死することを恐れて多くの市民がすでに市外に脱出していた。また、夏を迎えて猛威を振るい始めたコレラやチフスなどの疫病を恐れて脱出する市民も少なくなかった。セヴァストポリ市の防疫対策専門委員会の報告によれば、伝染病による六月の死亡者数は、コレラによる死者だけで一日に三〇人を数えた。市内にとどまっていた市民たちの大部分は砲撃で破壊された自宅を捨ててニコライ堡塁に避難していた。ニコライ堡塁は南側地区の北端にあって、港湾に面していたが、兵舎をはじめ、事務所や商店などの施設がすべて防壁によって囲まれていた。さらに、湾を渡って対岸の北側地区に避難する市民もいた。砲兵隊士官のエヴゲニー・エルショーフは「セヴァストポリ全体がまるで墓地にでもなったかのような陰鬱な様相を呈し始めた」と回想している。

日が経つにつれて、町の中心部から人影が消え、町全体がさびれた雰囲気になっていった。まるで地震で崩壊した都市の廃墟のようだった。五月にはまだ賑やかで洒落た目抜き通りだったエカチェリンスカヤ通りも、七月に入ってからは瓦礫と化し、人通りも少なくなった。エカチェリンスカヤ通りだけでなく、中央大通りでも、婦人の姿を見かけなくなった。以前のようにのんびりと散歩する人々はもういない。残っているのは、いかつい顔の兵士の集団だけだ……彼らの表情は一様にもの悲しげで、その目つきには疲労と不吉な予感が滲み出ている。もう繁華街に出かける意味もなくなった。どこに行っても、人々の楽しげな声は聞こえず、何の娯楽も見つからない。

実在の人物と実際の出来事に基づいて書かれたトルストイの『八月のセヴァストポリ』には、セヴァストポリ攻防戦からベリベク川沿いのロシア軍陣地に戻って来た兵士に向かってセヴァストポリ出身の兵士が自分の家が残っているかどうかを尋ねる場面がある。「お前の家だけではない。建物という建物がとっくの昔に粉々に吹っ飛んでしまった。今ではセヴァストポリは見る影もない。女の姿はどこにも見えず、楽隊も消えてしまった。最後までやっていた酒場も昨日閉まり、町はまるで死体置き場のような陰気な雰囲気だ」[12]

セヴァストポリを見捨てて脱出を開始していたのは民間人だけではなかった。特に夏に入ってからは、脱走兵の数が増加した。連合軍に投降したロシア兵の証言によれば、すでに大量脱走が始まっていた。ロシア軍当局の断片的な内部連絡や統計数字がその事情を裏づけている。たとえば、八月のある報告によれば、脱走兵の数は七月以来「急激に増加しつつあり」、特に帝国各地からクリミア半島に送り込まれた補充部隊の兵士の脱走が目立った。第一五予備歩兵師団では一〇〇件の脱走事件があり、また、ワルシャワ軍管区から派遣された補充兵の場合は、四人のうち三人が脱走するという状態だった。セヴァストポリから市外に脱走する兵士の数は一日二〇人に達した。兵士の脱走は、指揮官による監視態勢が緩む夜間出撃や砲撃戦の最中に集中して発生した。多数の脱走先を保護したフランス軍によれば、夏のこの時期にロシア軍からの脱走が急増した主な理由は食糧事情の悪化にあった。ロシア軍の兵士はほとんど糧食を与えられず、与えられたとしても腐った肉だけという状況だった。八月の第一週には、セヴァストポリ守備隊で反乱が発生したという噂が流れた。反乱はもちろん残忍に鎮圧され、反乱発生の証拠は当局によって抹消されたが、そのすぐ後で、ヘンリー・クリフォードは父親宛の手紙にこう書いている。「セヴァストポリ市内で発生した反乱は鎮圧され、軍法会議で死刑判決を受けた一〇〇人のロシア兵士が銃殺されたという話です」。守備隊のうち数連隊が解体され、危険分子と見なされた兵士たちは予備役に編入された。[13]

アレクサンドル二世は、セヴァストポリがこれ以上持ちこたえられないと見て取ると、連合軍の包囲網を突破しての最後の出撃作戦を総司令官のゴルチャコフ将軍に命令した。しかし、ゴルチャコフは出撃作戦の効果について懐疑的だった。「敵は数的に優位であり、しかも堅固な塹壕を構築して我々を包囲している。そのような敵に対して現段階で攻勢に出ることは愚策としか言いようがない」。だが、皇帝はロシア軍が何らかの行動を起こすことに固執した。国家の名誉を保持し、領土を保全するという条件で戦争を終結させたいと考えていた皇帝にとっては、何らかの軍事的成功を達成し、それによって英仏両国との和平交渉を有利に進める必要があった。そこで、新たに三個師団の予備兵力をクリミア半島に増派するとともに、重ねてゴルチャコフ将軍に反攻作戦に打って出ることを命令した(ただし、どの地点を攻撃目標とするかは指定しなかった)。皇帝の見るところでは、連合軍側も必ずや兵力を増強するはずであり、それに先立って攻勢をかける必要があった。皇帝は七月三十日付のゴルチャコフ宛の書簡に次のように書いている。「攻勢に出ることは絶対に必要である。さもなければ、今回クリミアに派遣した増強部隊もこれまで同様にセヴァストポリの底なし穴に吸い込まれて消えてしまうだろう(14)」

ゴルチャコフ将軍がわずかながらも勝算があると見込んでいた唯一の攻撃対象は、チョールナヤ川に近いフランス軍とサルデーニャ軍の合同陣地だった。「この合同陣地の中にある給水基地を奪取すれば、敵軍を側面から脅かし、それによってセヴァストポリへの攻撃を牽制して、その後の作戦を有利に進める道が開かれる可能性がないわけではありません」と、将軍は皇帝宛の返書に記している。「しかし、自信過剰は禁物です。この攻撃が成功する見込みは大きくありません」。だが、アレクサンドル二世はゴルチャコフの慎重な意見に耳を貸そうとせず、八月三日、再び書簡を送って出撃を督励した。「セヴァストポリで連日損傷が発生している事実は、私がこれまで繰り返し主張してきた出撃作戦の正しさを裏づけている。この恐るべき虐殺を終わらせるためには、何らかの決定的な行動に出る必要がある」(皇帝は最後の文を強調するために下線を施している)。アレクサンドル二世はゴルチャコフ将軍が基本的に宮廷官僚であり、慎重論者パスケーヴィチの追随者であることを見抜いていた。ゴルチャコフが攻撃作戦の指揮責任を回避しようとする事態を見越して、皇帝は次のような一文でその書簡を締めくくっている。「私は出撃を希望する。だが、貴官が総司令官として責任を負うことを恐れるなら、貴官に代わって指揮の責任を負うべき緊急参謀会議の開催を許可する[15]」

緊急参謀会議は八月九日に開催された。出席した軍幹部の多くが出撃に反対だった。特に、ナヒーモフの死によって打ちのめされていたオステン＝サーケンは、セヴァストポリから撤退すべき潮時が来たと主張した。「この海軍基地をいずれは放棄する事態が避けられないとすれば、これ以上犠牲を出すのは無意味ではないか」。他の将軍たちも、その大半が内心ではオステン＝サーケンの悲観論と同意見だったが、敢えて皇帝に逆らって出撃反対を表明する者は多くなかった。将軍たちは作戦の詳細について確信を持たないまま、皇帝に迎合して出撃に賛成した。最も大胆な提案を行なったのは、失敗に終ったエフパトリア攻撃作戦を指揮していた激情家のフルリョーフ将軍だった。フルリョーフは、一八一二年のナポレオン戦争でロシア軍がモスクワに火を放って撤退した例を引き合いに出しつつ、セヴァストポリを徹底的に破壊した上で現有の全兵力を投入して総攻撃をかけるべきだと主張した。これに対して、オステン＝サーケンが、その種の自殺的な作戦を行なえば数万の人命が無駄に失われると反論すると、フルリョーフは答えた。「だからどうだと言うのだ。全滅したとしても構うことはない。我々は歴史に名を残すだろう」。しかし、比較的冷静な判断が優勢を占めた。緊急参謀会議は、チョールナヤ川のフランス軍・サルデーニャ軍合同陣地を攻撃するというゴルチャコフの作戦計画を多数決で了承した。ただし、ゴルチャコフ自身はこの作戦の成功に最後まで疑いを抱いていた。出撃の前夜、ゴルチャコフは陸軍相ドルゴルーキー公宛の書簡に次のように書いている。「私がこの攻撃作戦に出撃するのは、もし、そうしなければ、セヴァストポリを失うことになるからです。万が一、この作戦が失敗しても、それは私の責任ではありません。その場合の私の任務は損傷を最小限に抑えつつ、セヴァストポリから撤退することです[16]」

出撃の日時は八月十六日早朝に設定された。前日の八月十五日はフランス国民の祝日「ナポレオン一世生誕祭」であり、同時に、フランス人とイタリア人の両方にとって重要な「聖母マリア被昇天の祝日」でもあったので、フランス軍も、サルデーニャ軍も、夜遅くまで酒を飲んで祝っていた。両軍の兵士がようやく眠りについた午前四時頃、突然ロシア軍の大砲が火を噴いて彼らの眠りを破った。

　ロシア軍は早朝の霧に隠れてすでにトラクティル橋付近まで前進していた。その兵力は歩兵四万七〇〇〇、騎兵一万、野砲二七〇門だった。サルデーニャ軍を攻撃する左翼部隊の指揮官はパーヴェル・リプランディ将軍であり、フランス軍を攻撃する右翼部隊の指揮官はロシアに帰化したスコットランド人技師の息子リード将軍だった。二人の将軍には、追って指示があるまではチョールナヤ川を渡ってはならないという命令が総司令官ゴルチャコフから出されていた。そのゴルチャコフ総司令官は手元に残した予備師団をチョールナヤ川対岸のフェデューヒン高地に陣取るフランス軍に対して投入すべきか、それともガスフォート高地のサルデーニャ軍に対して投入すべきかを決めかねていた。将軍は第一波の砲撃を加えた後に敵陣地の防備態勢の状況を見究め、その結果に応じて予備師団を展開しようとしていた。

　ところが、ロシア軍の砲弾の多くは目標地点まで到達しなかった。砲撃は警報の役割を果したにすぎなかったのである。砲撃音を聞いて、一万八〇〇〇人のフランス軍と九〇〇〇人のサルデーニャ軍は直ちに戦闘態勢に入り、最前線の部隊はトラクティル橋に向かって前進を開始した。思い通りに事が進まないことに苛立ったゴルチャコフ総司令官は、副官のクラソフスキー中尉を伝令として前線のリード将軍とリプランディ将軍の許に送り、「直ちに開始せよ」との命令を与えた。しかし、リード将軍は命令の曖昧さにとまどった。「いったい何を開始せよと言うのか？」と、将軍はクラソフスキー中尉に質問したが、中尉は答えられなかった。リード将軍は開始すべきは砲撃ではないと解釈した。砲撃はすでに始まっていたからである。開始すべきは歩兵部隊の突撃しかない。そこで、将軍はチョールナヤ川を渡ってフェデューヒン高地へ突撃するよう命令した。ただし、この行動を支援すべき砲兵部隊と予備歩兵部隊はまだ到着していなかった。一方、ゴルチャコフ総司令官は、リプランディ軍の斥候部隊がテレグラフ・ヒル（イタリア人の間では「ピエモンテの岩場」と呼ばれていた）からサルデーニャ軍の前哨部隊を簡単に駆逐した様子に勇気を得て、予備師団をリプランディ将軍の左翼戦線に集中的に投入することに決定していた。しかし、フェデューヒン高地に向かって突撃するリード軍のマスケット銃の銃声を耳にすると、予備師団の一部に方向転換を命じ、リード軍の支援に向かわせた。後になってゴルチャコフが認めたところによれば、すでにこの段階で作戦は失敗する運命にあった。全兵力を一点に集中して強力な一撃を加えるべきところを、実際には兵力を分散させて二正面作戦を展開するはめになってしまったのである。(17)

リード軍はトラクティル橋付近でチョールナヤ川を渡って前進した。騎兵隊の支援もなく、砲兵隊の援護もなしに前進するロシア軍を待ち受けていたのは、フェデューヒン高地の斜面に陣取るフランス軍の砲兵部隊とライフル部隊だった。二〇分以内に二〇〇〇人のロシア軍兵士が撃ち倒された。そこへ、ゴルチャコフ総司令官が増援部隊として派遣した第五歩兵師団が到着した。第五歩兵師団の司令官は師団総員による総攻撃を敢行して一気に前線を突破すべきであると提案したが、リード将軍は各連隊を順次戦闘に投入する戦法を選んだ。連隊単位で前進したロシア軍は次々にフランス軍の砲火の餌食となった。フランス軍側はすでに自信をつけており、ロシア軍の攻撃を恐れるに足らずと見て、敵をできるだけ引き寄せてから射撃する戦術を採用した。フェデューヒン高地でフランス軍歩兵部隊を指揮していたオクターヴ・キュレ大尉は「我が軍の砲兵部隊の砲撃はロシア軍を大混乱に陥らせた」と回想している。

歩兵部隊の兵士たちも自分たちの戦力に自信を持ち、前後二列に並んで冷静に必殺の一斉射撃を繰り返した。歴戦の勇士のみがよく実行し得る戦方だった。弾薬はその日の朝兵士一人につき八〇発が支給されていた。敵の銃弾を受けて倒れる者はほとんどなかった。側面からの攻撃は気にせず、正面から迫ってくるロシア軍に集中して迎撃した……敵が間近に迫って我が陣地を包囲するかに見える時になって、ようやく銃撃を開始するのである。巨大な半円形を描いて迫る敵に対して我が軍が発射する銃弾は一発たりとも無駄にならなかった。歩兵たちは驚嘆すべき冷静さ発揮して応戦した。退却を考える者は誰一人いなかった。(18)

ゴルチャコフ総司令官は全師団による総攻撃を命じた。ついにリード将軍の愚かしい指揮に終止符が打たれた。勢いづいたロシア軍は斜面のフランス軍をフェデューヒン高地の上までいったんは追い上げたが、フランス軍の百発百中の一斉射撃によって撃退され、最終的にはチョールナヤ川の対岸まで退却を余儀なくされる。この退却の途中で、リード将軍は砲弾の破片にあたって戦死し、ゴルチャコフ総司令官自身が指揮を引き継いだ。フェデューヒン高地の東端にいたゴルチャコフ将軍は、左翼のリプランディ軍から八個大隊を呼び寄せて支援に当たらせようとした。しかし、リプランディ軍の八大隊は、ガスフォート高地から移動して側面攻撃を開始したサルデーニャ軍からの激しい銃撃を浴びたために、テレグラフ・ヒル方面への後退を余儀なくされた。状況は絶望的だった。午前十時を過ぎた頃、ゴルチャコフは総退却を命じた。ロシア軍のすべての大砲が最後の一発を発射した。それは敗退する軍隊のせめてもの抵抗の姿勢だった。ロシア軍は退却し、敗退の傷を舐めることになる。(19)

チョールナヤ川の戦闘での連合軍の死傷者は一八〇〇人だった。一方、ロシア軍は戦死者二二七三、負傷者約四〇〇〇、行方不明者一七四二を出した。行方不明者の大部分は朝霧や戦闘の混乱に紛れて戦線を離脱した脱走兵だった。[*1] 戦場に残された死傷者の収容が終わるまでに数日の時間がかかった（ロシア軍は死傷者の収容さえ行なわなかった）。その間に、惨憺たる戦場跡を歩き回る人々がいた。その中には、負傷者の救護に当たる看護婦だけでなく、戦争観光に訪れた見物人も含まれていた。見物人たちは戦死者の死体から記念品を奪い去った。死体から記念品を略奪した者たちの中には、少なくとも二人の英国人従軍牧師が含まれていた。メアリー・シーコールによれば、「地面には負傷者が累々として横たわっていた。負傷者の中には冷静な者、諦観した者もいれば、落ち着かず、苛立つ者もいた。苦痛の叫びを上げる者もいた。全員が水を欲しがり、与えると感謝した」。トルコ軍の軍医だった英国人医師のトーマス・バザードは、戦死者の大多数が「ホメロスの詩句にあるように、文字どおり『塵を嚙む』姿勢でうつ伏せに倒れている」ことに驚いている。戦闘場面を題材とする古典的な絵画では、戦死者は仰向けに倒れているのが普通だったからである（ロシア兵の大多数は丘の斜面を駆け登る途中で正面から撃たれたので、前方へのめり、そのまま倒れたのだった）[20]。

ロシア軍は敵に倍する兵力をチョールナヤ川の戦闘に投入して敗退するという失態を演じるはめになった。ゴルチャコフ総司令官は、皇帝への釈明の中で、敗北の責任はすべて戦死したリード将軍にあるという説明を行なった。ゴルチャコフがフェデューヒン高地のフランス軍を総攻撃する目的で予備師団を投入したにもかかわらず、リード将軍はその命令の意味を理解しなかったと論じたのである。八月十七日付の皇帝宛の書簡には「もし、リード将軍が私の命令を正確に理解していれば、攻撃作戦は失敗しなかったただろう。作戦で戦死した兵士たちの少なくとも三分の一は命を失わずにすんだだろう。残念なことである」と書かれている。しかし、戦死した将軍に責任をかぶせようとするゴルチャコフの企みはアレクサンドル二世を納得させなかった。皇帝が望んでいたのは有利な条件で連合軍に和平を提案する前提としての軍事的成功だったが、この敗退は皇帝の計画を台無しにしてしまった。

アレクサンドル二世はゴルチャコフへの返書にこう記している。「我が軍の勇敢な兵士たちは膨大な損害をこうむったが、何の戦果も上げることができなかった」。しかし、実のところ、不必要な損害を招いた最大の責任は皇帝と総司令官の二人にあった。アレクサンドル二世は勝算のない出撃作戦を強行することに固執し、ゴルチャコフは無理な出撃を求める皇帝の要求に抵抗しなかった[21]。

ロシア軍にとってチョールナヤ川戦の敗北は破局を意味していた。セヴァストポリが連合軍の手に落ちるのは今や時間の問題だった。チョールナヤ川の戦闘で負傷したフランス軍のエルベ大尉は八月二十五日付の両親宛ての手紙に次のように書いている。「これがクリミア戦争の血なまぐさい戦闘として最後から二番目になることはほぼ確実です。次にやって来る最後の戦闘では、セヴァストポリを奪取することになるでしょう」。セヴァストポリのロシア海軍基地に所属するニコライ・ミロシェヴィッチによれば、チョールナヤ川での敗北以降、「ロシア軍の兵士たちは上官や将軍たちに対する信頼をすっかり失ってしまった」。また、別のロシア軍士官は次のように書いている。「八月十六日の朝、我々は最後の希望を胸に出撃したが、その日の夕方には、すべての希望が消滅してしまった。セヴァストポリの町に別れを告げる時が来ていた[22]」

情況が絶望的であることを悟ったロシア軍は、セヴァストポリからの撤退準備に入った。チョールナヤ川の戦闘に敗れた今、セヴァストポリからの撤退は避けられなかった。戦闘の前夜にゴルチャコフが陸軍相に書き送っていた警告どおりの事態になったのである。撤退計画の中心的な課題は、町の南側地区と北側地区を隔てる湾港に浮橋を浮かべて、南から北への退路を確保することだった。北側地区に移動すれば、南側地区を連合軍に占領された後も一定の優位を維持することができると考えられた。すでに七月第一週の段階で最初に浮橋構想を提起したのは、天才的な工兵隊指揮官のブーフメイエル将軍だった。当初、浮橋構想には工兵隊関係者の多くが不可能であるとして反対していた。ブーフメイエル将軍が提案した架橋地点は南側地区のニコライ堡塁と北側地区のミハイロフ砲台だったが、その間には九六〇メートルの海面が広がっており、強風が吹けば激しく波立つ場所だった（延長九六〇メートルの浮橋は歴史上最長の舟橋だった）。しかし、事態の緊急性に迫られて、ゴルチャコフ総司令官はこの危険な浮橋計画を承認し、数百人の兵士を動員して遠く三〇〇キロ離れたヘルソンから木材を運ばせた。運ばれた木材はブーフメイエル将軍の指揮する水兵たちの手で舟橋に組み立てられ、八月二十七日に完成した[23]。

この間、英仏連合軍はマラホフ要塞とレダン要塞に対する再攻撃の準備に入っていた。英仏軍は、すでに八月末の段階で、ロシア側の防備が長く持ちこたえられないことを正確に察知していた。チョールナヤ川の戦闘でのロシア軍の敗北以降に急増したセヴァストポリからの脱走兵が、異口同音に市内の惨状を語っていたからである。再び攻撃すればセヴァストポリを奪うことが可能であるとの見通しを得た英仏軍の指導部は、できるだけ早い時期に攻撃を実行すべきだと判断していた。九月が近づき、天候が変わろうとしていた。連合軍の指揮官たちが何よりも恐れていたのは、クリミア半島で二度目の冬を過ごすという事態だった。

主導権を握ったのはペリシエ将軍だった。チョールナヤ川の戦闘でフランス軍がロシア軍を撃退して以来、ペリシエ総司令官の権威は大いに高まっていた。本来、ナポレオン三世は開かれた平野部での野戦に移行する方針に賛成であり、セヴァストポリ攻囲作戦に固執するペリシエの姿勢に疑問を抱いていたが、チョールナヤ川の戦闘で勝利した後は、その疑念を封じてペリシエを全面的に支持し、喉から手が出るほど渇望していた決定的勝利の実現を将軍に託していた。

英国軍はフランス軍総司令官の方針に追随せざるを得なかった。英国側には独自の軍事方針を強行するだけの兵力も戦績もなかったからである。六月十八日の戦闘で破局的な敗北を喫して以来、英国のパンミュア陸軍相はレダン要塞攻撃の失敗を二度と繰り返すまいと決心していた。たとえ新たな攻撃作戦が実行された場合でも、英国軍の参加は問題外とさえ一時は思われていた。しかし、チョールナヤ川の戦闘の勝利によって事態は変化した。新たな攻撃作戦に英国軍が参加する希望が生まれたのである。

フランス軍はこの間も着実に塹壕を掘り進んでいた。その最先端はすでに敵の逆茂木群の付近に達し、マラホフ要塞の外側の溝までわずか二〇メートルの距離に迫っていた。塹壕内の話し声がロシア軍の耳に達するほどの至近距離だった。そのため、ロシア軍からの銃撃による損傷も増大した。一方、英国軍も最大限の努力を払って岩だらけ台地に塹壕を掘り進み、レダン要塞まで二〇〇メートルの距離に到達していた。要塞に近づいたために、英国軍にもロシア軍の銃撃による多数の死傷者が出た。レダン要塞内の海軍図書館の屋上からは、塹壕内外の英国兵の姿だけでなく、その顔の表情さえ見て取ることができた。ロシア軍の狙撃兵は、塹壕から頭を出す英国兵を難なく仕留めていた。犠牲者は、英仏両軍を合わせて、連日、二五〇〇人から三〇〇〇人にのぼった。このような状況を続けることはできなかった。攻撃を延期することには何の意味もなかった。もし、今攻撃して成功しなければ、成功する機会は二度と来ないであろう。そうなれば、冬の到来以前に攻囲作戦そのものを放棄しなければならなくなるだろう。死亡したラグラン将軍の後任として英国軍総司令官となったジェームズ・シンプソン将軍がペリシエ仏軍総司令官の作戦計画に同調することを英国政府が許可した背景には、そのような論理が働いていた。両軍は歩兵部隊の突撃によってセヴァストポリを奪取する最終的な作戦に取りかかった。(24)

突撃作戦開始の日付は九月八日に設定された。六月十八日の突撃作戦がぶざまな失敗に終った教訓から、今回は事前に大々的な砲撃を加えることになった。本格的な砲撃は九月五日から開始する予定だったが、それに先立ってすでに八月末から砲撃が強化された。英仏両軍の大砲は前回よりも近い距離から一日五万発の砲弾をロシア側に撃ち込み、多大な損害を生じさせた。セヴァストポリ中心部の建物はどれ一つとして無事な姿をとどめていなかった。すべての建物が倒壊したセヴァストポリは、地震で壊滅した都市のような様相を呈していた。人的被害も甚大だった。八月の最終週には、連日千人単位で兵士と市民が死傷し、本格的砲撃が始まってからは、最初の三日間だけで八〇〇〇人に近い人々が死傷した。しかし、残された勇敢な人々は、セヴァストポリを放棄するつもりはなかった。砲兵隊士官のエヴゲニー・エルショーフは当時の雰囲気を次のように記録している。

我々が防衛にあたっていたセヴァストポリの町はすでに半ば壊滅し、都市とは名ばかりの瓦礫の山となっていたが、それでも我々はこの町を放棄する気はなかった。それどころか、最後の一人になるまで防衛戦を戦う決意だった。我々は残った物資を北側地区に移し、南側地区にはバリケードを築いた。崩れた建物の一棟一棟を砦として武装する計画だった。[25]

ロシア軍は連合軍の来襲が切迫していることを予測していた。激化する砲撃が連合軍の意図を余すところなく物語っていたからである。ただし、ロシア軍の予測では、連合軍はボロディノ会戦の記念日にあたる九月七日に攻撃してくるはずだった。一八一二年の九月七日、ロシア軍はボロディノでナポレオンのフランス軍を撃破し、その三分の一を殲滅するという大勝利を収めた。しかし、九月七日になっても連合軍の攻撃はなかった。ロシア軍は警戒を緩めた。翌九月八日の払暁、午前五時に連合軍の砲撃が再開された。英仏軍の大砲は一分間に四〇〇発の発射速度で猛烈な砲撃を加えてきた。砲撃は午前十時に突然中断されたが、この時も突撃はなかった。ロシア軍は連合軍の突撃が始まるのはこれまで同様に早朝か、さもなければ、夕暮れだろうと予測していた。そこで、今朝の猛烈な砲撃は当日夕刻以降に突撃が行なわれる前触れに違いないと解釈した。その解釈を裏づけるように、午前十一時頃、インケルマン高地のロシア軍見張所から海上の英仏艦隊が砲撃準備隊形と思われる動きをしているとの報告が入った。報告は誤りではなかった。連合軍は海軍を動員してセヴァストポリの沿岸防衛施設を攻撃する計画だった。しかし、温暖で穏やかだった天候がその日の朝になって急変し、強い北西風が吹いて海が猛烈に時化たために、最後の瞬間になって海軍の作戦は中止された。連合艦隊は湾口近くに集結したものの、戦闘準備態勢は解除された。ただし、連合軍側に海軍を動員する計画があったことは間違いない。その間に、歩兵部隊による突撃開始の時刻は正午とすることに決まった。この決定にはボスケ将軍の賢明な判断が大きく影響していた。正午はロシア軍が衛兵交代を行なう時刻であり、ロシア軍にとって最も予想外の時刻だった(26)。

連合軍の作戦は、基本的に六月十八日の作戦を再現するという単純なものだった。ただし、今回は兵力を大幅に増強して、前回の失敗を繰り返さない決意だった。フランス軍が六月十八日に動員した兵力は三個師団だったが、今回はその三倍以上の一〇・五個師団を投入することになった。すなわち、直接にマラホフ要塞を攻撃する五・五師団に加えて、さらに五師団を投入してセヴァストポリを取り巻くその他の要塞を攻撃する計画だった。三万五〇〇〇のフランス軍と二〇〇〇のサルデーニャ軍精鋭部隊による大規模攻撃が始まろうとしていた。突撃の指揮にあたるフランス軍の指揮官たちは互いに時計の針を合わせて時刻を確認した。ロケット弾信号を取り違えて混乱を招いたメラン将軍の失敗を繰り返さないためだった。突撃開始の命令は正午に発せられた。まず、パトリス・ド・マクマオン将軍の師団約喇叭が響き、軍楽隊がラ・マルセイエーズを演奏した。鼓手が太鼓を打ち鳴らし、九〇〇〇〇人が塹壕から飛び出し、「皇帝陛下、万歳!」の叫び声とともに突進した。残りの歩兵部隊もそれに続いた。フランス軍は勇敢なズアーヴ兵を先頭にしてマラホフ要塞に殺到し、板や梯子を使って溝を渡り、要塞の壁を攀じ登った。ロシア軍は不意打ちを食らった形だった。攻撃を受けた時、ロシア軍はちょうど守備隊勤務の交代時刻であり、兵士の多くが後方に下がって昼食を取っていた。フランス軍の砲撃が止んだので油断していたのである。レダン要塞から恐怖の眼で事態の推移を見ていたプロコフィー・ポドパーロフは回想している。「マラホフ要塞の守備隊が銃を取る暇もなく、フランス軍が要塞に突入して行くのが見えた。ほんの数秒のうちに数百人のフランス兵が要塞を満たしてしまったが、その間、我が軍からはほとんど応戦の銃弾が発せられなかった。数分後には要塞の小塔にフランス国旗が翻った(27)」

ロシア軍はフランス軍の勢いに完全に圧倒され、パニック状態に陥り、敵に背を向けてマラホフ要塞から逃げ出した。要塞を守っていた兵士の多くは第一五予備歩兵師団に属する十代の少年兵だった。実戦経験のない少年兵がズアーヴ兵に太刀打ちできるわけがなかった。

マラホフ要塞を制圧したマクマオン師団の兵士たちは、ズアーヴ連隊を先頭にしてロシア軍の防衛線を次々に突破し、要塞の左側に位置するジェルヴェ砲台付近で激しい接近戦に突入した。一方、その他のフランス軍部隊も防衛戦上にある別の要塞に向かって殺到した。ズアーヴ連隊はジェルヴェ砲台を確保したが、その右手に位置していたロシア軍のカザン連隊を撃破することはできなかった。カザン連隊のロシア兵は勇敢に戦って地歩を守り、セヴァストポリ市内からの援軍を迎え入れて反撃に出た。クリミア戦争の全過程を通じて最も激しい戦闘が始まった。ロシア軍のアナトリー・ヴャズミーチノフは次のように回想している。「我々は銃剣を構えて繰り返し突撃した。戦闘の目的が何なのか、果たして成功する見込みがあるのか、そんなことは一切考えなかった。ただ、戦闘の興奮に押し流されて、無我夢中で身を投げ出したのである」。ジェルヴェ砲台とマラホフ要塞の間の地面は数分を経ずして戦死者の死体で覆われてしまった。ロシア兵とフランス兵がもつれ合い、重なり合って倒れていた。突撃が繰り返されるたびに、死体の上に死体が積み重なり、両軍は死傷者の山の上で戦闘を続けることになった。ヴャズミーチノフは後に書いている。「戦場は死体の山となり、飛散した血液が赤い濃霧となって立ち込めたので、敵の姿を視認することさえ不可能だった。赤い霧の中、やっとのことで銃を水平に構え、敵がいると思われる方向に向けてただもう必死にマスケット銃を発射していた」。最終的には、次々に援軍を投入したマクマオン師団が優秀なライフル銃の威力を発揮して接近戦を制し、ロシア軍を退却に追い込んだ。フランス軍は奪取したマラホフ要塞に応急の補強を加えて地歩を強化した。半ば破壊された蛇籠や粗朶を集め、銃眼を整備し直し、土嚢の代わりにロシア兵の死体や時には重傷者さえも積み上げてバリケードを立て直し、その背後に重砲を設置してセヴァストポリに砲口を向けた(28)。

この間に、英国軍もレダン要塞への攻撃を開始していた。レダン要塞への攻撃は、ある意味ではマラホフ要塞よりも困難だった。レダン要塞の前には岩だらけ台地が広がっており、塹壕を掘って近づくことができなかった。要塞を攻めるには、身を隠す手段のない空間を走り抜け、至近距離からの砲火を浴びつつ、逆茂木群を這い登らなければならなかった。また、レダン要塞がV字型をなしていることも攻撃側に不利だった。攻撃側が溝を渡り、胸墻《きょうしょう》を攀じ登ろうとすれば、側面からの砲火にさらされるからである。ロシア軍はレダン要塞の内外に地雷を仕掛けているという噂も流れていた。しかし、マラホフ要塞がフランス軍の手に落ちると、レダン要塞の守りにも隙が生じたように見えた。

六月の攻撃と同様に、英国軍はフランス軍の動きを待って行動する予定だった。しかし、今回は、マラホフ要塞に三色旗が翻るのと同時にレダン要塞に向かって突進した。葡萄弾とマスケット銃の銃弾が雨霰と降り注ぐ中、およそ一〇〇〇人の英国兵がどうにか逆茂木群を乗り越えて城壁直下の溝の中に転がり込んだ。抱えてきた梯子は、その半数以上が途中で失われていた。溝の中は大混乱だった。ロシア軍は頭上の胸墻から狙い撃ちしてきた。胸墻を攀じ登る手立ては見つからなかった。多くの兵士が浮き足立ち、溝の底にもぐり込んで身を隠そうとした。しかし、ついに何人かが城壁を攀じ登って胸壁を乗り越えることに成功した。要塞に突入した兵士の大半がその場で敵の銃弾に倒れたが、彼らが示した先例を見倣って、後続の部隊が次々に城壁を攀じ登った。第二三フュージリアー連隊（ロイヤル・ウェールズ連隊）のグリフィス中尉もその一人だった。

我々は死に物狂いで塹壕の中を前進した。葡萄弾が耳をかすめて飛んできた。前方から数人が後退してきた。負傷した士官たちだった。彼らは今までレダン要塞の内部で戦っていたが、要塞を奪うには援軍が必要だと言った。前進するにつれて、後方へ運ばれる負傷者の数が増した……「第二三連隊、突撃！」と参謀将校が叫んだ。我々は塹壕から躍り出て、身を隠す場所もない空き地に飛び出した。恐ろしい瞬間だった。私は二〇〇ヤードほどの距離を無我夢中で走り抜けた。あたり一面に葡萄弾が着弾し、一緒に走っていた兵士が次々に倒れた。ようやくレダン要塞直下の溝に転がり込んだが、溝の中はごった返していた。様々な連隊の兵士が混ざり合い、抱き合うようにして身を寄せていた。それでも、我々は頭上の胸墻に向けて銃を撃ち続け、城壁に梯子を立てかけて攀じ登ろうとした。レドクリフと私は梯子に飛びつき、胸墻のすぐ下まで攀じ登ったが、そこで上から押されて動けなくなった。上から戦死者と負傷者が次々に落ちて来たのである。まことにもって息の止まるような恐ろしい状況だった。(29)

グリフィス中尉のように後方から突進してくる兵士が次々に到着したので、要塞直下の溝とその周囲の斜面は大混雑となった。胸墻上で展開される肉弾戦の圧力が激しいために、城壁を攀じ登ることができなかった。いったんレダン要塞に入っても、その内部は一連の横墻《おうしょう》によって固められていた。各横墻にはロシア軍が次々に補強部隊を送り込んでいた。要塞内に突入した英国兵は横墻と横墻の間に閉じ込められて孤立し、V字型の要塞の両翼からの十字砲火にさらされた。城壁の下の溝の中に群がっていた英国兵の士気が崩壊し始めた。胸壁を攀じ登るように督戦する上官の命令を無視して、「数百人単位の兵士が城壁の突出部にしがみつき、動こうとしなかった」と、塹壕から戦況を見ていたコリン・キャンベル中尉は回想している。「その兵士たちも要塞翼部からの敵の側面射撃を受けて数十人単位で倒れていった」。多くの兵士が完全に戦意を失って塹壕まで退却したが、塹壕には突撃命令を待つ別の部隊がひしめいていた。規律が完全に失われ、総崩れが始まった。パニックを起こして潰走する兵士の中にグリフィス中尉もいた。

最善を尽くした後だったとはいえ、屈辱感を覚えつつ、私は心ならずも兵士たちとともに退却することになった。走っていく先方に味方の塹壕が見えたが、そこまでたどり着けるとは思えなかった。敵の砲火は猛烈だった。地上には死傷者が隙間なく横たわっていた。一歩進むたびに死傷者につまずくありさまだった。やっとのことで味方の並行壕にたどりつき、ほっとして塹壕内に倒れ込んだ……私の水筒に銃弾が命中していたことに気づいたのはその時だった。水筒は空になっていたが、そのおかげで弾が逸れたのだ。足には葡萄弾の着弾地点から飛び散った石が当たっていたが、怪我は軽傷だった……無事だった兵士が三々五々集まって来た。呼集の点呼をかけたが、行方不明者の数の多さに気持ちが沈んだ。

ヘンリー・クリフォードは崩壊した規律を立て直そうと必死で駆け回っていた。「兵士たちはレダン要塞から敗走してきた……塹壕に逃げ込もうとする兵士たちを我々は指揮刀で打ち据え、前線に戻るように促した。ここで退却すれば作戦は失敗に終るだろう。しかし、敗走は止まらなかった。塹壕の中は大混雑となり、地面に横たわる負傷者を踏みつけないでは歩けないほどだった(30)」

狼狽する兵士たちを再結集して突撃を繰り返すことは不可能だった。敗走した兵士の大半は若年の予備兵だった。レダン要塞攻撃を指揮していた軽騎兵師団の司令官コドリントン将軍は、この日の作戦行動の中止を決定した。英国軍はすでに戦死者五五〇人、負傷者二〇〇〇人以上を出していた。コドリントン将軍は作戦を翌日に持ち越し、戦闘経験豊富なハイランド旅団を投入して改めて突撃作戦を行なうつもりだった。しかし、事態は思わぬ方向に進んだ。その日の夜、ロシア軍がレダン要塞から撤退してしまったのである。マラホフ要塞にフランス軍が設置した大砲の砲撃からレダン要塞を守ることは不可能だとの判断からだった。ロシア軍のある将軍が戦後すぐに述べたところによれば、「マラホフ要塞は単なる一要塞ではなく、セヴァストポリの死命を制する重要拠点だった。マラホフ要塞を奪ったフランス軍は思うままにセヴァストポリを砲撃して数千人の兵士と民間人を殺害することができるだけでなく、北側地区へ脱出するための浮橋を破壊することも可能だった(31)」。

ゴルチャコフ総司令官はセヴァストポリ南側地区からの全面撤退を命令した。南側地区の軍事施設は爆破され、物資には火が放たれた。浮橋をわたって北側地区に脱出する命令がすべての兵士と民間人に出された。しかし、ロシア軍の中にはこの撤退命令を裏切りと見なす動きもあった。前日の戦闘では、マラホフ要塞以外のすべての要塞で敵の攻撃を撃退しており、その限りで全面的敗北ではなかった。失われたマラホフ要塞がセヴァストポリ防衛にとって不可欠の要衝であることをその兵士たちは理解しないか、あるいは理解しようとしなかった。海軍兵士の中には、生まれ育ったセヴァストポリを離れることを望まず、退去命令に抵抗する者も少なくなかった。「我々に命令する権限を持つ海軍司令部が存在しない以上、セヴァストポリを離れることはできない」と主張する水兵のグループもあった。ナヒーモフの死後、後継の海軍司令官が空席となっていることを論拠としての主張だった。

陸軍の兵士が撤退するのは致し方ない。しかし、海軍の指揮命令系統からは撤退命令が出ていない。命令がないのに、どうして我々水兵がセヴァストポリを見捨てることができようか？　マラホフ要塞を除けば、敵の攻撃をすべて撃退したではないか？　マラホフ要塞だけはフランス軍に奪われたが、明日になれば奪回することができる。我々は持ち場を離れることはできない！……我々はセヴァストポリを死守すべきであり、退去などは論外である。ロシア国民がどう思うかを考えてもみよ。(32)

セヴァストポリ南側地区からの撤退は夕方の七時に始まり、夜を徹して続いた。湾港に面するニコライ堡塁の埠頭には、浮橋を渡ろうとする兵士と民間人の大群衆が詰めかけていた。陸軍の兵士と水兵に混ざって、負傷者や病人、女性と子供、杖を持った老人などがひしめき、大砲を載せた砲車や軍馬も浮橋を渡る順番を待っていた。燃え上がる建物の炎が夜空を焦がし、遠い要塞群から聞こえる砲声に混じって、市内からの爆発音が鳴り響いた。敵に利用される可能性のある物、動かすことのできない物は、堡塁であれ、船舶であれ、すべて爆破されつつあった。英国軍とフランス軍が今にも襲撃してくるという恐怖からパニック状態に陥った人々が我先に浮橋に近づこうとして押し合いへし合いの争いが始まった。夫と息子とともに浮橋を渡る順番を待っていたタチアナ・トルイチェヴァは回想している。「周囲には恐怖の臭いが立ち込めていた。恐ろしい大混乱が始まった。人々は叫び、すすり泣き、号泣していた。怪我をした人々は呻き声を上げ、頭上には砲弾が飛び交っていた」。事実、港全体が絶え間ない砲撃の目標となっていた。混雑した埠頭に砲弾が落ち、連合軍の捕虜八人が直撃されて即死した。兵士と軍馬と大砲が最初に浮橋を渡り始め、牛に引かれた荷車の列が続いた。荷車には砲弾と乾草、それに負傷兵が積まれていた。人々は沈黙し、浮橋を渡る一行の姿を固唾を飲んで見つめた。無事に浮橋を渡り切れるかどうか、誰もが危うんでいた。北西の強風が吹きすさび、海面は荒れ、降りしきる雨が浮橋を渡る者の顔にあたった。兵士が渡り終わると、次に民間人が列を作って浮橋を渡った。携行できる荷物は両手で運べる量までに制限されていた。列の中にいたトルイチェヴァは次のように書いている。

橋の途中で混乱と恐怖とパニックが生じた。浮橋は人間の重みで沈みかけていた。膝の所まで海水が上がって来た。突然、誰かが恐怖の叫び声を上げた。「橋が沈む！　溺れるぞ！」一部の人々が向きを変えて埠頭に引き返そうとした。人の流れがぶつかり合い、相手を踏みつけて進もうとする摑み合いが始まった。怯えた馬が後足で立ち上がった……私は死を覚悟して、神への祈りを捧げた。

浮橋を渡っての退去が完了したのは翌朝八時だった。最後までとどまっていた守備隊に対して、要塞からの退去と町への放火を命ずる信号が発せられた。守備隊はただ一門残されていた大砲を使ってロシア黒海艦隊の船舶を湾港に沈め、浮橋を渡って北側地区に脱出した(33)。

トルストイは星形堡塁からセヴァストポリ陥落の様子を見守っていた。英仏軍の攻撃が始まった時、彼は大砲六門を備える砲台の指揮官だった。その日、二七回目の誕生日を迎えたトルストイは、目の前の状況を胸の張り裂ける思いで眺めていた。「セヴァストポリの町が炎に包まれ、各要塞にフランス国旗が揚がるのを見て、私は涙を流した」と、彼は叔母宛ての手紙に書いている。「今日はあらゆる意味できわめて悲しい一日だった[34]」

セヴァストポリから負傷者を避難させる仕事に携わっていた看護婦のアレクサンドラ・スターホヴァは、炎上する町の様子について、翌日の家族宛の手紙に次のように書いている。

町全体が炎に呑み込まれてしまった。何かが爆発する音がいたるところから聞こえてきた。恐怖と混乱の極みだった！……セヴァストポリは黒い煙で覆われていた。ロシア軍自身が町に火を放ったのだ。その光景を見て私の目に涙が浮かんできた。私は滅多に泣かない人間だが、泣くと何故か少し気が楽になった。そのことで神に感謝した……こんな事態を経験するのは何とも辛いことだ。死んだ方がマシだ[35]。

セヴァストポリの火災は数日間燃え続けた。一八一二年のモスクワ大火の再現だった。九月十二日に英仏軍が入城した時にも、町の一部はまだ燃え続けていた。連合軍の兵士が目にしたのは恐るべき光景だった。負傷者の全員がセヴァストポリから退去していたのではなかった。数が多すぎて、避難が間に合わなかったのだ。約三〇〇〇人の負傷者が水も食料も与えられずに、炎上する町に置き去りにされていた。市内の病院から傷病兵を避難させる責任者だったギュッベネト医師は、連合軍が時をおかずにやって来て看護を引き継いでくれるという前提で彼らを残して行ったのだが、連合軍の入城が四日後になるとは夢にも思わなかった。ギュッベネトは英仏の新聞報道を目にして、慚愧の念に耐えなかったはずである。たとえば、『タイムズ』の特派員ラッセルは次のように書いている。

世界には戦争の悲惨を描いた絵がこれまでも数多く存在するが、セヴァストポリ陥落後の病院の光景ほど忌まわしくも胸を掻き毟られるような光景は初めてである。このような光景を目にする人が少ないことを神に祈らざるを得ない……狭い場所に詰め込まれるだけ詰め込まれていたに違いない傷病兵たちが、何の看護も受けずに放置され、極度の苦悶のなかで絶命し、今は腐敗して爛れた死体となって横たわっている……膨張した死体からは血液と膿が混じりあって滴り落ち、床にたまっている。まだ息のある負傷兵の傷口には蛆が這いまわっている。なかには、この地獄から逃れようとして、苦悶しつつも最後の力を振り絞ってベッドから転がり落ち、そこで我々を睨みつけている患者もいる。何とも痛ましい姿である。手や足が折れ、ねじ曲がり、ギザギザの骨片が肉を破って突き出した状態の負傷兵たちが、手当てを求め、水と食料を求め、憐れみを求めて訴えかけてくる。死を間近にして口がきけなくなり、あるいは、頭部や体幹に負傷して言葉を失った負傷兵たちは自分が負傷した部分を指差して治療を求めている。観念して天に召されるのを待っている者も少なくない。彼らの姿を見ていると、そのすさまじさに圧倒されて足を前に進めることができない。信じられないほど膨張した死体が並んでいる。顔も膨れ上がり、眼窩から眼球が飛び出し、歯の間から黒く変色した舌がはみ出している。絶命する瞬間に悶絶の唸り声とともに舌を突き出し、歯を食いしばったのであろう。(36)

破壊されたセヴァストポリの惨状は入城したすべての人々に恐怖の印象を与えた。「セヴァストポリは想像を絶する光景を呈している」と、フランス軍監察官のボンデュラン男爵は九月二十一日付のカステラーヌ元帥宛ての手紙に書いている。

町に入って初めて我が軍の砲撃の威力を知ることになった。セヴァストポリの町は文字どおり瓦礫と化している。砲撃を免れた建物は一棟もない。すべての家屋から屋根がなくなっており、壁という壁のほぼすべてが崩壊している。ロシア軍守備隊はこの攻囲戦で甚大な損害をこうむっていたはずである。マラホフ要塞を失って町の防衛が不可能になる時まで、彼らが長い間持ちこたえた事実は、ロシア人の戦意の高さと忍耐力の強さを証明している。

トーマス・バザードは、壊滅したセヴァストポリが依然として美しさを残していることに驚いている。

町の目抜き通りのひとつに古典様式の立派な建物の跡があった。教会だったらしい石造りの建物はアテネのパルテノン神殿を模した様式と思われるが、巨大な石柱の多くは砲撃によって粉砕され、瓦礫となっている。砲弾が屋根を突き抜けて床に落ち、そこで爆発してすべてを破壊したのだ。しかし、建物の瓦礫から少し目を転ずると、そこには緑豊かな庭園があり、葉をいっぱいに茂らせた木々が何事もなかったように風にそよいでいた。(37)

セヴァストポリ占領は兵士による略奪の開始を意味していた。フランス軍による略奪は指揮官に黙認されて組織的に行なわれた。士官たちも略奪に参加し、まるで戦争につきものの正常な手続きを踏むかのように、奪い取ったロシア人の財産を勝利の記念品として故国に送った。たとえば、ヴァンソン中尉は十月十六日付の家族宛の手紙の中で別送品として送った戦利品を長々と列挙している。リストには金銀製の大型のメダル、陶器のセット、ロシア軍士官のサーベルなどが含まれている。その数週間後、ヴァンソン中尉は再び次のように書き送っている。「まだセヴァストポリにいて、戦利品を探しています。めぼしい物はもう残っていませんが、是非とも手に入れたいと思っていた椅子を昨日見つけました。脚が一本と張り材つきの座部が欠けていますが、背もたれの部分には美しい彫刻が施されています」。フランス軍に比べれば、英国軍は略奪に関してやや抑制的だった。トーマス・ゴラフィーは九月二十二日付の家族宛の手紙に次にように書いている。ゴラフィーの手紙はロシア軍の書類の裏を使って書かれていた。

兵士たちは手に触れる物をすべてポケットに入れて、誰にでも欲しがる者に売っている。高価な品物も安い価格で売ってしまう。買い手はほとんどギリシア人だ。しかし、英国兵はフランス兵のように町を略奪することを許されていない。フランス軍兵士はどこにでも入り込むことができるが、英国兵の入れる場所は制限されている。(38)

英国軍は、略奪に関してはフランス軍に後れを取っていたが、飲酒と泥酔では負けていなかった。セヴァストポリに入城した連合軍が発見した物資の中には大量のアルコールが含まれていた。英国兵たちは直ちに敵のアルコールを飲み干す任務に取りかかった。苦労して勝ち取った勝利の代償として当然許される褒賞と思ったのである。英国軍の陣地では、泥酔した兵士同士の喧嘩、上官への反抗、規律違反などが深刻な問題となった。兵士たちが「大量に酩酊している」との報告に接したパンミュア陸軍相はコドリントン将軍に警告の書簡を送った。「この醜態を早急に改めなければ、クリミア派遺軍の戦闘能力に重大な支障が生ずるだけでなく、英国の国民性に関する世界の評判を貶めることになるであろう」。泥酔する兵士には減給処分を課し、また、軍法会議の手続きを厳格に適用することになった。十月から翌年の三月までの間に四〇〇〇人の英国軍兵士が泥酔を理由に軍法会議にかけられ、その大部分が不品行の罰として五〇回の鞭打ち刑を科され、多くが一ヵ月分の減給処分を受けた。しかし、英国兵士の泥酔は止まらなかった。アルコールの補給が底をつき、部隊がクリミア半島を去る時まで彼らは飲み続けたのである。(39)

ロンドンとパリでは、セヴァストポリ陥落の知らせを聞いた市民が歓呼して街頭に繰り出し、踊り、乾杯し、愛国歌を歌った。セヴァストポリ陥落は戦争の終りを意味すると多くの人々が受けとめていた。セヴァストポリの海軍基地を奪取し、黒海艦隊を壊滅させることこそが連合軍の戦争目標だった。少なくとも、大衆にはそのように伝えられていた。その目標が達成されたのである。しかし、軍事的な観点から言えば、セヴァストポリが陥落したとしも、それはロシアの全面的敗北からは程遠い話だった。ロシアを屈服させるには大規模な陸上作戦によってモスクワを占領するか、あるいはバルト海海戦に勝利してサンクトペテルブルクを落とす必要があった。

セヴァストポリが陥落すればロシア皇帝は講和を求めざるを得ないだろうと考えていた西側の指導者がいたとしたら、彼らはすぐに期待を裏切られた。セヴァストポリの敗北を国民に告げるために発せられたロシア皇帝の声明は挑戦的な調子で書かれていた。九月十三日、アレクサンドル二世はサンクトペテルブルクからモスクワに移動した。一八一二年七月のナポレオン侵攻に際してアレクサンドル一世が「民族の首都」モスクワに姿を現わした時の劇的効果を再現しようとする演出だった。クレムリンに向かう皇帝を群衆が歓呼して迎えた。九月十四日、アレクサンドル二世は最高司令官ゴルチャコフに次のような書簡を送っている。「一八一二年を想起せよ。セヴァストポリはモスクワではないし、また、クリミアはロシアの一部にすぎない。モスクワは焼失したが、その二年後には、我が軍は勝利してパリに入城した。我々は当時と同じロシア人であり、神は我らとともにある」[40]

アレクサンドル二世は戦争を継続するために様々な構想を錬り、九月末には、翌一八五六年にバルカン半島で新たな攻勢に出るための詳細な作戦を策定した。それは正教徒のスラヴ民族を扇動して民族主義的反乱とパルチザン活動を展開させ、それを契機としてヨーロッパ全土でロシアの敵と戦う戦争だった。チュッチェワによれば、皇帝は「和平交渉を口にする者を激しく叱責した」。ネッセリローデは明らかに和平交渉推進派だった。彼は「ロシアの名誉を傷つけない」内容の和平案が西側から提案されれば歓迎する旨をオーストリアに伝えていた。しかし、当面、サンクトペテルブルクとモスクワでの議論の焦点は戦争継続の方法だった。たとえ、それがロシアにとって有利な和平条件を連合国側から引き出すための虚勢だったとしても、戦争継続の姿勢を示すことが必要だったのである。アレクサンドル二世はフランス国内に厭戦的な気分があることを察知していた。ナポレオン三世についても、セヴァストポリ陥落が象徴するような「輝かしい勝利」が達成されれば和平を受け入れるだろうと読んでいた。その一方で、アレクサンドル二世は英国が和平に消極的であることも承知していた。パーマストン首相にとっては、クリミア戦線は世界におけるロシア帝国の力を弱体化するための大規模戦争の出発点でしかなかった。英国の世論も全体として戦争継続を支持していた。ヴィクトリア女王でさえ、「レダン要塞攻撃に際しての英国軍の失態が英国にとっての『最後の武勲』となること」には我慢ならなかった。[41]

英国は小アジアとカフカスの戦線をなおざりにしてきたが、ここにきて、ロシア軍に包囲されたカルス市の防衛が重大な関心事として浮かび上がった。アレクサンドル二世はトルコの要塞都市カルスに対する軍事的圧力を強めることによって、セヴァストポリ陥落後の和平交渉を有利に運ぼうと目論んでいた。ロシア軍がカルスを奪えば、エルズルムを経てアナトリアに進出する道が開け、それによってインドへの地上ルートに関する英国の利益を脅かすことが可能となる。アレクサンドル二世はすでに六月の段階でカルスへの攻撃を命令していた。セヴァストポリを包囲する連合軍の兵力を分散させることが目的だった。命令を受けたムラヴィヨフ将軍は歩兵二万一〇〇〇、コサック兵六〇〇〇、大砲八八門を率いて七〇キロ離れたロシア・トルコ国境からカルスを目指して進撃した。カルスにはトルコ軍一万八〇〇〇が駐留していた。守備隊司令官は英国軍のウィリアム・ウィリアムズ将軍だった。ウィリアムズ将軍は、野戦ではロシア軍に太刀打ちできないと見て、町の要塞化に全力を注いだ。カルスのトルコ軍には、一八四八～四九年の蜂起に敗れて亡命したポーランド人の他、イタリア人、ハンガリー人など、多数の外国人士官が参加しており、優れた工兵技術を有する外国人士官も少なくなかった。ロシア軍は六月十六日に最初の攻撃を試みたが、トルコ軍がこれを見事に撃退すると、町を包囲する作戦に出た。兵糧攻めによって降伏に追い込もうとしたのである。ロシア側はカルス攻囲作戦を連合軍のセヴァストポリ攻囲作戦への対抗策と見なしていた。

トルコ軍の首脳部はカルス救援のために増援部隊を派遣しようとした。オメル・パシャ司令官はケルチとエフパトリアに展開しているトルコ軍（歩兵部隊二万五〇〇〇および騎兵部隊三〇〇〇）をカルスへ移動させようとして、英国軍とフランス軍の司令部に承認を求めた。オメル・パシャ自身は「チェルケス地方の海岸線のどこかに上陸してロシア軍の補給通信ルートを脅かし、それによってカルス包囲を中止させる」計画だった。現地の英仏軍司令部は判断を避けて、問題をロンドンとパリの政治家に委ねた。両国政府は初めのうちはトルコ軍をクリミア戦線から他に移動させることに反対だったが、後に承認に転じる。ただし、大筋では賛成だが、カルスに到達する最善のルートについては意見が分かれたままだった。オメル・パシャの率いる増援部隊はようやく九月六日にクリミアを離れ、グルジア海岸のスフミに向かった。しかし、スフミから四万人のトルコ軍を率いて南カフカスを横断するには数週間の時間が必要だった。

一方、カルスを包囲していたロシア軍のムラヴィヨフ将軍は焦っていた。確かに、包囲作戦は効果を上げており、カルス市内では食糧不足とコレラによる死者が急増していた。しかし、セヴァストポリが陥落した今、皇帝からは可及的速やかにカルスを落すようにとの命令が出ていた。オメル・パシャに率いられてトルコ軍の援軍部隊がやって来るという噂が伝わっていた。気長に兵糧攻めを続けて、カルスのトルコ軍守備隊が屈服するまで待っているわけにはいかなくなった。そこで、ロシア軍は、九月二十六日、カルスの各要塞に対して総攻撃を開始する。防衛側のトルコ軍は、弱体化していたにもかかわらず、大いに善戦し、砲撃戦術を効果的に駆使してロシア軍に甚大な損害を与えた。ロシア軍の戦死者は約二五〇〇人、負傷者は五〇〇〇人に達したが、トルコ軍の死傷者は一〇〇〇人程度だった。ムラヴィヨフ将軍は兵糧攻めの戦術に復帰した。オメル・パシャは、数度にわたる出発延期の後、十月の半ばになってようやくスフミからカルスに向けて長途の進軍を開始した。その頃、カルスではトルコ軍が餓死寸前の状態に陥っていた。市内の病院は壊血病の患者で溢れていた。母親たちは飢えた子供をウィリアムズ将軍の宿舎に連れて行き、食事を与えるように懇願して置き去りにするという有様だった。市内に残っていた馬は残らず処分されて食肉となった。人々は野草や木の根を食べるところまで追い込まれた。

十月二十二日、オメル・パシャの息子セリム・パシャの動きが伝えられた。セリム・パシャがトルコ軍二万を率いてトラブゾン付近の海岸に上陸し、エルズルムを目指して南下しているという話だった。エルズルムに到達すれば、そこからカルスまでは徒歩で数日の距離しかない。しかし、セリム・

パシャがエルズルムに入った時には、カルスでは状況がさらに深刻の度を増していた。一日に一〇〇人の死者が出る一方で、兵士の脱走が日常茶飯事となっていた。まだ戦い続ける能力を持つ兵士たちの士気も極端に低下していた。十月末には大雪が降り、トルコ軍の援軍がカルスに到達することは事実上不可能となった。オメル・パシャの部隊はグルジア地方のミングレリア侯国まで進んだが、そこでロシア軍に前進を阻まれていた。正確には、前進を阻まれたと言うよりも、むしろカルスへ急ぐ意思がなかったと言うべきかもしれない。オメル・パシャ軍はミングレリアの首都ズグデディに五日間とどまって略奪をほしいままにし、現地の子供を拉致して奴隷市場に売り飛ばしていた。その後も、オメル・パシャ軍は深い森や湿地帯に迷い込み、豪雨にたたられて、はかばかしく前進できない状態だった。息子のセリム・パシャ軍の進度はさらに遅く、エルズルムから先にはなかなか進めない状態だった。その頃になって、セリム・パシャ軍の規模は二万ではなく、実はその半分以下にすぎないという事実が判明する。単独でムラヴィヨフ軍と戦うには少なすぎる人数だった。そこで、セリム・パシャ自身がムラヴィヨフ軍とは戦わないという決断を下す。十一月二十二日、英国の外交官がカルスのウィリアムズ司令官に覚書を手交した。そこには、セリム・パシャ軍がカルスに来ないという情報が記されていた。すべての望みを絶たれて、ウィリアムズ将軍のカルス守備隊はムラヴィヨフ将軍に降伏する。ロシア軍の名誉のために言えば、ムラヴィヨフ将軍はトルコ軍の傷病兵四〇〇〇人の看護を約束し、兵糧攻め作戦で飢餓に追い込まれていた三〇〇〇人の兵士と市民に食料を配布した。[42]

ロシア軍は、カルスを奪うことによって、連合軍がロシア領内で占領している面積を上回る規模の敵国領土を支配することになった。アレクサンドル二世は、カルスの勝利がセヴァストポリの敗北を補って余りあると見なし、これを好機としてオーストリアおよびフランスに講和を打診すべきだと考えた。十一月の末には、パリとサンクトペテルブルクの間で直接的な接触が始まった。パリでロシアの利益を代表していたザクセン公国の駐仏大使ゼーバッハ男爵はロシア外相ネッセリローデの女婿だったが、そのゼーバッハとナポレオン三世の従弟でフランス外相を務めていたアレクサンドル・ヴァレフスキ伯爵の会談が実現したのである。ゼーバッハがネッセリローデに送った報告によれば、ヴァレフスキ外相はロシアとの和平交渉に「個人的には大いに関心を抱いている」が、ナポレオン三世は「英国への気兼ねに取りつかれており」、英国との同盟関係を堅持する意向だった。もしロシアが和平を希望するなら、たとえば、黒海におけるロシアの海軍力の制限など、交渉開始に消極的な英国をフランスが説得し得るような材料を提供する必要があるというのが、ゼーバッハの得た感触だった(43)。

事は容易には運ばなかった。カルス陥落後、英国政府は戦争継続と戦域拡大の決意を前にも増して強めていた。十二月に入ると、英国政府は、カルスに入ったロシア軍がエルズルムを経てアナトリアに進出する可能性を断ち切るために、クリミア駐留軍の半数をトラブゾンに派遣する作戦の検討を開始する。作戦の詳細は一月に開かれる予定の連合軍合同作戦会議に委ねられた。さらに、バルト海で大規模な作戦を再開する計画も検討された。スヴェアボリ要塞のロシア海軍基地を破壊した八月九日の経験から、英仏軍の指導部は蒸気戦艦と長距離砲の威力に自信を得ていた。セヴァストポリ陥落はロシアに対する戦争拡大の第一歩にすぎないという考え方は、国会内にとどまらず、ほとんど英国全体の世論となっていた。筋金入りの平和主義者だったグラッドストンでさえ、英国の世論が戦争終結を望まないことを認めざるを得なかった。新聞各紙は反露主義的な論陣を張り、パーマストン政府に春季攻勢の開始を要求した。春季攻勢では、クロンシュタット要塞を破壊し、サンクトペテルブルクを封鎖し、フィンランドからロシア軍を駆逐すべきだというのがジャーナリズムの主張だった。ヨーロッパの自由を破壊し、近東における英国の利益を脅かすロシアの脅威は徹底的に排除しなければならなかった(44)。

パーマストンを中心とする「主戦派」は、ロシアに対する聖戦の拡大に関して独自の戦略を用意していた。それはトルコの防衛という当初の戦争目標をはるかに越えて、大英帝国の競争相手であるロシアを弱体化し、恒久的に封じ込めようとする戦略だった。「この戦争の本当の主要目標は、ロシアの侵略主義的野望を阻止することにある」と、パーマストンは九月二十五日付のクラレンドン外相宛の書簡に書いている。「我々が参戦した目的は、トルコのスルタンと彼のイスラム官僚の地位を守ることよりも、トルコからロシアを締め出すことにあった。しかし、ノルウェーとスウェーデンからロシアを締め出すことも、英国にとってそれ劣らず重要な国益である」。パーマストンは「ロシアの勢力拡大を抑止するために」アジアだけでなく全ヨーロッパ規模に戦争を拡大して継続する方針だった。彼によれば、戦争を拡大し、その戦争にトルコだけでなくバルト海沿岸諸国が参戦することになれば、「ロシアの膨張主義を将来にわたって抑制するための『長大な防壁』が形成される」はずだった。しかし、今までのところ、ロシアに対する戦争の効果は「所期の半分にも満たない」というのがパーマストンの見方だった。少なくとも今後一年間は戦争を継続し、クリミア半島とカフカスをロシアから切り離し、ポーランドの独立を実現する必要があるとパーマストンは主張した。(45)

つまり、西欧諸国が協調してロシアを包囲するだけでなく、「民族戦争」を扇動してロシア帝国を内部から崩壊させるという構想だった。パーマストンが初めてこの構想を明らかにしたのは一八五四年三月に内閣に提出した覚書においてだった。その中で、パーマストンはロシア領のうちクリミア半島とカフカス地方をオスマン帝国に返還させ、フィンランドをスウェーデンに割譲させ、バルト諸国をプロイセンに引き渡し、ベッサラビアをオーストリアに与え、そして、ポーランド王国をロシアから独立させるべきだと主張していた。この構想はクリミア戦争中に英国議会幹部の間で検討され、英国政府の非公式の戦争目標として暗黙の承認を得ていた。内閣の王璽尚書だったアーガイル公爵（ジョージ・キャンベル）は、一八五四年十月にクラレンドン外相に送った書簡の中で、英国政府の基本的な姿勢を次のように説明している。すなわち、英仏墺三ヵ国の対露四項目要求は戦争目標として「適切かつ十分」であるが、「いかなる意味でも目標規模の変更または拡大」を排除するものではない。したがって、「戦争が有利に展開し、英国の力が及ぶ場合には」ロシア帝国の解体を目指すことも望ましい戦争目標となり得る。セヴァストポリが陥落した今、この構想はパーマストン戦争内閣のインナー・サークルでにわかに現実味を帯び始めていた。政治問題の論評を得意とする日記作家のチャールズ・グレヴィルは十二月六日に次のように書いている。「私の見るところでは、パーマストン首相は、人々が気づかないうちに、この戦争をいわゆる『民族戦争』に移行させようとしている。しかし、彼は今のところ自分の意図を明らかにするつもりはないようだ(46)」

一八五五年秋の全期間を通じて、パーマストンは翌年春以降も戦争を継続する前提でその準備に全力を注いでいた。彼が想定する基本的な和平条件をロシアに受諾させるための牽制策としても、戦争継続の準備が必要だと考えたからである。したがって、フランス、オーストリアの両国が四項目要求にもとづく比較的穏やかな条件でロシアとの直接交渉に入ったことは、パーマストンを激怒させた。パーマストンは十月九日付のクラレンドン外相宛の書簡で信念を述べている。「ネッセリローデとその配下のスパイたちがパリとブリュッセルでフランス人への工作を画策し、そのネッセリローデの企みにオーストリアとプロイセンが協力している。戦争目標の達成を妨げ、国民の期待を裏切るような和平交渉に引き込まれることを避けるために、我が国はあらゆる手立てを尽して努力すべきである」。同じ書簡の中で、パーマストンは和平のために彼が想定する最小限の条件を概説している。まず、ドナウ両公国については、ロシアの干渉を排除してスルタンに宗主権を与える。スルタンは「英仏両国があらかじめ同意する内容の統治権をドナウ両公国の君侯に与えるものとする」。ロシアはドナウ川のデルタ地域を放棄してトルコに返還する。ロシアは、また、黒海沿岸に有するすべての海軍基地と「近隣諸国への攻撃基地となり得る拠点地域」を放棄する。ロシアが放棄すべき地域には、クリミア半島とカフカス地方が含まれる。ポーランドについては、パーマストンは英国がその独立戦争を支援すべきかどうか確信を失っていたが、少なくともフランスがヴァレフスキ外相の構想に基づいてポーランドの独立を支援し、ポーランドに対するロシアの影響力の縮小を図ること、それがパーマストンの和平条件だった(47)。

しかし、フランスはパーマストンが希望するほど積極的ではなかった。これまでクリミア戦線での作戦行動の大半を引き受けて来たのはフランスであり、その意味でフランスの意向は少なくともパーマストンの意見と同じ程度に重要だった。フランスが協力しなければ、英国が戦争を継続することは困難であり、ましてや、欧州諸国の中から新たな同盟国を獲得することは不可能だった。欧州各国の大半は英国よりもフランスのリーダーシップを好んだからである。

クリミア戦争でフランスが受けた損害は英国よりも甚大だった。戦場での戦死者が多かっただけでなく、一八五五年の秋から冬にかけての病死者数でも英国を大きく上回った。主な病気は壊血病、チフス、コレラだった。英国軍が多数の病死者を出したのは一八五四年の冬だったので、この一年の間に英仏両軍の状況は逆転したことになる。英国軍の衛生状態と医薬品の補給が劇的に改善したのに対して、フランス軍の状況は増派部隊の到着にともなってむしろ悪化し、増大する需要に応えるための医薬品の補給も十分に行なわれなかった。

このような状況では、たとえナポレオン三世が望んだとしても、フランス軍が戦争を継続することは現実問題として不可能だった。春までに派遣部隊の態勢を立て直すことができれば、あるいは作戦再開は可能かもしれないと思われたが、当時フランス軍兵士が故国に書き送った手紙から見ると、軍の士気は危険な水準まで低下していた。フランス軍は二度目の冬をクリミアで過ごすことには耐えられない状態だった。たとえば、シャルル・トゥマ大尉は十月十三日付の手紙で、早急に帰国できる見通しが示されなければ兵士の反乱が発生する危険があると指摘している。また、ズアーヴ連隊のフレデリック・ジャピ中尉も兵士の反乱を予感している。専ら英国の利益のためと思われる戦争の継続を拒否する姿勢が兵士たちの間に広まっていた。アンリ・ロワジョン中佐は、フランスが新たな作戦に参加すれば、あまりに巨大すぎて打倒することのできない国との終わりのない戦争に引き込まれる恐れがあると考えていた。中佐によれば、それはフランスが一八一二年の経験から学び取るべき教訓だった。(48)

フランス国内の世論も長期に及ぶ軍事作戦の継続を支持していなかった。フランス経済は戦争によって打撃を受けていた。すでに三一万人もの男子が招集されてクリミアに送られた結果、農業は深刻な労働力不足に陥っていた。都市部では食糧不足が始まり、一八五五年十一月には全国的な問題となった。各地の知事と検察官からは、戦争が冬まで続いた場合、市民が騒乱を起こす危険が予想されるとの報告が寄せられていた。一八五四年に戦争を煽った地方新聞でさえも、今は戦争の終結を求めていた。(49)

世論の動きに常に敏感だったナポレオン三世は、一八五五年の秋の全期間を通じて、英国との同盟関係を維持したまま戦争を終結させる道を探っていた。皇帝はセヴァストポリ陥落に象徴される「栄光の勝利」を政治的に最大限利用したいと思っていたが、同時に、英国との同盟関係を危険にさらすことは望まなかった。対英同盟はナポレオン三世の外交政策のかなめ石だった。原理的には、ナポレオン三世も戦争拡大構想に反対ではなかった。対露戦争を契機としてヨーロッパの地図を書き換えるというパーマストンの構想には共感すべき一面があった。各地の民族主義的革命を支援することによって一八一五年のウィーン体制を打破し、ロシアと神聖同盟の影響力を排除して、欧州大陸におけるフランスの支配的地位を回復することがナポレオン三世の夢だったからである。ただし、カフカスと小アジアで英国が計画している対露戦争に参加するつもりはなかった。カフカスと小アジアをめぐる戦争は専ら英国の利益のための戦争であると感じていたからである。ナポレオン三世の見方によれば、対露戦争の拡大と継続を正当化し得る唯一の根拠は、その戦争が欧州大陸の将来に関する彼の壮大な夢の実現につながることにあった。十一月二十二日、ナポレオン三世はヴィクトリア女王に親書を送り、その中で三つの選択肢を示唆している。第一は防衛のための限定的な消耗戦、第二は対露四項目要求に基づく和平交渉、第三は「ポーランドの再建とフィンランド、ハンガリー両国の独立をすべての諸民族に訴えること」だった。個人的には和平を希望するが、もし、英国が四項目要求に基づく和平を受け入れることができないと感ずるなら、フランスは欧州戦争拡大に関する大規模な計画を検討する用意があるとナポレオン三世は説明している。「一定の壮大さを有し、支払うべき犠牲に見合うだけの成果をもたらす計画があれば、それは検討に値する」

ナポレオン三世の提案が一種の欺瞞であり、英国を和平交渉に参加させるための賢明な策略だったことは間違いない。彼は英国が欧州大陸を揺るがす民族解放戦争としてのナポレオン戦争の再現を望まないことを承知していた。それにもかかわらず、もし、パーマストンが戦争拡大政策を豪語するなら、フランスにも戦争拡大の用意があると仄めかしたのである。後に、一八五八年になって、ナポレオン三世は英国の駐仏大使カウリー卿に次のように説明している。講和を選んだのは、戦争を終結させなければならない事情があったからだ。しかし、もし、パーマストンの戦争拡大政策に同調せざるを得なくなれば、「欧州大陸に新しい均衡状態が確立する時まで和平には応じない決意だった」(50)。

皇帝の意図が何であったにせよ、早急に講和を達成しようとする立場だったヴァレフスキ外相は、革命戦争を支持するというナポレオン三世の脅迫を利用して、英国、オーストリア、ロシアの三国を四項目要求に基づく和平交渉の席に着かせようとしていた。この脅迫ゲームにみずから参加したナポレオン三世は、クラレンドン英国外相に通告すべき内容をヴァレフスキ外相に指示している。

私は講和を望んでいる。もし、ロシアが黒海の中立化に合意するなら、英国が反対したとしてもロシアとの講和に応ずるつもりだ。しかし、もし、春になっても何ら進展がなければ、欧州の諸民族、とりわけポーランドの革命と独立を訴えかけ、支援することになるだろう。そうなれば、戦争はヨーロッパ全般の正義ではなく、欧州諸国の個別的利益を追求する戦争になるだろう。

革命戦争に関するナポレオン三世の脅迫が虚勢だったとしても、ロシアとの単独講和に応じるという強迫は本物だった。パリとサンクトペテルブルクとの間に直接的な接触が成立した背後には、皇帝の異父弟シャルル・ド・モルニー公爵を中心とする有力な親露派グループの動きがあった。鉄道事業で投機的利益を得ていたシャルル・ド・モルニーは、ロシアを「フランスが開発すべき宝の山」と見なしていた。十月、モルニーはやがてロシアの外相となる駐ウィーン大使アレクサンドル・ゴルチャコフ公爵と接触し、仏露協定を提案する。[51]

フランスの動きを警戒して、オーストリアも事態に介入した。オーストリア外相ブオル＝シャウエンシュタイン伯爵がフランスの駐ウィーン大使アドルフ・ド・ブルケネーを介してシャルル・ド・モルニーと接触する。モルニーはゴルチャコフ大使からロシアが受け入れ可能と見なす条件を聞き出し、その上で、ブオル＝シャウエンシュタイン、ブルケネー、モルニーの三者が対露和平交渉の素案を策定した。仏墺両国の外相が策定し、オーストリアの最終提案として知られることになるこの和平提案は、基本的には四項目要求の繰り返しであり、英仏墺三国による「オスマン帝国の領土保全」を主眼としていた。四項目要求と異なる点としては、ロシアがベッサラビアの一部をドナウ両公国から完全に切り離した形で放棄すること、また、黒海の中立化を講和条約の条項としてではなく、ロシアとトルコの二国間条約として実現することが含まれていた。ロシアはすでに四項目要求を和平交渉の前提として受け入れていた。ただし、オーストリアの和平提案には新たに五番目の条件が追加された。すなわち、戦勝国側は「欧州の利益」のために新たに何らかの条件を講和会議に提案することができるという条項だった[52]。

仏墺両国の和平提案がロンドンに知らされたのは十一月十八日だった。オーストリアとフランスの協議に関して蚊帳の外に置かれていた英国政府は、この二つのカトリック教国が合意に達したやり方に不快感を抱いていた。パーマストンは、両国の動きの背後に講和条件の緩和を目論むロシアの工作が存在することを疑い、仏墺案を拒否する意向だった。和平案にはバルト海戦域に関する言及がないばかりか、黒海におけるロシアの侵略行為を防止する保証も含まれていなかった。「欧州の安全保障を将来にわたって確保するためには、従来の大原則を曲げることはできない」と、パーマストンは十二月一日付のクラレンドン外相宛の書簡に書いている。「もし、フランス政府が態度をひるがえすというなら、責任はフランス政府が負うことになる。その点は英仏両国民の前に明らかにしておかなければならない」。しかし、クラレンドンは、例によって慎重だった。フランスが単独講和に踏み切る事態を恐れたのである。フランスが単独講和を結んでしまえば、英国が単独で戦争を続けることは不可能である。クラレンドンは、黒海の中立化を講和条約の条項に含めること、第五項目として「特定の条件」を盛り込むことなど、細かな修正点を仏墺提案に加えることができれば、基本的に仏墺案を受け入れるべきだという立場だった。そして、ヴィクトリア女王の賛同を得た上で、少なくとも当面は仏墺案を受け入れるようパーマストンを説得した。いずれにせよ、ロシア皇帝はこの和平提案を拒否するであろう。そうなれば、英国は戦争を再開し、さらに厳しい和平条件をロシアに押しつけることができると論じたのである。[53]

クラレンドンの見通しはほぼ正しかった。ロシア皇帝アレクサンドル二世の好戦的な姿勢は一八五五年秋の全期間を通じて変わらなかった。ロシア外務省のある高官によれば、連合軍がクリミアで二度目の冬を過ごすという危険に直面しているこの時期に、皇帝が「敵との和平交渉に応ずるはずはなかった」。フランスが講和に傾いているという事実は、アレクサンドル二世にとっては、ロシアが有利な形で戦争を終結させる機会が生まれたことを意味していた。フランスの国内問題がさらに悪化するまで戦争を続けることが必要だった。皇帝は、最高司令官ゴルチャコフ将軍に宛てた書簡の中で、戦争の終結を急ぐ必要はないと説明している。フランスが下層階級の不満増大と農作物の凶作によって社会的混乱に陥り、否応なく講和に追い込まれるまでロシアは戦い続けなければならないというのがアレクサンドル二世の考えだった。

歴史上、すべての革命はそのようにして始まった。フランスで大規模な革命が勃発する時期は遠くないだろう。その革命がこの戦争を終わらせることになると考えるのが最も順当である。今のところ、ナポレオン三世からも、英国からも、我が国の望むような誠実な和平条件を期待することはできない。私の命があるかぎり、彼らの不誠実な和平条件を受け入れることはできない。[54]

皇帝を説得して好戦的な姿勢を変えさせることのできる側近は誰一人いなかった。その頃、ゼーバッハがナポレオン三世の個人的親書を携えてロシアを訪問した。親書はアレクサンドル二世に仏墺の和平案を受け入れるよう要請し、決裂して戦闘が再開された場合には、ロシア帝国は領土の半分を失う恐れがあると警告していた。十一月二十一日には、スウェーデンがついに英仏両国との軍事同盟に合意したという知らせが入る。ロシアにとっては、連合軍がバルト海での戦闘を再開する可能性を示す不吉な展開だった。プロイセン王のフリードリッヒ・ヴィルヘルム四世さえ、アレクサンドル二世に親書を送り、もし、ロシアが欧州大陸に存在する「正統政府の安定を脅かすような」戦争を続けるなら、プロイセンは西側連合に加わらざるを得ないと警告した。「親愛なる従弟よ、この残酷な戦争が継続した場合、ロシアとプロイセンにとって、また全ヨーロッパにとって、いかなる結果が生ずるかを十分に考えた上で、出来る限りの譲歩をお願いしたい。破壊的情熱がいったん鎖から解き放たれれば、誰にも予測できない革命をもたらすことがある」。しかし、あらゆる警告にもかかわらず、アレクサンドル二世の気持ちは揺るがなかった。皇帝は十二月二十三日付のゴルチャコフ総司令官宛ての書簡に書いている。「我々はすでにロシアの名誉を維持し得る最後の限界に達している。私は屈辱的な条件を受け入れるつもりはない。真のロシア人ならば誰でも私と同じように感じているはずだ。神に誓って言うが、我々に残されている道はただひとつ、真っ直ぐに前進し、力を合わせて祖国の領土と名誉を守ることだ(55)」

この書簡の二日後、ついにアレクサンドル二世の許に連合国の和平条件を記したオーストリアの最終提案が届けられた。皇帝は父ニコライ一世が最も信頼していた顧問たちをサンクトペテルブルクの冬宮に集めて、ロシア側の回答を検討する顧問会議を開催する。この会議では、アレクサンドル二世よりも年上で冷静な人々の意見が優勢を占めた。議論を主導したのは国有財産相として二〇〇〇万人の農奴を管理する改革派のパーヴェル・キセリョーフ伯爵だった。キセリョーフ伯爵の発言は出席者の大半の意見を代表していた。ロシアには戦争を続けるだけの国力がない。これまで中立を維持していた国々が連合国側に味方する方向に動いている。全ヨーロッパを相手に戦争する危険を冒すことは慎重さを欠く態度と言わねばならない。英仏との戦争を再開することも賢明ではない。ロシアが勝利する見通しはない。もし、負ければ、さらに厳しい講和条件を呑まされることになる。確かに、ロシア国民の大半は皇帝と同様に愛国主義的精神に燃えているが、戦争が長引けば、その精神も挫ける可能性がある。社会革命を目指す騒乱が発生する可能性も否定できない。すでに農民の間には深刻な動揺が見られる。農民層には戦争の負担が最も重くのしかかっているからだ。ロシアはオーストリアの和平提案を拒否すべきではない。むしろ、受け入れた上で、修正交渉を行ない、領土の保全を図るべきである。キセリョーフはこのように論じ、顧問会議はその意見に同調した。ベッサラビアの割譲と第五項目の追加は拒否するという条件付きでオーストリアの和平提案を受諾する旨の回答がウィーンに送られた。

ロシアの条件付き受諾回答は連合国間に亀裂を生んだ。ベッサラビアに直接の利害関係を持つオーストリアは和平交渉を直ちに中止する構えを見せた。一方、フランスは、ナポレオン三世がヴィクトリア女王に宛てた一月十四日付の親書で説明しているように、「ベッサラビアのわずかな土地」と引き換えに和平交渉全体を危険にさらすことに反対だった。ヴィクトリア女王は、和平交渉を延期すべきだとナポレオン三世に回答した。その間にロシアとオーストリアの意見の対立を英仏側に有利に利用することができるからである。賢明な助言だった。父ニコライ一世と同様に、アレクサンドル二世はオーストリアとの戦争を何よりも恐れていた。ロシアが和平提案を受け入れたのは、おそらくアレクサンドル二世が抱いていた対墺戦争への恐怖のためだったと考えられる。一月十二日、オーストリアのブオル＝シャウエンシュタイン外相は、ロシアが和平提案を受け入れなければ、六日後の一月十八日に墺露関係を断絶すると通告する。プロイセン王のフリードリッヒ・ヴィルヘルム四世からも、オーストリアの和平案を支持する旨の電報がサンクトペテルブルクに届けられた。今やロシアは完全に孤立していた。

一月十五日、アレクサンドル二世は冬宮で二度目の顧問会議を開催する。今回、議論を主導したのはネッセリローデ外相だった。ネッセリローデは皇帝に警告した。今年、英仏連合軍はオーストリア国境に近いドナウ川流域地域とベッサラビアで攻勢に出ようとしている。したがって、ロシアはオーストリアとの武力衝突に巻き込まれる可能性が高い。オーストリアが英仏連合側に味方して参戦すれば、スウェーデン、プロイセンなどの中立国にも決定的な影響が及ぶであろう。ロシアが現在の和平提案を受諾しなければ、全ヨーロッパを敵にまわして戦う危険に直面するであろう。カフカス総督を務めたことのある老ミハイル・ヴォロンツォフ公がネッセリローデの意見を擁護した。ヴォロンツォフは感情を高まらせ、震える声で皇帝に訴えた。いかなる苦痛を忍んでも、オーストリアの和平提案を受諾しなければならない。戦争を継続しても勝利する見込みはなく、抵抗を続ければ現在の和平提案よりもさらに屈辱的な和平を迫られるであろう。クリミアとカフカスだけでなく、フィンランドとポーランドさえ失うことになりかねない。キセリョーフがこれに賛成してつけ加えた。もし、戦争を継続した場合には、オーストリア軍がウクライナ国境に近づくであろう。そうなれば、国境に近いヴォルィニ地方やポドリア地方の諸民族が、フィンランド人やポーランド人と呼応して蜂起する可能性がある。この危機に比べれば、オーストリアの最終提案が要求する犠牲など物の数ではない。高官たちが次々に立って皇帝に講和受諾を進言した。ただひとり、皇帝の弟コンスタンチン大公だけが戦争継続を主張したが、大公はこの時何の役職にも就いていなかった。一八一二年の抵抗の精神を甦らせようとするコンスタンチン大公の訴えがいかに愛国心を刺激したとしても、その主張には合理的な説得力がなかった。ついに、皇帝アレクサンドル二世は決断を下した。翌日、ネッセリローデはオース

トリア政府に対してロシアが和平条件を受諾する旨の通告を行なった。(56)

セヴァストポリとその周辺では、英仏軍の兵士がクリミアで二度目の冬を迎える準備に入っていた。戦闘再開がいつになるかは不明だった。春季攻勢が始まれば、ドナウ両公国か、カフカス地方か、あるいはロシア帝国内のどこかの地域に派遣されるだろうという噂が流れていた。「今後、我々はどうなるのでしょう?」と、フランス歩兵大隊司令官のジョゼフ・フェルヴェールはカステラーヌ元帥宛の手紙に書いている。「どこで来年を迎えることになるのでしょうか?」誰もが知りたい疑問であり、誰にも答えられない質問だった。(57)

先行き不明の状態だったが、セヴァストポリ周辺の高地に駐留する兵士たちは、生き残りのために日々の営みに励んでいた。補給は改善されていた。以前よりもマシなテントが支給され、木造の小屋も建てられた。フランス軍の補給基地カムイシュや英国軍補給基地のカディコイでは、バーも商店も連日満員だった。メアリー・シーコールのホテルも大いに繁盛していた。演劇、賭博、ビリヤード、狩猟など、兵士の無聊を慰める娯楽も盛りだくさんに用意され、天候が許せば、草競馬も開催された。港には英国から戦場観光の客を満載した船が次々に入港していた。観光客は報道で有名になった戦場を見て歩き、記念品を漁り回った。セヴァストポリ陥落後、ロシア軍の塹壕の中に何週間も、あるいは何ヵ月も放置されていたロシア兵の死体から銃や剣を奪い取り、制服の一部を剝ぎ取る者さえいた。戦場見物に群がる観光客のおぞましい嗜好に呆れたフランス軍のある士官は「こんな事を考えつくのは英国人だけだ」と日記に記している。(58)

一八五六年一月末、「和平近し」の噂が広がると、英仏軍の兵士とロシア軍の兵士の間に敵味方の垣根を越えた交流が始まった。レダン要塞を守って戦った若い兵士プロコフィー・ポドパーロフは、セヴァストポリ陥落後、チョールナヤ川付近のロシア軍陣地に引き上げていた。八月の激戦地の近くだった。「我々は毎日のように対岸のフランス兵と親しく呼びかけあうようになった」とポドパーロフは回想している。「上官からは紳士的に対応するように言われていた。我々は川岸まで行って、十字架やコインなど、ちょっとした品物を向こう岸のフランス兵めがけて投げるのだった（川幅は狭かった）。すると、フランス兵も煙草や革製の財布、ナイフ、コインなどを投げ返してきた。こうして、敵味方の対話が始まった。フランス兵は『ロシアの同志諸君！』と叫び、我々は『フランスの兄弟たち！』と応じた」。そのうちに、大胆にも、フランス兵の一部が川を渡ってロシア軍の陣地を訪ねてきた。敵味方がともに酒を飲み、食事をし、それぞれの歌を披露し、身振り手振りで会話を交わした。フランス兵の訪問は定期的になった。ある日、帰り際に、フランス兵たちは名前と連隊名を記したカードをロシア側に差し出し、フランス軍陣地を訪ねてくるように招待した。その後、数日間、フランス兵は姿を見せなかった。ポドパーロフと何人かの戦友がフランス軍陣地を訪ねることにした。フランス軍陣地で目にした驚くべき光景をポドパーロフは次のように回想している。「フランス軍陣地はどこもかしこも清潔で整然としていた。士官のテントの傍らには花壇さえあった」。彼らは顔見知りのフランス兵に出会い、テントに招かれてラム酒を呑み交わした。フランス兵たちは川岸までロシア兵を見送り、何度も抱擁して、また来るようにと言った。その一週間後、ポドパーロフはひとりでフランス軍陣地を訪問した。しかし、知り合いのフランス兵の姿は見えなかった。彼らはパリに帰ったという話だった。[59]

章末注

＊1　ロシア軍の士官たちは、兵士の脱走を防ぐために、もし敵に投降すれば耳を切り取られ、切り取られた耳はトルコ人に与えられると脅していた（殺害した敵の耳の数に応じて褒賞を与えるのがトルコ軍の慣習だった）。しかし、いかに脅かしても、ロシア兵の大量脱走は防げなかった。

第12章

パリ和平会議と戦後の新秩序

一八五六年二月二十五日の午後、パリのケ・ドルセ〔オルセー河岸通り〕にあるフランス外務省の新築の建物でクリミア戦争の和平会議が開幕した。その日は昼前から物見高い群衆が各国代表団の到着を見ようとして詰めかけていたので、オルセー河岸通りのコンコルド橋からイエナ街までの区間には歩兵部隊と憲兵隊が配置され、外国代表団を乗せた馬車が無事に外務省に横付けできるよう、見物人の整理に当たらなければならなかった。午後一時過ぎ、各国代表団が次々に到着し、馬車を降りて建物に入ると、そのたびに、群衆の間から「和平万歳！」、「皇帝万歳！」などの叫び声が上がった。外務省に到着したモーニング姿の各国代表が通されたのは、壮麗な「大使の間」だった。そこには緑色のビロードで覆われた大きな丸テーブルがあり、テーブルの周りには出席者のために一二脚の肘掛け椅子が配置されていた。「大使の間」はフランス第二帝政期に花開いた装飾芸術のショールームと言ってもよい部屋だった。壁からは深紅色のサテンの掛け布が垂れており、部屋を飾る絵画としては、皇帝ナポレオン三世と皇后ウジェニーを描いたそれぞれ等身大の肖像画がかかっていた。肖像画に描かれた皇帝の威圧的な眼差しは、フランスが国際問題の調停者として重要な地位を回復したことを出席者たちに絶えず思い起こさせているようだった。暖炉脇の台の上には、欧州の外交世界で過去四十年間以上

「好ましからざる人物」の扱いを受けてきたナポレオン一世の大理石の胸像が置かれていた。今回のパリ和平会議は、ナポレオン・ボナパルトのフランスが欧州協調の外交世界に復帰する舞台でもあった。少なくとも、ナポレオン三世はそう信じていた(1)。

和平会議の開催地としてパリが選ばれたことは、確かに、フランスが欧州大陸の大国として復活したという印象を世界に与える出来事だった。パリ以外に開催地の候補となり得たのは、ナポレオン戦争を処理した一八一五年条約の締結地ウィーンだけだったが、ウィーンでの開催には英国が拒否反応を示した。開戦以来、英国はオーストリアの外交的動きを疑惑の目で見ていたのである。パリが和平会議の開催地となったことは、外交の焦点が、一時的にではあれ、パリに移ったことを意味していた。ウィーンはすでに旧時代の町になってしまったかの感があった。「今回の事態を経てフランスがひとまわり大きくなったことは、誰にも否定できない事実です」と、自分が和平会議の議長を務めることを知らされたヴァレフスキ外相はナポレオン三世宛の書簡に書いている。「この戦争から最大の利益を引き出せるのはフランスであり、現在、フランスが欧州大陸で最も重要な国であることは間違いありません」

パリ万国博覧会が閉幕してから、まだ三ヵ月しか経っていない時期だった。パリ万博は一八五一年のロンドン万博に匹敵する輝かしい国際的行事であり、五〇〇万人もの観客がシャンゼリゼ大通りの展示会場を訪れる一大行事だった。万博と和平会議、相次いで開催された二つの国際的行事を通じて、パリはヨーロッパの中心地としての地位を確立することになった。これはナポレオン三世にとって大きな勝利だった。そもそも、皇帝がクリミア戦争に参戦したのは国の内外で自分の威信を高めるという動機からだった。前年秋に和平への動きが始まった時から、ナポレオン三世は舞台の中央部に躍り出て主役を演じていた。すべての関係国がその利益の実現にあたってナポレオン三世の手腕に期待するような雰囲気が生まれていた。ドロテア・フォン・リーヴェン公爵夫人〔元駐英ロシア大使リーヴェン公爵の夫人で、クリミア戦争の時期にはパリでサロンを開いていた〕はオリガ・フォン・メイエンドルフ男爵夫人に宛てた一八五五年十一月九日付の手紙に次のように書いている。「驚くほど広い範囲でナポレオン三世に対する世の中の敬意が高まっています。英国がこの戦争を通じて威信を獲得するということはありませんでしたが、その一方で、ナポレオン三世とフランスの株は大いに上がっています(2)」

和平に関する水面下の交渉はすでに前年の冬の到来とともに始まり、代表団がパリに集まった時には、議論の焦点となるべき問題の大半はすでに決着済みだった。未解決の問題が残っていたとすれば、その理由は主として英国の強硬な姿勢にあった。英国は戦争の終結を急いでいなかった。国家の名誉を満足させ、過去一年半の間にこうむった損傷を正当化し得るような大勝利を英国はまだ達成していなかったからである。セヴァストポリ陥落も、結局のところフランスの勝利だった。国内の好戦的なジャーナリズムと世論の圧力にさらされていたパーマストンは、十月九日に表明した英国の和平条件を対露講和の最低条件として繰り返し強調し、ロシアが英国の要求を受け入れないかぎり、バルト海戦域での春季攻勢を皮切りに戦争を再開すると脅迫していた。パーマストンは、パリ会議に出席するクラレンドン外相に対して、ロシアが英国の条件を全面的に受諾しないかぎり一歩も引いてはならないと指示した。

しかし、その強硬姿勢にもかかわらず、パーマストンの要求は流動的だった。たとえば、チェルケス人の独立を保証するという当初の条件は、前年十一月の段階ですでに姿を消していた。いずれにせよ、混乱したチェルケス地域を代表して和平条約に調印する代表者を見つけ出すこと自体が不可能だった。その一方で、パーマストンはロシアにカフカスと中央アジアを放棄させるという条件は頑として譲らなかった。そして、英国が強硬姿勢を維持し続ければ、ロシアに両地域を放棄させることは可能だと確信していた。二月二十五日付のクラレンドン外相宛の書簡の中で、パーマストンは次のように書いている。「交渉に臨んでのロシアの立場は弱まっている。英国の新しい要求にロシアが反論するとすれば、それは『身の程知らず』というものだ」。英国の新要求とは、ロシアが黒海地域からすべての船舶と兵力を引き上げること、そして、「カルスを含めて、現在ロシアが占領しているトルコ領内のすべての地域からロシア軍を撤退させること」だった。パーマストンによれば、これらの条件を受諾することは「ロシアにとって、決して不名誉ではなく、……ロシアに侵略の意図がないことを世界に表明する誠実な手段」に他ならなかった。手紙の中で、パーマストンはロシアの首席代表であるオルロフ伯爵についても、反露的な心情を露わにしてクラレンドンに警告している。

オルロフのことはよく知っている。表面的には礼儀正しい文明人に見えるが、その内面は、尊大で、傲慢で、高慢な典型的ロシア人であり、人に気づかれずに弱い者いじめをするのが得意なタイプだ。自分の主張を通すためなら、どんな手段でも使う。しかも、中途半端に文明化した野蛮人として、あらゆる手練手管に通じている。(3)

パーマストンのこの強硬姿勢には、フランス人だけでなく、イタリア人も辟易していた(ピエモンテ＝サルデーニャ王国の国王ヴィットーリオ・エマヌエーレ二世はパーマストンを「獰猛な野獣」と評していた)。和平の実現に熱心だったフランスは、ロシアに懲罰を与えようとする英国の方針に同調するつもりはなかった。フランスとしては、イタリアに関するナポレオン三世の計画を実現するためにも、ロシアと和解する必要があった。ナポレオン三世はイタリア統一の大義に同情的だったが、同時に、イタリア統一の混乱を好機として介入し、サヴォアとニースを取り戻そうとしていた。フランスはナポレオン戦争時代の一七九二年にサヴォアとニースを併合したが、一八一五年のウィーン条約によってピエモンテ＝サルデーニャ王国に返還させられていた。サヴォアとニースを再びフランスに併合するためには、サルデーニャ王国によるイタリア統一の戦いを支援する必要があった。サルデーニャはロンバルド＝ヴェネト王国を征服してオーストリアから奪還し、最終的にイタリア全土をハプスブルク帝国の支配から解放して、イタリア統一を実現しようとしていた。その際、オーストリア軍をイタリアから排除するためには、オーストリアの動きを牽制するためのロシアの支援または武装中立が不可欠であり、したがって、フランスはロシアに対するパーマストンの懲罰的な姿勢に同調することができなかった。ベッサラビアの国境線問題についても英仏間に意見の対立が生じていた。ロシアはベッサラビアをオスマン帝国支配下のモルダヴィア公国に返還することになっていたが、パーマストンはオーストリアと組んで、返還すべきベッサラビアの境界線をロシアがドナウ川に直接アクセスできないような形に設定した。それは、ドナウ川に対するロシア支配の存続を懸念するオーストリアへの配慮でもあった。一方、ロシアはカルスからの撤退と引き換えにベッサラビアへの支配を維持しようとしていた。フランスはこの主張を支持したが、英墺両国の圧力を受けて、ナポレオン三世がオルロフを説得し、妥協が成立した。結局、ロシアは一八一二年にトルコから奪ったベッサラビアの約三分の一を失うことになった。ロシアが返還すべき地域にはドナウ川デルタも含まれていた。ただし、ベッサラビアのうちブルガリア人の居住する地域とホティンから南東に走る戦略的に重要な山岳地帯はロシアの領土として残された。この問題について、英国は勝利を宣言し、オーストリアはドナウ両公国の解放を祝ったが、ロシアはベッサラビア南部を失ったことを国家的恥辱として受けとめた。十七世紀以来、ロシアがその領土をトルコに譲るのはこれが初めてだった。(4)

その他の重要な問題点は、一八五四年に連合国側が提示した四項目要求に基づいて、パリ会議開催以前にすでに大筋で解決していた。英国は第五項目としてロシアがカフカス南部のすべての領土（チェルケス、グルジア、エレヴァン、ナヒチェヴァン）を放棄することを要求したが、ロシアはアドリアノープル条約を根拠としてこれら領土の領有の正統性を主張し、トルコがロシアのこの主張を支持した。ただし、ロシアは占領していたカルスを放棄せざるを得なかった。ロシアは、また、第三項目の黒海非武装化の適用範囲を限定しようとして、ブク川を河口から二〇キロほどさかのぼった河川港ニコラエフ〔ミコライウ〕とアゾフ海を適用除外とすべく交渉を試みたが、これも失敗に終った。

主要テーマであるドナウ両公国の問題（第一項目）については、会議参加国の間で活発な議論の応酬があった。英国は両公国をオスマン帝国の支配下に戻す案を支持した。フランスは両公国を統合して独立国を設立しようとするルーマニア人のリベラル派と民族派を支援する姿勢だった。オーストリアはその帝国の南東部国境地帯に国民国家が生まれることに断固として反対だった。ハプスブルク帝国内のスラヴ系少数派の民族主義的運動を刺激する恐れがあったからである。オーストリアは、ルーマニア人民族派へのフランスの支援がイタリア北部地域にオーストリアが持つ権益を放棄させるための圧力であることをほぼ正確に理解していた。ドナウ両公国に対するロシアの支配に終止符を打ち、ドナウ川の自由航行を保証する問題（第二項目）については、英仏墺三ヵ国の意見は一致していたが、ロシアによる支配が終了した後の方針については、オスマン帝国の名目的な主権の下に三ヵ国が集団的な保証を与え、将来の一定の時点でモルダヴィアとワラキアの住民による意志決定のための選挙を実施するという漠然とした計画以外には結論が出なかった。

オスマン帝国内のキリスト教徒保護の問題（第四項目）については、すでに一月初旬に連合国の代表団がコンスタンチノープルを訪れて、オスマン帝国大宰相のアリ・パシャおよびタンジマート改革派の指導者フアト・パシャ（この二人はパリ会議のトルコ代表でもあった）と会談し、オスマン帝国政府が帝国領内の非イスラム教徒（ユダヤ人を含む）に宗教上および公民権上の完全な権利を与える意向であることを表明するよう説得した。この会談については、英国のストラトフォード・カニング駐トルコ大使が一月九日付でクラレンドン外相宛に報告書を送り、本気で改革を行なう意志がトルコ政府にあるかどうかについての疑問を提示している。カニングによれば、トルコ側は外国勢力が国内改革を押しつけることに憤慨し、オスマン帝国の主権が侵害されていると感じており、したがって、オスマン帝国領内のキリスト教徒が適切な保護を受けられると期待するのは難しい。トルコにはキリスト教徒を劣等人種と見なす抜き難い偏見があり、スルタンがいかなる改革法を制定しても、西欧諸国が期待するほど短期間にその偏見を打破することは不可能である。「宗教的な反感、一般民衆の偏見、非融和的な生活習慣などを根拠としての引き延ばしが予想される」と書いた上で、老練の外交官ストラトフォード・カニングは、改革を強行すれば、スルタンの欧化政策に対するイスラム教徒の反乱が誘発される恐れがあると警告している。二月十八日、スルタンは連合国代表団が提出した二一項目の改革案に応える形で「改革勅令」を発令する。改革勅令は帝国領内の非イスラム教徒に宗教上および法律上の完全に平等な権利を約束し、財産権を保証し、非イスラム教徒が能力に応じてオスマン帝国の軍人または公務員になる権利を認める内容だった。改革勅令を発布すれば、西欧諸国によるこれ以上の内政干渉を阻止できるものと期待していたトルコ側は、オスマン帝国の主権の問題であるとして、改革勅令の問題をパリ会議の議題から除外しようとした。しかし、ロシアは改革勅令を議題とすることに固執した。和平条件の第四項目はオスマン帝国領内のキリスト教徒の保護を欧州五大列強の共同責任としているが、五大列強の中にはロシアが含まれているというのがロシア側の主張の根拠だった。妥協策として、オスマン帝国政府自身をも当事国に含めて、オスマン帝国領内のキリスト教徒の権利を重視する国際宣言が採択された。ロシアは国内向けのプロパガンダで、この国際宣言をクリミア戦争におけるロシアの「精神的勝利」の証として宣伝材料に利用した。ある意味では、ロシアのこの言い分にも、もっともな面があった。なぜなら、パリ会議はベツレヘム降誕教会とエルサレム聖墳墓教会の地位の原状回復を決定したからである。つまり、ローマ・カトリック教会の主張を退けて、ロシアが擁護するギリシア正教会による両教会の支配を認めたことになり、この点についてもアレクサンドル二世はロシアの「精神的勝利」として繰り返し言及することになる。アレクサンドル二世は、和平協定が調印された当日に声明を発表し、「戦争を始めた本来の主要目標」が達成されたことを神に感謝しつつ、次のように国民に呼びかけている。「ロシア国民よ！ 我々が払った努力と犠牲は決して無駄ではなかった！」(5)

最後に残ったのはポーランド問題だったが、ポーランド問題は最後までパリ会議の議題に上らなかった。停戦前から始まっていた連合国間の外交交渉の席でポーランドをロシアから独立させる構想を最初に提起したのは、フランス外相のアレクサンドル・ヴァレフスキ伯爵だった。ヴァレフスキはナポレオン一世とポーランド人の愛人マリア・ヴァレフスカ伯爵夫人の間に生まれた庶子と言われている。セヴァストポリ陥落後、ナポレオン三世はポーランドのために何かしたいと考えていた。ポーランド王国の独立は、国民国家の独立を促進することによって一八一五年体制を打破しようとしていたナポレオン三世の新欧州構想の一部だった。当初、ナポレオン三世は立憲君主制ポーランド王国の復活を目指すアダム・チャルトリスキの計画を支持していた。立憲君主制ポーランドはウィーン条約によって設立を認められた王国だったが、ロシアの圧力で自治と自由を制限されていた。しかし、和平会議の準備段階でフランス以外の関係国がポーランドに関心を示さないことが判明すると、ナポレオン三世はポーランド語の擁護、ポーランドのロシア化阻止などの範囲に限ってチャルトリスキを支持する方向にその立場を後退させる。しかし、ロシア代表のオルロフはこれさえも認めず、ポーランドに対するロシアの権益は一八一五年の条約に基づくものではなく、一八三〇〜三一年のポーランド蜂起をロシアが鎮圧した事実に由来すると主張した。イタリア問題をめぐってオーストリアと対決する場合に備えてロシアの支援を必要としていたナポレオン三世は、対露関係の改善を優先する立場からポーランド支援を断念する。結局、パリ会議でポーランド問題が議論されることはなかった。ロシアと対決する機会があればどんな問題も見逃すことのなかったパーマストンでさえ、「ポーランド王国の再建をロシアに要求することは得策とは言えない」として、クラレンドン外相にポーランド問題を持ちださないよう指示し、次のように説明している。

パリ会議でポーランド問題を議論することがポーランドの利益につながるかどうかは非常に疑わしい。ポーランドがロシアから完全に独立できるのなら、それはもちろんポーランドにとっても、また、欧州全体にとっても大きな利益である。しかし、現在のポーランド王国が置かれている状況をウィーン条約によって設立された当時のポーランド王国の状況に戻すのであれば、両者の違いはごくわずかであり、少なくとも、その差を埋めようとする場合に遭遇すると予測される膨大な困難に値するほどの違いではない。ロシア政府は従来の主張を繰り返すだろう。すなわち、ポーランドは反乱を引き起こし、ロシアはその反乱を鎮圧したのであり、ポーランドに対するロシアの支配は征服者の権利であって、ウィーン条約に基づくものではない。したがって、ロシアはポーランド問題に関してウィーン条約の制約を受けないと。さらに、ポーランド王国復活の要求はロシアの内政に対する干渉であるとも主張するだろう。

「哀れなるかな、ポーランドよ！」と、ストラトフォード・カニングはチャルトリスキの支援者の一人だったハロービー伯爵に感想を漏らしている。「ポーランドの復活は、決して実現することのない希望だ。まさに幽霊船『さまよえるオランダ人号』のようなものだ[6]」

主要な問題点はすべて事前の根回しによって解決していたので、パリ和平会議は大きな論争もなしに円滑に進行し、会合を三回重ねただけで、条約案の草案完成にこぎつけた。その間、社交のためにも十分な時間が用意されていた。晩餐会、午餐会、コンサート、舞踏会、歓迎会などが連日催された。また、この間にナポレオン三世とウジェニー皇后の間に生まれた皇太子ウジェーヌ・ルイ＝ナポレオンの生誕祝いも行なわれた。そして、各国代表団は和平条約に公式に署名するための最終会合に集まった。三月三十日、日曜日の午後一時のことだった。

和平条約成立の通知はすぐにパリ中に告知され、日曜日だったにもかかわらず、この大ニュースを世界に知らせるための電報の発信作業が始まった。午後二時、廃兵院《アンヴァリッド》から空砲が発せられ、その轟音が人々に終戦を告げた。パリ市民は歓呼して街頭に繰り出し、レストランやカフェは祝杯を上げる客で大賑わいとなった。夜になると、花火がパリの空を焦がした。翌日には練兵場《シャン・ド・マルス》で祝賀の閲兵式があり、ナポレオン三世、ピエール・ナポレオン公、フランス軍幹部、外国高官などが居並ぶ前をフランス軍部隊が行進し、数万人のパリ市民がそれを見物した。「群衆は電気に打たれたように興奮していた」と、翌年刊行された公式の会議録は記述している。「人々の間から国民的な誇りと熱狂を表現する歓声が沸き起こって、練兵場の広場を満たした。耳を聾する歓声は一千発の砲声を凌ぐほどだった[7]」。ナポレオン三世がクリミア戦争に参戦した動機は、フランス国家の栄光を回復し、国民の喝采を浴びることだったが、ついにその目的が達成された瞬間だった。

和平成立の知らせがクリミア半島に届いたのは、さらにその翌日の四月一日だった。パリから発信された電報が中継されてウィーンに達し、その後、海底ケーブルを経由してバラクラヴァに伝えられるのに一日を要したことになる。四月二日、クリミア半島に駐留していた英仏連合軍の大砲が最後の砲弾を発射して終戦を祝った。

英仏軍は六ヵ月以内に引き揚げることになった。英国軍はセヴァストポリ港を拠点として撤収を開始したが、撤収作業と並行して、巨大なドックをはじめとする港内の軍事施設を次々に爆破していった。ただし、ニコライ堡塁の破壊はフランス軍が担当した。撤収にあたっては、膨大な量の軍事物資を数え上げ、船に積み込み、本国に送り返す必要があった。送還すべき物資には、鹵獲した銃砲、弾薬、屑鉄、食料品、ロシア人から接収した戦利品なども含まれていた。膨大な送還物資を陸軍省や海軍省の部局別に分類して発送する作業は非常に複雑な兵站作戦であり、その結果、多くの品物が置き去りにされ、あるいはロシアに売却された。たとえば、英国軍の木造兵舎は「戦争で住居を失ったクリミア住民のために」寄贈された（ロシア軍は寄贈を受け入れ、引き続き兵舎として利用した）。「二年をかけて送り込まれた物資を数ヵ月で何もかも送り返すのは至難の業です」と、フランス軍のエルベ大尉は四月二十八日付の家族宛の手紙に書いている。「膨大な数の馬と騾馬は置き去りにするか、あるいは安い値段でクリミア住民に売却しなければならなくなるでしょう。いずれにせよ、自分の愛馬には二度と会えない運命です」。払い下げの対象となったのは馬や騾馬だけではなかった。英国軍のバラクラヴァ鉄道はカリング・アードリー卿とモーゼズ・モンテフィオーリ卿が設立した鉄道会社に売却された。この会社はヤッファ港〔一九五〇年にテルアヴィヴに統合されるイスラエル西海岸の海港〕とエルサレムを結ぶ鉄道の新設を計画しており、その資材としてバラクラヴァ鉄道の線路と車両を利用する予定だった。パーマストン首相は「無秩序な未開地に文明をもたらし、資源を開発する手段」としてヤッファ鉄道計画を支持し、バラクラヴァ鉄道の払い下げを許可した。ヤッファ鉄道は増大する聖地巡礼団の輸送にも貢献するはずだったが、実際には建設に至らず、計画は頓挫した。結局、バラクラヴァ鉄道は鉄屑としてトルコに売却された(8)。

補給品をクリミア半島に送り込むために要した長い期間に比べれば、撤収作業はむしろ迅速に完了したと言えるかもしれない。七月十二日までにはバラクラヴァ港をロシア軍に引き渡す準備が整った。コドリントン総司令官自身も撤収する最後の部隊とともに英国軍艦アルジェ号で出航することになった。ただし、軍隊が守るべき儀礼にうるさかったコドリントンは、引き継ぎのために現れたロシア軍代表団の階位の低さと服装の粗末さに腹を立てて、次のように書いている。

引き継ぎのために現れたのはドン・コサックの騎兵約三〇名と歩兵約五〇名だった。しかし、何ともひどい連中だった！　ロシア軍がよりによってこれほどまでに薄汚れた部隊を派遣して来るとは思いもしなかった。彼らが携行する武器は汚れきっており、灰色の軍服は擦り切れていた。このみすぼらしい部隊を見た時には、誰もが驚き呆れてしまった。ロシア軍が我々を侮辱するつもりでわざわざこの連中を派遣したのだとすれば、その目的は十分に達せられたと言うべきだろう……英軍近衛師団は整然と行進して乗船し、ロシア兵は警戒配置についた。これが撤収を完了した日の光景だった(9)。

クリミア半島には英仏軍の兵士の遺体が何千体も残された。撤収直前の数週間、連合軍は戦死者のために墓を掘り、記念碑を建てる作業に忙殺された。『タイムズ』紙の特派員ウィリアム・ラッセルは最後の報道記事で軍人墓地の問題に触れている。

クリミア半島の各地に連合軍の戦死者を埋葬するための墓が掘られた。墓は身長に合わせてやや長めに掘られている。多くの墓は孤立しているが、バラクラヴァからセヴァストポリ港までの数カ所には集団墓地も作られている。海岸からチョールナヤ川にいたる地域には、幅数マイルにわたって、谷間にも平原にも、丘の上にも窪地にも、道路脇にも、人目に触れない森陰にも、白い石の墓標が乾いた大地からまっすぐに立ち、あるいは、生い茂る草に隠れるように顔を覗かせている。単独の墓標もあり、集団の墓碑もある。フランス軍は墓地の問題で悩むことが少なかったようだ。インケルマンの旧陣地の近くに大規模な集団墓地を作り、フランス人らしい趣味の良さを発揮して、行き届いた手入れを施していたからである。ただし、フランス軍の埋葬地または集団墓地が垣根や塀で囲まれることは滅多にない……それに対して、英国近衛旅団の下士官と兵士を埋葬した集団墓地は堅固な塀によって囲まれている。この集団墓地の入口には立派な両開きの門がある。巨大な石の門柱に蝶番で繋がれた門扉は、鉄輪を真っ直ぐに叩き直した鉄材と木材で作られ、塗装されている。石の門柱の柱頭には飾りとして大砲の砲弾がひとつずつ載せられている。墓は六列に並んでおり、一列に三〇人またはそれ以上が埋葬されている。墓穴の上には土饅頭があり、石が置かれている場合もある。墓と墓の境界には白い石が並べられ、埋葬された戦死者の名前または名前の頭文字地がやはり白い小石を並べて記されている。門を入ってすぐの場所に大きな石の十字架が立っている……この集団墓地には碑文を刻んだ墓標は少ないが、そのひとつである石の十字架には次のように刻まれている。「A・ヒル中尉の霊に捧ぐ。第二二連隊所属。一八五五年六月二十二日戦死。この碑はクリミア戦線の戦友たちによって建立された」。また、別の碑には「レニー特務曹長の霊に捧ぐ。第九三高地連隊の戦友より」とあり、さらに、「補給係大尉J・マクドナルドの霊に捧ぐ。第七二連隊所属。一八五四年十二月八日にセヴァストポ

キャスカート・ヒルの英国軍人墓地(1855年)

リ城外の塹壕で受けた傷が原因で一八五五年九月十六日に死亡。享年三十五歳」と刻まれた碑もある。(10)

連合軍がクリミア半島から撤収すると、それまでペレコプ地峡付近にとどまっていたロシア軍部隊が半島南部の各都市や平原に復帰した。クリミア戦争で戦場となった農場や牧草地は元の姿に戻り、連合軍兵士の埋葬地や集団墓地にも草を求める家畜の群れが出入りするようになった。クリミアは経済的にも戦争の打撃から徐々に回復していった。セヴァストポリの街並は再建され、道路や橋は補修された。しかし、クリミア半島にはある意味で不可逆的な変化が生じていた。

最も劇的な変化はタタール人人口の大幅な減少だった。タタール人がクリミアから脱出する現象は開戦当初から小規模に始まっていたが、終戦の前後になって、その数は急激に増大した。彼らは連合軍が撤収した後に始まるであろうロシア軍の報復を恐れたのである。ロシア人が犠牲者となったケルチの残虐行為に対しては、すでに報復が始まっていた。ロシア軍はタタール人を大量逮捕し、財産を没収し、「容疑者」を片端から処刑していた。クリミアからの脱出を希望するバイダル渓谷のタタール人住民が英国軍のコドリントン総司令官に支援を要請した文書が残っている。もし、彼らの村々がロシア軍の手に落ちれば、「過去の経験からして、友好的な扱いは期待できない」からだった。現地のタタール人書記が英訳した請願書は次のように続いている。


我々は英国の厚情に深く感謝する。我々はヴィクトリア女王陛下とコドリントン将軍から受けた恩顧を、我々自身の神を忘れないのと同様に、忘れないであろう。マホメットへの信仰が命ずる一日に五回の礼拝でも、女王陛下と将軍のための祈りを欠かさないつもりである。女王陛下と将軍、そして英国民全体に対する我々の感謝の念は子々孫々まで受け継がれるであろう。

以上は次に掲げる十二ヵ村の聖職者、貴族、住民の総意である。

バイダル、サグティク、カレンディ、スケリア、サヴァトカ、バガ、ウルクスタ、ウズニュー、ブユク・ルスコミヤ、カイトゥ、クチュク・ルスコミガ、ヴァルヌトカ(11)

これらのタタール人村はクリミア戦争の全期間を通じて連合軍に食糧を供給し、輸送を担当し、スパイの役割を買って出たが、コドリントン将軍は彼らの支援要請に反応を示さなかった。和平条約の中にタタール人を保護する条項を加えることも不可能ではなかったはずだが、パリ会議に出席した連合国側の外交官たちは、タタール人をロシア軍の報復から保護する問題など思いつきもしなかった。確かに、パリ条約の第五条はすべての当事国に「その領内の臣民のうち敵の軍事行動に積極的に加担した点で有罪と思われる者に完全な赦免を与えること」を義務づけていた。この条項は、ドナウ戦線でロシア軍に協力したオスマン帝国領内のブルガリア人やギリシア人だけでなく、クリミア半島で連合軍に協力したタタール人にも適用されるはずだった。しかし、ノヴォロシアの総督アレクサンドル・ストロガノフ伯爵はこの条項をクリミア・タタール人に適用しない方策を考え出した。ロシア軍当局の事前許可を得ずに居住地を離れたタタール人はロシアの国内法に違反した者であり、居住地を離れた時点でパリ条約に定める被保護権を失ったと主張したのである。実際には、数万人のタタール人が戦争中に居住地を離れることを余儀なくされていた。つまり、ロシア政府は国内パスポートに移住許可のスタンプを得ることなく居住地を離れたすべてのタタール人を犯罪者として扱い、シベリア流刑の対象としたのである。(12)

連合軍の部隊がクリミア半島からの撤収を開始すると、それと同時にタタール人の大量脱出が始まった。四月二十二日、四五〇〇人のタタール人がバラクラヴァ港を出帆し、コンスタンチノープルに向かった。オスマン帝国領内への移住が許可されることを信じての脱出行だった。ノヴォロシア総督府はタタール人の大量脱出がクリミア半島の農業経済に打撃を与えることを恐れて、タタール人の脱出を阻止すべきかどうかをサンクトペテルブルクに問い合わせている。戦争中に多くのタタール人が敵に協力したことを聞いていたロシア皇帝アレクサンドル二世は、彼らの脱出を阻止する必要はないと回答し、「害虫のように有害な分子がクリミア半島からいなくなることはむしろ好都合である」とつけ加えた（同じ考え方はやがて第二次大戦中にスターリンのタタール人強制移住政策として復活する）。ストロガノフ総督は皇帝の意志を自己流に解釈し、クリミア半島からイスラム教徒を排除すべしとする命令が直接に皇帝から下ったものとして部下に伝達した。タタール人の排除は「好都合である」ばかりか、「必要である」というのが皇帝の意志だと解釈したのである。タタール人を追い出すための圧力として様々な噂が流された。タタール人をシベリアへ集団的に強制移送する計画がある、コサック兵の部隊がタタール人の村々を襲撃している、タタール人を学校に入れてロシア語の学習を強制し、ロシア正教への改宗を強要する制度が始まる、などという類の噂だった。タタール人の農家に対する課税が強化され、タタール人の村々から水利権が剝奪された。これらはロシア人の地主による土地の買収を促進するための政策でもあった。

一八五六年から六三年までの間に、クリミア半島と南ロシアから約一五万人のクリミア・タタール人と五万人のノガイ人が脱出してオスマン帝国領内に移住した（合計二〇万人という数字は、両地域に居住していたタタール人とノガイ人の総数の三分の二に相当した）。正確な数字をあげるのは難しいが、一部の歴史家は移住者の数をさらに多く推定している。人口流出によって労働力に不足が生ずることを憂慮したノヴォロシア総督府は、終戦以降にクリミア半島を離れたタタール人の数を警察統計から算定している。一八六七年のことである。その資料によれば、タタール人の男性一〇万四二一一人、女性八万八一四九人がクリミア半島から流出し、その結果、七八四の村が無人となり、四五七のモスクが廃寺となった[13]。

一八五六年以降、ロシア当局はタタール人の排除と並行して、クリミア半島のキリスト教化政策を推進した。クリミア戦争の直接的な結果として、ロシア世界とイスラム世界とを分かつ宗教的な境界線としてのクリミア半島の性格がこれまで以上に強まったと考えたロシア当局は、この境界地域への宗教的支配を強化しようとしたのである。比較的リベラルなヴォロンツォフ公がノヴォロシア総督を務めていた戦前には、クリミア半島におけるロシア正教の拡大はむしろ抑制される傾向にあった。「原住民であるタタール人の間に、イスラム教からロシア正教への改宗を強制する意図がロシアにあるかのような根拠のない危険な疑惑を生じさせる」恐れがあるというのがヴォロンツォフ公の意見だった。

しかし、一八五五年にヴォロンツォフ公が総督の職を退くと、後任の総督に就任したのは強硬なロシア民族主義者のストロガノフ伯爵だった。ストロガノフ総督は、クリミア半島を含むヘルソン・タウリーダ教区の教区長であるイノケンティー大主教と協力して、クリミア半島のキリスト教化政策を積極的に推進することになる。クリミア戦争の末期には、イノケンティー大主教の説教が挿絵入りの印刷物（ルボーク）として現地に展開するロシア軍部隊の兵士に広く配布された。そのパンフレットによれば、クリミア半島はロシアに初めてキリスト教が伝来した神聖な土地であり、ロシア民族の宗教的アイデンティティーの故郷であって、クリミア戦争は聖域を守るための「聖戦」だった。イノケンティーはクリミア半島に残るギリシア正教の多数の遺跡に注目し、クリミアを「ロシアのアトス山」になぞらえている。ギリシア北東部に位置するアトス山一帯の半島がギリシア正教会の修道活動の中心地であるように、クリミア半島は「神聖ロシア帝国」の宗教的中心地であるというわけだった。戦後、イノケンティー大主教は、ストロガノフ総督の支持を得て、クリミア半島を独立の教区に昇格させ、教区内の数ヵ所に修道院を新設した(14)。

一八六二年、ロシア政府はクリミアへの入植を促進する目的で、国の内外からの入植者に特別待遇と補助金を与える法律を制定する。タタール人が放棄した土地は、政府が没収した上で入植者に売却された。この入植促進政策が功を奏し、一八六〇年代から七〇年代にかけて、キリスト教徒の入植者が大量に流入し、その結果、クリミア半島の人種構成はすっかり変わってしまう。かつてはタタール人のものだった土地にロシア人、ギリシア人、アルメニア人、ブルガリア人などが住み着き、ドイツ人やエストニア人さえ加わった。入植者を呼び寄せるために肥沃な土地が安い価格で提供され、通常なら新入者には認められないギルドへの加盟権が約束された。セヴァストポリとエフパトリアにはアルメニア人とギリシア人の商人が大量に流入し、両市は活発な商業都市に変貌した。その一方で、ケフェ（テオドシア）、ゲズレーヴェ、バフチサライなど、古くからのタタール人の町は衰退した。農村部にも、ブルガリア人を筆頭に様々な人種のキリスト教徒農民が入植した。大部分は、ロシアがクリミア戦争後にトルコに割譲することになったベッサラビアから逃れて来た難民だった。ロシア政府は、かつてはタタール人のものだった三三〇ヵ所の村をベッサラビアからの難民に提供し、モスクを教会に改装するための費用を助成した。その一方で、クリミア半島から脱出した多数のタタール人がトルコ領となったベッサラビアに逃れ、キリスト教徒農民が放棄した土地に住み着いた。[15]

クリミア戦争の結果として、黒海沿岸地域の全域で人種集団と宗教集団の強制的または自発的な移住が活発化した。ロシアとイスラム世界とを隔てる宗教的な境界線を越えての双方向への移住が始まったのである。戦後、数万人単位のギリシア人がモルダヴィアとベッサラビアから南ロシアに移住し、逆に、同じく数万人単位のポーランド人がロシア領を脱出してトルコ領に向かった。ポーランド人の中には、戦争中にクリミア半島とカフカス地方でロシア軍と戦ったポーランド人兵士（彼らは「オスマン・コサック」と呼ばれていた）が多数含まれていた。オスマン帝国領内に入ったポーランド人難民はドナウ・デルタのドブルジャやアナトリア地方に定住したが、一部は亡命ポーランド人の指導者アダム・チャルトリスキが一八四二年にコンスタンチノープル郊外に設立したポーランド人居住地アダムポリ（ポロネスコイ）に流れ着いた。

黒海南岸のアナトリアでも移住の動きが始まった。数万人のアルメニア人正教徒が故郷のアナトリアを離れ、ロシア支配下のザカフカス地方に脱出した。自分たちが対露協力者として憎まれていることを知っていたアルメニア人は、トルコ領内にとどまって報復の対象となることを恐れたのである。パリ和平条約の規定に基づいてロシアとオスマン帝国との国境を確定するために派遣された欧州代表委員会は、アルメニア人の村々が「ほとんど無人と化し」、アルメニア教会は「荒廃状態」にあると

報告している。(16)

一方、アルメニア人をはるかに上回る数のチェルケス人、アブハズ人などのイスラム教徒諸部族がロシア領内の故郷から追われていた。ロシア軍はクリミア戦争終結後にシャミーリ軍に対する軍事作戦を一段と強化し、現代の言葉で言えば「民族浄化」に相当する作戦を採用して、カフカス地方のキリスト教化を強行した。キリスト教化政策は、ロシア艦隊の黒海自由航行禁止を定めたパリ和平条約に対抗するための軍事戦略でもあった。英国海軍が黒海を自由に航行できるのに対して、ロシアは攻撃を受け易い沿岸地域を守るための自衛手段を奪われた形だった。したがって、少なくとも、ロシアに敵対的なイスラム教徒を沿岸地域から排除しておく必要があった。民族浄化作戦の最初の焦点となったのは黒海に隣接するカフカス地方西部の肥沃な土地チェルケスだった。ロシア軍の部隊はチェルケスでイスラム教徒の村々を襲撃し、男女の村民を見境なく殺戮し、農場と家屋を焼き払った。生き残った農民は逃亡するか餓死するかしかなかった。最終的に、チェルケス人は北のクバン平原に移住するか、それともオスマン帝国領内に移住するかの選択を迫られることになる。黒海沿岸から北に遠く離れたクバン平原にチェルケス人を追いやっておけば、外国勢力が黒海沿岸地域を侵略したとしても、チェルケス人の存在が脅威となる事態は避けることができる。数万人のチェルケス人がクバン平原に移住し、同じく数万人が黒海沿岸の港までロシア軍に追い立てられた。彼らは劣悪な環境のドックに詰め込まれて数週間も待機させられた後、トルコの輸送船に積み込まれて、アナトリア地方のトラブゾン、サムスン、シノープなどの港に運ばれた。しかし、オスマン帝国当局は大量難民の受け入れ準備をしておらず、そのため、数千人が到着後数ヵ月以内に病死した。一八六四年までに、チェルケス地方のイスラム教徒住民はほぼ完全に排除された。現地を視察した英国領事のC・H・ディクソンは「チェルケス人がかつて住んでいた土地を丸一日歩いたが、生きている人間には誰一人として出

会わなかった」と報告している。(17)

チェルケスの次にロシア政府がイスラム教徒排除の目標地域に選んだのはアブハジアだった。アブハジアのスフミ・カレ地区に定住していたアブハズ人に対する排除作戦は一八六六年に開始された。排除作戦の進め方は基本的にチェルケスの場合と同じだったが、一つだけ相違点があった。アブハジアでは労働力を確保する観点から強壮な男子はとどめ置き、もっぱら女性、子供、老人を追放するというやり方が採用された。英国領事で、アラビア学者でもあったウィリアム・ギフォード・ポールグレーヴは民族浄化の実態に関する情報を収集する目的でアブハジア地方を視察した後、イスラム教徒人口の四分の三がすでに強制移住によって排除されたものと推定している。チェルケスとアブハジアの両地域を合わせると、クリミア戦争後の一〇年間に約一二〇万人のイスラム教徒がカフカス地方から強制的に排除され、その結果、十九世紀末までに両地域に居住するイスラム教徒人口はキリスト教徒人口の一〇分の一以下まで減少してしまった。(18)

一八五六年二月、オスマン帝国の首都コンスタンチノープルで、英国大使館とフランス大使館の主催による舞踏会が相次いで開催された。スルタンのアブデュルメジド一世は、オスマン帝国の寛容な宗教政策を内外に誇示する目的で両国大使の招待に応じ、二つの舞踏会に出席した。スルタンが外国大使の招待に応じてキリスト教徒の娯楽の場に出席することは、オスマン帝国の歴史始まって以来のことだった。

アブデュルメジド一世はガーター勲章を身に着けて英国大使館に到着した。ガーター勲章は、連合国の勝利を記念して、数週間前に英国から贈られたものだった。英国大使ストラトフォード・カニングが車寄せでスルタンを出迎えた。スルタンが馬車から降り立つと、その知らせが電信によって送られ、ボスポラス海峡に停泊する英国艦隊が合図に応えて延々と礼砲を撃ち放った。英国大使館の舞踏会は仮装舞踏会だったので、王子や海賊、銃士や羊飼い女などに扮した男女が多数列席していた。チエルケス人の民族衣装を真似る客さえいた。エミリア・ホーンビー〔英国の対トルコ財政援助を担当した外交官エドマンド・ホーンビー卿の夫人で、『クリミア戦下のコンスタンチノープル』の著者〕は舞踏会の翌日に次のような印象を書き記している。

昨夜の舞踏会の出席者の衣装や仮装の種類を数え上げようとすれば、その半分を数えるだけで丸一日はかかるだろう。女王陛下の仮装舞踏会《バル・コスチュメ》を経験した人ならば、それに比べても昨夜の舞踏会がはるかに美麗だったと感じたはずである。フランス軍、サルデーニャ軍、英国軍の士官たちに加えて、様々な国の要人たちが独特の衣装を身にまとって集まった様子は、何とも言えず壮観だった。ギリシア正教の大主教、アルメニア正教の大主教、ユダヤ教の大祭司らも礼装で参加していた。本物のペルシア人、クルド人、セルビア人、アルメニア人、ギリシア人、トルコ人、オーストリア人、サルデーニャ人、イタリア人、スペイン人たちが種々様々な衣装で居並び、その多くが宝石で飾られた装飾用の剣を身に着けていた。アブデュルメジド一世はストラトフォード・カニング大使夫妻とその娘たちにともなわれて舞踏会場に入った。後ろには、きらびやかに着飾ったオスマン帝国の高官たちの長い列が付き従っていた。スルタンは目の前の美麗な光景に明らかに満足した様子で、左右に居並ぶ人々に会釈し、微笑しながら進んでいった……トルコの高官たちはシャンパンを大量に飲んで楽しんでいた。彼らはシャンパンが酒の一種であることを知りながらとぼけて知らない振りをし、「炭酸水《オ・ガズーズ》」と呼んでいた。

スルタンはフランス大使館の舞踏会にも出席した。その際には前もってフランス大使トゥーヴネルから贈られていたレジオン・ドヌール勲章を身に着けていた。アブデュルメジド一世はフランス軍儀仗隊の歓迎を受けた後、出迎えの各国高官に会釈しつつ舞踏会場に足を踏み入れた。人々は軍楽隊が演奏するトルコ風の行進曲に合わせて、即興でダンスのステップを踏んだ(19)。

英仏両国大使館の舞踏会に出席した際、大いにスルタンの気に入った物がいくつかあった。西欧女性の服装もそのひとつだった。スルタンはイスラム教徒の女性の服装よりも西欧女性の服装の方がはるかに好ましいと感じて、「あのような衣装の女性たちを相手にしている君たち西欧人が羨ましい」とオーストリア人の主治医に打ち明けている。スルタンの趣味に励まされて、宮廷の女官たちや政府高官の妻たちの間に、コルセット、絹のスカーフ、透けて見えるヴェールなど、西欧風の服飾品を取り入れる動きが始まった。同時に、女性が社交の場に顔を出し、男性と接する機会が多くなった。西欧化の影響は家庭生活にも及んだ。コンスタンチノープルに住むオスマン帝国のエリート層の間にヨーロッパ風の家具や装飾品を家庭に持ち込む傾向が生まれ、西欧風の食器、刃物類、テーブルマナーが普及し始めた(20)。

クリミア戦争はトルコ社会のすべての分野に影響を与えた。この戦争を契機として、トルコは世界に向けて窓を開き、西欧化して行ったのである。オスマン帝国に外国の文化を持ち込んだのは、ロシア帝国領内から大量に流入した難民たちだけではなかった。クリミア戦争を通じて外国の新しい思想と技術が持ち込まれ、世界経済への統合が促進され、トルコ人と外国人の接触が増大した。戦中戦後のコンスタンチノープルには、外交官、金融関係者、軍事顧問、兵士、技術者、観光客、商人、宣教師、聖職者など、歴史上例を見ないほど多数の外国人が欧州からやって来て、トルコ社会に大きな影響を残した。

クリミア戦争を契機として、オスマン帝国への外国投資も大幅に拡大し、それにともなって、西欧諸国の政府と銀行へのトルコの依存も強まっていった（クリミア戦争とタンジマート改革に必要な資金として外国から導入された融資は、一八五五年には約五〇〇〇万ポンドだったが、一八七七年には二億ポンドに増大した）。導入された外国資本は電信システムと鉄道の開発を刺激し、新聞を中心とする新しいジャーナリズムの誕生を促した。戦況に関する情報を求める市民の要求に応える形で出現した新しいジャーナリズムは、結果的にトルコの世論ともいうべきものの形成につながった。ジャーナリストと改革派知識人を中心として「新オスマン人（イェニ・オスマンリラル）」と称する緩やかな結びつきのグループが生まれ、一八六〇年代に入って一種の政治集団に発展した。一方、クリミア戦争を契機として始まった各種の変化に抵抗する動きもあり、その中から最初のトルコ民族主義運動が誕生する。「新オスマン人」はイスラム教の伝統の枠内で西欧文明を採用すべきだという思想を打ち出したが、これが[21]「精神的祖先」となって、やがて「青年トルコ党」が誕生し、近代トルコ国家を樹立することになる。

「新オスマン人」グループは、オスマン帝国に対する西欧列強の干渉拡大に反対する立場を取った。国内の改革についても、帝国領内のキリスト教徒の権利を拡大する目的で西欧諸国がトルコに押しつけたものと思われる改革には反対だった。彼らが特に目の敵にしたのは一八五六年の「改革勅令」だった。改革勅令は、彼らの言うとおり、西欧列強によって押しつけられたものに他ならなかった。英国大使ストラトフォード・カニングとフランス大使トゥーヴネルが共同で案文を作成し、融資継続の条件としてオスマン帝国政府に発令させた勅令だったのである。その基本的内容は一八三九年の「ギュルハネ勅令」に規定された宗教的寛容の原則を西欧の法律概念を使って一層明確に再確認するものだったが、そこにはコーランへの言及はなかった。改革勅令は非イスラム教徒に対する宗教的寛容と平等の市民権付与の約束に加えて、オスマン帝国の統治形態に英国式の新たな原則を持ち込もうとしていた。たとえば、きちんとした年間予算の編成、銀行の設立、刑法と民法の整備、監獄の改革、非イスラム教徒に関する裁判にイスラム教徒と非イスラム教徒の混合陪審員制を適用する制度の設立などだった。これはオスマン帝国を全面的に西欧化しようとするプログラムと言ってもよい改革だった。「新オスマン人」グループは、一八三九年のギュルハネ勅令をタンジマート改革推進に必要な道筋として支持していた。ギュルハネ勅令は、一八五六年の改革勅令とは違って、外国による強制ではなく、また、オスマン帝国におけるイスラム教徒の特権を脅かすものでもないというのが彼らの理解だった。しかし、改革勅令については、西欧列強の圧力に屈して非イスラム教徒に不当に譲歩するものとして反対の姿勢を取ったのである。彼らは改革勅令がイスラムとトルコの主権侵害につながることを恐れていた。

イスラム聖職者と保守層の間では、改革勅令は外国人が外国の用語を使って作成した勅令としてさらに不評だった。タンジマート改革の旗手だったムスタファ・レシト・パシャでさえ、改革勅令が要求するキリスト教徒への譲歩は行き過ぎだと考えていた。ムスタファ・レシトはストラトフォード・カニングの強力な要請に応じて、一八五六年十一月から短期間ながら大宰相の地位に復帰していた。改革勅令に腹を立てたイスラム神学者と神学生の一部はスルタンとその閣僚を殺害する陰謀をめぐらし、一八五九年に逮捕される。陰謀の指導者たちは尋問に答えて、イスラム教徒と同等の権利をキリスト教徒に与える改革勅令はイスラム法に違反すると主張した。首謀者のひとりシェイフ・アフメットは、オスマン帝国内のキリスト教徒がイスラム教徒と同等の権利を獲得したのは西欧列強諸国の干渉の結果であり、この譲歩はオスマン帝国におけるイスラム教徒の特権的地位の終焉を意味すると訴えた。(22)

この考え方は権力者の大多数とイスラム階級制度の恩恵にあずかる保守層に共通していた。地方の州知事、総督、地主、名士、聖職者、官吏、徴税請負人、金貸しなどの階層の人々の全員が、もし、キリスト教徒に自分たちと同等の市民権と宗教的権利を与えれば、高い教育を受け、活発に行動するキリスト教徒が少数派ながらオスマン帝国の政治と社会を牛耳ることになるだろうと恐れていた。過去何世紀もの間、キリスト教徒は劣等人種だと聞かされてきたイスラム教徒たちは、特権的地位の喪失に直面して暴力的手段に訴え始める。一八五六年には、ベッサラビア、ナブルス〔ヨルダン川西岸パレスチナ地方の町、旧名ネアポリス〕、ガザなどの各地でイスラム教徒が暴動を起こし、キリスト教徒を襲撃した。続いて、一八五七年には、ヤッファで、また、一八五八年にはヒジャズ〔サウジアラビア西部の紅海に臨む町〕で暴動と襲撃があり、一八六〇年には、レバノンとシリアで二万人のマロン派キリスト教徒がドルーズ派を中心とするイスラム教徒によって殺害された。どの事件についても、背景には宗教的反目と経済的利害の対立があり、この二つの要素が相互に増幅し合っていた。農業と小規模商業に従事するイスラム教徒の生活は欧州製品の輸入拡大によって脅かされていたが、その輸入品を取り扱うのはキリスト教徒の商人だった。改革勅令に反対するイスラム聖職者に扇動されて暴動を起こしたイスラム教徒の大衆は、キリスト教徒の商店と住居を襲撃し、外国の教会と伝導学校を焼き、大使館さえ攻撃した。

たとえば、ナブルスでは一八五六年四月四日に騒動が始まった。イスラム教指導者が金曜礼拝の説教で改革勅令を非難した直後のことだった。当時、ナブルスの人口は一万、そのうちキリスト教徒は半分の五〇〇〇人だったが、クリミア戦争が始まるまで両者は平和裏に共存していた。しかし、戦争の進行とともに緊張関係が高まり、戦争が終わると、パレスチナ人はロシアの敗北を「イスラムの勝利」と見なして、宗教的自尊心を大いに高めることになった。宗教的寛容を説く改革勅令は彼らの宗教的自尊心を傷つけたのである。一方、ナブルスのキリスト教徒は、クリミア戦争の勝利を連合国の勝利と見なして、住居の屋上に英仏両国の国旗を掲げ、プロテスタント教会の伝道学校に新しい鐘を寄進した。これらはイスラム教徒の感情を刺激する行為だった。モスクの金曜礼拝では、イスラム聖職者たちがキリスト教徒の行為を西欧諸国による支配の象徴として非難し、もし、今、キリスト教の教会を破壊しなければ、やがてはイスラム教徒も英国国教会の鐘に合わせて神に祈るようなことになるだろうと警告した。群衆は聖戦を叫んでナブルスの街路に繰り出し、プロテスタントの伝道教会の前に集まって、英国国旗を引きずりおろした。

緊張が極度に高まった時、暴動の直接の引き金を引いたのは英国の伝道牧師サミュエル・ライドが引き起こした奇妙な事件だった。プロテスタント教会の伝道師としてナブルスで働いていたケンブリッジ大学ジーザズ・カレッジの評議員サミュエル・ライドが、彼の上着を盗もうとした乞食を偶発的に射殺してしまったのである。「コップはすでに一杯の状態だった。この事件が最後の一滴となって狂信の嵐が溢れ出した」と英国の駐エルサレム領事だったジェームズ・フィンは報告書の中で書いている。暴徒の襲撃をかろうじて免れたサミュエル・ライドはナブルス州知事マフムト・ベックの邸宅に匿われた。知事は死亡した乞食の遺族を宥め、然るべく埋葬することを約束したが、イスラム聖職者たちは納得しなかった。彼らは信仰会議を開いた上で、「イスラム教徒の血が適正に贖われる時までは」犠牲者の埋葬を禁止し、すべてのモスクにおける公共の祈禱を中止すると宣言した。知事公邸の前に大群衆が集まり、「キリスト教徒への復讐」を叫んで、ライドの引き渡しを要求した。ライドは出ていくと申し出たが、マフムト・ベック知事はライドの引き渡しを拒否する。すると、群衆は暴徒と化して手当たり次第に略奪と破壊を開始し、町中を暴れ回った。キリスト教徒の住居、学校、教会は徹底的に略奪された上で燃やされた。ジェームズ・フィン領事によれば、プロイセン領事館の職員数人とギリシア人十数人が殺害され、さらに、「暴動を目の当たりにして、その恐ろしさから早産した妊婦が一〇人以上もいたということだった」。スルタンによって派遣された鎮圧部隊が到着してようやく秩序が回復し、サミュエル・ライドは四月二十一日にエルサレムで裁判に付された。イスラム教徒とキリスト教徒の両者で構成される陪審員は、殺人罪ではライドを無罪としたが、被害者の遺族に対する巨額の賠償金の支払いを命ずる。[*1] ライドは精神錯乱状態で英国に帰国し、自分がイエス・キリストであるという幻想を口にするようになる。暴動を煽動したイスラム教指導者の罪は問われなかった。キリスト教徒への襲撃はその後も何ヵ月間か続き、一八五六年八月にはナブルスからガザに飛び火した。一八五七年二月、ジェームズ・フィン領事は、「ガザにはまだ三〇〇人のキリスト教徒が恐怖に震えつつ生活している。イスラム狂信者の暴挙は誰にも止められない」と報告している。キリスト教徒は被害を受けても報復を恐れて証言しようとしなかった。[23]

この種の暴動が帝国領内のいたるところで発生する可能性に直面して、オスマン帝国政府は改革勅令の宗教的寛容政策の実施をためらい、先延ばししようとした。英国大使ストラトフォード・カニングはこの態度に不満を募らせ、クラレンドン外相宛の報告書に「オスマン帝国領内のキリスト教徒に対する宗教的迫害の問題に関して、トルコ政府は英国政府の要求に応える気がないようだ」と書いている。「トルコ政府は、イスラム教徒の間に改革勅令への不満が広がっていることを政策不履行の口実にしている」。ストラトフォード・カニングによれば、トルコが連合国の一員としてクリミア戦争に参戦してロシアに勝利したことは、「イスラム至上主義」の復活を促す結果となった。戦後のトルコではオスマン帝国の主権を擁護する意識が高まり、世論は西欧諸国による内政干渉に関して以前にもまして敏感になっていた。今や、政府の要職を占める人々の多くはタンジマート改革派中の新世代であり、彼らの政治家としての地位は比較的安定していて、ムスタファ・レシトに代表される戦前の世代のように外国政府や外国大使に依存する度合いが少なかった。新世代の政治家たちは、改革の推進についても現実的で、かつ用心深かった。西欧列強の経済的、政治的要求に従いつつも、改革勅令が唱える宗教的寛容政策の実施を急ごうとはしなかったのである。大使としての任期の最後の年を迎えていたストラトフォード・カニングは、トルコ政府の指導者たちにオスマン帝国領内のキリスト教徒の保護を真剣に考えるよう繰り返し要請した。カニングによれば、宗教的寛容はクリミア戦争で英仏両国がトルコを支援したことに対してトルコが支払うべき対価に他ならなかった。カニングを特に苛立たせたのは、キリスト教に改宗したイスラム教徒に死刑を適用する習慣が依然として残っていることだった。スルタンは宗教的迫害からのキリスト教徒の保護と、「改宗者を処刑するような野蛮な慣行」の廃止を約束していたが、現実には事態は変わらなかった。ストラトフォード・カニングは一八五六年十二月二十三日付でオスマン帝国政府に書簡を送り、キリスト教に改宗した者が、住む家を追われ、処刑された事例を多数あげながら、次のように書いている。

陸海軍を派遣して勝利に貢献した欧州諸国は、トルコに背教法が存続している事態を到底許すことができない。欧州諸国にとって、背教法は昔も今も侮辱であるばかりでなく、キリスト教徒に対する残酷な迫害の根拠となっているからである。キリスト教徒がイスラム教に改宗した場合はもちろん、イスラム教徒がキリスト教に改宗した場合にも、いかなる刑罰も適用すべきではない。欧州諸国には宗教的寛容を要求する権利があり、英国は明確にその権利を主張するものである。

しかし、ストラトフォード・カニングが翌年帰国する時になっても、オスマン帝国政府は欧州諸国の要求を満たすには至らなかった。一八五七年七月、ジェームズ・フィン領事は「トルコ政府による宗教的寛容政策の実施が遅々として進まないことについて、当地のキリスト教徒の間に不満が高まっている」と報告している。

キリスト教徒が特に不満に思っているのは、街頭で日常的に侮辱されること、裁判の手続きに関してイスラム教徒と同等の権利を認められないこと、ほとんどすべての公務に就くことができないこと、兵役に就く名誉を認められないこと、これまでの二倍の兵役免除税を課されことなどである。

ジェームズ・フィンによれば、パレスチナ地方の農村部では、改革勅令は長い間その存在さえ無視されていた。汚職によって腐敗した現地の知事や長官は法令を順守せず、イスラム教の実力者、聖職者、官僚などと結託してキリスト教徒を抑圧していた。中央政府はあまりに遠く、また、あまりに無力で、地方の逸脱を正すことができなかった。特にパレスチナでは、非イスラム教徒に対する宗教的寛容と法律上の平等という新政策の実現は望みようもなかった(25)。

改革の失敗によってオスマン帝国が長期的に最大の痛手をこうむった地域があるとすれば、それはバルカン半島だった。バルカンでは、一八五八年のボスニア蜂起をはじめとして、イスラム教徒の地主や役人に対するキリスト教徒農民の蜂起が頻発した。ミッレト制度が存続していた結果、それぞれの宗教集団が独自に民族主義的傾向を強めつつあった。この動きはオスマン帝国だけでなく欧州列強をも巻き込んで一連のバルカン戦争に発展し、最終的には第一次大戦を引き起こすことになる。

パリ和平条約は欧州域内の国境線に大幅な変更をもたらさなかった。そのため多数の戦死者を出したクリミア戦争がどんな利益をもたらしたのかとの疑問を感ずる人も当時は少なくなかった。確かに、ロシアはベッサラビア南部をモルダヴィアに割譲することになったが、それ以外の点では、パリ条約は基本的に国境の現状を確認するにとどまった。たとえば、オスマン帝国の独立と領土保全については、欧州列強が現状を確認し、保証することになった（欧州の国際法がイスラム国家を承認するのはこれが初めてだった。一八一五年のウィーン会議では、欧州列強はトルコを意図的に国際法の規定から除外していた）。一方、オスマン帝国領内の非イスラム教徒臣民の保護はパリ条約に署名した当事国すべての共同責任となった。これにより、オスマン帝国領内のキリスト教徒の保護者を自任するロシアの従来の主張は無効となった。ドナウ両公国についてはオスマン帝国の宗主権下での自治が保証され、ロシアは両国に対する保護権を喪失した。ロシアにとって最も屈辱的だったのは、黒海の中立化を定めた第一一条だった。黒海は平時においてはすべての国の商船に開放されるが、その一方で軍艦の航行が禁止された。ロシアは決定的に重要な南部国境の海岸線に位置する軍港と海軍工廠を失うことになった(26)。

しかし、欧州地図を書き換えることはほとんどなかったとはいえ、パリ和平条約が国際関係と国際政治の変化に与えた影響はきわめて大きかった。パリ条約は墺露両国が欧州大陸を支配していた旧来の力の均衡に事実上の終止符を打ち、イタリア、ルーマニア、ドイツなどの国民国家の誕生に道を開く新しい環境を生み出したのである。

和平条約で懲罰を受けたのはロシアだったが、長期的に見て最も多くを失ったのは、ほとんど参戦しなかったオーストリアだった。一八五六年以降、オーストリアは欧州大陸で孤立を深めることになる。その原因のひとつは、オーストリアが保守同盟の相手国だったロシアを失ったことにある。ロシアはオーストリアが一八五四年に武装中立の立場を維持して連合国を利したことを決して許さなかった。一方、自由主義的な西欧諸国も、オーストリアの反動的な姿勢とクリミア戦争中にオーストトリアが行なった「ロシア寄りの」和平工作に根強い不信感を抱くに至っていた。孤立したオーストリアは、一八五九年にはフランスとサルデーニャの連合軍を相手にイタリア統一戦争を戦って敗北し、一八六六年にはプロイセンとのドイツ戦争で敗北し、バルカン戦争でも、一八七〇年代から一九一四年まで敗北を重ねることになる。

しかし、一八五六年四月、そのような運命がまだ何ひとつ明らかになっていなかった段階で、オーストリア、英国、フランスの三ヵ国はパリ和平条約の効力を保証するための三国同盟を締結した。パリ和平条約に対する侵犯があれば、それは戦争の原因になり得ることを確認した上での同盟だった。パーマストンにとって、三国同盟はロシアに対抗して「同盟国の絆を強め、追加的な安全保障を確保する」という意味で有意義だった。パーマストンはロシアがいずれは再び欧州大陸の主要な脅威として立ち現れるだろうと読んでいた。そこで、この三国同盟を足掛かりとして全欧州諸国による反露連合を成立させようとしたのである[27]。しかし、ナポレオン三世の意向は違っていた。セヴァストポリ陥落以降、フランスとロシアの間には和解の機運が高まっていた。ナポレオン三世にとっては、イタリアでオーストリアと対決するためにも、ロシアの支持が必要だった。一方、ロシアにとって、フランスはパリ和平条約の屈辱的な黒海中立化条項を撤廃させる努力を支持してくれる可能性が最も高い友好国だった。一八五六年に辞任したネッセリローデの後継者として新外相となったアレクサンドル・ゴルチャコフは特にそう考えていた。フランスとロシアは国際条約の修正を要求するという点で共通の利害関係を持っていた。ロシアは一八五六年のパリ和平条約の修正を望み、フランスは一八一五年のウィーン条約の残滓を一掃したいと望んでいた。両国の間に取引が成立することは十分にあり得る話だった。

神聖同盟とその正統主義の原則を断固として支持していた前任者のネッセリローデとは違って、新外相ゴルチャコフは欧州大陸におけるロシアの役割についてきわめて現実主義的な考え方をしていた。クリミア戦争以前のロシアは正統な王権の擁護という国際的原則を固持する姿勢だったが、ゴルチャコフによれば、今やロシアが王権擁護のために同盟関係を結ぶべき時代は過去のものとなった。クリミア戦争は欧州の正統王権国家との連帯にロシアが依存し得ないことを明白に証明したからである。同盟に関する前任者ネッセリローデのやり方では、外国政府が政策を誤った場合、ロシアが窮地に追い込まれる危険があった。この場合の外国とは特にオーストリアを意味していたが、ゴルチャコフはウィーン大使を務めていた時以来、オーストリアに対して根深い不信感を抱いていた。ゴルチャコフの考えでは、ロシアはイデオロギーよりも国益を優先する立場から外交政策を展開すべきであり、同盟関係を結ぶ場合には、もっぱらロシアの国益増進につながる相手を選ぶべきだった。これは後にビスマルクの現実主義的《レアルポリティーク》外交政策に発展することになる新しいタイプの外交方針だった。

ロシアは最初からパリ和平条約に挑戦する姿勢を示した。条約細部の不備を衝いて、連合諸国の間に楔を打ち込もうとしたのである。たとえば、一八五六年五月には、ドナウ河口沖合のトルコの領海に浮かぶズメイーニー島〔スネーク島〕の灯台の領有権を主張して、指揮官一名と兵士七名を上陸させ、灯台を占拠した。フランスのヴァレフスキ外相はこの取るに足らない小島をロシアに与えても構わないという反応だったが、英国のパーマストン首相はトルコの主権が侵害されたとして、断固ロシア兵を島から退去させるべきだと主張した。現地に派遣された英国船の船長がズメイーニー島のトルコ人住民に接触して話を聞くと、彼らはロシア人が島に上陸したことを気にしておらず、島の産品を買ってくれる滞在客として受け入れていた。しかし、パーマストンの強硬姿勢は変わらなかった。首相は八月七日付のクラレンドン外相宛の書簡で、「クリミア戦争の前夜にロシア人の侵略的な意図とそれに基づく初期の行動に気づかず、抑制もしなかったアバディーン内閣の決定的な間違いを我々は繰り返してはならない」と書いている。ズメイーニー島に砲艦を派遣してロシア人を物理的に排除する命令が準備された。しかし、英国の駐露大使ジョン・ウッドハウスから、ロシア人をズメイーニー島から強制排除する権限がはたして英国にあるかどうかについて疑問が提起され、ヴィクトリア女王も同様の慎重論を唱えたために、パーマストンは砲艦の派遣を引込め、代わりに外交的圧力に訴える方針に後退した。ゴルチャコフは、ズメイーニー島は一八三三年以来ロシアの領土であると主張し、フランスに支持を求めた。巧妙にもフランスを英露間の仲介者の立場に誘い込んだのである。(28)

次に、ロシアは、トルコの宗主権下に入ったモルダヴィアとロシア領ベッサラビアとの境界線の問題をめぐってパリ和平条約に挑戦した。今回は地図作成上の偶然と地名の混乱を衝いたのである。連合国側が引いた境界線はボルグラードと呼ばれる古い村の南側を走っていたが、そのさらに南方三キロの地点にヤルプク湖があり、その湖畔にノーヴィ・ボルグラード〔新ボルグラード〕という名の市場町があった。ヤルプク湖はドナウ川に通じている。地名の曖昧さに乗じて、ロシアは新旧両ボルグラードの領有を主張した。新ボルグラードの領有はヤルプク湖の部分的領有を意味する。パリ和平条約はロシアにドナウ川への直接アクセスを禁じていた。そこで、パーマストンは旧ボルグラードを境界線とすることを強硬に主張し、フランスに対しても両国が一致して対露強硬姿勢を維持することを要請した。英仏間に対応の差が生ずれば、ロシアがそれを利用することは明らかだったからである。しかし、フランスはロシアの主張に譲歩し、ヤルプク湖と新ボルグラードとの間の狭い帯状の土地に境界線を引くことを提案した。つまり、ヤルプク湖への直接のアクセスは認めないが、ロシアの領土拡大には応じるという内容だった。またしても、フランスは英露間の仲介役を演じたのである。

一八五六年十一月の半ば、フランスのシャルル・ド・モルニー公爵がロシアのゴルチャコフ外相に接触して、ズメイーニー島に対する領有権の主張を撤回するよう説得した。見返りとして、ヤルプク湖へのアクセスは認めない条件で、ロシアに新ボルグラードを与えるという案が提示された。提案はナポレオン三世の意向を反映していた。この取引に連動して、ロシア側は黒海とドナウ両公国の中立性確保に関する仏露条約の締結を提案した。条約案はアレクサンドル二世とゴルチャコフ外相がシャルル・ド・モルニーの協力を得てサンクトペテルブルクで作成したものだった。黒海とドナウ両公国の中立化はすでにパリ和平条約に規定されていたが、ロシア側の主張によれば、「ドナウ沿岸にあるロシアの正統な領土を騙し取ろうとする英国とオーストリアがパリ条約を侵害しているために」、仏露両国は新たに条約を結ぶ必要があった。モルニーはロシアが提案する条約の締結をナポレオン三世に勧めるにあたって、「もし、フランスがこの条約を締結すれば、ロシアは欧州大陸におけるフランスの領土拡大を支持するであろう」というゴルチャコフの約束を伝達した。「留意していただきたいが」とモルニーは書いている。「ロシアがフランスの領土拡大を支持する唯一の強国であることは間違いない。英国から同じような約束が得られるとは到底考えられない。要求が多い上に気まぐれなフランス国民を満足させるためには、いつかロシアに支援を求める時が来ないとは誰にも言えない」。フランスの領土拡大に関するロシアの対応策の内容を秘密裏に伝達する全権大使にはパーヴェル・キセリョーフ伯爵が任命された。フランスとの友好関係を強めようとするロシア皇帝の意欲を代表する大使には、外交儀礼上の配慮からも、それなりの大物政治家を派遣する必要があったので、元ドナウ両公国総督のキセリョーフ伯爵が戦後の大使としてフランスに派遣されたのである。ナポレオン三世がイタリア半島に直接的な関心を示した場合には、「ロシアはフランスによるニースとサヴォアの再併合およびロンバルディアとサルデーニャの統合に合意する」旨を事前にフランス側に通告すること、そして、ナポレオン三世の野心がライン地方に向けられた場合には、ロシアはプロイセンとの友好関係を維持しつつも、「フランスの行動を可能なかぎり支援する」旨を通告することがキセリョーフ大使に与えられた指示の内容だった[29]。

一八五七年一月、パリで関係国会議が開催され、二件の係争問題が決着した。迅速な解決と言ってよかった。まず、ズメイーニー島については、トルコの領有権が確認され、島の灯台は国際委員会の管理下に置かれることになった。また、新ボルグラードはモルダヴィアの領土であることを確認し、ロシアが新ボルグラードを失うことについては、ベッサラビアの別の場所で国境線を変更して埋め合わせをすることになった。両方とも、表面上はロシアが一方的に譲歩を強いられる形での解決だったが、連合国側の足並みに乱れが生じたという点では、ロシア側が政治的勝利を収めたとも言えた。フランスはオスマン帝国の領土保全を二次的な問題と見なす態度をすでに明らかにし、欧州地図を書き換えるためにロシアと取引する意向だった。

その後の一年半の間に、複数のロシア高官が相次いでフランスを訪問した。たとえば、一八五七年には、ロシア皇帝の弟でロシア海軍の責任者だったコンスタンチン大公がパリを訪れた。クリミア戦争後のロシア海軍は抜本的な改革を必要としていた。後進的なロシア海軍の近代化に必要な技術を導入するにはフランスとの提携が最善の道であると判断したコンスタンチン大公は、ロシアの造船業には任せられない注文のすべてをフランスの企業に発注した。フランス滞在中、コンスタンチン大公はニースに近いヴィラフランカ〔現在のヴィルフランシュ・スュル・メール〕でサルデーニャ王国のカヴール首相と会談し、「オデッサ海運会社」のための石炭補給基地をサルデーニャから租借する協定を結んだ。ロシアに地中海進出の足掛かりを与える協定だった[*2]。パリでは、ナポレオン三世がコンスタンチン大公を歓迎して華やかな歓迎会を開き、席上、コンスタンチン大公を個人的な会話に誘い込んで、欧州の将来について語り合った。コンスタンチン大公がロシアの外交政策を牛耳ろうとしていること、また、汎スラヴ主義的傾向の強いコンスタンチン大公がゴルチャコフ外相の外交路線と対立していることを知った上で、ナポレオン三世は大公の政治的野心を利用しようとしたのである。ナポレオン三世は、オーストリア支配下のイタリアで反乱が起こり、サルデーニャ王国の主導でイタリア統一が実現する可能性について語り、さらに、オスマン帝国内のキリスト教徒が蜂起する可能性についても言及した。それはコンスタンチン大公が大いに関心を寄せている問題だった。ナポレオン三世は、オーストリア帝国とオスマン帝国のどちらの場合についても、小規模な国民国家の成立を支援することが仏露両国の利益につながるという見解をコンスタンチン大公に披瀝した[30]。

ナポレオン三世は、コンスタンチン大公に勧められて、アレクサンドル二世との直接会談に踏み切った。会談の目的は、フランス・サルデーニャ連合軍がイタリア統一に向けてオーストリアと戦端を開いた場合にロシアの支援を確保することだった。両皇帝の会談は一八五七年九月にシュトゥットガルトで実現した。会談を通じてナポレオン三世はロシアの支援を確信するに至り、翌年七月に温泉地プロンビエールでサルデーニャのカヴール首相と対オーストリア戦の計画を話し合った時には、アレクサンドル二世から確約を得たと報告している。プロンビエールでの話合いでは、フランスとサルデーニャ〔中心都市トリノ〕の連合軍がオーストリア軍を撃破してロンバルド＝ヴェネト王国〔ロンバルディアの中心都市はミラノ、ヴェネトの中心都市はヴェネツィア〕を併合し、北イタリア王国を設立する計画が話し合われた。北イタリア王国は一八四八～四九年にも一時的に成立したことがあった。今回は、北イタリア王国成立後、さらに、教皇国家〔ローマなど〕、両シチリア王国〔シチリア王国とナポリ王国〕、中央イタリア連合〔トスカーナ大公国、パルマ公国、モデナ公国、教皇国家の一部〕を併合して、サルデーニャの主導によるイタリア統一を実現するというのが計画の全体像だった。フランスは、この計画を支援する代償として、ニースとサヴォアを獲得することになった。サルデーニャのカヴール首相はもともとはイタリア統一の夢を英仏連合に託していた。だからこそ、サルデーニャ軍をクリミア戦争に参戦させたのである。カヴールはパリ和平会議の舞台裏で影響力を発揮し、英仏両国の共感を得ていた。

和平会議では具体的な支援の約束は得られなかったが、英仏両国に希望を託す気持ちは変わらなかった。そのカヴールにとっては、ロシア皇帝がイタリアの民族主義革命に支援の手を差し伸べるという話はにわかに信じられなかった。そこで、欧州の王侯貴族が疲労回復のために利用する温泉地バーデンバーデンに駆けつけ、リベラルな傾向の義理の叔母としてアレクサンドル二世に影響力を持つエレナ・パヴロヴナ大公妃に相談した。大公妃はロシアがイタリア統一を支援することは間違いないと答えた。カヴールはラ・マルモラ将軍に次のように書き送っている。「エレナ・パヴロヴナ大公妃によれば、フランスが我々と結ぶことになれば、ロシア政府も国民世論に押され支援の側に回るだろうということだ(31)」

しかし、実のところ、いかなる戦争にも巻き込まれたくないというのがロシア皇帝の本音だった。フランスはパリ和平条約中の黒海非武装化条項の見直しを支持したが、その見返りとしてアレクサンドル二世が約束したのはロシアの武装中立にすぎなかった。つまり、ガリツィアとの国境にロシア軍を大規模動員して、オーストリア軍のイタリア増派を牽制するという約束だった。クリミア戦争中、オーストリアは武装中立の立場を維持して実質的に英仏連合軍を支援したが、アレクサンドル二世はこれをオーストリアの裏切りと見なして、同じ戦術による復讐を企図したのである。一方、ナポレオン三世は、英国との関係悪化を恐れて、黒海非武装化条項の見直しに関する言質をロシアに与えたくなかった。そこで、仏露間には黒海問題に関する公式の条約は締結されなかった。ただし、一八五八年三月、両皇帝の名による紳士協定が成立した。この協定によれば、仏墺戦争が勃発した場合、ロシアは「好意的中立」を維持することとし、その見返りとして、フランスは黒海問題について「将来にわたって解決に尽力する」ことになった(32)。

このような状況下で、フランス軍とサルデーニャ軍はイタリア北部に駐留するオーストリア軍への攻撃を開始した。一八五九年四月のことである。この時、ロシアは三〇万人規模の部隊をオーストリア国境に動員しようとしていた。わずか数年前なら、フランスがウィーン条約の修正を狙って何らかの動きに出た場合、ロシアはためらいなくオーストリアを支持する立場での軍事行動を起こしていただろう。クリミア戦争が国際関係を一変させてしまっていた。

ナポレオン三世が指揮するフランス軍とヴィットーリオ・エマヌエーレ二世が指揮するサルデーニャ軍は順調に勝ち進み、六月二十四日には、ソルフェリーノの戦いでフランツ・ヨーゼフ皇帝の率いるオーストリア軍に対して決定的な勝利を収める。ソルフェリーノの戦いは、戦闘に参加したすべての軍隊が君主たる皇帝の直接の指揮下で戦った歴史上最後の主要な会戦だった。仏伊連合軍は勝利したが、ナポレオン三世は、この時、ドイツ諸邦がオーストリアを支持して参戦する事態を恐れて、サルデーニャ側に知らせることなく、単独でオーストリアと休戦協定を結んでしまう。いわゆる、ヴィラフランカ和約〔ヴィラフランカ・ディ・ヴェローナは現在のヴェネト州ヴェローナ市に隣接する町〕である。この休戦協定により、首都ミラノを含むロンバルディア王国の大半はオーストリアからフランスに割譲され、フランスはナポレオン三世とカヴールが交わしたプロンビエール合意に従って、ロンバルディアを直ちにサルデーニャに与えた〔ただし、ヴェネト王国はオーストリア領にとどまった〕。また、中央イタリアのパルマ公国、モデナ公国、トスカーナ大公国については亡命君主を復位させることになった。これら諸国の君主は統一戦争勃発と同時に発生した民衆蜂起によって亡命を余儀なくされていたのである。イタリア統一運動が革命的性格を帯びることを憂慮していたロシアはヴィラフランカ和約を歓迎したが、裏切られたサルデーニャは激怒し、中央イタリア諸国を併合すべく軍を進めた。イタリア統一を支援した代償としてサヴォアとニースは約束どおりフランスに割譲された。サヴォアとニースの割譲については、対墺戦争の英雄で革命派の司令官だったジュゼッペ・ガリバルディが激しく反対した。ガリバルディの出生地はニースだった。一八六〇年春、ガリバルディは赤シャツ隊または千人隊と呼ばれる義勇軍を率いて両シチリア王国を征服し、サルデーニャ王国の主導によるイタリア統一に大きく貢献した。

ガリバルディが率いる民族主義革命派の活躍はアレクサンドル二世とナポレオン三世の関係に重大な緊張をもたらした。アレクサンドル二世はフランス皇帝への支援継続が危険な結果を招き得ることを思い知らされたのである。民族主義革命の波がハプスブルク帝国の領内に広がることが不可避だとすれば、そこから、ポーランドなど、ロシア帝国の各地にも波及することは必至だった。一八六〇年十月、ロシアはサルデーニャによるナポリ公国の併合に抗議して、サルデーニャとの国交を断絶する。ゴルチャコフ外相は、サルデーニャを革命運動の元凶として非難し、新たに国際会議を開催して承認を得ないかぎり、イタリア半島におけるいかなる国境変更にも反対であると宣言した。そして、慎重な言い回しながら、イタリアのオーストリア軍を支援する姿勢を表明した（一八六一年、トリノで第一回イタリア議会〔第八回サルデーニャ議会〕が開催された段階では、ヴェネト王国と教皇国家ローマはサルデーニャに統合されていなかったが、ヴェネト王国を支配するオーストリアを支援するためにロシアが実際に戦闘に参加する機会はなかった）。一八六一年三月、ヴィットーリオ・エマヌエーレ二世がイタリア国王として正式に即位するが、英仏両国からの要請にもかかわらず、ロシアとオーストリアは相互の合意に基づいて承認を拒否する。英国は、イタリア国王を承認するようプロイセンに働きかけることをロシアのゴルチャコフ外相に要請したが、ゴルチャコフはこの要請も拒否する。神聖同盟が脈々と生き延びているかのようだった。ゴルチャコフは、英国の協力要請を拒否する理由として、ピエモンテ＝サルデーニャで始まった民族主義革命の動きを列強諸国が放置すれば、ハプスブルク帝国もオスマン帝国も瓦解してしまうだろうと主張した。「我々の基本的目標は次の二つである。すなわち、オスマン・トルコ帝国の領土保全とハプスブルク帝国の領土保全だ」と、ゴルチャコフはサンクトペテルブルク駐在の英国大使フランシス・ネーピア卿に語っている。英国がクリミア戦争への参戦を正当化した時の論理を当てこすって、からかったのだった。[33]

ロシアがフランスに対する友好的な姿勢を転換する決定的な契機となったのは、一八六三年に発生したポーランド蜂起だった。ポーランドでは、イタリアのガリバルディの活躍に刺激された学生たちがすでに一八六一年から激しい示威行動を繰り返していた。これに対して、アレクサンドル二世はポーランド総督カルル・ランベルト将軍に戒厳令を布告させ、厳しい弾圧に乗り出した。ポーランドの指導者たちは密かに集まって方針を協議した。農民と労働者の力を結集して、大衆の力による民主主義革命を追求すべきだという意見がある一方、まず貴族と知識人を中心として民族主義運動を確立すべきだという、アダム・チャルトリスキらのやや穏健な意見もあった。一八六三年一月の蜂起は、ポーランド人をロシア軍に強制的に徴兵する政策に抗議する自然発生的な抵抗運動として始まった。蜂起側は強大なロシア軍を相手に小集団によるゲリラ戦を展開して戦った。ゲリラ基地は、主として、リトアニア、ポーランド、ベラルーシ、西ウクライナなどのカトリック地域の森の中にあった。蜂起軍の中には、クリミア戦争中に連合軍に属してロシア軍と戦った兵士が多数含まれていた。代表的なのはフランソワ・ロシュブルンによって組織された「ズアーヴ決死隊」だった。ロシュブルンはフランス軍ズアーヴ連隊の士官としてクリミア戦争に従軍し、一八五七年には英仏遠征軍の一員として中国に渡り、第二次アヘン戦争を戦ったが、その後、当時オーストリア領だったクラクフに落ち着き、フェンシングの学校を開いていた。ロシア軍に屈服するよりも死を選ぶことを誓い合ったロシュブルン指揮下の「ズアーヴ決死隊」の隊員たちは、胸に大きな白い十字架の縫取りのある黒の制服に身を包み、赤のフェズ帽をかぶり、その多くがクリミア戦争から持ち帰ったミニエ銃で武装していた。

ワルシャワで秘密裏に設立された革命政府は「すべてのポーランド人は自由平等の市民である」と

宣言し、農民に土地の所有権を与える方針を決定し、欧州各国に支援を要請した。教皇ピウス九世は、正教徒ロシアに対するカトリック教徒ポーランドの勝利を祈願する特別ミサの催行を命じるなど、蜂起したポーランドに対する同情をイタリアとフランスの国内で喚起するために積極的に活動した。ナポレオン三世はポーランドの蜂起を支援するためにバルト海沿岸地域にフランス軍を出動させようとした。しかし、英国はクリミア戦争の再発を恐れて、それに反対した。同じ頃、フランスはメキシコ戦争に遠征軍を派遣する必要に迫られていたので、結局、バルト海への出兵は実現しなかった。それでも、西欧列強がポーランド支援のために介入したことはロシアを怒らせた。アレクサンドル二世は特にフランスの裏切りに激怒し、その分だけ、ポーランドの反乱を徹底的に鎮圧する決意を固めた。ロシア軍はポーランド各地で町や村を丸ごと焼き払い、数万人のポーランド人男女をシベリアに追放し、数百人の叛徒を公開の場で絞首刑にした。

フランソワ・ロシュブルン

親仏政策が招いた事態に恐れをなしたロシアは、ポーランド蜂起以降、フランスと距離をおく政策に転換し、その一方で、旧来の同盟国であるプロイセンに接近する。ロシア、オーストリアとともにポーランドを分割領有していたプロイセンは、ロシアのポーランド政策を支持する唯一の強国だった（両国間の軍事協定によって、ロシアは軍隊を移動する際にプロイセンの鉄道を使うことができた）。アレクサンドル二世は自由主義的なフランスに対して根強い不信感を抱き、フランスの影響力拡大を防止する対抗勢力として保守的な同盟国プロイセンを重視し、プロイセンの首相オットー・フォン・ビスマルクを支援した。アレクサンドル二世はビスマルクがプロイセン大使としてサンクトペテルブルクに駐在していた頃（一八五九〜六二年）からその手腕に注目していた。ビスマルクもロシアとの友好関係の維持を重視した。その後、プロイセンは対デンマーク戦争（一八六四年）、普墺戦争（一八六六年）、普仏戦争（一八七〇年）を戦うが、どの戦争でもロシアは一貫してプロイセンを支持する。普仏戦争でフランスが敗北し、ビスマルクの主導でドイツ帝国が成立すると、ロシアはドイツの支援を得て、一八七一年、ついにパリ和平条約第一一条の廃棄を実現する。黒海艦隊の復活が可能となったのである。パリ和平条約の締結からすでに一五年の歳月を経ていた。この間に次々に新しい事件が起こり、国際情勢はすっかり様変わりしていた。ナポレオン三世は普仏戦争後に成立した第三共和制によって帝位を追われ、英国に亡命していた。オーストリアとフランスは国際的な地位と影響力を失い、ドイツとイタリアの両国が新興の統一国家として成立した。クリミア戦争の争点とそれをめぐる情念は急速に過去のものとなりつつあった。

パリ和平条約によってロシアは領土の一部を失った。しかし、それよりもむしろ重大だったのは国家の威信が失われたことだった。ベッサラビアを奪われ、黒海艦隊の活動を禁じられたこともさることながら、バルカン半島に対する支配権を失い、東方問題に関して十八世紀以来努力して獲得してきた権益を喪失した痛手は大きかった。ロシアが戦前に欧州大陸で占めていた大国の地位を回復するのは、第二次世界大戦が終わる一九四五年以降になってからのことである。

黒海の非武装化はロシアにとって国防上の重大な打撃だった。戦時にオスマン帝国のスルタンが英国艦隊その他の外国艦隊に黒海への出動を要請した場合、ロシアはその脆弱な南部国境の海岸線を防衛する手段を持たないことになったからである。黒海艦隊とセヴァストポリ軍港その他の海軍基地を失ったことは屈辱でもあった。欧州の主要国家が軍縮を強制されるという事態はそれまでに例がなかった。ナポレオン戦争に敗れたフランスでさえ、武装解除の対象にはならなかった。主要国は相互に尊重し合い、相手に屈辱を与えるような対応を避けるというのが欧州協調の原則だった。つまり、ロシアは前例のない屈辱的扱いを受けたのである。実は、連合国側はロシアを欧州の主要国とは見なしていなかった節がある。ロシアを半アジア的な後進国家と見なしていたのである。パリ和平会議では、黒海非武装化を監視する目的で西欧諸国が黒海沿岸の各地に領事館を設置するという方針が決定された。フランスのヴァレフスキ外相が、これはロシアにとってあまりにも屈辱的ではないかと英国代表団に問い質すと、カウリー英国大使は第一次アヘン戦争後の南京条約でも中国に同様の条件を呑ませた例があると答えている[34]。

クリミア戦争の敗北はロシア国内に深刻な影響を残した。軍隊への信頼が揺らぎ、国防を近代化する必要性が痛感された。近代化が遅れていたのは狭義の軍備にとどまらなかった。鉄道の開発、工業化の促進、財政の健全化を求める世論が高まった。ニコライ一世が作り上げた政治システムの中で陸軍省が維持していた特権的な地位は失われ、財務省や内務省の発言権が強まった。ただし、陸軍省が国家予算の最大部分を占めるという事情は変わらなかった。

戦前、ロシア国民の大多数は自分の国について、「世界で最も豊かな国」、「最大にして最強の国家」というイメージを抱いていたが、そのイメージは敗戦によって突如として瓦壊してしまった。ロシアの後進性が白日の下に露呈されたのである。社会のあらゆる分野から改革を要求する声が起こり、あらゆる事柄が問い直された。クリミア戦争の敗北によって、ロシアのあらゆる制度と仕組の不備が明らかになったからである。軍事指導部の腐敗と無能、陸海軍の技術的立ち遅れ、道路と鉄道の不備不足による補給上の慢性的問題などにとどまらず、軍隊を構成する農奴の貧困と文盲、工業諸国との戦争に際して国家を支えられなかった農奴制経済の弱さ、そして貴族政治そのものの欠陥が問題として浮上した。特に集中的な批判の的となったのは先帝ニコライ一世だった。ニコライ一世の傲慢で頑迷なやり方が国家を破滅させ、膨大な数の犠牲者を生んだという非難が高まった。「先帝ニコライ一世の評判は今や完全に地に落ちてしまった」とアンナ・チュッチェワは日記に記している。

ロシア軍が敗退を重ねるたびに、ニコライ一世に対する辛辣な批判の声が高まっている。人々はニコライ一世が個人的な野心のために戦争を始めたとして非難している。個人的な名誉と自尊心のためにロシアの歴史的伝統を否定し、同胞を裏切り、正教徒のスラヴ諸民族を見捨て、ロシア帝国をヨーロッパの憲兵に変えてしまったという非難だ。本来ならば、皇帝は東方世界と正教会に新たな活力を吹きこむべきだったし、そうすることが可能だったという声もある。

ニコライ一世の作り上げた政治体制が破綻したことは、政府上層部のエリートも認めていた。「神よ、犠牲者の数はあまりにも膨大だ」と、皇帝政府の検閲官だったアレクサンドル・ニキチェンコはその日記に記している。「すべては絶対的権力に酔い痴れた人物の傲慢と狂気の結果だ……戦争は過去二年間だけでなく、すでに三〇年間も続いているのだ。この三〇年間、ロシアは一〇〇万の軍隊を擁して、絶えずヨーロッパを脅かしてきた。その目的は何だったのか？　それによって、いったいどんな利益と名誉がロシアにもたらされたというのか？」ニキチェンコは、ほんの二、三年前にモスクワの汎スラヴ派民族主義者が声高に唱えていた主張を思い出している。西欧文明は没落の一途をたどっており、ロシアが主導する新しいスラヴ文明がそれに取って代わろうとしているというのが彼らの主張の内容だった。「だが、傲慢にも西欧文明を軽蔑した我々自身がいかに無知で、精神の鈍麻した存在だったかが証明されてしまった。実際には、ロシアは腐敗堕落した後進国だったのだ。我々は何と惨めな国民だろうか！」[35]

トルストイも改革を求める人々のひとりだった。『セヴァストポリ物語』で一躍文学的名声を得たトルストイだったが、その人生観と文学観はクリミア戦争の経験を通じて形成されたと言っても過言ではない。トルストイは多数の将校の無能ぶりと腐敗堕落を直接に目撃した。その将校たちはしばしば一般の兵士を残忍なやり方で虐待していた。一方、トルストイは一般兵士の勇敢さと粘り強さに心を動かされていた。彼の陣中日記には急進的な改革思想の萌芽が見られ、ペンによって正義を求める戦いへの決意が綴られている。トルストイは、一八五四年十一月、オデッサからセヴァストポリに向かう輸送船の中で、操舵手から兵士輸送の実態を聞かされた。「豪雨の中、ある兵士は水浸しの船底に横たわって眠らなければならなかった。また、ある兵士は些細な理由で鞭打たれた。ある兵士は銃で自殺したが、それは休暇からの帰隊が二日遅れたことへの懲罰を恐れてのことだった。自殺した兵士の遺体は何の儀式もなしに海に投げ込まれた」。トルストイは英国軍またはフランス軍における兵士の扱いがロシア軍とはまったく違うと思っていたので、操舵手の話を聞いて軍隊改革の必要性を痛感した。「私は捕虜となった英仏軍の負傷兵たちと何時間か話し込んだことがある」と、同じ十一月にシンフェロポリに近いエスキオルダに到着したトルストイは日記に書きつけている。

英仏軍の兵士たちは自分の身分に誇りを持っている。彼らには自尊心があるのだ。というのも、軍隊という巨大な機械の不可欠なネジとして自分たちが役立っていると感じているからだ。優秀な武器とそれを使いこなす技能、政治や芸術に関する知識などが若い兵士たちに自信を与えている。価値ある人間としての自覚があるのだ。一方、ロシア軍の兵士は年齢層が高く、馬鹿げた教練に明け暮れるだけだ。武器は貧弱であり、教育は行き届かず、糧食も支給品も劣悪なために、人間としての最後の自尊心も奪われて、敵軍に対して過度の劣等感を抱くに至っている。[36]

はたして英仏軍の一般兵士に芸術についての十分な知識があったかかどうかは疑わしい。この頃のトルストイには、当時「西欧」を賛美するロシア人にありがちだった素朴な西欧信仰の傾向が見られる。しかし、西欧に対する高い評価がトルストイの改革への情熱を刺激したことは事実である。ニコライ一世死去の直後、トルストイは独自の「ロシア軍改革計画案」を書き上げてセヴァストポリ守備隊司令官のオステン＝サーケン将軍に提出した。「計画案」が新帝アレクサンドル二世の手許に達することを期待しての行動だった。アレクサンドル二世は先帝に比べて人道主義的な皇帝だという評判があり、その噂に希望を託したのである。トルストイが書いた改革案には多分の真理が含まれていたが、セヴァストポリ防衛戦を勇敢に戦った人々については公平を欠く評価もあった。

目の前で公然と繰り返される悪に対して沈黙を守ることは、良心と正義感を持つ者には許されない。その悪は数百万人の命を奪い、我々の力を弱め、国家の名誉を傷つけている……我が国には軍隊は存在しない。存在するのは懲罰を恐れて命令に黙従する奴隷の集団である。この奴隷集団は強盗や奴隷商人に似た指揮官の命令に従って行動することはできるが、教会や皇帝や祖国への忠誠心を微塵も持たないという意味で、とうてい軍隊とは呼べない。そもそも、教会、皇帝、祖国という言葉ほど軽々しく使われている言葉は少ない。この奴隷集団には、戦場で発揮すべき勇気もなければ、軍隊としての品位もない。あるのは受動的な忍耐力と抑圧された不満、そして、残忍さ、奴隷根性、腐敗堕落のみである。

トルストイが激しく非難したのは農奴出身の兵士に対する残酷な扱いだった。当初の提案には、「虐待される兵士一人一人の胸には復讐の思いが沈潜している。復讐心は今のところまだ抑え込まれていて表面に出ないが、いずれは爆発するであろう。神よ、彼らの怒りが爆発した時に我々の社会が直面する恐怖はいかばかりのものか」という表現さえあった。トルストイは後にこの過激な部分を削除するが、それは政府部内で彼の改革案が却下されることを恐れてのことだった。トルストイは、まず、軍隊における体罰の禁止を要求した。クリミア戦争でロシア軍が苦戦した原因のひとつは兵士に対する野蛮な懲罰にあったと論じたのである。また、銃火器の改善も要求した。連合軍のミニエ銃に対してロシア軍があまりにも無力だったからである。指揮系統の改善に関する提案では、トルストイはクリミア戦争で目にした指揮官たちの残酷さと腐敗を徹底的に批判している。指揮官たちは他の仕事に就けないためにやむを得ず軍隊に入ったような連中で、彼らの関心はもっぱら兵士の服装や教練などの些末な事柄に限られているという批判だった。上級の司令官たちはその能力に応じてではなく、皇帝の好みによって選ばれたご機嫌取りの廷臣であるという痛烈な批判もあったが、トルストイは後にこの部分も削除した。改革案が検討される可能性を失うことを恐れたからだった。しかし、当時、最も大きな肩章をつけた司令官たちの無能こそがクリミア戦争の敗因だという内容の風刺歌が流行し、軍隊内でも一般社会でも広く歌われていた。そして、その作者不詳の風刺歌は実はトルストイの作であるという噂がすでに流れていた。皇帝の弟にあたるミハイル・ニコラエヴィチ大公は兵士の士気を阻害するとしてその風刺歌を非難した。*3 トルストイが風刺歌の作者であるという嫌疑は結局証明され

なかったが、セヴァストポリに着任した時点で少尉だったトルストイがその後少尉以上に昇進することはなかった。(37)

クリミア戦争を経験して、トルストイは軍隊以外の社会制度についても疑問を感じ始める。詩人のアファナシー・フェートは一八五五年の冬にサンクトペテルブルクのツルゲーネフのアパートで初めて出会ったトルストイについて、「世の中のあらゆる常識に自動的に反対するたぐいの若者」という印象を受けている。クリミアで一般兵士と生活を共にしたことによって農民階級の素朴な美徳に目覚めたトルストイは、数々の不正を抱える農奴制度の中で、ロシア貴族として、また地主として道徳的に生きるための新しい真実を探し求めていた。彼がこの問題に関わるのは初めてではなかった。一八五二年に著した『ある地主の朝』では、幸福で正しい生活を求める地主（トルストイ自身）について書いている。主人公が辿り着いた解答は、自分よりも不幸な人々に尽くすためにみずから労働に励むという道だった。同じ頃、トルストイは自分の領地ヤースナヤ・ポリャーナの農奴に小作料の引き下げを提案する。しかし、農奴たちはトルストイの意図を疑ってその提案を拒否した（彼らはそのような温情主義に慣れていなかった）。クリミア戦争に従軍して、トルストイは農奴出身の兵士たちに親近感を感じ始める。「単純で心優しい人々の善良さが戦争の現実を通じて明らかになった」。トルストイは自分が過してきた「飲む、打つ、買う」の生活、実際には何も生み出さず、人生の目的もない生活に嫌気がさし、(38)戦後は農民階級とともに「真実の生活」を送るという課題に新たな決意を持って身を捧げることになる。

トルストイが戦争から帰還した頃、ロシア社会には改革を求める新しい空気がみなぎっていた。比較的リベラルな開明派の貴族の間では、すでに農奴解放の時期が来ているという認識が広まっていた。トルストイの遠い親族であり、有名なデカブリストだったセルゲイ・ヴォルコンスキーは一八五六年にシベリア流刑から解放されたが、彼によれば、農奴制の廃止は「最近の二度にわたる戦争で農民階級が払った犠牲に対して国家がなし得る最低限の恩返しである。ロシアの農民が同時にロシアの国民であることを認めるべき時が来ている」のだった。クリミア戦争に動員された農民兵士は農奴身分からの解放を期待するように仕向けられていた。一八五四年の春には、陸軍または海軍に志願する農奴には皇帝が自由を約束したという噂が広がり、それを聞いた数千人の農民が各地の募兵事務所に押しかけ、追い払おうとする警官隊や兵士と衝突した。クリミア戦争が終わると解放への期待はさらに高まった。地主に対する農民の蜂起とストライキの件数は、アレクサンドル二世による統治の最初の六年間だけで五〇〇〇件にのぼった。[39]

アレクサンドル二世は、革命を予防するためには農奴解放が必要であると考えていた。「農奴制が下からの革命によって打倒される前に、上からの措置で廃止すべきだ」と、皇帝は一八五六年にモスクワの貴族グループの会合で語っている。後進的な農奴制を廃止し、経済を近代化しないかぎり、西欧列強に太刀打ちできないという認識こそ、クリミア戦争の敗北が残した最大の教訓であり、皇帝もそれを理解していた。そもそも、領主である貴族階級が自分の領地から利益を上げる方法を知らない状態だった。貴族の大半は、農業についても、会計についても、ほとんど何の知識も持たなかった。にもかかわらず、彼らは昔どおりの贅沢な散財を続けていたので、膨大な債務を抱えることになった。一八五九年には、国家と貴族銀行への債務の担保として、領主貴族の所有する土地の三分の一と農奴の三分の二が抵当に入っていた。このような経済的事情からも、農奴解放は待ったなしの課題だったのである。多くの領主が別の領主の所有する農奴を雇用するための契約を結ばざるを得なくなり、否応なしに自由労働システムが導入されつつあった。農奴解放が実施された場合、解放された農奴が耕作を続けるためには土地の買戻し金を払うことになり、地主階級はその買戻し金を自分の債務返済に充てることが可能になる見込みだった。経済的原則に逆らうことはできなかった。[*4]

皇帝が農奴解放令を準備するための特別委員会を任命したのは一八五八年のことだった。特別委員会は各地の地主委員会と協議しつつ解放令を策定することになった。しかし、頑迷な保守派の地主たちは、改革の範囲を縮小して自分たちに有利な土地解放規則を通そうと圧力をかけた。そのため、特別委員会は政治的混乱を繰り返し、二年間の大半を無駄に費やしたが、皇帝自身の介入が少なからず功を奏して、最終的には反動派が敗れ、穏健な改革派が勝利を収めた。一八六一年二月十九日、アレクサンドル二世が農奴解放の勅令に署名し、その内容が教区の司祭を通じて農民に伝達された。ただし、それは農民が期待していた完全な解放ではなかった。農民はすべての土地が無償で与えられることを期待していたが、農民に分与すべき土地の選択についても、農民共同体が支払うべき買戻し金の算定についても、地主側に大幅な裁量を認める内容となっていたのである。[*5] 各地で暴動が発生した。公表された解放令は皇帝が署名した本物の勅令ではなく、真の解放を妨げようとする貴族と役人が捏造した文書にすぎないという噂が流れた。農民が長い間待っていた真の解放とは、皇帝がすべての農奴を解放し、無条件で土地を与えるという「黄金宣言」だった。

農民は失望したが、それでも農奴解放が歴史上の決定的な分水嶺となったことは否めない。たとえどんなに限定的であっても、ついに国民大衆に一種の自由が与えられたのである。国家再生へ向けての希望の足掛かりができたと言ってもよかった。文学者の中には、農奴解放を十世紀のキリスト教改宗以来のロシアの大転換とする見方もあった。ロシアの富が人民の血と汗で贖われたものである以上、新生ロシアは過去の罪悪を払拭すべきであり、また、地主階級と農民階級は旧来の分裂を克服して、国民として和解すべきであると彼らは論じた。フョードル・ドストエフスキーが一八六一年に書いたように、「すべてのロシア人は何よりもまずひとりのロシア国民なのだ」という認識が広がりつつあった。[40]

クリミア戦争の敗北は農奴解放を促す結果となったが、同時に軍制改革をも加速した。クリミア戦争の経験を通じて軍制改革を提案した軍人はトルストイひとりではなかった。一八五五年の夏、近衛歩兵連隊の司令官だったフョードル・リディゲル伯爵は皇帝に上申書を提出し、トルストイによる軍幹部批判と同様の趣旨を展開した。リディゲルは無能な上級司令部と拙劣な管理運営がロシア軍敗北の原因だったと指摘した上で、分列行進や閲兵に明け暮れるのではなく、軍事科学に基づく訓練を士官たちに授けるべきであり、才能のある指揮官にはその才能に応じて戦場での指揮権を与えるべきであると提案した。さらに、リディゲル同様に軍の高官だった侍従武官長のＶ・Ａ・グリンカ将軍も陸軍の補給システムを批判し、鉄道の建設を提案した。鉄道の欠如がクリミア戦争における兵站上の困難の主要な原因だったことについては衆目が一致していた。[41]

アレクサンドル二世はリディゲル将軍を責任者とする「軍制改革委員会」を設立し、早くも一八五七年一月には、モスクワ、サンクトペテルブルクの両都市と主要な農業中心地および国境地域とを結ぶ鉄道網の建設計画を承認した。しかし、提案されていた軍制改革の実施については、消極的な姿勢を維持した。改革案には皇帝自身も明らかに賛成だったが、軍制改革を急ぐあまりに貴族階級からの反発を招くことを恐れたのである。貴族階級からはまず農奴解放への支持を取りつける必要があった。軍制改革を骨抜きにするために皇帝が選んだ陸軍相はニコライ・スホザネート将軍だった。スホザネート将軍は、忠誠心だけは旺盛だが、軍事的にはまったく無能なことで知られる人物だった。軍制改革の大半は軍服の改善などの些末な問題に終始したが、比較的重要な項目が二点含まれていた。ひとつは、兵士への体罰として許される鞭打ちの回数を従来の六〇〇〇回までから一五〇〇回までに制限したことだった（一五〇〇回は依然として兵士を死に至らしめるに十分な回数だったが）。もうひとつは、農村出身の兵士に対する教育の拡充だった。農民兵士はそのほぼ全員が読み書きの能力を持たず、したがって、近代的な戦争に適さないことがクリミア戦争で明らかになっていたからである。

軍隊における兵士教育を改善する努力の一環として、新たに定期刊行物『軍事雑誌』が発刊された。雑誌発行の目的は士官と兵士に軍事科学と軍事事情に関する最新情報を提供することにあったが、同時に小説、詩、社会評論など、自由主義的な改革精神に即した記事も掲載された。検閲の対象から除外された『軍事雑誌』は、トルストイが一八五四年に発行を計画した『軍隊新聞』と基本的に同じ考え方で編集されていた。その文学欄の編集を担当したニコライ・チェルヌイシェフスキーは、当時大きな影響力を持っていた民主主義派の雑誌『同時代人』の編集長でもあった。『同時代人』はトルストイの作品を掲載して世に送り出した雑誌である。チェルヌイシェフスキー自身も小説『何をなすべきか』(一八六二年)を著し、次世代以降の革命家に多大の影響を与えた。レーニンもこの小説を読んで感銘を受けたひとりだった。『軍事雑誌』の発行部数は一八六〇年代に入って五〇〇〇部を上回り、『同時代人』に迫る勢いとなった。クリミア戦後のロシア軍の中に改革を求める気運が存在したことを物語る数字である。

『軍事雑誌』発刊の背景には、クリミア戦後の軍制改革の旗手だったドミートリー・ミリューチン伯爵の力があった。一八三八年にカフカスでシャミーリ軍との戦闘中に重傷を負い、それ以来、士官学校で教鞭を取っていたミリューチンは、優秀な軍事分析家としてクリミア敗戦の教訓をいち早く理解していた。それは、ロシアの後進的な農奴軍を完膚なきまでに打ち負かした英仏軍を手本として軍制を改革し、ロシア軍の近代化を実現する必要があるという教訓だった。この教訓はカフカスで進行中だった戦争に早速生かされることになる。

一八五六年、皇帝はシャミーリ軍との戦闘に終止符を打つために、腹心の旧友アレクサンドル・バリャチンスキー公をカフカス総督に任命し、大幅な権限を与えた。クリミア敗戦によって欧州地域で失った地歩を挽回するために、カフカスと中央アジアでロシアの影響力を拡大すべきである、というのがバリャチンスキーの持論だった。皇帝はバリャチンスキーの主張を受け入れ、まだパリ和平条約の締結が終わらない段階で、カフカスにおける叛徒討伐作戦強化の方針を明らかにする。そして、カフカス駐留軍を全般的軍縮の対象から除外しただけでなく、外国から購入したミニエ銃一万挺とともに数個連隊をカフカスに増派した。バリャチンスキー総督は一八五七年末までに三〇万の兵力とロシアの軍事予算の六分の一以上を動かす立場にあったが、カフカス戦線でも軍制改革が必要であると考えて、ミリューチンを派遣軍の参謀長に任命する。ミリューチンは、カフカス派遣軍の軍制改革が成功すれば、ロシア軍全体の改革を推進する力になると信じていた。リディゲル将軍の改革案と西欧の軍事理論を参考にしつつ、ミリューチンはまず指揮系統の合理化を提案した。合理化案には戦況を直接判断する立場にある現地指揮官の自発性の重視と権限の拡大が含まれていた。士官教育の改善を前提としての提案だった(42)。

クリミア戦争の終焉はシャミーリの抵抗運動にとって重大な打撃だった。西欧列強による介入がなくなり、オスマン帝国からの実質的支援が望めなくなった今、イスラム教徒諸部族のゲリラ活動は完全に意気消沈し、ロシアとの戦闘を継続する能力は著しく低下した。過去四〇年間ロシア軍と戦ってきたチェチェン民族も、ここに来て戦争に疲れ果て、シャミーリに対してロシアとの和平を要請した。シャミーリ自身は戦闘の継続を志向したが、バリャチンスキー軍の大攻勢を前にして持ちこたえることができず、一八五九年八月二十五日、ついにロシア軍に降伏する*6。

カフカスで軍事的勝利の実績をあげたミリューチンは、一八六一年十一月に陸軍相に任命される。バリャチンスキー総督が皇帝に推薦して実現した人事だった。農奴解放令の発令を済ませた今、アレクサンドル二世はいよいよ軍制改革を実施する時が来たと判断していた。ミリューチンが皇帝に提案した包括的な軍制改革法案の内容は皇帝の当初の構想を上回っていたが、そのうちの最も重要な改革が一八七四年になって実現した。二十歳に達したすべての成年男子に兵役の義務を課すという国民皆兵制の導入だった。あわせて、平時にも常備軍を維持するための軍管区システムを採用したことにより、新生ロシア軍は他の欧州諸国の近代的な徴兵制に近づいたように見えた。しかし、帝政ロシアの時代が続く間に国民皆兵制が完全に実現することはついになかった。財政的裏づけが不十分だっただけでなく、あらゆる改革の実施に際して、階級的、宗教的、人種的差別が影響を及ぼしたからである。ミリューチンの改革の眼目は軍隊の効率の向上にあったが、その背後には社会的改革への関心も潜んでいた。基本的な第一歩は軍隊の文化を変革し、農民出身の兵士を農奴としてではなく市民として扱う文化を導入することにあった。軍の教育機関は近代化され、軍事科学と軍事技術の教育に重点が置かれるようになった。新たに入隊するすべての兵士に初等教育を施すことが義務化されたので、軍隊は農民階級にとっての重要な教育機関となった。軍の刑法も改善され、体罰は廃止された。ただし、体罰の廃止は理論上のことであり、比較的些末な規律違反を犯した兵士が体罰を受け、鞭打ちの刑さえ受ける事態はその後も絶えなかった。一般兵士が農奴のように扱われる文化は一九一七年まで存続することになる。

ロシア人の間には、ずっと昔から、西欧に対する怨嗟の念が存在したが、クリミア戦争はその怨嗟をさらに深める結果となった。トルコに味方してロシアと敵対した英仏両国の行動を裏切りとして責める気持ちを抑えることはできなかった。大規模な戦争で西欧列強がイスラム教勢力と同盟を組むという事態はクリミア戦争まで歴史上に例がなかった。

西欧に対する怨嗟を最も強く感じていたロシア人のひとりにドストエフスキーがいた。ドストエフスキーは革命家ミハイル・ペトラシェフスキーの社会主義サークルに加入した罪で一八四九年にシベリア流刑となったが、その後監獄から釈放され、クリミア戦争が始まった時には中央アジアのセミパラチンスク要塞に一兵卒として勤務していた。ドストエフスキーは彼が生涯を通じて公表した唯一の詩作『一八五四年の欧州の出来事について』(この詩の出来映えは彼が二度と詩作品を発表しなかった理由を物語っている)の中で、クリミア戦争を「ロシアのキリストを磔刑にした」戦争であると規定し、しかし、ロシアはいずれ復活し、神に与えられた使命にもとづいて東方へ向かい、世界をキリスト教に教化する事業を続けるであろうと西欧の読者に警告している。

ロシアには諸君の知らない運命がある!
ロシアの運命は東方にある。数百万の人々がロシアに向かって
倦むことなく手を差し伸べている……
神の命ずるままに、古き東方諸国が
ロシアに導かれて復活する日は間近に迫っている。(43)

西欧との戦争に敗北したロシアは帝国主義的進出の矛先をアジアに向けようとしていた。バリャチンスキー総督と陸軍省はカフカスでのシャミーリ軍に対する勝利を足掛かりとして、中央アジアに独立国として残っていた多数の汗国を次々に征服する計画だった。しかし、ゴルチャコフ外相の外務省は消極的だった。英仏両国との関係修復を目指していた外務省は、露骨な膨張政策が関係修復の努力の妨げになることを恐れたのである。当初、皇帝は二つの方針の間で迷っていたが、一八五六年から

五七年にかけて、ロシアの運命はアジアにあり、ロシアのアジア進出の障害となるのは大英帝国であるという見方に傾いて行く。クリミア戦争が終わっても埋まることのなかった英露間の根深い不信の溝を背景として、アレクサンドル二世は大英帝国を相手に中央アジアをめぐる帝国主義的覇権争い《グレート・ゲーム》を展開する方針に踏み切るのである。

　英国が一八五六〜五七年の英国・ペルシア戦争に勝利し、ペルシアへの影響力を強めていたことは、ロシアにとって大きな不安材料だった。この戦争の終結にともなって一八五七年三月に締結されたパリ条約に従い、ペルシア軍はアフガニスタン北西部の町ヘラートから撤退することになったが、ヘラートは一八五二年と五六年にペルシアがロシアの支援を受けて占領した拠点だった。アレクサンドル二世はバリャチンスキーに宛てた書簡の中で、英国がテヘランへの影響力を行使してカスピ海南岸に進出する事態への危惧を表明している。皇帝とバリャチンスキーは、「英国がカスピ海に進出するようなことになれば、ロシア帝国の東方進出と対外貿易にとって重大な打撃となるだけでなく、ロシア帝国の存立そのものが脅かされる」という危機感を共有していた。

　アレクサンドル二世はスホザネート陸軍相に命じて「中央アジアにおけるロシアと英国の軍事衝突の可能性に関する報告書」を作成させた。報告書は英国の直接的な軍事的脅威を否定したが、皇帝は英国がインド軍を展開して中央アジアを征服し、カフカスからロシア軍を排除しようとする可能性への恐怖を捨てきれなかった。一八五七年の春、チェルケス地方の沿岸を航行中の蒸気船カンガルー号と数隻の小型船から成る英国船団がシャミーリ軍のための武器を輸送中であることが発覚するという事件が起こる。英国によるこの種の介入を阻止するための黒海艦隊はロシアにはもはや存在しなかった。アレクサンドル二世は英国政府に対して「全面的説明」を要求したが、ついに回答はなかった。「口にするのも憚られるような破廉恥行為」と皇帝が呼んだカンガルー号事件は、カフカス地方を完全に征服し、中央アジアのステップ地帯を支配下に入れないかぎり、英国の脅威からロシアを守ることはできないという皇帝の信念をさらに増幅する結果となった。

　クリミア戦争の全期間を通じて、ロシア軍は中央アジア経由でアフガニスタンのカンダハルに至り、そこからインドを攻撃するという戦略に基づく複数の作戦を検討していた。当時の作戦計画の目標は英国軍の兵力をクリミア半島から脇へ逸らすことにあった。実際には、それらの作戦計画は非現実的としてすべて却下されたが、インド現地ではロシア軍が侵攻して来るという噂が広まったことがある。英国軍がクリミアで疲弊している隙を狙って、英国のインド支配を打倒するための蜂起を呼びかける動きが現地のイスラム教徒やヒンドゥー教徒の間で始まっていた。一八五七年夏の初めには、実際にインドで反乱が発生する。これに勇気を得て、ロシア皇帝は中央アジアへの侵攻計画を再び検討し始めた。ロシアの海岸線は、バルト海でも、太平洋でも、そして黒海でも、英国艦隊の脅威にさらされていた。パリ和平条約によって軍縮を強制された結果、ロシアの海岸線は今や無防備の状態だった。逆にロシアが英国に脅威を与え得る場所があるとすれば、それはインドだった。インドに対する脅威については、たとえそれが何であれ、英国は極端に敏感だった。その理由はインドにおける脆弱な課税基盤にあった。英国は政治的理由からインドに対する課税基準を引き上げることができなかった。実際には、ロシアの戦略家の中にも、インド侵攻作戦の現実性を信じる者はほとんどいなかったが、それでも英国に対する神経作戦としては悪い戦術ではなかった。

　一八五七年の秋、アレクサンドル二世は優秀な青年外交官ニコライ・イグナチエフに中央アジア戦略の策定を命じる。イグナチエフが皇帝の目に留まったのは、駐在武官としてパリ和平会議に列席したイグナチエフがロシアとモルダヴィアとの国境画定問題をめぐる複雑な折衝で活躍してからのことだった。イグナチエフは英国との戦争再発の可能性を想定しつつ、ロシアが英国に勝利し得る唯一の希望はアジアにあると論じた。ロシアが中央アジアで影響力を強めることこそが「平和のための最善の保証」であり、「ロシアと英国勢力圏との中間に位置する地域」での英国の影響力を弱めるために、ロシアはインド危機を利用すべきであるという説である。イグナチエフはロシアの貿易拡大と軍事情報収集を目的として中央アジアの「未知の」ステップ地帯に使節団を派遣し、調査と地図作製を行なうことを提案した。コーカンド、ヒヴァ、ブハラなどの汗国と通商外交関係を結べば、英国の膨張政策に対抗する緩衝地帯を確保することができる、と考えた皇帝はこの提案を承認し、イグナチエフを団長とする使節団をヒヴァ汗国とブハラ汗国に派遣する。一八五八年の夏、イグナチエフは両汗国との通商条約締結に成功する。使節団は公式には外務省から派遣された形を取っていたが、実際には、中央アジアに進出する際の様々なルートについて地理的情報、統計学的情報、およびその他の「全般的軍事情報」を収集する指示を陸軍省から与えられていた。陸軍省の方針は当初から積極的だった。バリャチンスキーの信奉者が多数を占める陸軍省は、複数の汗国をロシアの保護国として取り込んで軍事基地を設置し、そこを拠点としてトルキスタンを征服し、さらにアフガニスタン国境までの中央アジアのステップ地帯全域を支配下に置くという目標を設定していた(44)。

ロシアの中央アジア進出を実際に主導したのは、クリミア戦争を経験した二人の軍人だった。その一人、ミハイル・チェルニャーエフ将軍は一八五三年にドナウ戦線でトルコ軍と戦い、インケルマンとセヴァストポリの戦いでもその勇猛さで名を上げた人物だったが、戦後はオレンブルグの南に広がるステップ地帯に派遣され、そこで中央アジア諸部族の襲撃からロシア人入植者を守る任務に当たっていた。一八五八年以降、チェルニャーエフは自分の手勢を率いて独断でトルキスタン領内深くに侵入し、キルギス人その他ロシアに敵対的な部族の居住地を襲撃する一方、ロシアへの協力を約束した中央アジア諸部族によるヒヴァ汗国およびコーカンド汗国への反乱を支援した。チェルニャーエフの軍事行動は陸軍省の公式承認を得ていなかったが、その暗黙の了解の下に続けられ、その結果、ロシアは事実上のトルキスタン併合を実現する。一八六四年、チェルニャーエフは一〇〇〇人の部隊を率いてトルキスタンのステップを横断し、チムケント要塞を占領すると、さらに、セミパラチンスクからの援軍を合わせて一三〇キロ南下し、タシケントを奪取した。中央アジアにおける綿花貿易の最大の拠点がロシアの支配下に入ったのである。チェルニャーエフは聖ゲオルギー十字勲章を授与され、一八六五年にはトルキスタン総督に任命される。ロシア軍がタシケントを前進基地としてインドに侵攻する事態を恐れた英国は猛烈に抗議したが、ロシア政府はチェルニャーエフの個人的行動には関知しないという態度を取り、一八六六年にはチェルニャーエフ将軍をトルキスタン総督の地位から解職する。しかし、帰国したチェルニャーエフは英雄として迎えられ、民族主義派の新聞は彼を「十九世紀のイェルマーク」として称賛した。[*7]

中央アジアのステップ地帯征服を主導した第二の人物はコンスタンチン・カウフマン将軍だった。クリミア戦争では工兵隊司令官としてカルス攻囲作戦を指揮したカウフマンは、戦後、ミリューチン陸軍相の下で工兵局長を務めていたが、チェルニャーエフの後任としてトルキスタン総督に任命されると、一八六八年にはサマルカンド汗国とブハラ汗国を征服し、その五年後にはヒヴァ汗国、一八七六年にはコーカンド汗国をロシアの支配下に収めた。これらの汗国は、内政権こそ認められたが、外交権をロシアに握られ、実質的にロシアの保護国となった。その支配形態は英国の支配下に置かれていたインドの諸藩国と同様だった。

チェルニャーエフとイグナチエフの二人は、一八六〇年代と七〇年代の汎スラヴ主義運動でも主導的な役割を果たした。クリミア敗戦に対するロシア人の反応は、ひとつには東方進出であり、もうひとつは汎スラヴ主義の再興だった。西欧に対する怨嗟の念が民族主義的感情の爆発を招いたのである。

アレクサンドル二世の自由主義的な改革の一環として検閲が緩和されると、新たに刊行された汎スラヴ主義的新聞各紙がクリミア戦争以前の外交政策に対する厳しい批判を展開した。特に攻撃の的となったのは、ニコライ一世の正統王政擁護主義政策が「欧州協調」を優先するあまり、バルカン半島のキリスト教徒をイスラム支配の犠牲にしたという点だった。一八五九年一月、ポゴージンは汎スラヴ主義的傾向の雑誌『パールス（帆）』の創刊号で次のように論じている。「一〇〇〇万人のスラヴ民族が最も野蛮な専制政治、最も乱暴な狂信主義、最も絶望的な無知蒙昧の軛の下で虐げられ、苦悶している。彼らはヨーロッパの協調を維持するための犠牲者なのだ」[45]。ゴルチャコフ外相までもが正統主義から距離を置く姿勢を示す事態になると、汎スラヴ主義者たちはさらに声を大にしてバルカン半島のスラヴ諸民族をトルコの支配から解放する戦いをロシア政府に要求した。ロシアが西欧の敵対的行動から身を守るためにも、欧州地域のすべてのスラヴ民族をロシアの主導の下に統合すべきだと論ずる主張も現れた。これはポゴージンがクリミア戦争中に初めて主唱した意見だったが、戦後、一層執拗に繰り返されることになる。

　知識人層と政府関係者の間で汎スラヴ主義が勢いを増すにつれて、バルカン半島のスラヴ諸民族に学校や教会の設立資金を贈り、留学生をロシアに招致するなどの活動を行なう慈善団体が数多く生まれた。その目的は汎スラヴ主義思想の普及拡大にあった。たとえば、一八五八年に民間の寄付金と教育省の資金によってモスクワで設立され、一八六〇年代に入ってサンクトペテルブルクとキエフにも支部を開設した「スラヴ支援委員会」には、政府職員や軍人（多くはバルカン半島でクリミア戦争を戦った軍人だった）と学者、作家などが加盟していた（ドストエフスキーとチュッチェフの二人はサンクトペテルブルク支部に属していた）。

　戦後しばらくの間、汎スラヴ主義者たちは慎重に行動し、全スラヴ民族の政治的統合などという先鋭的な方針を公然と論じたり、政府の外交政策を激烈に批判したりすることを控えていた（ポゴージンの過激な政府批判を掲載した雑誌『パールス』は発禁処分となった）。しかし、一八六〇年代に入って汎スラヴ主義者のイグナチエフが政府の要職を占めるようになると、彼らの主張は俄然声高となる。イグナチエフが外交問題で発言権を高めた背景には、彼の尽力によって一八六〇年十一月にロシアと清国の間に北京条約が締結されたという事情があった。北京条約の結果として、ロシアは清国からアムール川左岸とウスリー川以東の地域および極東のウラジオストクを割譲させることに成功したからである。翌一八六一年、イグナチエフはバルカン政策を担当する外務省アジア局長に就任し、その三年後には、駐オスマン帝国大使としてコンスタンチノープルに派遣され、一八七七〜七八年の露土戦争が勃発するまでその職にとどまる。この間、イグナチエフはバルカン半島に関する東方問題を軍事的手段によって解決する道を提唱した。まず、トルコの支配下にあるスラヴ諸民族を支援して蜂起させ、次にロシア軍が介入してスラヴ諸民族を解放し、最終的にはロシアが主導するスラヴ連邦を創設するという内容の提案だった。

バルカン半島に関する汎スラヴ主義者の野望はまずセルビアに集中した。セルビアでは、廃位されていたミハイロ公が一八六〇年に啓蒙専制君主として復位したが、これはロシアにとっては勝利であり、オーストリアにとっては敗北だった。ゴルチャコフはトルコ支配からの解放を求めるセルビア人の運動を支援する方針だったが、それは、もしセルビアがロシアの支援なしに独力で独立を達成した場合、オーストリアまたは西欧列強の影響下に入るのではないかと恐れたからだった。ブカレスト駐在のロシア公使に宛てた書簡の中で、ゴルチャコフは次のように強調している。「物質的にも、精神的にもセルビアを強化し、バルカン半島における解放運動の先頭に立つ機会を与えることが我々の東方政策の眼目である」。一方、イグナチエフはさらに一歩進めて、軍事的手段による東方問題の一挙解決を提唱した。彼はミハイロ公の提案を取り上げる形で、セルビアの対トルコ戦争を支援し、セルビアとブルガリアによるスラヴ連邦の形成を助け、その連邦にボスニア、ヘルツェゴヴィナ、モンテネグロを参加させるべきだと主張した。

ロシア外務省は、汎スラヴ主義運動の圧力を受けて、セルビアへの支援を拡大した。一八六二年にトルコがベオグラードを砲撃するという事件が起こると、ロシアはパリ和平条約署名諸国による特別会議の招集を要求した。コンスタンチノープル近郊のカンリーゼで関係国会議が開催され、その後、紆余曲折を経たものの、ついに一八六七年には、セルビア国内に最後まで残っていたトルコ軍守備隊の撤退が実現する。クリミア戦争終結以来、ロシアが勝ち取った最初の重要な外交的勝利だった。この成功に気をよくして、ロシアはセルビア主導のバルカン連邦設立計画に支援を与えた。セルビアはまずモンテネグロと、次いでギリシアと軍事同盟を締結し、ルーマニア指導部と友好条約を結び、クロアチアとブルガリアの民族主義政党とも密接な関係を確立した。ロシアはセルビア軍の拡充のために資金を提供したが、ミリューチンが派遣した視察団によれば、セルビア軍は貧弱な状態を脱していなかった。ところが、一八六七年秋、ミハイロ公が方向転換してトルコとの戦争を回避すると、ロシアはセルビアへの支援を保留する。翌一八六八年六月にミハイロ公が暗殺されるという事態が起こると、ロシアとセルビアの協力関係は中断され、バルカン連邦構想は崩壊した。(46)

その後の七年間はバルカン半島にとって比較的静穏な期間だった。ロシア帝国、オーストリア＝ハンガリー帝国、ドイツ帝国の三国が一八七三年に三帝協定を結んでバルカン半島の現状維持を保証したからである。この間、ロシアは欧州における力の均衡の維持を公式の外交政策として堅持し、その原則に立って、重大な外交的勝利を実現する。一八七一年にロンドンで開催された欧州列強会議で、パリ和平条約中の黒海非武装条項の撤廃に成功したのである。しかし、ロシアの欧州協調政策は表向きの政策であって、裏側では、依然としてバルカン半島における汎スラヴ主義運動への支援を続けていた。その支援は、ロシアの駐コンスタンチノープル大使イグナチエフを中心として、バルカン諸国の各首都に駐在するロシア領事が連絡を取り合う形で推進された。一九〇八年まで長生きしたイグナチエフは、生涯の最後に著した回顧録の中で、一八六〇年代と七〇年代に彼がバルカン半島で追及しようとした目標を説明している。その目標とは、パリ和平条約の廃棄であり、ベッサラビア南部の奪回であり、ボスポラス、ダーダネルス両海峡の支配権の回復だった。これらの目標を実現する手段としては、直接的な軍事征服という選択肢もあり、また、クリミア戦争以前のようにトルコに不平等条約を結ばせて間接的に支配するという選択肢もあった。「トルコとスラヴ諸民族に関する私の活動のすべてを支えていたのは、バルカン半島と黒海を支配し得る国はロシア以外にないという確信だった……オーストリア＝ハンガリー帝国の膨張は阻止しなければならない。そうすれば、バルカン半島の諸民族、とりわけスラヴ諸民族の視線はロシア一国に向けられ、彼らは将来の希望をロシアに託すことになるだろう(47)」

一八七五年の夏、ヘルツェゴヴィナでトルコ支配に対するキリスト教徒農民の反乱が発生し、ボスニア、モンテネグロ、ブルガリアへと次々に飛び火した。蜂起の直接的な引き金は、トルコ政府がキリスト教徒農民への課税を大幅に引き上げたことにあった。オスマン帝国政府の財政は、打ち続く凶作のために危機的状況に陥っていたのである。しかし、発生の要因が経済的問題だったとしても、反乱はすぐに宗教戦争の様相を帯びる。反乱の指導者たちはセルビアとロシアに支援を求めた。イグナチエフの思想に共鳴していたベオグラードの汎スラヴ主義者たちは、セルビア政府に対して軍隊を派遣して蜂起農民を支援するよう要請する。セルビアの汎スラヴ主義者によれば、トルコ支配に対して蜂起した各地のスラヴ民族を軍事的に支援して、彼らを大セルビアに統合すべき時が来ていた。

ブルガリアで反乱を起こした蜂起軍は武器も組織も貧弱だったが、トルコに対する憎悪と敵愾心だけは盛んだった。一八七六年の春、蜂起軍によるイスラム教徒への襲撃が始まる。クリミア戦争後、約五〇万人のクリミア・タタール人とチェルケス人がロシアの支配を逃れてブルガリアに流入したために、キリスト教徒とイスラム教徒との軋轢が高まっていた。新たに移住してきたタタール人とチェルケス人は半遊牧民的な生活様式を持ち込み、キリスト教徒農民の村を襲って家畜を奪うことがあった。それはキリスト教徒農民にとっては経験したことのない事態だった。オスマン帝国政府は、ブルガリアの蜂起軍によるイスラム教徒の虐殺を阻止する目的で、現地のイスラム教徒を集めて非正規兵部隊バシュボズックを編成し、蜂起の鎮圧にあたらせた。バシュボズックは隣人であるキリスト教徒の蜂起を残忍なやり方で鎮圧し、その過程で約一万二〇〇〇人のブルガリア人を虐殺した。バタクという山村では一〇〇〇人のキリスト教徒が教会に避難していたが、バシュボズックは教会を封鎖して火をつけ、全員を焼き殺した。ただ一人生き残った老婆がバタクの虐殺を証言した。(48)

ブルガリアで残虐行為が発生したというニュースは世界中に伝えられた。「数万人の」無防備なキリスト教徒農民が「狂信的なイスラム教徒」によって虐殺されたと英国の新聞各紙が報道すると、トルコに対する英国民の世論に劇的な変化が起こった。トルコは英国の忠実な生徒として自由主義的な国内政治を実現する過程にあるという前提でタンジマート改革を後押ししてきた英国の従来の政策にとって、ブルガリアの虐殺は深刻な打撃だった。キリスト教徒としての立場から、従来の政策は完全に破綻したと感じる英国民は少なくなかった。野党自由党の党首だったウィリアム・グラッドストンは英国国教会保守派の敬虔な信者であり、外交政策を考える際にも信仰に基づく倫理的原則を前提とする人物だったので、トルコの暴虐行為からバルカン半島のキリスト教徒を保護するための英国の介入を要求する大衆キャンペーンの先頭に立った。グラッドストンはもともとクリミア戦争そのものについても慎重な立場を取っていた。宗教的な観点から、欧州域内にトルコの支配地域があること自体に違和感を抱き、オスマン帝国領内のキリスト教徒の自治権の拡大を実現するために英国が影響力を行使すべきだと考えていたグラッドストンは、一八五六年にはバルカン半島にキリスト教徒の保護を掲げる新ギリシア帝国の設立を提案しさえした。彼の考えるキリスト教徒の保護とは、トルコのイスラム教徒からだけでなく、ロシア正教からも、さらにはローマ・カトリックからも、プロテスタントを保護することを意味していた(49)。

ブルガリアで発生した残虐行為に対して最も激しい反応を示したのはロシア国民だった。ブルガリアに対する同情と共感の波が知識人層をまるごと呑み込み、愛国的な気分が急激に高まった。クリミア戦争の戦勝国トルコに復讐したいという国民感情がこの傾向に輪をかけ、社会のあらゆる方面からブルガリアを守るための軍事介入を求める声が沸き起こった。たとえば、ドストエフスキーを含むスラヴ派は、バルカン半島のスラヴ民族を解放するための戦争は全正教徒の統合というロシアの歴史的使命の実現であると見なしていた。一方、ツルゲーネフのような西欧派も、奴隷状態にあるブルガリアを解放することは自由世界の義務であると考えていた。また、汎スラヴ主義者にとっては、積年の夢を実現する絶好の機会の到来だった。

ロシア政府は公式にはバルカン半島各地の蜂起を是認しない立場だった。反乱を扇動しているとの西欧各国からの批判を恐れて、守勢に回っていたのである。しかし、汎スラヴ主義に傾いた国民世論はバルカン半島のキリスト教徒の解放を叫び、ロシア政府の介入を求めていた。前トルキスタン総督のチェルニャーエフがみずから編集発行していた雑誌『ルースキー・ミール（ロシア世界）』は特に強硬だった。「ただ一言『ロシア』の名を口にすればいいのだ。そうすれば、バルカン半島のみならず、全世界のスラヴ民族が圧政と戦うために武器を取って立ち上がるだろう。二五〇〇万人の正教徒を糾合すれば、ロシアは全西欧を恐怖で震え上がらせることができる」。すべてはセルビアの動きにかかっていた。チェルニャーエフの言い方によれば、セルビアは「バルカンのピエモンテ」だった。ロシア皇帝とその外相はセルビアの指導部に対してバルカン半島各地の蜂起に介入しないよう警告したが、それは表向きで、アレクサンドル二世もゴルチャコフも個人的には汎スラヴ主義に共感していた。ロシア外務次官の地位にあったジョミニ男爵はサンクトペテルブルクのスラヴ支援委員会のあるメンバーに向かって、「我々が公式には何も知らないという形さえ取れれば、諸君は何でもやりたいようにやってよろしい」と発言している。ロシアの駐コンスタンチノープル大使イグナチエフと駐ベオグラード公使はセルビアの指導部を励まし、スラヴ解放の旗手チェルニャーエフは、一八七六年四月、みずから志願してベオグラードに乗り込んだ。そして、一八七六年六月、ついにセルビアはトルコに宣戦を布告する。[50]

セルビアは開戦当初からロシアの軍事介入を当てにしていた。チェルニャーエフがセルビア軍の最高司令官に就任し、また、イグナチエフが様々な約束を与えていたことから、セルビア側はこの戦争が一八五三〜五四年のバルカン戦争を再現するものになると信じていたのである。五三〜五四年のバルカン戦争は最終的には失望に終わったものの、ニコライ一世が、スラヴ民族解放戦争への発展を期待しつつ、ロシア軍をドナウ両公国に派遣したのだった。ロシア国内の世論も、好戦的な色彩を強めつつあった。民族派の新聞各紙はロシア政府がトルコ領内のキリスト教徒を保護するために軍事介入することを要求し、汎スラヴ主義派の団体各派は義勇兵の募集を開始した。結局、約五〇〇〇人の若者が義勇軍に志願して実際にセルビアに向かった。[*8] 義捐金を送るための募金活動が組織され、社会全体に汎スラヴ主義的な感情が広がった。クリミア戦争当時と同様に、人々はトルコに対する十字軍戦争を口にするようになった。

一八七六年の秋にはロシアの宮廷と政府関係者の間にも戦争熱が広がるが、その頃、チェルニャーエフの率いるセルビア軍は敗退に直面していた。アレクサンドル二世は、チェルニャーエフからの必死の支援要請に応えて、オスマン帝国政府に最後通牒を送るとともにロシア軍に動員命令を出す。ロシアのこの動きが十分な警告となって、トルコはセルビア攻撃の矛を収め、セルビアとトルコの間に和平が成立する。セルビア問題が一段落すると、ロシアは支援の対象をブルガリアに移し、オスマン帝国に対してブルガリアの自治の容認を迫るが、トルコはこの要求を拒否する。ロシアはボスニアとヘルツェゴヴィナに関するオーストリアの権益の保護を約束することによってオーストリアの中立を確保し、その上で、一八七七年四月、トルコに宣戦布告する。こうして、露土戦争が勃発した。

開戦当初から、ロシア軍のバルカン半島侵攻はクリミア戦争が始まった頃の対トルコ戦によく似た宗教戦争の様相を帯びていた。ニコライ大公を司令官とするロシア軍がドナウ川を越えると、スラヴ諸民族出身の非正規兵、ブルガリア軍兵士、セルビア軍兵士などがロシア軍に加わった。一部には報酬を要求する者もいたが、大部分は民族独立の大義のためにトルコと戦う人々だった。ロシア軍がドナウ川を越えて南進した一八五三～五四年にニコライ一世が望んでいた形の戦争が実現したのである。スラヴ諸民族の蜂起に励まされて強気になったアレクサンドル二世は進撃を続けてコンスタンチノープルを奪取し、バルカン半島をロシアの植民地にする戦略を構想していた。汎スラヴ主義者たちだけでなく、弟のニコライ大公までもがその構想を強く支持した。一八七八年一月、自分の率いるロシア軍がコンスタンチノープルまで指呼の間にあるアドリアノープルを占領した時、ニコライ大公は兄の皇帝に宛てて次のように書いている。「我々がツァーリグラード〔コンスタンチノープル〕まで進出することが最も重要である。ロシア皇帝の神聖な使命はコンスタンチノープルを奪ってこそ達成される」。汎スラヴ主義者の期待は頂点に達していた。ドストエフスキーも「コンスタンチノープルは我々のものだ」

と書いている。ロシア軍によるコンスタンチノープル征服は神の意志による東方問題の解決であり、正教徒の解放者たるべきロシアの使命の実現であるというのがドストエフスキーの意見だった。

この運命的な問題にロシアがかくも深く関わるのは、コンスタンチノープルが素晴らしい港として外洋、外海への出入り口であるからだけではない。また、スラヴ民族の統合と再生のためだけでもない。我々の目標はもっと深遠である。計り知れないほど深遠である。東方の全キリスト教世界にとって、また、地上の正教徒全体の統合と将来の運命にとって、ロシアは真の意味で必要不可欠な存在である。これはロシア国民とロシアの歴代支配者たちが常に理解してきたことだ。要するに、この恐るべき東方問題こそが我々の運命を最終的に決定するのだ。東方問題の解決こそが我々のすべての目標と歴史の実現に通ずる道である。[51]

ロシア軍がアドリアノープルを占領したことを知ると英国は警戒態勢に入り、地中海艦隊をダーダネルス海峡に派遣する。英国議会は軍事費を六〇〇万ポンド増額する法案を承認した。クリミア戦争前夜と同じ状況の再来だった。英国の圧力を受けて、ロシアはオスマン帝国との休戦に同意するが、現地のロシア軍はそのまま進撃を続け、コンスタンチノープル近郊のサン・ステファノ〔エシルキョイ〕村に達したところで英国海軍から実力行使の警告を受けてようやく前進を中止する。一八七八年三月三日、このサン・ステファノ村でロシアとトルコの間に講和条約が締結された。このサン・ステファノ条約によって、オスマン・トルコはルーマニア、セルビア、モンテネグロの完全独立を承認し、大ブルガリア公国（トラキアの一部とマケドニアを含む）の設立と自治権の付与に同意した。また、ルーマニアにドナウ川南岸の狭小な土地を与え、引き換えに、パリ和平条約によってロシアが失ったベッサラビア南部の土地がロシアに返還された。これにより、七年前に実現した黒海航行権の回復と合わせて、ロシアはクリミア敗戦によってこうむったすべての損失を回復したことになる。この条約によってロシアに有利なサン・ステファノ条約締結を実現した主な功労者はイグナチエフだった。しかし、西欧諸国にとってはまったく受け入れ難い条約だった。一八五四年にトルコを食い物にしようとするロシアの行動を阻止するためにクリミア戦争を始めた英仏両国にしてみれば、二四年後にロシアが同じ行動を繰り返したことを許してしまえば、何のためのクリミア戦争だったのかということになる。英国内では、戦争も辞さないという強硬な反露感情が「ジンゴイズム」としてよみがえった。新たに生まれたジンゴイズムとは、強硬な対外政策を求める好戦的な愛国主義のことで、その本質は当時のパブやミュージック・ホールで好んで歌われたヒット曲に要約されている。

戦争は好みではないが、必要ならば断固として戦うぞ。
こちらには軍艦があり、軍隊があり、資金もある。
前にも熊を相手に戦ったことがあるが、我らが真の英国人であるかぎりは、
ロシアにコンスタンチノープルを渡しはしない。

皇帝アレクサンドル二世は、英国の介入を招けばクリミア戦争再発の可能性が高まることを恐れて、弟のニコライ大公に現地ロシア軍の撤退を命令する。そこで、ロシア軍はドナウ川まで撤退するが、その途中でブルガリアのイスラム教徒に報復的な攻撃を加えた。この攻撃にはキリスト教徒の志願兵が多数加わって、報復を扇動した。今回の露土戦争の末期には、数十万人のイスラム教徒が難民とな

ってブルガリアからオスマン帝国領内に逃亡した。

西欧列強は、ロシアによるバルカン半島への軍事進出拡大を阻止するための行動に出る。ベルリン会議を開催して、サン・ステファノ条約の見直しを強行したのである。英仏両国が最も強く反対したのは大ブルガリア公国の設立だった。英仏の見方によれば、大ブルガリアはロシアがオスマン帝国を脅かすために欧州域内に設置した「トロイの馬」に他ならなかった。大ブルガリアにはエーゲ海と直接に接するマケドニアが含まれており、マケドニアを経由すれば、ロシアはトルコのダーダネルス・ボスポラス両海峡を容易に攻撃することが可能となる。英国はロシアに対して大ブルガリアを分割すること、そしてマケドニアとトラキアをオスマン帝国に返還することを強硬に迫った。実は、ベルリン会議の一週間前、英国のベンジャミン・ディズレーリ首相はオスマン帝国との間に反露秘密協定を結んでいた。戦略的に重要なキプロス島を英国が占領すること、そして、インド軍の部隊をキプロス島に上陸させることをオスマン帝国が承認するという内容の協定だった。秘密協定の内容を知ったロシアは、戦争を辞さないディズレーリの強硬姿勢に押されて、英国の要求を受け入れる。

ベルリン会議は汎スラヴ主義者の期待を打ち砕く結果となった。イグナチエフは駐コンスタンチノープル大使の職を解かれ、引退に追い込まれた。一方、ベルリン会議で「名誉ある平和」を勝ち取ったと自賛するディズレーリ首相はロンドンに帰還すると英雄として迎えられた。首相は議会下院で演説し、ベルリン条約とキプロス協定の成立によって英国と英国のインド航路は今後ともロシアの攻撃から守られるであろうと胸を張った。しかし、バルカン半島の緊張が解消したわけではなかった。ベルリン会議は国境に関する多数の係争を未解決のまま積み残したが、それらは、後年、バルカン戦争と第一次世界大戦を引き起こす火種となる。とりわけ重大だったのは、東方問題の根幹をなす「欧州の病人」オスマン・トルコの病状だった。病状は一向に改善されていなかった。英国外相ソールズベリー侯はベルリン会議から帰国した際、次のように語った。「我々はバルカン半島南部をトルコの支配下に復帰させたが、支配者たるべきトルコはまっすぐに立てないほど不安定である。今回の措置は応急の添え木にすぎない。添え木には血液は流れていない」[52]

これまでに述べたすべての国際紛争の発端となった場所はエルサレムだったが、そのエルサレムでクリミア戦争の終結が宣言されたのは、一八五六年四月十四日だった。エルサレム総督メフメト・パシャの許に和平成立の情報が伝えられ、その旨を市民に知らせる号砲が城砦から発射された。ヤッファ門外の広場にはトルコ軍守備隊の兵士が整列し、イマームの先導に従って感謝の祈りを捧げた。三年前の一八五三年九月には、スルタンのためにロシアと戦う兵士たちがこの同じ広場を行進したのだった。[53] かくして、エルサレムでは歴史が一回転した。

その十二日後の四月二十六日、古い宗教対立が再燃した。聖墳墓教会で聖火の儀式が執り行われている最中に、ギリシア正教徒とアルメニア正教徒が衝突したのである。両派の巡礼団は聖火の儀式の日の数日前から密かに聖墳墓教会の内部に武器を持ち込んで隠していた。さらに、当日にも、聖ニコラス修道院の屋根に近い窓からナイフや鉄棒が差し入れられた。現場を目撃した英国の駐エルサレム領事ジェームズ・フィンが事件の三日後に外務省に送った報告書によれば、衝突が始まったいきさつは明らかではないが、「殴り合いの間、四方八方で飛び道具が使われ、回廊も標的となった。ランプが次々に破壊され、最も神聖な信仰の対象である聖画が引き裂かれ、ガラスの破片と油が人々の頭上に降り注ぎ、銀製のランプと銀製の鎖が引きちぎられて持ち去られた」。メフメト・パシャは回廊の席から立ち上がり、衛兵に両派の暴徒を引き離すように命令した。しかし、総督自身が頭部に重傷を負い、衛兵の肩に担がれてようやく教会を脱出する事態となった。教会の内部が群衆であまりにも混雑していたので、担がれる以外に脱出する方法はなかった。その間に総督の秘書もさんざんに殴られた。ついに守備隊が出動して暴徒を拘束し、教会の侍者たちが混乱の後片付けを行ない、聖火の儀式が通常どおりに続行された。修道僧たちがキリストの墓を守って立ち、会衆が聖歌「主よ、憐れみ給え」を歌ううちに、大司教が火のともった蠟燭を捧げて現れた。すると、教会の鐘が打ち鳴らされ、巡礼たちは自分の松明に奇跡の火を移そうとして、大司教めがけて我先に殺到するのだった。[54]

章末注

＊1　検事はライドが故意に乞食を射殺したとして殺人罪の適用を主張した。ライドが拳銃を発射した現場を目撃した証人は三人いたがその全員が女性だった。トルコの法廷では女性が証言する権利は認められなかった。

＊2　この時以来、ニースはロシア貴族の間で人気の保養地となった。英国の新聞はニースが「ロシアのブライトン〔海水浴場として有名なイングランド南東部海岸の保養地〕」になったと報じ、英国海軍の支配圏である地中海へのロシア商船の進出に警鐘を鳴らした。ロシアがカトリック教諸国と密約を結んで陰謀を進めているという不吉な警告が飛び交い、さらに、ロシアが地中海の別の場所にも石炭補給基地を獲得しようとしているという噂が流れた。一八五八年、一時的に首相の座を離れていたパーマストンは、英国の海軍力をサルデーニャに見せつける必要があると主張した。しかし、ダービー卿の率いる保守党政府は石炭補給基地に関するロシアとサルデーニャの合意を単なる通商協定と見なして、それ以上の対応を行なわなかった。石炭基地に関するロシアとサルデーニャの協定は一九一七年まで存続した。

＊3　この風刺歌は、一八五七年、社会主義者のアレクサンドル・ゲルツェンが亡命先のロンドンで発行していた雑誌『北極星』に掲載され、その後、一八六〇年代に入っても学生の革命サークルで広く歌われ、後

には、レーニンもこの歌に言及している。実際には、トルストイが個人で作詞した歌ではなく、トルストイを含む砲兵隊士官グループが司令官の居室のピアノの周りに夜毎集まって飲んだり歌ったりしている間に、軍隊内に広まる不満を表現する形で生まれたものだった。しかし、すでに作家として名を成していたトルストイが責任の大半を負うことになった。作詞についてトルストイが主導的な役割を果たしたことは間違いない。

*4　農奴解放令によれば、解放された農奴が土地を耕作する場合には買戻し金を支払う必要があった。農民が支払うべき買戻し金の額は、地主階級によって構成される土地委員会が算定して決定した。買戻し金は四九ヵ年の年賦で国家に支払われるものとし、それと引き換えに、地主階級の債務が一八六一年の時点で帳消しとなった。つまり、農民は買戻し金を支払うことによって自由を買い取り、地主は農奴の支払いによって自分の債務を返済したのである。しかし、買戻し金の回収はしだいに困難になっていった。農民は最初から買戻し金の制度を不公正と考えていたのである。買戻し金は一九〇五年に最終的に廃止された。

*5　全体として、ヨーロッパ・ロシアの耕作地のほぼ半分が農民共同体に分与された。ただし、個々の領地のうちどれだけの割合を農民に分与するかは、主として領主の裁量によって決まった。

*6　捕虜となったシャミーリは皇帝に謁見するためにサンクトペテルブルクに送られたが、首都に到着すると有名人の扱いを受けた。ロシア国民は大胆不敵なシャミーリの勇気を長く語り継ぐことになる。シャミーリは流刑処分となり、カルーガに送られたが、そこで風邪をひいて体調を崩し、一八六八年に気候の温暖なキエフに移された。キエフでは年金と屋敷を与えられた。当局による監視も緩やかだった。一八六九年には、年長の息子たちを人質としてロシアに残すことを条件にメッカへの巡礼を許された。シャミーリはメッカへの巡礼を果たした後、一八七一年にメディナで没する。息子たちのうち二人はロシア軍の士官となったが、別の二人はトルコ軍に入り、一八七七〜七八年の露土戦争でロシアと戦った。

*7　イェルマーク・チモフェイヴィッチは十六世紀に活躍したコサックの頭領。シベリアを探検し、征服し

たロシアの民族的英雄。

＊8　トルストイの小説『アンナ・カレーニナ』の登場人物ヴロンスキーも物語の最後の場面でセルビア行きの義勇軍に志願している。

エピローグ
クリミア戦争の伝説と記憶

英国ではクリミア戦争の終結を祝う行事はきわめて控えめだった。セヴァストポリをめぐる戦闘でフランス軍が収めた大勝利に匹敵するだけの華々しい戦功を英国軍が達成できないでいるうちに、また、ロシアに対する戦線の大幅拡大の狙いが実現しないうちに和平が訪れたことについて、国民の間に一種の失望感が広がっていたからである。失望していただけではなかった。国民は政府と軍当局が戦争中に繰り返した大失態について憤激し、それを恥じていた。ヴィクトリア女王は一八五六年三月十一日の日記に次のように記している。「和平は実現したが、まるで喉に小骨がつかえたように釈然としない気分だ。しかも、全国民がそう感じている」。ロンドンでは大々的な戦勝パレードは行なわれず、兵士の帰還を歓迎する公式行事もなかった。ただし、三月十三日、ヴィクトリア女王はテムズ川南岸のウリッジ桟橋に足を運び、数隻の軍艦に乗って帰還した兵士の上陸を視察した。女王によれば、「すっかり日焼けした兵士たちは、絵に描いたような本物の戦士の姿だった。背の高い、若い屈強な兵士が多く、中にはびっくりするほどの美男子もいた。兵士たちはみな誇らしげで、気高く、勇ましい容貌だった……多くが長い髭を生やし、大きな重い背嚢の上に外套と毛布を丸めて背負い、一杯に膨らんだ雑嚢と飯盒を肩から下げ、重い小銃を抱えていた」(1)。

ただし、心躍る式典はなかったものの、記念碑や銘板は数多く設置された。戦死者を記念する数百、数千の記念碑と銘板が、主として民間の個人やグループの出資で、全国津々浦々の教会、墓地、兵舎、病院、学校、市役所、博物館、町の広場、村の緑地などに設置された。クリミア戦争に出征した英国兵士の数は約九万八〇〇〇人だったが、そのうち生還した兵士は五人のうち四人に満たなかった。戦場から生きて戻れなかった二万〇八一三人の八〇パーセントは傷病死だった(2)。

クリミアで犠牲となった兵士の死を悼み、その英雄的な勇気を称えようとする国民感情を反映して、政府はロンドン市内に「近衛歩兵連隊兵士の像」を建立した。彫刻家ジョン・ベルがロシア軍の大砲を溶解して制作したブロンズの巨大な群像は、古典的な「名誉の女神」像の下に三人の近衛歩兵（コールドストリーム、フュージリアー、グリネディアーの各連隊の兵士）の立像を配したもので、一八六一年にリージェント・ストリートとペル・メル街が交差するウォータールー広場に設置された。この記念碑の芸術的価値については意見が分かれた。口さがないロンドン市民は名誉の女神像を「輪投げの像」と呼んだ。両腕を左右に広げた女神が手に持つ複数の樫の葉の小冠が輪投げの輪に見えるからだった。戦争記念碑として当然備えるべき優美さに欠けるという意見もあった（後年、自身も彫刻家だったヴィクター・グライヒェン伯爵は、この群像が最も美しく見えるのは霧に隠れた時だと酷評した）。しかし、「近衛歩兵連隊兵士の像」の象徴的な意味は前例を見ないほど大きかった。それは英国が初めて一般兵士を英雄として称えた戦争記念碑だった(3)。

クリミア戦争は兵士に対する国民の見方に大きな変化をもたらした。兵士は国の名誉と権利と自由を守る存在であるという近代的な国民意識の基礎が築かれたのである。クリミア戦争以前は、軍事的栄誉を担うのは貴族階級であり、武勇と勲功を達成するのは高貴な生まれの士官に決まっていた。典型的な例としては、ジョージ三世の次男として生まれ、英国陸軍総司令官として対ナポレオン戦争を指揮したヨーク公を上げることができる。ヨーク公の銅像を戴く記念塔は没後五年目の一八三三年にウォータールー広場に建立されたが、その資金は陸軍の全兵士が一日分の給与を拠出するという形で調達された。絵画の分野でも、画題となったのは貴族出身の颯爽たる指揮官が英雄的武勲を成し遂げる場面であり、一般兵士の存在は無視されていた。したがって、近衛歩兵連隊兵士の銅像を刻んだクリミア戦争記念碑がヨーク公記念塔と向かい合って同じ広場に設置されたことは、ヴィクトリア朝時代に価値観の根本的な転換が起こったことを象徴する事件だった。クリミア戦争を遂行する過程で軍事的な失態を繰り返した貴族階級出身の戦争指導部は国民の信用を失墜していた。「羽飾りとレースで着飾った」ジェントルマン階級がこれまでの英国軍の英雄だったとすれば、これからは「兵卒ジョン・スミス」や「兵卒トミー・アトキンス」のような一般兵士が英雄として扱われる時代が始まったのである。将軍たちの愚かな失態にもかかわらず、勇敢に戦って英国に勝利をもたらしたのは平凡な兵士であるという伝説はクリミア戦争から始まり、第一次世界大戦、第二次世界大戦を経てその後の戦争まで続くことになる。一八九九年に第二次ボーア戦争を戦った英国陸軍スコットランド高地連隊（ブラック・ウォッチ連隊）のある兵士は、敗北を喫した戦闘の後で次のように書いている。

今日は連隊にとって散々な一日だった。
この仕返しは必ずする。覚悟しておくがいい。
失策のつけは高くついた。
安楽椅子の将軍がヘマをしでかしたのだ。
なぜ塹壕の件を知らせなかったのか？
なぜ鉄条網の件を知らせなかったのか？

なぜ隊列を組んで前進させたのか？
トミー・アトキンスにも聞く権利はある(4)……

アメリカの作家ナサニエル・ホーソーン〔『緋文字』の著者。一八五三年から五七年まで駐リヴァプール米国領事を務めた〕はその『英国雑記』の中で、英国貴族政治の土台を掘り崩す過程は、一八五四年の一年間だけで「普通なら五〇年を要するほどの距離を進んだ」と書いている(5)。

貴族階級出身の戦争指導部が犯した過誤は、一方で、中流階級が自信を強める契機になった。中流階級は貴族の世襲的特権に反対し、専門的能力、精励恪勤、実力主義、自主自立などの原則を旗印に結集していたが、クリミア戦争はまさに彼らの専門家としての独創性が軍事指導部の過誤を救済する事例を数多く生み出したのである。フローレンス・ナイチンゲールの看護事業、アレクシス・ソワイエの調理技術、サミュエル・ピートーによるバラクラヴァ鉄道敷設、ジョーゼフ・パクストン〔水晶宮の設計者〕による兵営建設などはその好例だった。パクストンは建設労働者をクリミアに送り込んで木造兵舎を建設し、セヴァストポリ周辺の高地で二度目の冬を過ごす英国軍兵士を風雨から守った。中流階級は実務的な意見や助言を新聞に寄稿し、ジャーナリズムの力で世論を動かして、日々の戦争遂行に積極的に関与した。終戦近くになって戦争の進め方に実務的な原則が適用されるようになったことを考えると、政治的な意味での真の勝利者は中流階級だったと言える。その後の数十年間、ホイッグ党、保守党、自由党と政権は変わるが、英国政府は一貫して中流階級の理想に沿う形で改革を推進することになる。その改革には、たとえば、専門職や技術者の参政権の拡大、報道の自由、政治の公開性と説明責任の重視、実力主義、宗教的寛容、公教育の拡充、労働者階級と「救済に値する貧困層」を対象とする福祉の拡充などが含まれていた。労働者と貧困層への配慮を促したのは、クリミア戦争中に兵士がこうむった苦痛への国民的な関心だった。同じ関心が刺激となって、グラッドストン内閣の陸軍相エドワード・カードウェル卿は一八六八年から七一年にかけて一連の軍制改革を行なった。士官職の売買制度は廃止され、能力と功績に対応する昇進制度が導入された。一般兵士の義務兵役期間は大幅に短縮され、給与と勤務条件も改善された。また、平時における兵士の鞭打ちは禁止された。

中流階級が新たに獲得した自信を最もよく体現していたのはフローレンス・ナイチンゲールだった。クリミアから帰還したナイチンゲールは国民的英雄として迎えられ、その肖像は記念絵葉書として、また、小立像や記念メダルとして一般に広く販売された。『パンチ』誌はナイチンゲールを女神ブリタニアに擬して描き、ブリタニアが持つ盾と三叉の矛の代わりにランプと外科用のメスをナイチンゲールの手に握らせた。添えられた一文は、貴族出身の勇ましい軍人たちよりもナイチンゲールの方がはるかに称賛に値するという内容だった。

世の称賛は漂う泡のように
気まぐれな風に軽々と流され、
トロフィーにたどり着いても、そのトロフィーは数日間輝くだけで
すぐに色あせ、錆びついて永遠に忘れられてしまう。

大衆の心は英雄を求めるが、
大衆には英雄を見究める目がない。
すぐに評判に飛びつき、
パンが見つからなければ石にでもかぶりつく。

英雄崇拝を急ぐあまりに、
下劣ないかさま師を英雄に仕立てて、安っぽい神殿に祀ることになる。
そこでは、羽飾りとレースで着飾ったカーディガン将軍や
真鍮で飾り立てたハドソン将軍が闊歩している。

だが、真に輝かしい名前が
人々の口にのぼる時、
空疎な神殿に多くの花環が供えられても
軽蔑してはならない。

たとえ気まぐれで、愚かだとしても、
国民は正しい本能に導かれている。
真実の神を求めて偽の神に行きつくこともあるが、
真実の神が見つかれば、決して拒んだりしない。

そして今、誤りやすく性急な
世間の評価を乗り越えて、
英国民の真実の心の奥深くに
この偉大な女性の神聖な大義が輝いている。(6)

愛国者としてのナイチンゲールの献身的活動と専門家としての手腕は、大衆向けの演劇や上流階級の客間で演奏される歌の中でも大いに称賛された。クリミア戦争に出征した兵士たちの苦しみが、敵との戦いよりも、むしろ軍事指導部の愚かな過誤に起因していることを知って傷ついていた国民の自尊心は、ナイチンゲールの業績によって癒されたのである。たとえば、ロンドンのブリタニア・サロン劇場で上演された『トルコの戦争』という芝居では、当局の無能ぶりを笑いものにする滑稽な場面が延々と続き、最後にミス・バード（ナイチンゲール）が現れて、残された問題をすべて解決するという趣向だった。大団円の場面は次のような教訓的な台詞で締めくくられていた。「あの若い女性の中にこそ真の英雄的資質がある。彼女の胸で脈打つ心臓には、あらゆる英雄的行為を成し遂げる能力が備わっている」(7)

「ランプを持つ貴婦人」の伝説は英国の国民的神話の一部となり、無数の物語、教科書、伝記として繰り返し語られることになる。そこにはヴィクトリア朝時代の中流階級の理想の基本的要素が込められていた。ナイチンゲールの物語は、宗教的な視点からは女性らしい心遣い、勤勉、自己犠牲の話となり、道徳的な立場からは自己啓発と貧困層救済の話として語られた。また、家庭経営の視点からは清潔さの維持、上手な家事の切り盛り、家庭生活の改善の話となり、個人の決断および意志の貫徹の物語としては、専門的職業人の向上心に訴えた。さらに公共政策の問題としては、衛生の向上と病院改革を焦点とする物語となった。クリミアから帰国した後、ナイチンゲールはその長い生涯を病院の改革に捧げることになる。

一九一五年、英国が今度はロシアと同盟を組んでドイツを相手に第一次世界大戦を戦うことになった時、「ランプを持つ貴婦人」の銅像がウォータールー広場に建立された。同じ広場にあった「近衛歩兵連隊兵士の像」は、新しいナイチンゲール像に場所を譲る形で、リージェント・ストリート寄りに場所を移すことになる。ナイチンゲール像の隣には、クリミア戦争当時の戦時相で、ナイチンゲールをクリミアに派遣したシドニー・ハーバートの思案顔の立像が建てられた。(8) ハーバート戦時相は、ロシア人との姻戚関係が一因となって、クリミア戦争中に辞職を強いられたが、今になって遅ればせながら業績を認められたのだった。

一八五七年六月二十六日はよく晴れた金曜日だった。その日の午前中、ヴィクトリア女王と夫君アルバート公は連れ立ってハイドパークに出向き、クリミア戦争復員兵士のパレードに臨席した。前年一月の勅令によって新設された「ヴィクトリア十字勲章」を授与するためだった。ヴィクトリア十字勲章は、出身階級と軍隊の階位を問わず、勇敢に戦って勲功を上げた軍人に授与される新しいタイプの勲章だった。他の欧州諸国には以前からこの種の勲章が存在していた。たとえば、フランスには、一八〇二年以来、レジオン・ドヌール勲章があり、オランダにもウィレム勲功章があり、ロシアにさえ、すでに一八一二年以前に兵士向けの勲功章があった。しかし、英国には、勲功を上げた一般兵士の勇気を称える制度は存在しなかった。勲章を授与する対象は士官以上に限られていたのである。しかし、英国民は、『タイムズ』紙のウィリアム・ラッセルをはじめとする戦争特派員の報道を通じて、クリミア戦争中に一般兵士が発揮した勇気に注目していた。一般兵士の英雄的な行為と彼らが戦場で味わった苦しみについての戦争報道を読んだ国民の間では、一般兵士を顕彰する新しい制度の必要性が広く認識されるに至っていた。ヴィクトリア十字勲章の最初の受章者として六二人のクリミア戦争従軍兵士が選抜された。このブロンズ製の小さな勲章はセヴァストポリで鹵獲したロシア軍の大砲を鋳直して作られたという話だった。*1 ハイドパークの式典では、受章者が女王の前にひとりずつ進み出て頭を下げ、戦時相のパンミュア卿が氏名と勲功を読み上げた。英国最高の軍事勲章の第一回受賞者の中には、一六人の陸軍兵士、四人の砲兵、一人の工兵、二人の水兵、三人の掌帆兵曹《ボースン》が含まれていた。(9)

ヴィクトリア十字勲章の創設は、称えるべき武勇についての英国民の認識に変化があったことを確認しただけにとどまらず、国民の間に新たに生まれた戦争への畏怖と賛美の意識、そして軍人への敬意を象徴していた。ヴィクトリア十字勲章を受章した兵士たちの行為は戦後に刊行された数多くの書物に取り上げられ、英雄的武勲として称賛された。最もよく読まれた著作はサミュエル・ビートンの『われらの兵士とヴィクトリア十字勲章』だった。サミュエル・ビートンは妻イザベラ・ビートンのベストセラー『ビートン夫人の家政読本』(一八六一年)の出版者として最もよく知られている人物だが、『われらの兵士とヴィクトリア十字勲章』の序文の中で、少年たちを鼓舞し、教育しようとする意図を明らかにしている。

すべての少年は、少なくとも男の子と呼ぶにふさわしい少年ならば、生まれつき勇敢である。それは、少年が夢見る理想、彼らの勇敢な言葉、勇敢な行為、必要とあれば苦痛にも耐える彼らの勇気を見れば明らかである……兵士について考察しようとする本書の基本的なテーマは、少年時代の勇気を大人になっても維持することにある。(10)

男らしさと勇気を礼賛して教訓を垂れるという姿勢は、クリミア戦争後に英国で出版された代表的な二冊の小説にも共通していた。チャールズ・キングズリーの『二年前』(一八五七年)とヘンリー・キングズリーの『レーヴェンスホー』(一八六一年)である。チャールズ・キングズリーの『西へ出帆!』

（一八五五年）の主要テーマも同様だった。『西へ出帆！』は英国がスペインの無敵艦隊を相手に戦っていたエリザベス朝時代を舞台として展開される歴史冒険小説だが、クリミア戦争中に英国で支配的だった軍国主義と排外主義の風潮を色濃く反映している。出版の前年の一八五四年に著者自身が「これはきわめて冷酷無情で血なまぐさい小説だが、それは時代の要請を反映しているからである」と述べている。(11)

トーマス・ヒューズの『トム・ブラウンの学校時代』（一八五七年）も多くの人々に影響を与えた小説だったが、その根底にも戦争を肯定する姿勢があった。小説中の最も有名な場面は、主人公のトム・ブラウンといじめっ子のスロッガー・ウィリアムズとの殴り合いの喧嘩だが、この場面がロシアを相手に戦ったクリミア戦争の総括としての道徳的教訓を読者に伝えるために書かれたことは明らかだった。

戦いは、もし私の理解が正しければ、すべての人間がゆりかごから墓場までの生涯にわたって果たすべき本分である。最も高貴な、最も正直な本分と言っても差し支えない。少しでも価値のある人間ならば、その人には必ず敵がいる。敵は打倒しなければならない。それが思想的な悪であれ、悪習であれ、高度に精神的な邪悪さであれ、あるいは、ロシア人であれ、辺境のならず者であれ、はたまた、ビルであれ、トムであれ、ハリーであれ、打ち倒してしまわないかぎり、静穏な生活をおくることのできないような敵である。彼らは倒さなければならない。クエーカー教徒やその他の連中が戦いを否定しても無駄である。彼らは人間の本質を理解しておらず、自分自身の主張にも従っていない。すべての人間はどこかで何らかの戦いを行なっている。もし戦いがなければ世界はより良い場所になるだろうが、戦いのない世界はもはや人間の世界ではなくなるだろう。したがって、平和があり得ない時に平和を求めて叫ぶやり方には、私は断固として反対である……真にキリスト教的な動機から戦いを否定することはきわめて勇気のある態度である。肉体的な苦痛や危険を避けたいという単純な理由による否定ならば、正当化することもできる。しかし、単に殴り合いが怖いからという理由で戦いを否定するなら、あるいは、神を恐れるという理由だけで戦いを否定するなら、それはキリスト教的でもないし、また正直でもない。[12]

「筋肉的キリスト教」の起源はここにあった。ヴィクトリア朝時代に生まれた「筋肉的キリスト教」という概念は、「キリスト教徒の兵士」に帝国主義的使命感を注入して戦場へ送り出すことを正当化する論理だった。この頃から英国の教会では次のような聖歌が歌われ始める。

進め、キリスト教徒の兵士たちよ、戦場へ進め！
キリストの十字架を掲げて。
敵を打ち砕く戦いを先導するのは主イエスだ。
神の旗に従って戦場へ進め！（一八六四年）

一八五七年に「筋肉的キリスト教」を初めて提唱したのは、チャールズ・キングズリーの小説『二年前』に関して書かれたある書評だった。一八五七年はインド大反乱〔セポイの反乱〕が起こった年であり、その鎮圧にあたった英国軍兵士の行動が「キリスト教徒の兵士」という概念を強調することになった。一方、トマス・ヒューズも『トム・ブラウンの学校時代』の続編として『オックスフォードのトム・ブラウン』（一八六一年）を著し、その中で、キリスト教の大義のために戦う兵士として若者を訓練する必要性を説いている。男らしさ、チームプレー、騎士道精神、堅固な道徳心など、優れた兵士となるための資質を育てる方法として、ヒューズは肉体的訓練とスポーツを称揚した。「昔ながらの騎士道精神とキリスト教の信仰の両方を備えた筋肉的キリスト教徒は、与えられた肉体を鍛錬して精神に従わせ、その肉体を弱者の保護と正義の増進のために、また神によって授けられた使命である自然の征服のために用いるべきであるということを十分に理解している」[13]。聖戦を戦う兵士の精神を強化するには、身体の訓練に集中し、精神による肉体の支配を実現すべきだというのがヒューズの基本的な考え方だった。この考え方にはクリミア半島で兵士たちが経験した苦痛が大きく影響していた。

クリミア戦争で一般兵士が経験した大きな苦難を知ることによって、軍隊と軍人に関する英国民の認識に転換が生じた。戦前の中流階級および上流階級の人々にとっては、一般兵士は白堕落な下層民にすぎなかった。兵士は社会の最底辺から集められた烏合の衆であり、規律に従わない酔っぱらいであり、神を信じない粗暴な連中だと思われていたのである。しかし、クリミア戦争の苦難に耐えた一般兵士は、みずからがキリスト教精神の持ち主であることを証明した。一変して彼らは「慈善事業」と福音伝道の対象と見なされることになる。戦争中、一般兵士に対する宗教的な働きかけが劇的に活発化した。陸軍は派遣する従軍牧師の数をこれまでの二倍に増やし、すべての兵士に無料で聖書を配布した。聖書を提供したのは中流階級によって構成される「キリスト教知識普及会」と陸海軍の「聖書協会」だった[14]。

福音派キリスト教徒の多くが軍人を神聖な大義に殉ずる聖人と見なすようになった。たとえば、キャサリン・マーシュの『第九七連隊ヘドリー・ヴィカーズ大尉の回想』（一八五六年）は、感傷的だが生きいきとした筆致で描かれた一種の聖人伝だったが、出版されるや、最初の数年間に一〇万部以上の売れ行きを記録し、その後も縮約版や児童向け読み物として第一次大戦に至るまで版を重ねた。へドリー・ヴィカーズ大尉の日記とクリミアから母親宛に書き送った手紙を編纂して書かれたこの著作は「キリスト教徒の兵士の高潔な理想」に捧げられていたが、同時に、軍人とキリスト教について人々の間に残っていた偏見への十分な反証でもあった。というのも、「神に全身全霊を捧げる生活と現実社会の義務を果たす生活との両立は困難であり、良きキリスト教徒であることと良き軍人であることは矛盾する、と頑固に信じ込んでいる人々が少なくなかった」からである。マーシュはヴィカーズ大尉を一種の聖人兵士として描いている。セヴァストポリの高地で食料とテントを戦友に与え、他人に代わって重い荷物を背負い、病気に倒れた戦友を介護して聖書を読み聞かせるヴィカーズ大尉は自己を顧みない英雄だった。当然ながら、大尉は部下を指揮してロシア人との戦闘に臨むが、敵のロシア人は「異教徒」または「異端者」であり、「野蛮人」である以上、それは「聖戦」に他ならなかった。ヴィカーズ大尉は一八五五年三月二十二日から二十三日にかけての夜襲に出撃して致命傷を負い、戦死するが、その死を著者マーシュは小説の最終章(『勝利の章』)でキリストの受難になぞらえている。最終章の冒頭には、ロングフェローの詩の一節(実際には、中世スペインの詩人ホルヘ・マンリケの詩の英訳)が掲げられている。

彼の魂は、彼にそれを与えた神の許へと昇って行った。
神は彼の魂を長い休息へと導いたのだ。
栄光の休息へと。
戦士の太陽は沈んだが、
神によって祝福されたその光は燦然と輝き、
今も我らを包んでいる。

ヴィカーズ大尉の亡骸《なきがら》はセヴァストポリの現地に埋葬された。しかし、大尉の墓碑は英国ケント州ベカナム市のブロムリー通りにある聖ジョージ教会にも建立された。鞘に収まった剣の前に巻物が広げられた形をした白い大理石の墓碑には、次のような碑文が刻まれている。

第九七連隊ヘドリー・ヴィカーズ大尉を懐かしく追憶するために神の栄光を称えつつこの碑を建立する。「神の子イエス・キリストの血はすべての罪を清める」という神の言葉を信じていた大尉は、罪の死を免れ、正義の生命を得た。大尉は一八五五年三月二十二日の晩、戦闘中に倒れ、イエスの御許で眠りについた。埋葬地はセバストポール。享年二十八歳。(15)

国民が共通の努力によってクリミア戦争を戦ったという意識は、男らしい雄々しさを理想とする新しい価値観と軍人を聖人視する風潮を生み出したが、それだけではなかった。一八三〇年代と四〇年代に表面化していた階級対立、頻発していた産業紛争を終わらせるために必要な国民的統合と和解の可能性をもたらしたのである。たとえば、チャールズ・ディケンズが発行する週刊誌『家庭の言葉』に連載されたエリザベス・ギャスケルの『北と南』(一八五五年)は階級対立の終焉をテーマとする小説であり、同じく『家庭の言葉』に連載されたヴィクトリア女王お気に入りの詩人アデレード・アン・プロクターの一連の詩は、次に示すような「戦争の教訓」を歌っていた。

国を導く支配者たちも、
その屋敷の門口に立つ貧困層も、

同じ熱い思いを込めて
戦果の朗報を待ち望んでいる！
生存と生活の向上を求める貧乏人と
誇りと喜びを求める金持ちが
クリミアの荒涼たる海岸で
手を携えて戦っているのだ。(16)

独白劇《モノドラマ》形式で書かれたアルフレッド・テニソンの詩「モード」（一八五五年）にも同様の趣旨を含む部分がある。詩の語り手は、「貪欲な利益追求」が原因となって国内で発生していた「内戦状態」が、海外の戦争に参戦することによって終息に向かっているとし、その戦争は利益追求を越えた崇高な目的を持つ聖戦であると見なしている。

行くにせよ、とどまるにせよ、目覚めた者の眼には高い目標が見える。
この国は富への貪欲を暫時忘れ、
過誤と恥辱に満ちた平和への欲求も捨てた。
口にするのも憚られるほど、恐るべくも、憎むべき、醜悪な平和だった。
しかし、今、畳まれていた戦旗をふたたび広げて敬礼し、歓呼する時が来た！
喧《かまびす》しい衝突が起きれば倒れる者が出るだろう。
多くの灯が消え、多くの人が嘆くかも知れない。
しかし、虚偽の頭上には神の怒りの鉄槌が下されるだろう。

暗闇にふたたび光が差し込み、
栄誉ある名前が輝くだろう。
白日の下で高貴な思想が解き放たれ、
国民の心は共通の願いで脈打つだろう。
虚偽の平和は終わった。
黒海の岸辺でも、バルト海の海上でも、
あんぐりと口をあけて待ち構える要塞の前でも、
血のように赤い戦争の花が心の火とともに燃え盛っている。

燃え上がるにせよ、消えるにせよ、戦争は嵐のように吹き荒れている。
しかし、まだ高潔さを失っていない英国民は大義を理解し得ることを実証した。
私の心もいささか向上したようだ。
悪について愚痴を言うよりも、善のために戦う方がいい。
私は祖国とともに感じ、同胞と一体化しつつ
神の意志を受け入れ、与えられた運命に従おう。

画家たちの多くもこれと同じテーマを画題として取り上げた。ジョン・ギルバートが一八五六年に描いた『バッキンガム宮殿でコールドストリーム連隊の傷病兵を引見するヴィクトリア女王陛下』は絶大な人気を博し、原画は残念ながら失われてしまったが、多色刷りのリトグラフに再生され、一九〇三年になってもまだ大量に出回っていた。クリミア戦争で負傷した英雄的な兵士たちが女王に

謁見するという胸迫る感動的場面を描いたこの絵は、戦後になって英国の頂点と底辺が国民的統合を実現する可能性を暗示していた。ジェリー・バレットの大作『傷病兵を初めて慰問するヴィクトリア女王』（一八五六年）も同様の感情に訴える絵画だった。女王夫妻がチャタムの陸軍病院を訪れてクリミア戦争の傷病兵を見舞うという感動的な場面を描いたこの絵は、ピカディリー通りのアグニューズ画廊で展示されるや大評判を呼び、その後、版画として何度も再版され、三ギニーから一〇ギニーの価格で数千部が販売された(17)。

ヴィクトリア女王自身もクリミア戦争の帰還兵を撮影した記念写真を収集していた。ジョゼフ・カンドールやロバート・ハウレットなどの職業写真家に委嘱して、チャタム病院など各地の陸軍病院に収容されていた傷病兵の記念写真を撮影させ、ウインザー城の王室コレクションに加えていたのである。カンドールとハウレットの衝撃的な写真は、王室コレクションの範囲を越えて広く国民の目に触れることになった。彼らが撮影した写真は写真展に出品され、あるいは、挿絵写真入りの雑誌に掲載されて、兵士のこうむった恐るべき苦痛と戦争がもたらす死傷の残酷さを国民の前にあらためて明示したのである。二人の先駆的な記録写真はロジャー・フェントンの穏健で暗示的な戦場写真とは大きく異なっていた。たとえば、カンドールとハウレットが一八五五年に撮影した『三人のクリミア戦争傷病兵』では、三人の歩兵が病院のベッドに座って負傷した肉体をさらしている。彼らの顔には何の表情もなく、その態度にはロマンチックなところも、感傷的なところも一切ない。白黒の写真は、鉄の弾丸と凍傷が人間の肉体に与えた傷跡を冷徹に記録していた。王室コレクションに残るカンドールとハウレットの撮影メモによれば、この写真の被写体は、一八五五年六月十八日にレダン要塞の戦闘で負傷した第二三連隊のウィリアム・ヤング、セヴァストポリ城外の塹壕内で凍傷のために両脚を失った第三四連隊のヘンリー・バーランド、そして、同じく塹壕戦中に凍傷で左脚を失った第四九連隊のジョン・コナリーの三人だった(18)。

クリミア戦争の記憶は、一八七〇年代に入ってもなお英国の画家たちが好んで描く画題であり続けた。中でも最も有名だったのは、エリザベス・トンプソン（レディー・バトラー）が一八七四年に発表した『クリミア戦争、作戦後の点呼』だった。ロイヤル・アカデミーの展覧会に出品されたこの絵はセンセーションを巻き起こし、あまりに多くの観衆が詰めかけたので、警官が出動して警備にあたる騒ぎになった。それまですでに何点かの戦争画を発表して名を知られていたトンプソンが、『点呼』という呼び名で広く知られるようになるこの絵の画想を得たのは、カードウェル陸軍相による軍制改革の直後だった。軍制改革を通じて軍隊の問題が国民の注目を集めていたこの時期に、クリミア戦争から帰還した兵士たちを描いた詳細なスケッチを下絵として、トンプソンは衝撃的な一枚の絵を構成した。それは負傷し、寒さに震え、消耗しきったグリネディアー連隊の生き残りの兵士たちが戦闘終了後に馬上の士官による点呼を受けるために集合している場面だった。勇敢な将校たちの輝かしい武勲を画題とする伝統的な戦争画とは全く異なる種類の絵画だった。馬上の士官を別とすれば、高さ二メートルの画布のほとんどが苦痛にあえぐ一般兵士の姿によって占められていた。英雄を賛美するような修飾的要素のまったくないこの絵を見て、人々は戦争の現実を直視することになった。ロイヤル・アカデミーの展覧会が終わると、『点呼』は全国を巡回し、膨大な数の観衆を引きつけた。ニューカースルでは展覧会の宣伝の看板を身体の前後に吊るしたサンドイッチマンが現れた。看板には「『点呼』来たる！」と書いてあった。リヴァプールでは三週間に二万人の人々が『点呼』を見に押しかけた。当時としては、驚異的な観客動員数だった。絵を見た人々は深く感動した。この絵が国民の心の琴線に触れたことは明らかだった。『点呼』は当初マンチェスターの産業家が買い上げたが、その後、ヴィクトリア女王の手に渡った。しかし、ある印刷会社が大衆向けの版画として発売する権利を獲得した。トンプソンは一夜にして国民的英雄となり、彼女の手札型の肖像写真が二五万枚も一般向けに販売された。人々はエリザベス・トンプソンをフローレンス・ナイチンゲールと同列に置いて、もてはやした。[19]

英国の皆は何と言うだろう？
恐れを知らない勇者たちが
アルマ高地で成し遂げた
猛烈な働きを耳にしたら。
昼には驕り高ぶっていたロシア軍が
日暮れには一敗地にまみれたと聞いたら。
皆は言うだろう、「これぞ昔ながらの英国なり」と。
皆は言うだろう、「気高い業が成し遂げられた」と。

英国の皆は何と言うだろう？
幸福な家庭に暮らしながら
恐れおののいて押し黙り、
勇者の死を思う時。
そして、悲痛な現実に言葉を失い、
父、兄弟、息子の運命に思いを馳せる時。
昔ながらの英国で皆は言うだろう、

「神の神聖な意志が行なわれるだろう」と。

英国の皆は何と言うだろう?
笑うにつけ、泣くにつけ、祈るにつけ、
彼らの心と唇には
昼となく、夜となく、勇者の名前が浮かぶだろう。
彼らは大地を見張り、天とともに訴える。
さらば、戦場へ前進せよ!
英国が歓呼する時、誰がうなだれ、恐れるだろうか?
神は正義を守り給う。

『少女読本』[20]（一八七五年）に掲載された牧師J・S・B・モンセル作の讃美歌

クリミア戦争は英国の国民性に大きな影響を与えた。英国の学童にとって、クリミア戦争は英国が自由を守るために立ち上がり、熊のような強国ロシアと戦った戦争であり、当時の『パンチ』誌の挿絵が示すとおり、正義と暴力とが衝突した単純明快な戦いだった。暴君やいじめっ子から弱者を救済するためにジョン・ブルが駆けつけるという物語は英国民にとって欠かせないテーマとなった。一九一四年に英国が「小国ベルギー」を守るためにドイツに宣戦布告した時にも、また、一九三九年にポーランドを守るためにドイツに宣戦布告した時にも、クリミア戦争を戦った時とほぼ同様の国民感情が働いていたのである。

英国民の間では、アルマ（アリマ）、バラクラヴァ、インカーマン、セバストポール、カーディガン、ラグランなど、クリミア戦争に関連する多くの固有名詞が集団的記憶として今日に至るまで残っており、その多くが街路やパブの名称になっている。クリミア戦争が終わった後も、何十年間か、女の子にフローレンス、アルマ、バラクラヴァなどの名を与え、男の子をインカーマンと名付けることが流行した。クリミア戦争から帰還した兵士たちは思い出深い固有名詞を世界の隅々まで携えていった。オーストラリアのサウスオーストラリア州とクィーンズランド州にはバラクラヴァという名の町があり、米国のウエストヴァージニア州、オーストラリアのサウスオーストラリア州、ウエスタンオーストラリア州、クィーンズランド州、ヴィクトリア州、カナダのグロスター郡にはインカーマンと呼ばれる町がある。米国のカリフォルニア州、カナダのオンタリオ州、オーストラリアのニューサウスウェールズ州およびヴィクトリア州にはセバストポールという町があり、ニュージーランドにはセバストポール山がある。アルマと呼ばれる町は米国のウィスコンシン州に四ヵ所、コロラド州に一ヵ所、アーカンソー州に二ヵ所ある他、米国各地にさらに十ヵ所ある。カナダにはアルマという町が四ヵ所にあり、アルマ湖という名の湖がある。オーストラリアには二ヵ所にアルマという町があり、ニュージーランドにはアルマ川が流れている。

「悪と戦う正義」
（『パンチ』1854年4月8日号）

クリミア戦争には、三一万人のフランス人が兵士として動員され、そのうち三人に一人が帰らぬ人となった。その戦争の記憶をとどめる地名はフランスの各地に残されている。たとえば、パリ市内を流れるセーヌ川にはアルマ橋が架かっている。一八五六年にクリミア戦争を記念して架けられ、一九七〇年代に入って架け替えられたアルマ橋は、一九七七年以降、主としてダイアナ皇太子妃が死亡した自動車事故の現場として知られているが、それまでは、橋脚に立つズアーヴ兵の彫像で有名だった（旧アルマ橋の橋脚には四体の兵士の立像が立っていたが、架け替えに際してズアーヴ兵の一体だけが残された）。パリ市民の間には、アルマ橋のズアーヴ兵の彫像を目安にしてセーヌ川の水位を測る習慣があり、水位がズアーヴ兵の膝を越えると、船舶の航行不能が宣言される。パリには、また、アルマ広場とセバストポール通りがあり、それぞれに同名の地下鉄駅がある。パリの南部郊外にはマラコフ（マラホフ）と呼ばれる広い地区がある。十九世紀にフランスの不動産開発の分野で大成功を収めたアレクサンドル・ショヴローがクリミア戦争終結後の一〇年間にヴァンヴ近郊の採石場を安値で買い取って開発したこの地区は、当初はパリ市とは別の行政区域で、「ヌーヴェル・カリフォルニー」の名で呼ばれていた。人口過密なパリ中心部に住む職人や労働者をこのニュータウンに呼び寄せる手段として、ショヴローはテーマパーク型の遊園地を建設した。クリミア戦争後にフランス国内に一時的に発生した戦勝のお祭り気分を利用したのである。遊園地の最大の呼び物はマラコフ・タワーだった。マラコフ・タワーはロシア軍のマラホフ要塞を模した城砦状の塔で、その周囲に溝や丘、稜堡や洞窟が配置され、さらに、楽隊の演奏壇と野外劇場が建設された。夏になると、膨大な数の観衆がこのテーマパークを訪れ、野外ステージで演じられるクリミア戦争の戦闘場面の再現劇を見物し、また、その他のアトラクションを楽しんだ。一八五八年、ショヴローは第二帝政が達成した最初の軍事的大勝利を祝賀するためと称して、ナポレオン三世のお墨付きを得た上で、町の名前をヌーヴェル・カリフォルニーからマラコフに改称した。マラコフ地区は民間資本によって計画開発されたニュータウンとして一八六〇年代を通じて急成長を遂げた。ただし、マラコフ・タワーは、一八七〇年の普仏戦争でフランスがプロイセンに敗れると、ヴァンヴ市長の命令で取り壊されてしまう。市長は過去の栄光の象徴が敗戦後のフランスにそぐわないと思ったのである。

マラコフ・タワーはパリ以外のフランス各地の町や村にも建てられ、その多くが現存している。たとえば、セーヌ・エ・マルヌ県のシヴリー＝クルトリー、ニエーヴル県のトゥーリー＝リュルシー、ヨンヌ県のセルミゼル、シェール県のサン＝タマン＝モンロン、そして、ロワール地方のナント市にもマラコフ・タワーが残っている。ベルギーのディゾンおよびリエージュ近郊のアザール＝シュラットにもマラコフ・タワーがあり、ルクセンブルクにも、ドイツのケルン、ボーフム、ハノーファーにもある。アルジェリアでは、オランとアルジェに、また、ブラジルでも、クリミア戦争後にフランス人が入植したレシフェに同名のタワーがある。タワー以外にも、フランスのほぼすべての町にマラコフ通りがあり、広場や公園、ホテル、レストラン、チーズ、シャンパン、薔薇、シャンソンにまで、マラコフの名が残っている。

しかし、マラコフの名称が数多く残されているとはいえ、クリミア戦争がフランスの国民意識に与えた影響は、英国の場合に比べてはるかに小さい。クリミア戦争の記憶は、その後に続いてイタリアで起こった対オーストリア戦争（一八五九年）、メキシコ遠征（一八六二～六六年）、そして、何よりも、敗北を喫した普仏戦争（一八七〇年）の陰に隠れてしまったのである。今日のフランスでは、クリミア戦争はほとんど語られることのない「忘れられた戦争」である。

フランスと同様に、イタリアとトルコでも、クリミア戦争の記憶はその後の戦争の陰に隠れ、十九世紀に国家の再建と統一を実現した両国の歴史的神話や物語の中から抜け落ちてしまった。

イタリアの場合、クリミア戦争にイタリア人が参戦したことを思い起こさせる痕跡はほとんど残っていない。クリミア戦争の記憶を最も強く残しているはずのピエモンテ州においてさえ、この戦争に動員されて戦死または病死した二一六六人の兵士のための記念碑はどこにも見られない。二一六六人は公式の統計数字であり、実際の死亡者数がこれをはるかに上回ったことは確かである。ただし、州都トリノには、イタリア人兵士が戦闘に参加した主戦場二ヵ所の名を冠した「セバストポーリ大通り」と「チョールナヤ通り」がある。イタリア民族主義運動の画家ジェローラモ・インドゥーノはサルデーニャ軍に随行してクリミアに渡り、多数の戦闘場面をスケッチに収めて帰国、一八五五年以降に数枚の戦争画を描いた。そのうち、『マラコフ要塞攻略』とヴィットーリオ・エマヌエーレ二世の委嘱で描かれた『チョールナヤ川の戦闘』の二点は何年間か愛国主義的絵画として北イタリア地方で評判になった。しかし、その後矢継ぎ早に起こった事件がクリミア戦争の記憶を薄めてしまう。その後に起こった事件とは、一八五九年に始まった第二次イタリア独立戦争、ガリバルディ軍によるイタリア南部遠征、ナポリ王国の征服、一八六六年の対オーストリア戦争とヴェネト王国の併合、一八七〇年のローマ占領と最終的なイタリア統一などである。これらはイタリア国家の再興を意味する「リソルジメント」を実現した決定的な事件であり、近代イタリア国家の創生を語る時には欠かせない物語である。それにひきかえ、クリミア戦争は、リソルジメントを推進する立場から見れば何かと問題の多かったカヴールと彼が首相を務めたピエモンテ＝サルデーニャ王国が参戦した国外での戦争であり、イタリア民族主義運動にとって必ずしも喜ばしい出来事ではなかった。クリミア戦争については、支援のための大衆行動もなく、義勇兵募集の動きもなく、イタリアにとっての大勝利もなければ、栄光の敗北もなかったのである。

トルコについて言えば、そもそもクリミア戦争はトルコで始まった戦争であり、公式統計によれば、動員されたトルコ兵士のほぼ半数にあたる一二万人が戦死した戦争だったが、それにもかかわらず、トルコにとってのクリミア戦争は忘れられた戦争というよりも、むしろ意図的に国民の記憶から抹消された戦争である。イスタンブールには、クリミア戦争で戦った英仏軍兵士の記念碑はあるが、トルコ兵の記念碑は存在しない。トルコの正史は、つい最近まで、クリミア戦争をほぼ完全に無視してきた。トルコ民族主義運動の立場から見れば、クリミア戦争はその歴史観に都合よく適合しない出来事であり、オスマン帝国の「黄金期」とケマル・アタチュルクによる近代トルコ国家誕生との間隙期に発生した影の薄い戦争だった。トルコ側の勝利に終わった戦争だったにもかかわらず、むしろオスマン帝国の歴史に恥辱を残した事件とさえ見なされていた。クリミア戦争はオスマン帝国衰退の里程標のひとつであり、膨大な国家債務と西欧列強諸国への依存をもたらす契機となった事件だった。しかも、友好国と思っていた西洋列強は実は友好国ではなかった。トルコの大部分の学校で使われている歴史教科書は、クリミア戦争の結果として西欧諸国の干渉が強まったことがイスラムの伝統衰退の原因に他ならないとしている。(21)一九八一年にトルコ軍参謀本部が刊行した公式のトルコ軍戦史にも同様の記述がある。そこにはトルコの民族主義者とイスラム教徒が西欧に対して抱く根深い怨恨が込められている。

クリミア戦争当時、真の意味でトルコに友好的な国はほとんど存在しなかった。友好国と思われていた諸国も実はそうではなかった……この戦争でトルコは国家の富の多くを失い、歴史上初めて欧州に対して債務を抱えることになった。さらに悪いことに、西欧諸国と同盟関係を組んで戦争を戦ったために、多数の外国軍兵士と民間の外国人がトルコの最も秘密の部分や遅れた部分を直接かつ仔細に目にすることになった……この戦争のもうひとつの否定的側面は、トルコ社会に生まれつつあった疑似的な知識人層の一部が西欧の価値観や流行をもてはやし、トルコ人としての主体性を失ったことである。イスタンブール市は、市内の病院、学校、軍事施設を含めて、連合軍司令官たちの管理に委ねられたが、西欧同盟軍の不注意による失火から歴史的建造物の多くが焼失した……トルコ国民はその伝統である歓待精神を発揮して同盟軍を迎え、西欧諸国軍の司令官たちに海岸の別荘を提供したが、西欧諸国軍の兵士はトルコ国民にも、トルコの墓所にも相応の敬意を払わなかった。トルコ軍は、ロシアと戦うシャミーリ軍を支援する目的でカフカス海岸への上陸作戦を計画したが、西欧諸国軍はその計画を妨害した。トルコ軍のカフカス上陸が彼らの国益に反するという理由からだった。トルコ軍の兵士はクリミア戦争のあらゆる戦線で自己を顧みずに献身的に戦い、多くの血を流したが、戦争のすべての戦果と栄光は西欧諸国の独占するところとなった[22]。

クリミア戦争がその国の国民意識に与えた影響の大きさという点から言えば、英国に匹敵するのはロシアだけだった。ロシアでは、クリミア戦争に関するすべての出来事がその後の国民性の形成に重大な影響を及ぼした。しかし、その影響には相反する二つの面があった。クリミア戦争の敗北は、いうまでもなく、耐え難い屈辱だった。トルコに味方してロシアに敵対した西欧諸国に対する深い怨嗟は募るばかりだった。一方で、英雄的なセヴァストポリ防衛戦は国民の自尊心を燃え上がらせた。キリスト教の大義のために犠牲をいとわず戦ったという意識が軍事的敗北を精神的勝利に変えたのである。この意識操作はセヴァストポリ陥落直後に皇帝アレクサンドル二世がロシア国民に与えた勅宣にも表れている。

セヴァストポリ防衛戦は軍事史上に先例を見ない英雄的な戦いだった。この戦いについては、ロシアのみならず、全欧州から称賛の声が上がっている。防衛戦を戦った勇者たちは、過去に我が祖国に数々の栄光をもたらした歴史上の英雄たちに伍する資格がある。セヴァストポリ守備隊は祖国を侵略した優勢な敵の攻撃に対して類い稀な勇気を発揮し、十一ヵ月もの間耐え抜いたのである……ロシア軍の全兵士は神への信仰とロシアの神聖な大義を彼らと共有している。彼らの勇敢な行為はこれから先も常にロシア軍を鼓舞激励する手本となるであろう。セヴァストポリの名は、そこで流された多くの血とともに永遠に語り継がれるであろう。セヴァストポリ防衛戦を戦った勇者の記憶は、ポルタヴァ〔一七〇九年、ピョートル大帝率いるロシア軍がスウェーデン軍を撃破した激戦地〕やボロディノ〔一八一二年、クトゥーゾフ将軍率いるロシア軍がナポレオン軍を撃破した激戦地〕の戦場で戦った英雄たちの記憶とともに、永遠に我らロシア人の心に残るであろう。(23)

セヴァストポリが英雄都市の地位を獲得するにあたっては、トルストイの『セヴァストポリ物語』の果たした役割が大きかった。一八五五年から五六年にかけて、文字の読めるロシア人のほぼ全員が読んだといわれる『セヴァストポリ物語』は、いわゆる「ロシア精神」が集中的に具現された小宇宙としてのこの町のイメージを国民の間に定着させた。「ロシア精神」とは、外敵に侵略されても常にそれをはね返して祖国を救ってきたロシア人の勇気と粘り強さを意味している。トルストイは攻防戦が最も激しかった一八五五年四月に執筆した「十二月のセヴァストポリ」の章を次のような一節で締めくくっている。

こうして、最前線でセヴァストポリ守備隊の戦いぶりを見届けた後、もと来た道を引き返すことになった。破壊された劇場［つまり、セヴァストポリ市街］まで戻る途中の道では、あいかわらず砲弾や銃弾が鋭い音を立てて耳をかすめるが、今はなぜか少しも気にならない。高揚した気分で冷静に歩を進めていくことができる。なぜなら、明確な確信が生まれているからだ。セヴァストポリが敵の手に落ちることはあり得ないという確信である。それだけではない。ロシア国民の勇気と集中力は、世界のどんな場所で試練にあっても決して挫けることはないという確信である。この確信を得たのは、無数の横墻や、胸墻や、巧妙に掘り巡らされた塹壕や、地雷や、その他、初めて目にするような武器からではなく、セヴァストポリ守備隊兵士の眼差しや、言葉や、態度に現れている彼らの精神力からである。兵士たちは何気なしに、ほとんど何の緊張も努力もなしに、彼らの為すべきことをやってのけている。それゆえ、彼らにはその百倍もの能力があり、どんなことでも出来るとさえ思われてくる。彼らを動かしている感情は、僕らがこれまで経験してきたような空疎で、ちっぽけで、退屈な感情ではなく、全く別の、はるかに力強い感情なのだ。その感情は、普通の人間ならば一生に一度しか経験しない死の恐怖に百回も直面しながら、雨霰のように降り注ぐ砲弾の下で平然と生活する力を彼らに与えている。彼らはこのような厳しい条件の下で、睡眠不足と泥濘と重労働に耐えて戦っているが、それは十字勲章や名誉のためではなく、強制されたからでもない。そこにはまったく違う崇高な動機がある。ロシア人の内奥に潜んでいて、滅多に表面に現れないその動機とは、祖国への愛に他ならない。セヴァストポリ篭城戦が始まったばかりの頃に伝えられた話が決して美化された伝説ではなく、真実であり、事実だったことが今になってようやく納得される。篭城戦開始当時は、まだ堡塁もなく、兵士の数も少なく、町を守るための物理的な可能性が存在しなかったが、それでもなお町が敵の手に渡るという懸念は少しもなかった。古代ギリシアの英雄にも比すべき猛将コルニーロフが閲兵しながら、「諸君、我々は死のう！　だが、セヴァストポリは決して敵に渡さん」と呼びかけると、口下手なロシア兵たちが「死のう！　ウラー！」と答えたというその様子が目に浮かぶのだ。たった今前線で見てきた兵士たちが、篭城戦開始当時の困難な時期にすこしも意気消沈することなく、単にひとつの町のためではなく、祖国のために喜んで死ぬ覚悟だった勇者たちと同じ兵士であることが突然のように明確に理解される。セヴァストポリの叙事詩は偉大な痕跡をロシアに残すだろうが、この叙事詩の主人公はロシア国民に他ならない[24]。

「セヴァストポリの叙事詩」は軍事的敗北を国民精神の勝利に変えた。元デカブリストのひとりは書いている。「セヴァストポリは陥落した。しかし、その栄光に満ちた防衛戦を見れば、ロシア人はその陥落を誇りに思うべきだ。セヴァストポリの陥落は輝かしい勝利に等しい[25]」。ロシア人はこの偉大な敗北の上に愛国的な神話を創り上げた。ロシア国民の献身的な英雄主義、柔軟で強靭な抵抗力、自己犠牲の精神などについての国民的な物語が生まれた。詩人たちはセヴァストポリを一八一二年の愛国的精神になぞらえた。そのひとり、アレクセイ・アプーフチンが一八六九年に書いた有名なバラード「兵士が歌うセヴァストポリの歌」は十九世紀が終わるまで学校の教材として学童たちに教えられた。

子供たちよ、これは愉快な歌ではない。
ボロディノで父親たちが歌ったような
オチャコフで祖父たちが歌ったような
赫々たる勝利の歌ではない。
砂ぼこりをもうもうと巻き上げ、
南の平野から押し寄せた無数の敵と

軍船に乗って上陸した敵が
我らを打ち負かした歌だ。

だが、我らを打ち負かした敵は
面倒を恐れて二度と戻って来ない。
勝利した敵は顔をしかめ、うなだれて
船に乗って逃げ帰った。

ロシアでは、裕福な地主たちも
温かな暖炉と家を離れて民兵隊に加わり、
農民たちは妻に別れを告げて
小屋を出て志願兵となった。

鋼鉄のようにたくましい戦士たちが集まり、
力強い軍隊が生まれた。
彼らは死を恐れずに前進した。
そして、神を信じて死んでいった!

美しい女たちは看護婦となり、
兵士と運命をともにした。

祖国ロシアの大地を寸土でも奪おうとする敵は、
自分の血を流さねばならない。

火と煙と炸裂する手榴弾の向こうに、
あたり一面にとどろく轟音の中に
稜堡が次々に立ち現われ、
要塞は陰鬱な幽霊のようにそそり立つ。

殺戮は十一ヵ月続いた。
この十一ヵ月の間に、
ロシアを守る奇跡の要塞では
勇敢な息子たちが次々に葬られた。

この歌は愉快ではないが、
勝利の歌に劣らず栄光に満ちている。
ボロディノで父親たちが歌った歌のように、
オチャコフで祖父たちが歌った歌のように。(26)

〔オチャコフは現ウクライナ南部の黒海沿岸の町。露土戦争中の一七八八年、六ヵ月間篭城するトルコ軍をポチョムキン公とスヴォーロフ将軍の率いるロシア軍が攻めて勝利した激戦地〕

トルストイが彼自身にとっての「国民的叙事詩」である『戦争と平和』を執筆した時代の背景はこ

のようなものだった。トルストイは、一八一二年のナポレオン戦争がロシア人に国民としての覚醒をもたらしたと考えていた。ヨーロッパ化していた貴族階級が「ロシア本来の価値観」を再発見し、民主的国家の基礎となるべき農奴兵士にも愛国心があることを認識したのはナポレオン戦争を通じてだったという理解である。その認識はクリミア戦争中のロシア国民の勇敢な戦いに対するトルストイの反応でもあった。『戦争と平和』は一八六二年から六五年にかけて執筆されたが、それは農奴解放直後の時期であり、ロシアのリベラル派の間に国家の改革についての、また、地主と農民の階級的和解についての期待が高まった時期だった。トルストイの当初の構想では、小説の舞台はクリミア戦争直後のロシア社会、主人公はデカブリスト、題名も『デカブリスト』だった。主人公は三〇年間のシベリア流刑から戻り、改革への期待で沸き立つ一八五〇年代後半のロシア社会に投げ込まれる。アレクサンドル二世が即位した直後の一八五〇年代後半は、ニコライ一世の即位とデカブリストの蜂起が重なった一八二五年当時と同様に、社会改革への期待が高まった時期だった。しかし、トルストイは、デカブリスト運動の歴史を研究するうちに、ロシア知識人のルーツが一八一二年のナポレオン戦争にあったことに気づき、結局、その時代を舞台にして『戦争と平和』を書くことになる。

一八一二年の記憶をめぐっては、クリミア戦争後に激しい論争が巻き起こった。クリミア戦争がロシアの国民性についての新しい視点をもたらした結果だった。トルストイを含む民主派は、クリミア戦争の間にロシアの農民兵士が払った犠牲に触発されて、一八一二年の戦争は国民が戦った戦争であり、国民の愛国精神が勝ち取った勝利だったと主張した。一方、保守派によれば、一八一二年はロシアの帝政が実現した神聖な勝利であり、ロシアの帝政のみがヨーロッパをナポレオンの脅威から救った戦争だった。

クリミア戦争自体の評価にも、これと同様のイデオロギー的対立が絡んでいた。保守派と教会指導部は、クリミア戦争をロシアが全世界の正教徒の保護という神聖な使命を実現するための聖戦として位置づけ、その使命は果たされたと主張した。オスマン帝国内のキリスト教徒の保護に関する国際宣言が発せられ、また、パリ和平条約が、ロシアの要求どおりに、聖地エルサレムとベツレヘムの現状維持を認めたことがその主張の根拠だった。ロシアの要求どおりに、クリミア戦争に関する彼らの文書や説教では、クリミア防衛戦を戦った兵士たちは自己犠牲をいとわない勇敢なキリスト教兵士として、また、「ロシアの聖地」を守るために命を捧げた殉教者として扱われた。保守派と教会幹部は、また、キリスト教がロシアに初めて伝わった神聖な場所としてのクリミア半島の意義を繰り返し強調した。戦争が終わった瞬間から、帝国政府はクリミア戦争を一八一二年の記憶に結びつけようとした。アレクサンドル二世はセヴァストポリ陥落直後にモスクワを訪問したが、それは一八一二年にアレクサンドル一世が大群衆に歓迎されつつ行なった劇的なモスクワ訪問の再現として演出されたものだった。一八五六年の春に予定されていたアレクサンドル二世の戴冠式の日取りも延期された。一八一二年にロシア軍がナポレオン軍に勝利したボロディノ戦勝記念日の九月を待って戴冠式が挙行されたのは、過去の栄光の記憶を呼び覚ますことによって敗戦の苦痛を和らげ、国民を帝政に繋ぎとめようとする意図的な操作だった。[27]

一方、トルストイを含む民主派の知識人層にとっては、クリミア戦争と一八一二年とを結びつける糸は皇帝の神聖な使命ではなく、祖国防衛のために生命を投げ打ったロシア国民の愛国的自己犠牲に他ならなかった。しかし、この犠牲の規模を確定するのは困難だった。死亡した兵士の数は誰にも分からなかった。ロシア軍の損傷に関する正確な数字はついに集計されることがなく、重大な戦闘に関する死傷者数は軍当局によって隠蔽され、あるいは歪曲された。クリミア戦争でのロシア軍の戦死者数は全戦域を合わせて四〇万人ないし六〇万人と推定されている。後に、陸軍省医務局は一八五三年から五六年までの戦死者数を四五万〇〇一五人と発表したが、おそらく、これが最も事実に近い数字であろう。[28] 正確な数字が分からないまま、国民の犠牲は民主派の想像力の中で神話的な意味を持つに至る。

国民の集団的記憶の中では、セヴァストポリの町自体が聖地に近い地位を占めるようになった。セヴァストポリ防衛戦で戦死した軍人に対する英雄崇拝の動きは終戦直後から始まったが、それを推進したのはロシア政府でも、公的機関でもなく、遺族や帰還兵を中心とする民間人だった。彼らは募金活動によって資金を集め、記念碑を建て、教会を建設し、共同墓地を作り、慈善基金を設立した。セヴァストポリ防衛の英雄として民衆が最も厚く崇拝したのは、ナヒーモフ、コルニーロフ、イストーミン〔ウラジーミル・イストーミン。マラホフ要塞司令官。カムチャツカ稜堡で戦死〕の三提督だった。兵士の福祉向上に尽力した三人の提督は「民衆の司令官」として尊敬され、セヴァストポリ防衛戦の殉教者として偶像視された。一八五六年には、セヴァストポリに三提督の記念碑を建立する資金を集めるための全国基金が組織され、記念碑建立の動きは多くの都市に広がった。コルニーロフはクリミア戦争をめぐる数々の逸話の中で常に中心人物として登場する英雄だった。また、すでにシノープ海戦の英雄でもあったナヒーモフは、セヴァストポリ防衛戦の司令官として伝説上の聖人に近い存在となった。ナヒーモフは、自己犠牲をいとわず戦う勇敢な軍人、国民の神聖な大義に殉じた殉教者として多くの物語や版画に描かれた。危険を顧みずに最前線で指揮を取り、第四要塞の砲台を視察中に致命傷を受けて倒れたことも語り草となった。一八六九年には、民間の資金だけでセヴァストポリに「黒海艦隊博物館」が設立された。開館日に来訪した多数の観客はそこで各種の武器、装具、身の回り品、手稿、地図、絵画、彫刻などを目にしたが、それらはすべて復員軍人が提供した品物だった。「黒海艦隊博物館」はロシアで初めて一般の民衆から広く収集した資料を公開した歴史博物館だった。[*2]

ロシアが国家としてセヴァストポリ防衛戦の顕彰に乗り出すのは一八七〇年代の後半に露土戦争

『ナヒーモフ提督の死』(1856年、ワシリー・ティム画)

が始まってからだった。その頃、政界に汎スラヴ主義の影響力が拡大したことも関連していた。しかし、政府の方針はゴルチャコフ将軍など皇帝側近の廷臣の業績を顕彰することにあった。民衆の英雄となっていたナヒーモフ提督は事実上無視され、顕彰の対象から外された。ナヒーモフは民衆レベルの民族主義運動の中ではすでに聖像画に描かれるほどの偶像となっていたが、帝国政府は官制の民族主義によってそれを塗り替えた上でクリミア戦争記念碑の建立を行なった。一九〇五年は革命と対日戦争の年だったが、この年、セヴァストポリ攻防戦五〇周年を記念する壮大なパノラマ『セヴァストポリ防衛戦』が作製され、それを展示するための特別の記念館が第四要塞跡に建設されて、一般に公開された。しかし、政府当局はセヴァストポリ守備隊が英仏軍の攻撃を撃退した一八五五年六月十八日の戦闘場面を描いた部分からナヒーモフ提督の肖像を外し、フランツ・ルボーが描いたゴルチャコフ将軍の等身大の肖像に差し替えてしまった。[29] ナヒーモフ提督が致命傷を受けた激戦地の跡に建設された記念館だったが、そこにはナヒーモフ提督の肖像は飾られなかったのである。

しかし、ソ連時代になると、クリミア戦争についての民衆の英雄の記憶が復活する。ナヒーモフはロシア国民が祖国防衛にあたって発揮すべき愛国主義的自己犠牲と英雄主義の象徴となり、特に一九四一〜四五年の第二次世界大戦中はプロパガンダの材料として利用された。ソ連海軍の士官と水兵はナヒーモフの名を冠した学校で訓練を受け、勲功をあげればナヒーモフ勲章を授与された。ナヒーモフは外敵の侵略に対して国民を動員する「偉大なる指導者」の象徴として多数の映画や本に描かれた。

フセヴォロド・プドフキン監督の愛国主義的映画『ナヒーモフ提督』（一九四七年公開）の制作が始まったのは一九四三年のことだった。当時、ソ連と英国は同盟関係にあった。『ナヒーモフ提督』は、英国海軍のネルソン提督を主人公としてアレクサンダー・コルダ〔ハンガリー出身の映画監督〕が制作監督した戦争叙事詩的映画『ハミルトン夫人』（一九四一年）のソ連版として計画されたが、クリミア戦争を描きながらも、当初は戦争の相手国が英国であったことは曖昧にされ、ナヒーモフの人間性とセヴァストポリ市民との交流を描く映画として撮影が始まった。しかし、編集が進むうちに、冷戦の前哨線ともいうべき紛争が発生し、映画の内容に影響を与えることになる。それはボスポラス、ダーダネルスの両海峡とカフカスをめぐる紛争で、まさにクリミア戦争のきっかけとなった問題が再燃したのだった。一九四五年の秋以降、ソ連は両海峡の中立化を定めた一九三六年のモントルー条約の改定を主張し始める。スターリンはソ連とトルコによるダーダネルス海峡の共同管理を要求し、さらに、カルスとアルダハンのソ連への割譲をトルコに迫った。カルスとアルダハンは帝政ロシアが征服した領土だったが、一九二二年にトルコに返還されていたのである。一九四六年八月には、カフカス地方へのソ連軍増派に対抗して、米国が東地中海に艦船を派遣するという事態が発生する。スターリンがプドフキン監督の映画について方針転換を命令したのはまさにこの時期だった。映画の焦点は人間ナヒーモフから外敵と戦う軍事指導者としてのナヒーモフに切り替えられ、英国の描き方も、黒海に対する帝国主義的野望を追求するためにトルコを利用してロシアを侵略した敵国であったことが強調された。それはまさにスターリンが冷戦の初期の段階で西側に向けて発した糾弾の映画だった。[30]

同様の愛国主義路線はスターリン時代を代表する歴史家エヴゲニー・タールレの著作にも共通している。一九四一年から四三年にかけて刊行された二巻本の『クリミア戦争史』、一九四八年刊の『ナヒーモフ伝』、クリミア戦争一〇〇周年を記念して一九五五年に出版された遺作『ロシアの栄光都市——一八五四〜五五年のセヴァストポリ』などの中で、タールレは帝政ロシア政府の政策を厳しく批判しつつも、ロシア国民の愛国主義的勇気と強靭な抵抗力を称賛し、西欧列強の「帝国主義的侵略」からロシアを防衛するために生命を賭して戦ったナヒーモフやコルニーロフなどの英雄的指導者が国民を導き、鼓舞したことを高く評価している。クリミア戦争でロシアの敵国だった英国、フランス、トルコなどの各国が今はそろって北大西洋条約機構のメンバーであり、一九五五年に新たに設立されたワルシャワ条約機構の仮想敵国であるという事実は、ソ連のクリミア戦争一〇〇周年記念行事に特別の緊張感を与えた。

「ロシアの栄光都市」セヴァストポリ防衛戦の英雄たちに対する誇りは、今もなおロシア人の国民意識の重要な要素となっている。ただし、一九五四年にニキータ・フルシチョフがクリミア半島をウクライナに移管し、一九九一年のソ連邦解体に際してウクライナが独立を宣言した結果、セヴァストポリはロシアにとって外国の町となってしまった。現代ロシアの民族派のある詩人の言葉を借りれば、

超大国ソ連の廃墟の上に、
歴史の重大なパラドックスが残った。
ロシアの栄光都市セヴァストポリが
ロシア領土の外にあるのだ。(31)

ソ連帝国の崩壊によってすでに国民としての自尊心を傷つけられていたロシア人にとって、クリミア半島を失ったことは痛烈な打撃だった。民族主義者たちは今もクリミアのロシア復帰キャンペーンを活発に展開している。セヴァストポリに住む民族派も例外ではない。セヴァストポリは今もなお民族的にはロシア人の町なのである。

クリミア戦争の記憶は、ロシア人の心の奥深い所で、その自尊心と西欧に対する怨嗟の念を今なお刺激している。二〇〇六年、「ロシアの国民的栄光センター」の主催でクリミア戦争に関するシンポジウムが開催された。後援者にはウラジーミル・プーチンの大統領府、教育省、国防省などが名を連ねていた。主催者が報道機関に発表したシンポジウムの結論は次のようなものだった。クリミア戦争はロシア国民が自己犠牲の精神を発揮して戦った正義の戦争であり、その結末はロシアの敗北ではなく、精神的、宗教的な意味での勝利だった。ニコライ一世は自由主義的な知識人層から不当な嘲笑を浴びてきたが、国益を守るために西欧に対して立ち上がったこの皇帝の毅然たる権威主義的な姿勢をロシア人は誇りに思うべきだ。(32)つまり、世界を敵にまわしてロシア国民をクリミア戦争に巻き込んだニコライ一世を、プーチンのロシアは再評価したのである。現在、クレムリンの大統領執務室の隣の控の間には、プーチンの命令で、ニコライ一世の肖像画が掲げられている。

クリミア戦争が終わった時、セヴァストポリとその周辺の集団墓地には二五万人のロシア兵の遺体が埋葬された。集団墓地以外にも、インケルマン、アリマ川、チョールナヤ渓谷、バラクラヴァ、セヴァストポリなどの戦場に多数の無名兵士の遺体が埋葬された。二〇〇六年八月、アリマ川の戦闘で戦死したウラジーミル連隊とカザン連隊の歩兵一四人の遺骨が戦場からほど近い場所で発見された。遺骨の傍らには、背嚢、水筒、十字架、手榴弾などが残されていた。一四人の遺骨はバフチサライの近郊に建つアリマ川戦闘記念館に改めて埋葬されたが、埋葬式にはウクライナとロシアの政府高官が出席した。現在、遺骨が発見された場所に礼拝堂を建てる計画がロシア国内で進められている。

章末注

＊1　初期のヴィクトリア十字勲章はセヴァストポリでロシア軍から鹵獲した中国製の旧式大砲を溶かし、その青銅を素材として作られたことが後に判明している。(J.Glanfield, *Bravest of the Brave: The Story of the Victoria Cross* (London, 2005))

＊2　一八六二年にモスクワでルミャンツェフ博物館が開館したが、こちらはニコライ・ルミャンツェフ伯爵の個人的収集品を公開する博物館だった。

解説——土屋好古（ロシア近代史）

本書は、Orlando Figes, *Crimea: The Last Crusade*（Allen Lane, 2010）の全訳である。オーランドー・ファイジズは、一九五九年生まれ、現在ロンドン大学バークベック・カレッジの教授で、次の著作リスト（二〇一四年十二月現在）を見ていただければわかるとおり、現在最も活発な発表活動を行っているロシア・ソ連史研究者の一人である。このようなペースで実証的な学術研究を発表し続けることは、驚異的である。

Peasant Russia, Civil War: The Volga Countryside in Revolution, 1917-21.（Oxford University Press, 1989）
A People's Tragedy: The Russian Revolution, 1891-1924.（Jonathan Cape, 1996）
Interpreting the Russian Revolution: The Language and Symbols of 1917.（Yale University Press, 1999）（Boris Kolonitsky と共著）
Natasha's Dance: A Cultural History of Russia.（Allen Lane, 2002）
The Whisperers: Private Life in Stalin's Russia.（Allen Lane, 2007）（邦訳　染谷徹訳『囁きと密告——スターリン時代の家族の歴史』上下、白水社、二〇一一年）
Crimea: The Last Crusade.（Allen Lane, 2010）（本書）
Just Send Me Word: A True Story of Love and Survival in the Gulag.（Metropolitan Books / Henry Holt and Company, 2012）

Revolutionary Russia, 1891-1991: A History. (Metropolitan Books / Henry Holt and Company, 2014)

著者ファイジズは、本書序言において「英国の立場からだけでなく、ロシア、フランス、オスマン帝国の立場から資料を幅広く活用して、これらの大国がこの戦争に関与するに至る経緯を、当時の地政学的、文化的、宗教的背景を含めて、解明しようとする試みは、言語の如何を問わず、本書が初めてだろう」と、自負を述べているが、本書はその自負に違わないものに仕上がっている。以下では、まずクリミア戦争が戦われた時代状況を概観した上で、本書についてごく簡単なコメントを付すことにする。

イギリス産業革命とフランス革命がおこった十八世紀後半から第一次世界大戦が勃発した一九一四年までを、しばしば「長期の十九世紀」と呼ぶ。この時代は、いわば「ヨーロッパの時代」であり、近代社会の特徴が最もよく現れた時代であった。その特徴とは、特に西ヨーロッパを中心に、工業化と、民主化を伴いながらの国民国家形成が進んだということであり、グローバルに見れば、世界全体がヨーロッパで生み出された体制の中に包摂されていったということであった。たとえば新しい技術革新について言えば、一八〇七年汽走船（蒸気船）が発明され、一八一七年には汽走船による大西洋横断が成功した。当初外輪船であったが三〇年代後半にはスクリュー船が登場している。一八三〇年には鉄道がイギリスで最初の営業運転を開始した。こうした運輸手段の発達などは、交通革命と呼ばれる状況をもたらした。ナポレオン戦争後、ヨーロッパではウィーン体制と呼ばれる復古体制が支配したが、フランスでは一八三〇年に七月革命がおこって、復古ブルボン朝は倒れ、ルイ＝フィリップが「フランス国民の王」となった。この七月革命の影響で、ベルギーが独立する一方、イギリスでは第一回選挙法改正がなされて、産業資本家層に参政権が拡大された。さらに一八四八年には、フランスで二月革命がおこって王政が倒れ第二共和政となった。二月革命は、ヨーロッパ各地に波及してウィーン体制を終わらせる一八四八年革命と総称される大きな歴史的事件へと発展した。一八四八年革命の時には、「諸国民の春」と呼ばれる国民主義運動や国家を持たない中東欧の民族の新たな運動も生起した。他方、十九世紀半ばにかけてのグローバルな状況を身近な東アジアについて見てみると、一八二〇年代には中国・インド・

イギリスを結ぶアヘン・茶・イギリス綿製品のアジア三角貿易が成立し、これはやがてアヘン戦争（一八四〇～四二年）を引き起こした。欧米のアジア進出は、清朝と同様に鎖国体制にあった日本にも及んだ。ペリーが四隻の艦隊（うち二隻は汽走軍艦）で浦賀に来航したのはまさにクリミア戦争勃発の年、一八五三年である。一八五四年初めにはロシアのプチャーチンとの交渉が、長崎で行われている。

クリミア戦争が勃発したのは、「長期の十九世紀」のちょうど中ごろ、右のような大きな歴史のうねりが世界を覆いつつあった時代であった。したがって、この戦争は「古い騎士道精神に則って戦われた最後の戦争」（本書二二頁）であった一方、最新の工業技術が、とりわけ英仏側において、動員された近代的な戦争であった。たとえば、英仏軍が使用したミニエ銃は、ロシア軍のマスケット銃よりもはるかに長い射程距離を持っていた（第7章）。ロシアはいまだ国内にすら十分な鉄道網を持っておらず（首都ペテルブルクとモスクワの間に鉄道が開通したのは一八五一年）、そのことがロシアの軍事的補給を困難にしていたことはわが国の概説書などにおいても指摘されてきたことであるが、本書では、イギリスが一八五五年に入って突貫工事でバラクラヴァ港とイギリス軍陣地近くの積み降ろし基地を結ぶ延長一〇キロの鉄道を完成させ、セヴァストポリ要塞攻撃のための物資補給体制を整えたことが描かれている。これは世界の戦争史上初の戦場鉄道であった（第10章）。新技術の採用と並んで、イギリスやフランスにおいては、国民形成の進展とジャーナリズムの発展によって（戦闘の現場に戦争報道記者と戦争写真家が登場したのは初めてであった）、ファイジズがいたるところで強調しているように、国民世論が戦争遂行にとって決定的な役割を果たすことになった。このこともまた歴史上初めてのことであった（第5章、第9章）。

トルコ側に立って参戦したイギリスやフランスを取り巻く状況が以上のようなものであったこととは対照的に、ロシアには、西ヨーロッパ的な意味における近代化の波はまだ十分には届いていなかった。オスマン帝国ではタンジマートと呼ばれる西欧化改革が始まっていたが、具体的な成果には乏しかった。ともにヨーロッパ大陸の東端、東南端に位置して広大な領土を誇る陸上大帝国であった両国は、何度も戦火を交えてきており、クリミア戦争もそうした戦争の一つである。この戦争は、十七世紀以来実に九度目の両国間の戦争であった。

ただ、クリミア戦争が、それまでのロシアとトルコの戦争と異なったのは、トルコ側に立って、工業化したイギリスとフランスが参戦したということである。十九世紀初頭のナポレオン戦争において、ナポレオン軍を打ち破り、その後もヨーロッパの革命運動を粉砕して、「ヨーロッパの憲兵」として軍事的プレゼンスを誇ってきたロシアであったが、その実態は農奴制に基づいた古い体制であり、ヨーロッパで進行していた工業化や民主化の流れからは取り残されていた。大きく見れば、イギリス・フランスとロシアの、「近代化」、工業化の程度の差が、戦争の結果となって現れることになった。

クリミア戦争の敗北は、重工業と鉄道を持たない国家は、もはや列強に位置することはできないということを、ロシアに知らしめた。そこで、戦争末期にニコライ一世の逝去に伴って即位したアレクサンドル二世は、「上から」の改革、のちに「大改革」と称される諸改革に着手した。その中核にあったのは農奴解放で、一八六一年二月に農奴解放令が出されて、地主地農奴約二二五〇万人が解放された。さらに財政改革、大学令制定、ゼムストヴォという地方自治機関設置、司法制度改革などが続くのである。

このようにクリミア戦争の敗北は、ロシア近代化のための転換点となったのだが、こうした改革は、広く世界全体の状況を見渡せば必然的な動きであったとも言える。ヨーロッパでは、クリミア戦争に参戦したサルデーニャ国王ヴィットーリオ＝エマヌエーレ二世を初代国王として一八六一年イタリア王国が成立し、同国はさらにヴェネチア、教皇領を併合して国民的統一を成し遂げた（一八七〇年）。プロイセンを中心に統一が推し進められていたドイツでは、一八七一年ドイツ帝国が成立した。アメリカ合衆国では、一八六一年四月から南北戦争が始まった。この戦争は奴隷問題もさることながら、何よりも工業化を目指す北部と、プランテーション作物を輸出し、工業製品はイギリスから輸入する南部との対立を根本的原因とするものであった。北部の勝利は、アメリカの工業化への道筋を確定させた。ロシアの農奴解放も、アメリカの奴隷解放も、工業化のための自由な労働力の必要性という観点からは、通底する歴史的出来事である。アジアでは、清朝で一八六〇年頃から洋務運動と呼ばれる近代化が始まり、「中体西用」の精神のもと、西洋の近代的技術を導入しようとした。日本では、幕末の混乱を経て一八六八年明治政府が成立し、「富国強兵・殖産興業」を旗印に近代化が推進された。このように、工業を興して国を強化することが、この時代世界的な課題であったのである。これに失敗すれば、従属国の地位に甘んじなければならなくなることは避けられなかった。クリミア戦争のころの世界の姿とは、このようなものであった。

さて、原著の副題は「最後の十字軍」という。ファイジズは、序言の中で英仏両国にとって、クリミア戦争は野蛮で専制的なロシアの脅威からヨーロッパの自由と文明を守るための十字軍戦争であったとする一方、ロシア皇帝ニコライ一世は、十字軍を送ってでもオスマン帝国内のキリスト教徒を守ることがロシアの使命であり、その使命を果たすためには宗教戦争も辞さないという信念を抱いていたと指摘している。ファイジズのこうした理解が原著の副題の所以である。周知のように、十字軍とは本来、十一世紀末から十三世紀末にかけて七回にわたっておこされた対イスラムの軍事的遠征である。原著の副題において十字軍という用語はもとより比喩的に使われているのだが、ファイジズの指摘から窺われるように、クリミア戦争の背後にあった宗教的対立の構図はかなり複雑である。

そこには、キリスト教国ロシアとイスラムのオスマン帝国の対立に加えて、キリスト教内部の正教会とカトリック教会、さらにはプロテスタント教会の対立や反目がからんでいた。私たちは高等学校の世界史で、クリミア戦争の原因は聖地管理権をロシアが要求したことだ、などと教わるのであるが、その聖地管理権なるものの実態についてはよく知らないままに終わっていることが多い。本書の第1章は、この点について豊富な情報を提供している。十九世紀に入って鉄道や蒸気船が出現すると、大衆の団体旅行が可能になり、そのことが聖地巡礼者の数を増大させた。これを背景に、キリスト教各派は自派の影響力の拡大を図った。エルサレムの聖墳墓教会やベツレヘムの降誕教会では、正教会とカトリックが宗教的儀式の主導権を巡って争い、時には聖職者同士が教会内部で暴力沙汰に及ぶという事態も発生していた。また、プロテスタントは宗教的感情をあからさまにする習慣を失っていたので、ロシアからの正教徒の巡礼者が見せる大げさな情熱に嫌悪感を抱いていた。オスマン帝国政府は、こうしたキリスト教同士の対立にむしろ翻弄されている感すらある。つまるところ聖地管理権の問題は、カトリックと正教会のどちらが聖地の管理の主導権を取るかについて、その権利をオスマン政府に認めさせようとするところから生じていた。これはキリスト教対イスラムという対立というよりも、むしろキリスト教派間の争いであった。戦争の背景にあったのは、こうした宗教的対立であったのである。

最後に、本書の中で言及されているロシアの民族主義について、一言触れておきたい。たとえば、本書第2章において、「ロシア民族主義を信奉し、キリスト教正教が果たすべき役割に関してほとんどメシア的な信念を抱くロシア人は少なくなかった」という記述がある。原著の英語は「ナショナリズム nationalism」である。ナショナリズムは、その局面に応じて国民主義、民族主義、国家主義などと訳される。これはその語幹にあるネイション nation に「国民、民族、国家」の訳語があてられることに対応している。しかし十九世紀半ばのロシアにおいては、このナショナリズムのいずれの訳語も的確にはあてはまらないように思われる。ロシアは多民族国家であったし、そもそもこの時代「ロシア民族」なるものについての認識が広くいきわたっていたわけでもない。皇族もロシア人である必要はなかった。本書に登場する女帝エカチェリーナ二世は、プロイセンの小公国からピョートル三世に嫁いできた人物であったし、ニコライ一世の義理の妹エレーナ・パーヴロナ大公女もドイツのヴュルテンベルク公女である。ニコライ一世の妃もアレクサンドル二世の妃も、いずれもドイツ地域の生まれであった。また非ロシア人が政府高官の地位にあることも稀ではなかった。他方、教育も十分に普及していなかった当時のロシアにあっては、一般民衆の間にナショナリズムが成長するということはありえなかった。したがって、ファイジズがナショナリズムの用語を用い、本書で民族主義と訳されている言葉が指し示すものは、今日私たちが理解しているナショナリズムとは異なるものである。当該個所などを今日的な「民族主義」を想定して読むと、誤解することになる。

二〇一四年、ウクライナの政治的危機を端緒として、ロシアがクリミア半島を編入し、同地はにわかに世界の耳目を集めることになった。本書には、ロシアにとってのクリミアが持つ意味の大きさや、あたかも現代の対ロシア不信感がそのまま写し出されているかのような錯覚すら与える十九世紀前半の西欧の対ロシア嫌悪や不信も、エピソード豊かに描かれている。かくして、本書は、クリミアをめぐる歴史的背景についての知識を与えてくれる極めてタイムリーな訳業となった。本書が、多くの読者に読まれることを期待したい。

訳者あとがき

今年（二〇一四年）はバルカン半島のサラエヴォで発せられた一発の銃声がきっかけとなって第一次世界大戦が勃発してから一〇〇年目にあたります。また、来年は第二次世界大戦の終結から七〇年の節目の年です。戦争と平和について考える良い機会というべきでしょう。その際、第一次世界大戦のさらに六〇年前に世界戦争として戦われたクリミア戦争のことも忘れてはならない、というのが本書を訳しての感想です。クリミア戦争はナイチンゲールが活躍した戦争というだけではなく、イギリス、フランス、オスマン・トルコ、オーストリア、ロシアの五大帝国が関与した、当時としては最大規模の戦争でした。宗教や信仰が大きな役割を演じた戦争という意味では、その後の二度の世界大戦よりもむしろ現在の状況に近いかもしれません。

本書の翻訳に取りかかったのは二〇一二年の秋でした。当初は、遅くとも一年半後の今春までに脱稿する予定でしたが、諸般の事情によって翻訳の作業が大幅に遅れ、結局、刊行されるまでに二年半の歳月がかかってしまいました。ほとんど家から出ずにすごしたこの二年半の間に、外の世界ではさまざまな出来事が起こっていました。

今年を振り返ると、一月にフォーク歌手のピート・シーガーが九十四歳で亡くなりました。実は、本書の翻訳をしている間に繰り返し頭に浮かんだ文句がありました。ピート・シーガーの歌『花はどこへ行った?』の一節です。「いったい人間はいつになったら悟るのか?」二度の世界大戦を挟んで一六〇年も昔に起こったクリミア戦争の歴史の中にも、現代への教訓が数多く含まれていることを著者のファイジズは示唆しています。

たとえば、大英帝国の砲艦外交が目指していたのは、直接的な軍事支配よりも、むしろ各国に関税を撤廃させて市場の拡大をはかる「グローバリゼーション」の実現でした。英国の高官は、オスマン帝国支配下のアラブ人を味方につけるために、スンニ派とシーア派の対立を利用しようと考えていました。排外主義的傾向を強めた英国の世論は慎重な論調を掲げる『タイムズ』を「反英的」として糾弾し、好戦的なジャーナリズムはアルバート公に対してさえ親独派の非難をあびせました。どれも現在に通じる話のように聞こえてきます。ファイジズは、例によって、英国にとって都合の悪い歴史も公正な視点でえぐり出しています。

二月には、ソチで冬季オリンピックが開かれました。アフガニスタン侵攻に抗議する諸国のボイコットに揺れたモスクワ・オリンピック以来、二度目にロシアで開催されたオリンピックでしたが、どうやら無事に終わりました。しかし、同じ時期にウクライナの政治情勢が緊迫し、その混乱に乗じた形で、三月にはクリミア自治共和国とセヴァストポリ特別市が住民投票を実施してロシアへの編入を決め、ロシアがこれに応じて両地域を併合してしまいました。クリミア戦争の舞台となった地域に発生した驚きの事態でした。主権を侵されたウクライナは当然反発し、米国と西欧諸国は制裁措置に踏み切りましたが、「固有の領土」を回復して、ロシアの民族主義は高揚し、プーチンは支持率を上げました。その後、ウクライナ東部で親ロシア派とウクライナ軍の軍事衝突が拡大し、東西冷戦の復活が危惧されています。クリミア半島の再併合について言えば、もともとの主人公であるタタール人の眼には、事態はどのように見えているのか知りたいところです。エカチェリーナ二世によるクリミア併合まで三〇〇年間続いた「タタールの軛」の後で、今度は地域のイスラム世界に対する「ロシアの軛」がいつまで続くのでしょうか。住民投票といえば、九月には、スコットランドの独立を問う住民投票が強行されました。独立は実現しなかったものの、大英帝国の歴史を考えれば、これも今年の驚くべき事件でした。

東北アジアの情勢を含めて、世界には緊張と紛争の種が尽きませんが、戦争だけは何としても避けたいものです。そのためにこそ、歴史を正確に学びたいものです。

本書の刊行に際して、日本大学の土屋好古教授の校閲を受け、「解説」を御執筆いただきました。数々の貴重な御指摘をいただいたことに深く感謝申し上げます。また、再三にわたる締め切り延期の願いを聞き入れ、激励してくれた編集部の藤波健氏に感謝します。

二〇一四年十二月

染谷　徹

訳者略歴
一九四〇年生
東京外国語大学ロシア語科卒
ロシア政治史専攻
主要訳書
ヤン・T・グロス『アウシュヴィッツ後の反ユダヤ主義
ポーランドにおける虐殺事件を糾明する』
サイモン・S・モンテフィオーリ『スターリン　赤い皇帝と廷臣たち　上下』
オーランドー・ファイジズ『囁きと密告　スターリン時代の家族の歴史　上下』
ノーマン・デイヴィス『ワルシャワ蜂起1944　上下』
（以上、白水社）

クリミア戦争　下

二〇一五年二月二〇日　印刷
二〇一五年三月五日　発行

著者　オーランドー・ファイジズ
訳者 ©　染《そめ》谷《や》徹《とおる》
装幀者　日下充典
発行者　及川直志
印刷所　株式会社理想社
発行所　株式会社白水社

東京都千代田区神田小川町三の二四
電話　営業部〇三（三二九一）七八一一
　　　編集部〇三（三二九一）七八二一
振替　〇〇一九〇-五-三三二二八
　　　郵便番号　一〇一-〇〇五二
http://www.hakusuisha.co.jp
乱丁・落丁本は、送料小社負担にてお取り替えいたします。

株式会社松岳社

ISBN978-4-560-8421-2

Printed in Japan

人名索引

ア行

アーガイル、ジョージ・ジョン・キャンベル（公爵、英国の内閣王璽尚書） 下 184
アーカート、デイヴィッド（英国の外交官、下院議員） 上 93, 104-105, 131-137, 144, 200, 229, 236／下 93
アクサーコフ、コンスタンチン（ロシアのスラヴ派論客） 上 289-290
アダムズ（准将、英国軍歩兵部隊指揮官） 上 390-391
アットウッド、トーマス（英国の下院議員） 上 143
アードリー、カリング（英国の鉄道事業家） 下 208
アバディーン、ジョージ・ハミルトン＝ゴードン（伯爵、英国の外相、首相） 上 118-119, 122-125, 176-178, 182, 186, 199, 201, 229-233, 235-236, 248-251, 298-299／下 59-60, 81-82, 120, 230
アブディ・パシャ（将軍、オスマン帝国アナトリア軍司令官） 上 224
アブデュルメジド一世（オスマン帝国スルタン） 上 60-62, 105, 107, 116, 197-198, 207／下 218-220
アプーフチン、アレクセイ（ロシアの詩人） 下 301
アルバート公（英国ヴィクトリア女王の夫） 上 114, 119-122, 235, 249-251, 274／下 88, 99, 280
アレクサンダー、ジェームズ（中佐、英国軍第一四歩兵連隊指揮官） 下 135, 141
アレクサンドル一世（ロシア皇帝） 上 73-75, 77-79, 96, 120, 139, 142, 217, 244-245／下 178, 305
アレクサンドル二世（ロシア皇帝） 上 156, 213, 398／下 73-74, 79-80, 92, 155-156, 161-162, 178-180, 182, 191-194, 205, 213, 232, 234-235, 237-240, 244, 247-249, 251, 254-255, 258, 264-265, 267, 298, 304-305
アンスティー、トーマス（英国の下院議員） 上 136
アンズリー、ヒュー（少尉、後に大佐、英国軍フュージリアー連隊） 上 325-326, 332-333
アンドリヤーノフ（大尉、ロシア軍第一〇師団） 上 385, 389
イェルマーク・チモフェイヴィッチ（ロシアの武将、シベリア公） 下 257
イグナチエフ、ニコライ（ロシアの外交官、駐コンスタンチノープル大使） 下 255-257, 259, 261, 264, 267-268
イストーミン、ウラジーミル（ロシア海軍提督） 下 306
イノケンティー（ロシア正教総司教） 上 343
イプシランディス、アレクサンドロス

（モルダヴィア蜂起指導者） 上 72-74
イブラヒム・パシャ（オスマン帝国エジプト太守ムハンマド・アリの息子） 上 87, 89
インドゥーノ、ジェローラモ（サルデーニャ王国の画家） 下 296
ヴァーニー、ハリー（英国の下院議員） 下 82
ヴァイヤン、ジャン=バプティスト・フィリベール（元帥、フランス陸軍相） 上 302 ／下 88, 99
ヴァレフスキ、アレクサンドル（伯爵、フランス外相） 下 99, 183, 186, 188-189, 199, 205, 230, 241
ヴァンソン（フランス軍中尉） 下 176-177
ヴァンティーニ、ジュゼッペ ⇒ ユスーフ将軍
ヴィエル=カステル、オラス・ド（フランスのルーヴル美術館館長） 上 185
ヴィクトリア女王（英国女王） 上 114, 119-122, 171, 177, 230-231, 235-236, 250-252, 279, 396 ／下 51, 60, 62, 78, 86, 88, 96, 99, 179, 188, 190, 193, 212, 231, 273, 280, 286, 288-290
ヴィットーリオ・エマヌエーレ二世（ピエモンテ=サルデーニャ王国国王） 下 201, 236-237, 296
ウィリアムズ、ウィリアム（英国軍将軍、カルス要塞守備隊司令官） 下 180-182
ウィルソン（英国軍コールドストリーム近衛歩兵連隊大尉） 上 396
ウィルソン、ロバート（英国軍将軍、下院議員、ジブラルタル総督） 上 129-130
ウヴァーロフ、セルゲイ（伯爵、ロシア文相） 上 156
ウェリントン、アーサー・ウェルズリー（公爵、将軍、英国首相） 上 81, 85, 97, 118, 120, 133, 274, 296, 369
ヴォルコンスキー、セルゲイ（ロシアのデカブリスト） 下 246
ヴォルテール（フランスの啓蒙主義思想家） 上 45
ヴォロンツォフ、ミハイル（ロシア軍将軍、ノヴォロシア総督） 上 223 ／下 194, 214-215
ウスペンスキー、ポルフィーリー（ロシア正教会学院） 上 63
ウッド、イヴリン（英国海軍士官候補生） 上 358
ウッドハウス、ジョン（英国の駐露大使） 下 231
ヴャズミーチノフ、アナトリー（ロシア軍カザン連隊士官） 下 167-168
ヴャゼムスキー、ピョートル（ロシア文部次官） 下 67
ウラジーミル大公（キエフ・ルーシ公国の大公） 上 55, 58, 63, 344, 403
ウラジミレスク、トゥドル（ワラキア蜂起指導者） 上 73
ウランゲル（中将、ロシア軍騎兵部隊司令官） 下 72
ウルーソフ、セルゲイ（公爵、ロシア軍オステン=サーケン将軍の副官、チェスの名手） 下 146
ウワジノフ=アレクサンドロフ（大佐、

ロシア軍ソイモノフ師団司令官） 上389
エア、ウィリアム（少将、英国軍第三師団司令官） 下141
エアリー、リチャード（中将、英国軍主計総監） 上362／下59
エカチェリーナ二世（大帝）（ロシア皇帝） 上44-51, 57, 85, 90, 98, 176, 217
エジャートン、トーマス（大佐、英国第七七歩兵連隊司令官） 下127
エステルハージ（公爵、オーストリアの駐露大使） 上285
エストコート、ジェームズ（少将、英国陸軍総務局長） 下59
エルショーフ、エヴゲニー（ロシア軍砲兵隊指揮官） 上351／下114, 122-124, 154, 165
エルネスト・レオポルド（ライニンゲン公） 下96
エルベ、ジャン=ジュール（フランス軍大尉） 上275, 295, 302, 344-345, 348／下23-24, 28, 36, 106, 108, 116, 121, 131, 135-136, 138, 162, 208
エルモーロフ、アレクサンドル（ロシア軍将軍、グルジア総督） 上53
エレナ・パヴロヴナ（ロシア大公妃） 下45-47, 235
エレンバラ、エドワード（英国インド監督局長） 上97
オステン=サーケン、ドミートリー（ロシア軍将軍、オデッサ総督） 上266／下146, 157, 244
オットー一世（オトン一世）（ギリシア国王） 上86
オブレノヴィッチ、アレクサンダル（セルビア君主） 上221
オブレノヴィッチ、ミハイロ（セルビア君主） 下259-260
オブレノヴィッチ、ミロシュ（セルビア君主） 上68-69, 152-153
オメル・パシャ（オスマン帝国ルメリア軍司令官） 上196-197, 208-210, 220-221, 287, 290-291, 297／下72, 101, 180-182
オライリー、モンターギュ（英国海軍中尉） 上227
オリファント、ローレンス（英国の旅行家） 上301
オルロフ、アレクセイ（伯爵、ロシア秘密警察長官） 上175, 243-244／下64, 201-202, 205

カ行

ガウイング、ティモシー（英国軍第七近衛歩兵連隊軍曹） 下140
カウフマン、コンスタンチン（ロシア軍将軍、トルキスタン総督） 下257
カウリー、ヘンリー・ウェルズリー（伯爵、英国の駐仏大使） 上232, 283, 344／下88, 188, 241
カヴール、カミッロ（サルデーニャ王国首相） 下89, 233-236, 296
ガジ・ムハンマド（イスラム教ムリード派のイマーム） 上53
ガジ・ムハンマド（イスラム解放運動指導者シャミーリの息子） 下93
カステラーヌ、ピエール・ド（伯爵、フランス軍ボスケ将軍の副官） 上

246／下 146, 176, 195
カズナチェーエフ、ニコライ・イワノヴィッチ（ロシアのエフパトリア市長） 上 309-310
カーゾン、ロバート（男爵、英国の旅行家） 上 34
カッスルレー、ロバート・スチュアート（子爵、英国外相） 上 77
カーディガン、トーマス・ブルーデネル（伯爵、英国軽騎兵旅団司令官） 上 314, 370-372, 374／下 22, 278, 292
カードウェル、エドワード（英国陸軍相） 下 277, 290
カニング、ジョージ（英国の外相、首相） 上 105
カニング、ストラトフォード（子爵、英国の駐コンスタンチノープル大使） 上 105-108, 110-112, 132, 137, 143-144, 161, 165-166, 174, 182-183, 185-189, 196, 199, 201, 203-205, 207, 228, 232, 250／下 82, 94, 204, 206, 218-219, 221-222, 225-226
カブロル、ジャン（フランス軍軍医） 上 307
カポディストリアス、イオアニス（ロシア外相） 上 73-74, 76, 80, 82, 85
カーマイケル、ジョージ（英国軍ダービーシャー連隊大尉） 上 387-388
ガリバルディ、ジュゼッペ（イタリア革命軍司令官） 下 236-238, 296
カルソープ、サマーセット（英国軍ラグラン総司令官の副官） 上 333, 359, 364-365／下 113
カンドール、ジョゼフ（英国の写真家） 下 289
カンピネアヌ、ヨアン（ルーマニアの穏健派指導者） 上 158
カンロベール、フランソワ（将軍、元帥、フランス軍総司令官） 上 292, 309, 312, 321, 344, 364, 383, 403, 405／下 60-61, 101-103, 126, 128
ギガス、アレクサンドル（オスマン帝国のワラキア太守） 上 87
キセリョーフ、パーヴェル（伯爵、ロシア国家資産相） 下 192-194, 232
ギゾー、フランソワ（フランス七月王政期の首相） 上 91, 145
キャスカート、ジョージ（将軍、英国軍第四師団司令官） 上 355, 396／下 211
ギャスケル、エリザベス（英国の作家） 下 286
キャメロン、ウィリアム（英国軍第一近衛歩兵連隊大尉） 上 356
キャンベル、コリン（中将、英国軍第九三ハイランド連隊指揮官） 上 325, 363-364, 367／下 170
キャンベル、シャーロット（英国皇太子妃の女官） 上 114
キュスティーヌ、アストルフ・ド（公爵、フランスの旅行家） 上 149-152
ギュッベネト、フリスチアン（教授、ロシア軍軍医） 下 150-151, 174
キュレ、マリー・オクターヴ（フランス軍ズアーヴ連隊士官） 下 129, 159
キリヤコーフ、V・I（ロシア軍中将） 上 320, 328, 393
ギルバート、ジョン（英国の画家） 下

288
キングズコート、ナイジェル（英国軍大尉、後に少佐、大佐、ラグラン総司令官の副官） 上 275, 282 ／下 58
キングズリー、チャールズ（英国の作家） 下 281, 283
キングズリー、ヘンリー（英国の作家） 下 281
キングレーク、アレクサンダー（英国の歴史家、旅行家） 上 33, 252-253, 304
グライヒェン、ヴィクター（伯爵、英国海軍提督、彫刻家） 下 274
クラシンスキ、ヴァレリアン（伯爵、亡命ポーランド貴族） 上 148-149
クラソフスキー（ロシア軍中尉、ゴルチャコフ総司令官の副官） 下 158
グラッドストン、ウィリアム・ユーアット（英国蔵相、後に首相） 上 176, 200, 236 ／下 87, 183, 262-263, 277
グラッハ（プロイセン軍大佐） 上 269
クラレンドン、ジョージ（英国外相） 上 204, 231-232, 250, 252, 405 ／下 82, 86, 96, 99, 103, 184-185, 189-191, 200-201, 204, 206, 225, 230
グランサム、トーマス・ロビンソン（男爵、英国外相） 上 51
クリスティー、ピーター（英国海軍大佐、輸送船指揮官） 下 38
グリフィス（第二三フュージリア一連隊中尉） 下 169-170
クリフォード、ヘンリー（英国軍軽騎兵師団参謀将校） 上 358 ／下 57, 111, 115, 155, 171
グリム、フリードリヒ（男爵、ドイツで生まれ、フランスで活躍した文芸評論家） 上 45
クリューデナー、バルバラ・フォン（ロシアの駐ヴェネツィア大使フォン・クリューデナー男爵の夫人） 上 77
グリンカ、V・A（ロシア軍将軍） 下 249
グレアム、ジェームズ（英国海軍相） 上 248, 297 ／下 87
グレゴリウス十六世（ローマ教皇） 上 147
クレム、テオフィル（ロシア軍兵士） 上 191
クレール、ジャン（フランス軍第二ズアーヴ連隊大佐） 上 395, 400-402 ／下 148
グロフスキ、アダム（伯爵、ポーランド出身の政治家） 上 152
ゲージ、エドワード（大尉、後に中佐、英国軍ラグラン総司令官の幕僚） 下 126
ケンブリッジ、ジョージ（公爵、英国軍中将） 上 120, 252, 279, 324, 391, 396, 406 ／下 16, 51, 224
コーシカ、ピョートル（ロシア黒海艦隊水兵） 下 108
コジューコフ、ステパン（ロシア軍砲兵士官） 上 374
コシュート、ラヨシュ（ハンガリー独立運動指導者） 上 162, 164, 176
ゴス、エドマンド（英国の詩人） 下 53
コスタキ・ムスルス（オスマン帝国の駐英大使） 上 187
コックス、チャールズ（英国コールドストリーム近衛歩兵連隊大佐） 下

15
コドリントン、ウィリアム（英国軍少将、軽騎兵師団第一旅団司令官、後に総司令官） 上 323, 328, 401 ／下 82, 139, 171, 177, 209, 212
コドリントン、エドワード（英国海軍提督、英仏露連合艦隊司令官） 上 81
ゴードン、チャールズ（英国軍中尉、後に将軍） 下 22
コナリー、アーサー（英国軍情報部中尉） 上 97
コブデン、リチャード（英国の政治家） 上 235, 239
コフーン、ロバート（英国の駐ブカレスト領事） 上 159-160
コルダ、アレクサンダー（英国の映画製作者、監督） 下 308
ゴルチャコフ、アレクサンドル（公爵、ロシアの駐墺大使、外相） 下 86, 189, 229-233, 237, 253, 258-259, 264
ゴルチャコフ、ミハイル（将軍、ロシアのクリミア派遣軍総司令官） 上 191, 259-261, 264, 273, 283-284, 286-289, 316, 340, 354, 394-395, 409-410 ／下 72-73, 91-92, 124, 152-153, 155-163, 171, 178, 191-192, 307
コルニーロフ、ウラジーミル（ロシア海軍提督、黒海艦隊参謀総長、セヴァストポリ要塞司令官） 上 180, 225, 353-354, 359-360 ／下 300, 306, 309
ゴーレフ（将軍、ロシア軍レダン要塞司令官） 下 135
コロニーニ=クロンベルク、ヨハン（オーストリア軍将軍） 上 290-291
コンスタンチン・パヴロヴィッチ（ロシア大公、一時期の皇太子） 上 45-47, 79, 133, 139, 144 ／下 194, 233-234
コンドラートフ、イワン（ロシア軍歩兵） 下 17

サ行

ザモイスキ、ウワディスワフ（伯爵、ポーランド軍団司令官） 上 144 ／下 89
サリヴァン、バーソロミュー（英国海軍大尉、バルト海水路測量責任者） 下 95-97
ザルツェンベルク、ヴィルヘルム（ドイツの考古学者） 上 64
サンタルノー、アルマン=ジャック・ルロワ・ド（元帥、フランス軍総司令官） 上 274-275, 277, 296, 302, 307, 309, 312, 339, 341, 344
ジェマレディン（イスラム解放運動指導者シャミーリの息子） 下 93
シーコール、メアリー（英国軍酒保の経営者） 下 117-119, 161, 195
シチェゴロフ（少尉、ロシア軍コサック部隊指揮官） 上 267
ジファード、ヘンリー・ウェルズ（英国砲艦タイガー号艦長） 上 267
シーモア、ジョージ（英国の駐露大使） 上 175-179
ジャピ、フレデリック（フランス軍第三ズアーヴ連隊中尉） 下 18, 187
シャヒン・ギレイ（クリミア汗国の首

長） 上 49-50
シャフツベリー、アンソニー・アシュリー・クーパー（伯爵、英国の上院議員） 上 236-237
シャミーリ（イスラム解放運動指導者） 上 100-101, 222-224, 259 ／下 92-95, 217, 250-251, 253-254, 298
シャルル十世（フランス国王） 上 83
シャンポアゾー、シャルル（フランスの駐グルジア外交官） 下 94
ジュコフスキー、ワシリー（ロシアの詩人） 下 80
シュジャー・シャー（アフガニスタン王） 上 99
ショパン、フレデリック（ポーランドの作曲家） 上 144
ジョミニ（男爵、ロシア外務次官） 下 264
シーリデル、カルル（ロシア軍将軍） 上 269 ／下 74
シーリデル、ニコライ（ロシア皇帝ニコライ一世の伝記作家） 下 74
シルヴェスター、ヘンリー（英国軍軍医助手） 下 38
ジルベール、ミシェル（フランス軍士官） 下 149
シンプソン、ジェームズ（将軍、ラグランの後任として英国軍総司令官） 下 26, 164
スコット（英国第九歩兵連隊大尉） 下 141
スターホヴァ、アレクサンドラ（ロシア「聖十字架看護婦会」の看護婦） 下 45, 174
スターリン、ヨシフ（ソ連共産党書記長、首相） 下 213, 308-309
スターリング、アンソニー（英国軍第九三ハイランド歩兵連隊中佐） 上 367 ／下 25
スティーヴンス、ナサニエル（英国軍第八八歩兵連隊大尉） 下 110, 127
ストゥルザ、アレクサンドル（ロシア領ベッサラビア総督） 上 73, 76
ストゥルザ、ミハイル（モルダヴィア公国太守） 上 87
ストックマー、フリードリッヒ（男爵、英国王室顧問） 上 121
ストロガノフ、アレクサンドル（伯爵、ロシア帝国のノヴォロシア総督） 下 213, 215
スノー、ジョン（ロンドンの開業医） 上 294
スホザネート、ニコライ（将軍、ロシア陸軍相） 下 249, 254
スレイマン・パシャ（ワラキア公国太守） 上 160
スレード、アドルファス（英国海軍提督、トルコ海軍軍事顧問） 上 197, 224, 226-227, 281
セッティ、アントワーヌ（フランス陸軍主計総監） 上 246
ゼーバッハ（男爵、ザクセン公国の駐仏大使） 下 80, 183, 191
セマシコ（ロシア正教会ミンスク主教） 上 147
セリム三世（オスマン帝国スルタン） 上 70-71
セルシプトフスキー（ロシア軍将軍、シリストラ攻囲軍司令官） 上 272
セント・ジョージ（英国砲兵隊中佐）

下 130
ソイモノフ（中将、ロシア軍第四軍第一〇師団司令官） 上 382, 384-385, 387-389, 392-393, 395, 398
ソワイエ、アレクシス（英国軍の料理長） 下 119, 276

タ行

タチシチェフ、ワシリー（ロシアの歴史家） 上 45
ダービー、エドワード・スタンリー（伯爵・英国首相） 上 137
ダマ、アンドレ（フランス軍従軍司祭） 上 401 ／下 114, 133, 147-148
ダーリア・ミハイロヴナ（ダーシャ・セヴァストポリスカヤ）（ロシアの志願看護婦） 下 46
タールレ、エヴゲニー（ソ連の歴史家） 下 309
タレーラン、シャルル・モーリス・ド（フランス総裁政府・執政政府時代の外相） 上 127
ダンダス、ジェームズ（英国海軍中将） 上 182
ダンダス、リチャード（英国海軍少将） 下 95
ダンネンベルク、ピョートル（ロシア軍将軍） 上 384-385, 389, 395, 397-398, 408
チェスニー、フランシス（英国軍将軍、ユーフラテス川ルート調査団長） 上 95
チェネリー、トーマス（英国『タイムズ』紙の特派員） 下 34, 52
チェルニャーエフ、ミハイル（ロシア軍将軍、トルキスタン総督） 下 256, 257, 263-265
チェルヌイシェフスキー、ニコライ（ロシアの思想家、『軍事雑誌』編集長、『何をなすべきか』の著者） 下 250
チトフ、ウラジーミル（ロシアの駐コンスタンチノープル大使） 上 160, 165
チハチョーフ、ピョートル（ロシアの外交官、地理学者） 上 198
チャーチル、ウィンストン（英国首相） 下 52
チャフチャヴァーゼ（グルジア大公） 下 93
チャルトリスキ、アダム（公爵、ポーランド臨時政府大統領） 上 139-140, 142-145, 148 ／下 89, 205-206, 216, 238
チュッチェフ、フョードル（ロシアの詩人） 上 156, 213 ／下 258
チュッチェワ、アンナ（ロシアの宮廷女官） 上 79, 213, 380, 407 ／下 74, 179, 242
ツルゲーネフ、イワン（ロシアの小説家） 下 246, 263
ティエール、アドルフ（フランス七月王政期の首相、第三共和政の初代大統領） 上 144
ディケンズ、チャールズ（英国の作家） 下 286
ディズレーリ、ベンジャミン（英国の政治家、後に首相） 下 268
ティム、ワシリー（ロシアの画家） 下 307

テイラー、ハーバート（英国国王ウィリアム四の私設秘書）　上 132
ディレーン、ジョン（英国『タイムズ』紙編集長）　下 34-35, 56, 58
デッサン（フランス軍中佐）　下 138
テニソン、アルフレッド（男爵、英国の桂冠詩人）　上 377 ／下 287
デュガメリ、アレクサンドル（ロシア軍将軍）　上 160
デュバリー、ファニー（英国の観戦記作家）　上 362, 366, 377 ／下 16, 25, 29, 53, 128
デュバリー、ヘンリー（英国軍第八騎兵連隊主計官）　上 362
デュ・ピーク、アルダン（フランス軍大尉、軍事理論家）　上 277, 329, 330
デルジャーヴィン、ガヴリール（ロシアの政治家、エカチェリーナ二世の側近）　上 46
ド＝レイシー＝エヴァンズ、ジョージ（英国軍大佐、後に将軍）　上 96-97, 130-131, 143, 321, 324, 327, 381, 383, 387, 406
ド・モルニー　⇒　モルニー
ド・ルース、ウィリアム・レノックス（男爵、英国の旅行家）　上 301
ドイル、ジョン（英国軍第八近衛アイルランド軽騎兵連隊兵士）　上 371
トゥーヴネル、エドゥアール＝アントワーヌ・ド（ナポレオン三世の政治顧問、フランスの駐コンスタンチノープル大使）　上 173 ／下 85, 219, 221
トゥマ、シャルル（フランス軍大尉）　下 187
ドストエフスキー、フョードル（ロシアの文豪）　下 248, 253, 258, 263, 265-266
ドートリーヴ、アレクサンドル（伯爵、フランス外務省幹部）　上 128
トートレーベン、エドゥアルト（伯爵、ロシア軍工兵総監）　上 326, 337, 353 ／下 106, 152
トパル・ウメル・パシャ（英仏連合軍がエフパトリア市長に任命したタタール人）　上 343
トムキンソン（英国軽騎兵連隊大尉）　下 20
ドラクロワ、ウジェーヌ（フランスの画家）　上 76
ドラモンド、ヒュー・フィッツハーディング（英国軍近衛歩兵師団スコットランド連隊少佐）　上 281, 335, 402
ドルーアン・ド・リュイ、エドゥアール（フランス外相）　上 183-184, 298 ／下 85, 88, 99
トルイチェヴァ、タチアナ（セヴァストポリ市民）　下 172-173
ドルゴルーコフ、ワシリー・アンドレーヴィチ（公爵、ロシア陸軍相）　上 174, 407
トルストイ、レフ（ロシアの文豪）　上 24, 259-261, 272, 283-285, 288, 348, 350, 353, 408-411 ／下 42, 70, 124-125, 146-147, 154, 173-174, 243-246, 249-250, 299, 303-305
ドレ、ギュスターヴ（フランスの画家）　上 239
トレンズ、アーサー・ウェルズリー（少

将、英国第四師団司令官）　上 396
ドン・パシフィコ（ポルトガルの駐アテネ領事）　上 165
トンプソン、エリザベス　⇒　バトラー、エリザベス

ナ行

ナイチンゲール、フローレンス（英国が派遣した看護婦団の責任者）　上 25 ／ 下 35, 38-39, 47-51, 118-119, 276-277, 279-280, 291
ナヒーモフ、パーヴェル（ロシア黒海艦隊副提督）　上 225, 353, 360 ／下 152-153, 157, 172, 306-309
ナポレオン一世（ナポレオン・ボナパルト）（フランス皇帝）　上 26, 40, 70, 78, 96, 127-128, 143, 145, 157, 169, 171, 244, 277, 406 ／下 84, 165, 178, 199, 205
ナポレオン公、ピエール（将軍、フランス皇帝ナポレオン三世の従弟）　上 292, 312, 321 ／下 61, 207
ナポレオン三世（フランス皇帝）　上 26, 38, 40, 169-173, 184-186, 232, 238, 241-244, 246-247, 278, 283, 291, 300, 313, 382, 403 ／ 下 60-62, 80, 83-86, 88, 96, 99-102, 127, 142, 163, 179, 183, 186-189, 191, 193, 198-202, 205-207, 229, 232-237, 239-240, 294
ニエル、アドルフ（将軍、フランス軍工兵隊司令官）　下 127
ニキチェンコ、アレクサンドル（ロシア政府の検閲官）　下 242
ニコライ一世（ロシア皇帝）　上 26-27, 39-40, 62-64, 68, 78-85, 88, 105, 113-116, 118-126, 133, 139, 144-147, 149, 152-154, 157, 161-163, 165-167, 170, 172, 174-180, 187-191, 201, 203-204, 210-219, 221, 230, 239-240, 242-246, 251, 261-262, 265, 268, 273, 285-286, 315, 354, 380, 382, 407-408 ／下 46, 58, 66, 69, 71-75, 78-80, 86, 91-92, 102, 192-193, 241-242, 244, 258, 264-265, 304, 310
ニコライ大公（ニコライ・ニコラエヴィッチ、ロシア皇帝ニコライ一世の三男）　上 382, 398 ／下 265, 267
ニコン（ロシア正教のモスクワ総主教）　上 80
ニューカースル、ヘンリー・ペラム（公爵、英国戦時相）　上 296-297, 302 ／下 58-59, 290
ネイスミス、チャールズ（英国軍ボンベイ砲兵旅団中尉）　上 269
ネッセリローデ、カルル（ロシア外相）　上 73, 81-82, 84, 119, 157, 174, 180, 212, 290 ／下 80, 179, 183, 185, 194, 229-230
ネーピア、チャールズ（英国海軍提督）　上 297 ／下 65, 95, 97
ネーピア、フランシス（英国の駐露大使）　下 238
ネポコイチツキー（将軍、ロシア第四軍参謀長）　上 180
ネリードワ、バルベッテ（ロシア皇帝ニコライ一世の愛妾）　上 213
ノーラン、ルイス（英国第一五近衛騎兵連隊大尉）　上 340, 370-373
ノワール、ルイ（フランス軍ズアーヴ

連隊士官）　上 275, 282, 292, 319, 394, 400 ／下 19, 23-24, 30, 106, 148

ハ行

ハイド、エドワード（英国歩兵連隊兵士）　上 390
パイン、ジョン（英国ライフル旅団兵士）　下 32
パーヴェル一世（ロシア皇帝）　上 73, 96
ハウレット、ロバート（英国の写真家）　下 289
パヴロフ、P・Ya（中将、ロシア軍第一一師団司令官）　上 382, 384-385, 389, 392, 395
パクストン、ジョーゼフ（英国の建築家）　下 276
バクーニナ、エカチェリーナ（ロシアの志願看護婦団長）　下 46-47
バクーニン、ミハイル（ロシアの無政府主義者）　下 46-47
バーゴイン、ジョン（将軍、英国軍工兵隊司令官）　上 279, 338-339, 355-356, 383 ／下 98-99
バザード、トーマス（トルコ軍軍医）　下 161, 176
バザンクール、セザール・ド（男爵、ナポレオン三世の公式歴史家）　上 403
パスケーヴィチ、イワン（ロシア軍将軍、戦略家）　上 140, 163, 188-191, 210-213, 218-219, 261, 265, 268-270, 273, 286, 408 ／下 70-71, 91, 156
ハドソン、ジェームズ（英国の駐トリノ大使）　上 137
バトラー、エリザベス（旧姓トンプソン、英国の画家）　下 290-291
バトラー、ジェイムズ（英国軍セイロン・ライフル旅団大尉）　上 269-271
ハヌム　⇒　ファティーマ・ハヌム
ハーバート、エリザベス（英国戦時相シドニー・ハーバートの妻）　下 48
ハーバート、シドニー（英国戦時相）　上 279 ／下 35, 47-48, 87, 280
ハーバート、ハリー（英国軍第五竜騎兵連隊兵士）　上 368
パーマストン、ヘンリー・ジョン・テンプル（子爵、英国外相、首相）　上 32, 35, 90, 92-93, 101, 106, 111-112, 122, 132-137, 143-144, 161, 164-166, 183, 199-201, 231-235, 242, 248-250, 266, 296, 298-300 ／下 60, 64-65, 81-88, 90, 99, 179, 183-188, 190-191, 200-202, 206, 208, 229-231
パリッシュ、ヘンリー（英国『タイムズ』紙への投稿家、筆名「アングリカス」）　上 136
バリャチンスキー、アレクサンドル（ロシアのカフカス総督）　下 250-251, 253-254, 256
バリャチンスキー、ウラジーミル（ロシア海軍コルニーロフ提督の副官）　上 359, 360
パルドー、ジュリア（英国の小説家、歴史家）　上 103
バレット、ジェリー（英国の画家）　下 289
ハロービー、ダドリー・ライダー（伯爵、

英国の内閣王璽尚書）　下 207
パンミュア、フォックス・モール＝ラムゼー（男爵、英国陸軍相、戦時相）　下 26, 99-102, 128, 139, 142, 164, 177, 281
ピウス九世（ローマ教皇）　上 32, 39／下 239
ヒギンソン、ジョージ（英国軍第一近衛歩兵連隊大尉）　上 391, 396
ビスマルク、オットー・フォン（プロイセン首相）　下 230, 240
ピートー、サミュエル・モートン（英国の鉄道事業者）　下 120, 276
ビートン、サミュエル（英国の出版業者、作家）　下 281
ビベスク、ギョルゲ（ワラキア公国の公爵）　上 159
ヒューズ、トーマス（英国の作家）　下 282-284
ヒュブナー、ヨーセフ・アレクサンデル（男爵、オーストリアの駐仏大使）　上 242
ピョートル一世（大帝）（ロシア皇帝）　上 43, 70, 127-129, 148, 217／下 75, 299
ピール、ロバート（父）（英国首相）　上 118, 122-125／下 35, 85-86
ピール、ロバート（子）（英国の「タイムズ基金」理事長）　下 35
ピロゴーフ、ニコライ（ロシア軍軍医）　下 38-39, 41, 43-46, 70, 123, 152
ファィイ、ピエール・ルイ・ド（フランス軍将軍）　下 131
ファーガソン、ロバート・カトラー（英国の下院議員）　上 143
ファティーマ・ハヌム（クルド人騎兵部隊の女性指揮官）　上 292
フアト・エフェンディ（オスマン帝国のブカレスト太守、外相）　上 160, 181
フアト・パシャ（オスマン帝国のタンジマート改革指導者）　下 203
フィッツトゥム・フォン・エクシュテット、カール・フリードリッヒ（ザクセン公国の駐英大使）　上 252／下 22
フィン、ジェームズ（英国の駐エルサレム領事）　上 256／下 224-227, 269
フェート、アファナシー（ロシアの詩人）　下 246
フェントン、ロジャー（英国の報道写真家）　下 53-56, 289
フォッサーティ、ガスパーレ（スイスの建築家）　上 61-65
フォッサーティ、ジュゼッペ（スイスの建築家）　上 61-65
ブオル＝シャウエンシュタイン、カルル・フォン（伯爵、オーストリア外相）　上 170, 227, 232／下 189, 193
フォレスト、ウィリアム（少佐、英国第四竜騎兵中隊司令官）　上 368
プチャーチン、イェフフィームィ（ロシア海軍提督）　上 166
プーチン、ウラジーミル（ロシア連邦大統領）　下 310
プドフキン、フセヴォロド（ソ連の映画監督）　下 308-309
ブーフメイエル（将軍、ロシア軍工兵隊司令官）　下 162-163

プフルーク、フェルディナント（ロシア軍のドイツ人軍医） 上 316
フョドーロフ（ロシア軍大佐） 上 381
プラ、ドミニク=ジョルジュ=フレデリック・ド（フランスの司祭政治家） 上 145
ブライト、ジョン（英国の政治家） 上 235, 239
ブラウン、ジョージ（将軍、英国軍軽騎兵師団司令官） 上 322／下 102, 104-105, 139, 282, 283
フランクス、ヘンリー（英国軍第五竜騎兵連隊特務曹長） 上 368
フランツ・ヨーゼフ一世（オーストリア皇帝、ハンガリー国王） 上 162, 189, 243, 285, 291／下 236
ブラント、ジョン（英国軍ルーカン将軍のトルコ語通訳） 上 365-366, 379
プリストヴォイトフ（大佐、ロシア軍ソイモノフ師団指揮官） 上 389
フリードナー、テオドル（ドイツ・ルーテル派の牧師、看護婦養成学校主宰者） 下 47
フリードリッヒ・ヴィルヘルム四世（プロイセン国王） 上 64, 245／下 192-193
ブリュア、アルマン・ジョゼフ（提督、フランス艦隊司令官） 下 102-103
フール、アシル（フランス国家顧問） 上 242
ブルケネー、アドルフ・ド（フランスの駐ウィーン大使） 下 189
フルシチョフ、ニキータ（ソ連共産党第一書記、首相） 下 309
ブルードワ、アントニーナ（伯爵夫人、ロシア宮廷内の汎スラヴ主義者） 上 156, 214
ブルノフ（男爵、ロシアの駐英大使） 上 114, 118-119, 125, 178, 183
ブルームフィールド（英国軍ダービーシャー連隊兵士） 上 322, 327, 386
フルリョーフ、ステパン（ロシア軍中将） 下 72-73, 157
ブルワー、ヘンリー（英国の外交官） 上 137
フローポチナ、エリザヴェータ（ロシアの志願看護婦） 下 46
フロマン、フランソワ=マリー・ド（フランスの政治家） 上 145
ヘイツベリー、ウィリアム・アコート（男爵、英国の駐露大使） 上 85
ペステリ、ウラジーミル（シンフェロポリ総督） 上 342
ベズボロトコ、アレクサンドル（伯爵、ロシア女帝エカチェリーナ二世の側近） 上 46
ペネファザー、ジョン（将軍、英国軍第二歩兵師団司令官） 上 387-388
ペノー（フランス海軍バルチック艦隊提督） 下 96
ベム、ユゼフ（将軍、ポーランド出身のハンガリー軍指揮官） 上 163
ペリシエ、エマーブル（将軍、フランス軍総司令官） 下 103-104, 128, 132, 136, 138, 142-143, 163-164
ベリュー、ウォルター（英国軍軍医助手） 下 49
ベル、ジョージ（英国軍第一近衛連隊大佐） 上 280／下 33-34

ベル、ジョン（英国の彫刻家） 下 274
ペルシニー、ジャン・ジルベール（公爵、フランス内相） 上 171-173, 184-186
ポゴージン、ミハイル（モスクワ大学歴史学教授） 上 156-157, 214-218, 290／下 66, 258-259
ボスケ、ピエール・フランソワ（フランス軍将軍） 上 292, 312, 319-320, 364, 383-384, 393-395, 397／下 128-129, 136, 146, 166
ホーソーン、ナサニエル（米国の作家） 下 276
ポーター、ホイットワース（英国工兵隊少佐、後に少将） 下 108, 111-112, 114, 122
ホダセーヴィチ、ロベルト（大尉、ロシア軍歩兵連隊指揮官） 上 311, 317, 321, 328-329, 392-393／下 40
ポータル、ロバート（英国騎兵連隊士官） 上 303
ボチヤノフ、ミハイル（ロシア海軍士官候補生） 上 351
ポチョムキン、グリゴリー（公爵、ロシア皇帝エカチェリーナ二世の寵臣） 上 45-48, 50
ポドパーロフ、プロコフィー（ロシア軍レダン要塞司令官ゴーレフ将軍の当番兵） 下 135, 137, 167, 195-196
ポパンドゥール（大尉、ロシア軍レダン要塞司令官） 上 360
ホミャコーフ、アレクセイ（ロシアのスラヴ派詩人） 上 262-263
ボーモント、トーマス・ウェントワース（英国の下院議員、軍人） 上 137
ホール、ジョン（英国軍医総監） 下 43
ポールグレーヴ、ウィリアム・ギフォード（英国のアブハジア領事） 下 218
ボルゴ、ポッツォ・ディ（ロシアの駐仏大使） 上 76
ボルースキー（ロシア軍将軍） 下 131-132
ホワイト、チャールズ（英国の作家） 上 103, 112
ポンサンビー、ジョン（子爵、英国の駐コンスタンチノープル大使） 上 87, 90, 92-93, 108, 132-135, 137, 144, 199
ボンデュラン（男爵、フランス軍カステラーヌ元帥の副官） 下 175
ボンド（英国軍第一一騎兵連隊軍曹） 上 373
ホーンビー、エミリー（英国外交官エドマンド・ホーンビー卿の夫人） 下 219

マ行

マクマオン、パトリス・ド（フランス軍将軍） 下 166-168
マーシュ、キャサリン（英国の作家） 下 284-285
マッキントッシュ、アレクサンダー（英国軍将軍） 上 301
マッツィーニ、ジュゼッペ（イタリア統一運動の指導者） 上 176, 200, 262
マフムト・パシャ（オスマン帝国海軍

総司令官）　上 208
マフムト・ベック（オスマン帝国ナブルス州知事）　下 224
マフムト二世（オスマン帝国スルタン）　上 71, 102, 198
マームズベリー、ジェームズ・ハワード・ハリス（伯爵、英国外相）　上 174
マリア・アレクサンドロヴナ大公妃（ロシア皇太子アレクサンドルの妻）　上 213
マリア・フョードロヴナ皇太后（ロシア皇帝パーヴェル一世の寡婦）　上 73
マルクス、カール（ドイツの経済学者、政治哲学者）　上 94, 164, 193, 296
マルティノー、ハリエット（英国の思想家）　上 31, 34
マンディー、ジョージ（英国第三三歩兵連隊中佐）　上 406 ／下 32, 147
マント、マルティン・ヴィルヘルム・フォン（ドイツ人医師、ロシア皇帝ニコライ一世の主治医）　下 73-74
マンリケ、ホルヘ（スペインの詩人）　下 285
マンロー（英国第九三歩兵連隊軍曹）　上 367
ミスメル、シャルル（フランス軍竜騎兵師団兵士）　下 27, 112
ミツキェヴィチ、アダム（ポーランドの詩人）　上 144, 146
ミハイル大公（ミハイル・ニコラエヴィチ、ロシア皇帝ニコライ一世の四男）　上 382, 398 ／下 245
ミフノ、ニコライ（シンフェロポリ市民）　上 311
ミリューチン、ドミートリー（伯爵、カフカス派遣ロシア軍参謀長）　下 250-252, 257, 260
ミロシェヴィッチ、ニコライ（ロシア海軍セヴァストポリ基地士官）　下 162
ムーサ・パシャ（オスマン帝国軍シリストラ守備隊司令官）　上 270-272
ムサド・ギレイ（クリミア汗の末裔）　上 343
ムスタファ・パシャ（オスマン帝国カフカス派遣軍司令官）　下 94
ムスタファ・レシト・パシャ（オスマン帝国大宰相）　上 105, 107-110, 112, 186-187, 205, 208, 227-228 ／下 222, 225
ムハンマド・アミン（イスラム解放運動指導者シャミーリの部下）　下 94-95
ムハンマド・アリ（オスマン帝国エジプト総督）　上 78, 87-89, 92, 95, 116-118
ムラヴィヨフ、ニコライ（ロシア軍将軍）　下 180-182
メッテルニヒ、クレメンス・ヴェンツェル（オーストリア外相）　上 77
メフメト・アリ・パシャ（オスマン帝国大宰相）　上 110, 181-182, 186-187, 205, 208, 223 ／下 203
メフメト・パシャ（オスマン帝国エルサレム総督）　上 30, 36 ／下 269
メフメト・ヒュスレフ・パシャ（オスマン帝国大宰相）　上 109
メラン、ジョゼフ・デクリュ・ニコラ

（フランス軍将軍）　下 136-138, 142, 149, 166
メリメ、プロスペル（フランスの小説家、劇作家）　上 157
メルバーン、ウィリアム・ラム（子爵、英国首相）　上 118, 122
メンシコフ、アレクサンドル（将軍、ロシア軍総司令官）　上 179-183, 186-188, 224-225, 245, 268, 311, 315-316, 318-320, 331, 336, 338, 340, 353, 355, 363, 382-384, 398-399, 401, 403, 407／下 72-73
モスリー、ゴッドフリー（英国軍第二〇歩兵連隊主計官）　上 381
モーリー、トーマス（英国第一七槍騎兵連隊伍長）　上 374
モルニー、シャルル・ド（公爵、フランス皇帝ナポレオン三世の異父弟）　下 189, 231-232
モレーヌ、ポール・ド（フランス軍ズアーヴ大隊スパーイ軽騎兵連隊士官）　上 277, 280, 312
モンセル、J・S・B（英国国教会牧師）　下 292
モンタランベール、シャルル（フランス・カトリック派の論客）　上 146
モンテフィオーリ、モーゼズ（英国の事業家）　下 208

ヤ行

ヤング、ウィリアム（英国のパレスチナ・シリア領事）　上 32, 35
ユスーフ（フランス軍将軍、バシュボズック旅団司令官）　上 292-293
ヨーク公、フレデリック（公爵、英国陸軍総司令官）　下 275
ヨーゼフ二世（オーストリア皇帝）　上 46-47

ラ行

ラ・ヴァレット、シャルル・ド（侯爵、フランスの駐コンスタンチノープル大使）　上 38-40, 172-174
ラ・マルモラ、アルフォンソ（サルデーニャ軍将軍、後にイタリア王国首相）　下 89, 235
ライアンズ、エドムンド（男爵、英国海軍少将）　上 304-305
ライド、サミュエル（英国国教会の伝道牧師）　下 224-225
ラグラン、フィッツロイ・サマーセット（男爵、英国軍総司令官）　上 170, 273-275, 278-279, 282-283, 297-298, 302, 308-309, 314, 319, 321, 324, 333, 338, 340, 355, 359, 364, 367, 369-372, 383, 393, 397, 403, 405-406／下 16, 37, 57-59, 98, 100-104, 113, 121, 128, 133, 138-139, 142-143, 164, 293
ラクール、エドモン・ド（フランスの駐コンスタンチノープル大使）　上 207
ラタス、ミハイロ　⇒　オメル・パシャ
ラッセル、ウィリアム（英国『タイムズ』紙の戦争特派員）　上 277, 334, 367／下 56-58, 105, 117-118, 175, 209, 280

ラッセル、ジョン（伯爵、英国首相、外相）　上 136, 176, 183, 199, 201, 231, 235, 250, 278 ／下 87
ラドクリフ、ウィリアム（英国軍第二〇歩兵連隊大尉）　上 357 ／下 21
ラマルティーヌ、アルフォンス・ド（フランス外相）　上 158
ラムネー、フェリシテ・ド（フランスの司祭作家）　上 146
ランプリエール、オードリー（英国第七七歩兵連隊大尉）　下 127
ランベルト、カルル（ロシア軍将軍、ポーランド総督）　下 238
リーヴ、ヘンリー（英国『タイムズ』紙の外交問題担当主筆）　上 233
リーヴェン、ドロテア・フォン（公爵夫人、ロシアの元駐英大使の妻）　下 200
リシュリュー、アルマン・エマニュエル・ド・ヴィニェロ・デュ・プレッシ（公爵、フランスからロシアに亡命、後に初代オデッサ総督）　上 48, 266
リディゲル、フョードル（伯爵、将軍、ロシア軍近衛歩兵連隊司令官）　下 249, 251
リード（ロシア軍将軍、父親はスコットランド出身）　下 158-161
リプキン、ニコライ（ロシア軍砲兵隊大尉）　上 351-353 ／下 123
リプランディ、パーヴェル（中将、ロシア軍第一二歩兵師団司令官）　上 363, 376, 378, 384, 394-395 ／下 158-160
ルイ=ナポレオン、ウジェーヌ（フランス皇帝ナポレオン三世の皇太子）　下 207
ルイジョフ（将軍、ロシア軍騎兵部隊指揮官）　上 366-367, 374
ルーカン、ジョージ・ビンガム（英国騎兵隊司令官）　上 314, 340, 363, 365-366, 370-372, 378 ／下 20, 59
ルステム・パシャ（トルコ軍のエジプト人指揮官）　上 379
ルファト・パシャ（オスマン帝国外相）　上 181
ルボー、フランツ（ロシアの画家）　下 307
レアード、ヘンリー（英国の下院議員、外務次官）　上 250
レオポルド一世（ベルギー国王）　上 119-123, 250
レーニン、ウラジーミル（ロシアの革命家、ソヴィエト政府首班）　下 250
ロウ、ジョン（英国軍兵站部隊兵士）　上 332
ロシュブルン、フランソワ（ポーランドの「ズアーヴ決死隊」司令官）　下 238-239
ローズ、ヒュー（大佐、英国の駐コンスタンチノープル代理大使）　上 174, 182-183, 303, 405 ／下 103
ロセッティ、コンスタンチン（在英ルーマニア人亡命者）　上 200
ローソン、ジョージ（英国軍軍医）　上 313, 332 ／下 20, 31
ローバック、ジョン（英国の下院議員）　下 60
ロバートソン、ジェームズ（英国の報道写真家）　下 53-54

ロメーン、ウィリアム（英国陸軍法務総監補） 下 58
ローランズ、ヒュー（英国軍ダービーシャー歩兵連隊大尉） 上 387
ローリンソン、ヘンリー（英国の駐バグダッド総領事） 上 99-100
ロワジョン、アンリ（中佐、フランス工兵隊指揮官） 下 61, 107, 149, 187
ロングフェロー、ヘンリー・ワーズワース（英国の詩人） 下 285
ロングワース、ジョン（英国のカフカス特使） 下 93-95

ワ行

ワイトマン（英国軍第一七槍騎兵連隊兵士） 上 373

原注

略号

（注の文中に頻出する公文書館、図書館、博物館、研究機関の名称は以下の略号で表す。）

AN Archives nationales, Paris

BLMD British Library Manuscripts Division, London

BLO Bodleian Library Special Collections, Oxford

BOA Başbakanlik Osmanli Archive, Istanbul

FO National Archive, London, Foreign Office

GARF State Archive of the Russian Federation, Moscow

IRL Institute of Russian Literature, Russian Academy of Sciences, St Petersburg

NAM National Army Museum, London

RA Royal Archives, Windsor

RGADA Russian State Archive of Ancient Acts, Moscow

RGAVMF Russian State Archive of the Military Naval Fleet, St Petersburg

RGB Russian State Library, Manuscripts Division, St Petersburg

RGIA Russian State Historical Archive, St Petersburg

RGVIA Russian State Military History Archive, Moscow

SHD Service historique de la Défense, Vincennes

WO National Archive, London, War Office

序言

（1）L. Liashuk, *Ofitsery chernomorskogo flota pogibshie pri zashchite Sevastopolia v 1854–1855 gg.* (Simferopol, 2005); G. Arnold, *Historical Dictionary of the Crimean War* (London, 2002), pp. 38–9.

（2）*Losses of Life in Modern Wars: AustriaHungary; France* (Oxford, 1916), p. 142; *Histoire militaire de la France*, 4 vols. (Paris, 1992), vol. 2, p. 514; D. Murphy, *Ireland and the Crimean War* (Dublin, 2002), p. 104. 連合軍側が実際に動員した兵員数と死傷者数に関して最も信頼できる最新の調査研究は T. Margrave, 'Numbers & Losses in the Crimea: An Introduction', *War Correspondent*, 21/1 (2003), pp. 30–32; 21/2

(2003), pp. 32–6; 21/3 (2003), pp. 18–22.

（3）J. Herbé, *Français et russes en Crimée: Lettres d'un officier français à sa famille pendant la campagne d'Orient* (Paris, 1892), p. 337; A. Khrushchev, *Istoriia oborony Sevastopolia* (St Petersburg, 1889), pp. 157–8.

第1章◆宗教紛争

（1）FO 78/446, Finn to Aberdeen, 27 May 1846; 78/705 Finn to Palmerston, 5 Apr. 1847; H. Martineau, *Eastern Life: Present and Past*, 3 vols. (London, 1848), vol. 3, pp. 162–5.

（2）同上, pp. 120–21.

（3）FO 78/368, Young to Palmerston, 14 Mar. 1839.

（4）次の著作に引用されている。D. Hopwood, *The Russian Presence in Palestine and Syria, 1843–1914: Church and Politics in the Near East* (Oxford, 1969), p. 9.

（5）A. Kinglake, *The Invasion of the Crimea: Its Origin and an Account of Its Progress down to the Death of Lord Raglan*, 8 vols. (London, 1863), vol. 1, pp. 42–3; N. Shepherd, *The Zealous Intruders: The Western Rediscovery of Palestine* (London, 1987), p. 23; Martineau, *Eastern Life*, vol. 3, p. 124; R. Curzon, *Visits to Monasteries in the Levant* (London, 1849), p. 209.

（6）FO 78/413, Young to Palmerston, 29 Jan. and 28 Apr. 1840; 78/368, Young to Palmerston, 14 Mar. and 21 Oct. 1839.

（7）R. Marlin, *L'Opinion franccomtoise devant la guerre de Crimée*, Annales Littéraires de l'Université de Besançon, vol. 17 (Paris, 1957), p. 23.

（8）E. Finn (ed.), *Stirring Times, or, Records from Jerusalem Consular Chronicles of 1853 to 1856*, 2 vols. (London, 1878), vol. 1, pp. 57–8, 76.

（9）FO 78/705, Finn to Palmerston, 2 Dec. 1847.

（10）キュチュク・カイナルジャ条約の各国語版については R. H. Davison, *Essays in Ottoman and Turkish History, 1774–1923: The Impact of the West* (Austin, Tex., 1990), pp. 29–37.

（11）*Mémoires du duc De Persigny* (Paris, 1896), p. 225; L. Thouvenal, *Nicolas Ier et Napoléon III: Les préliminaires de la guerre de Crimée 1852–1854* (Paris, 1891), pp. 7–8, 14–16, 59.

（12）A. Gouttman, *La Guerre de Crimée 1853–1856* (Paris, 1995), p. 69; D. Goldfrank, *The Origins of the Crimean War* (London, 1995), pp. 76, 82–3; *Correspondence Respecting the Rights and Privileges of the Latin and Greek Churches in Turkey*, 2 vols. (London,

1854–6), vol. 1, pp. 17–18.

(13) A. Ubicini, *Letters on Turkey*, trans. Lady Easthope, 2 vols. (London, 1856), vol. 1, pp. 18–22.

(14) S. Montefiore, *Prince of Princes: The Life of Potemkin* (London, 2000), pp. 244–5.

(15) W. Reddaway, *Documents of Catherine the Great* (Cambridge, 1931), p. 147; *Correspondence artistique de Grimm avec Cathérine II*, Archives de l'art français, nouvelle période, 17 (Paris, 1932), pp. 61–2; *The Life of Catherine II, Empress of Russia*, 3 vols. (London, 1798), vol. 3, p. 211; *The Memoirs of Catherine the Great* (New York, 1955), p. 378.

(16) Davison, *Essays in Ottoman and Turkish History*, p. 37; H. Ragsdale, 'Russian Projects of Conquest in the Eighteenth Century', in id. (ed.), *Imperial Russian Foreign Policy* (Cambridge, 1993), pp. 83–5; V. Aksan, *Ottoman Wars 1700–1870: An Empire Besieged* (London, 2007), pp. 160–61.

(17) Montefiore, *Prince of Princes*, pp. 274–5.

(18) 同上, pp. 246–8.

(19) G. Jewsbury, *The Russian Annexation of Bessarabia: 1774–1828. A Study of Imperial Expansion* (New York, 1976), pp. 66–72, 88.

(20) M. Gammer, *Muslim Resistance to the Tsar: Shamil and the Conquest of Chechnya and Dagestan* (London, 1994), p. 44; J. McCarthy, *Death and Exile: The Ethnic Cleansing of Ottoman Muslims 1821–1922* (Princeton, 1995), pp. 30–32.

(21) M. Kozelsky, 'Introduction', (未公表の手稿).

(22) K. O'Neill, 'Between Subversion and Submission: The Integration of the Crimean Khanate into the Russian Empire, 1783–1853', Ph.D. diss., Harvard, 2006, pp. 39, 52–60, 181; A. Fisher, *The Russian Annexation of the Crimea, 1772–1783* (Cambridge, 1970), pp. 144–6; M. Kozelsky, 'Forced Migration or Voluntary Exodus? Evolution of State Policy toward Crimean Tatars during the Crimean War', (未公開の文書); B. Williams, 'Hijra and Forced Migration from Nineteenth-Century Russia to the Ottoman Empire', *Cahiers du monde russe*, 41/1 (2000), pp. 79–108; M. Pinson, 'Russian Policy and the Emigration of the Crimean Tatars to the Ottoman Empire, 1854–1862', *Güney Dogu Avrupa Arastirmalari Dergisi*, 1 (1972), pp. 38–41.

(23) A. Schönle, 'Garden of the Empire: Catherine's Appropriation of the Crimea', *Slavic Review*, 60/1 (Spring 2001), pp. 1–23; K. O'Neill, 'Constructing Russian Identity in the Imperial Borderland: Architecture, Islam, and the Transformation of the Crimean Landscape', *Ab Imperio*, 2 (2006), pp. 163–91.

(24) M. Kozelsky, *Christianizing Crimea: Shaping Sacred Space in the Russian Empire and*

Beyond (De Kalb, Ill., 2010), chap. 3; id., 'Ruins into Relics: The Monument to Saint Vladimir on the Excavations of Chersonesos, 1827–57', *Russian Review*, 63/4 (Oct. 2004), pp. 655–72.

第2章◆東方問題

(1) R. Nelson, *Hagia Sophia, 1850–1950: Holy Wisdom Modern Monument* (Chicago, 2004), pp. 29–30.

(2) 同上, p. 30.

(3) N. Teriatnikov, *Mosaics of Hagia Sophia, Istanbul: The Fossati Restoration and the Work of the Byzantine Institute* (Washington, 1998), p. 3; *The Russian Primary Chronicle: Laurentian Text*, trans. S. Cross and O. Sherbowitz-Wetzor (Cambridge, Mass., 1953), p. 111.

(4) T. Stavrou, 'Russian Policy in Constantinople and Mount Athos in the Nineteenth Century', in L. Clucas (ed.), *The Byzantine Legacy in Eastern Europe* (New York, 1988), p. 225.

(5) Nelson, *Hagia Sophia*, p. 33.

(6) A. Ubicini, *Letters on Turkey*, trans. Lady Easthope, 2 vols. (London, 1856), vol. 1, pp. 18–22.

(7) D. Hopwood, *The Russian Presence in Palestine and Syria, 1843–1914: Church and Politics in the Near East* (Oxford, 1969), p. 29.

(8) S. Pavlowitch, *AngloRussian Rivalry in Serbia, 1837–39* (Paris, 1961), p. 72; B. Lewis, *The Emergence of Modern Turkey* (Oxford, 2002), p. 31.

(9) F. Bailey, *British Policy and the Turkish Reform Movement, 1826–1853* (London, 1942), pp. 19–22; D. Ralston, *Importing the European Army: The Introduction of European Military Techniques and Institutions into the Extra-European World, 1600–1914* (Chicago, 1990), pp. 62–3.

(10) W. Miller, *The Ottoman Empire, 1801–1913* (Cambridge, 1913), p. 18.

(11) V. Aksan, *Ottoman Wars 1700–1870: An Empire Besieged* (London, 2007), p. 49.

(12) D. Goldfrank, *The Origins of the Crimean War* (London, 1995), pp. 41–2.

(13) A. Bitis, *Russia and the Eastern Question: Army, Government and Society, 1815–1833* (Oxford, 2006), pp. 33–4, 101–4; Aksan, *Ottoman Wars*, pp. 290–96; T. Prousis, *Russian Society and the Greek Revolution* (De Kalb, Ill., 1994), pp. 31, 50–51.

(14) A. Zaionchkovskii, *Vostochnaia voina 1853–1856*, 3 vols. (St Petersburg, 2002), vol. 1, pp. 8, 19; L. Vyskochkov, *Imperator Nikolai I: Chelovek i gosudar'* (St Petersburg,

2001), p. 141; M. Gershenzon, *Epokha Nikolaia I* (Moscow, 1911), pp. 21–2.

(15) A. Tiutcheva, *Pri dvore dvukh imperatov: Vospominaniia, dnevnik, 1853–1882* (Moscow, 1928–9), pp. 96–7.

(16) R. Wortman, *Scenarios of Power: Myth and Ceremony in Russian Monarchy*, vol. 1: *From Peter the Great to the Death of Nicholas I* (Princeton, 1995), p. 382; D. Goldfrank, 'The Holy Sepulcher and the Origin of the Crimean War', in E. Lohr and M. Poe (eds.), *The Military and Society in Russia: 1450–1917* (Leiden, 2002), pp. 502–3.

(17) Bitis, *Russia and the Eastern Question*, pp. 167–76.

(18) 同上, p. 187.

(19) Aksan, *Ottoman Wars*, pp. 346–52.

(20) P. Schroeder, *The Transformation of European Politics, 1763–1848* (Oxford, 1994), pp. 658–60.

(21) A. Seaton, *The Crimean War: A Russian Chronicle* (London, 1977), p. 36.

(22) Bitis, *Russia and the Eastern Question*, pp. 361–2, 366.

(23) FO 97/404, Ponsonby to Palmerston, 7 July 1834; R. Florescu, *The Struggle against Russia in the Romanian Principalities 1821–1854* (Monachii, 1962), pp. 135–60.

(24) F. Lawson, *The Social Origins of the Egyptian Expansionism during the Muhammad Ali Period* (New York, 1992), chap. 5; Aksan, *Ottoman Wars*, pp. 363–7; A. Marmont, *The Present State of the Turkish Empire*, trans. F. Smith (London, 1839), p. 289.

(25) Bitis, *Russia and the Eastern Question*, pp. 468–9.

(26) Zaionchkovskii, *Vostochnaia voina*, vol. 1, p. 235.

(27) FO 181/114, Palmerston to Ponsonby, 6 Dec. 1833; P. Mosely, *Russian Diplomacy and the Opening of the Eastern Question in 1838 and 1839* (Cambridge, Mass., 1934), p. 12; Bailey, *British Policy*, p. 53.

(28) L. Levi, *History of British Commerce, 1763–1870* (London, 1870), p. 562; Bailey, *British Policy*, p. 74; J. Gallagher and R. Robinson, 'The Imperialism of Free Trade', *Economic History Review*, 2nd ser., 6/1 (1953); FO 78/240, Ponsonby to Palmerston, 25 Nov. 1834; D. Urquhart, *England and Russia* (London, 1835), p. 110.

(29) B. Kingsley Martin, *The Triumph of Lord Palmerston: A Study of Public Opinion in England before the Crimean War* (London, 1963), p. 85.

(30) J. Gleason, *The Genesis of Russophobia in Great Britain* (Cambridge, Mass., 1950), p. 103.

(31) 同上, pp. 211–12, 220.

(32) *India, Great Britain, and Russia* (London, 1838), pp. 1–2.

(33) R. Shukla, *Britain, India and the Turkish Empire, 1853–1882* (New Delhi, 1973), p.

27.

(34) M. Gammer, *Muslim Resistance to the Tsar: Shamil and the Conquest of Chechnya and Dagestan* (London, 1994), p. 121.

(35) J. Pardoe, *The City of the Sultan; and Domestic Manners of the Turks in 1836*, 2 vols. (London, 1854), vol. 1, p. 32.

(36) C. White, *Three Years in Constantinople; or, Domestic Manners of the Turks in 1844*, 3 vols. (London, 1846), p. 363. See also E. Spencer, *Travels in Circassia, KrimTartary, &c., including a Steam Voyage down the Danube from Vienna to Constantinople, and round the Black Sea in 1836*, 2 vols. (London, 1837).

(37) Urquhart, *England and Russia*, p. 86.

(38) S. Lane-Poole, *The Life of the Right Honourable Stratford Canning*, 2 vols. (London, 1888), vol. 2, p. 17.

(39) Ibid., p. 104. 十九世紀のトルコにおけるフリーメイソンの実態については、Paul Dumont に多数の著作がある。代表的なものは 'La Turquie dans les archives du Grand Orient de France: Les loges maçonniques d'obédience française à Istanbul du milieu du XIXe siècle à la veille de la Première Guerre Mondiale', in J.-L. Bacqué-Grammont and P. Dumont (eds.), *Économie et société dans l'empire ottoman (fin du XVIIIe siècle–début du XXe siècle)* (Paris, 1983), pp. 171–202.

(40) A. Cunningham, *Eastern Questions in the Nineteenth Century: Collected Essays*, 2 vols. (London, 1993), vol. 2, pp. 118–19.

(41) B. Abu Manneh, 'The Islamic Roots of the Gülhane Rescript', in id., *Studies on Islam and the Ottoman Empire in the Nineteenth Century* (Istanbul, 2001), pp. 83–4, 89.

(42) FO 97/413, Stratford to Palmerston, 7 Feb. 1850; Lane-Poole, *The Life of the Right Honourable Stratford Canning*, vol. 2, p. 215.

第3章◆ロシアの脅威

(1) S. Tatishchev, 'Imperator Nikolai I v Londone v 1844 godu', *Istoricheskii vestnik*, 23/3 (Feb. 1886), pp. 602–4.

(2) E. Stockmar, *Denkwürdigkeiten aus den Papieren des Freiherrn Christian Friedrich V. Stockmar* (Brunswick, 1872), p. 98; T. Martin, *The Life of His Royal Highness the Prince Consort*, 5 vols. (London, 1877), vol. 1, p. 215.

(3) G. Bolsover, 'Nicholas I and the Partition of Turkey', *Slavonic Review*, 27 (1948), p. 135.

(4) Tatishchev, 'Imperator Nikolai', pp. 355–8.

(5) Martin, *The Life of His Royal Highness*, vol. 1, p. 224.

(6) Tatishchev, 'Imperator Nikolai', p. 604; Stockmar, *Denkwürdigkeiten*, p. 98.

(7) Tatishchev, 'Imperator Nikolai', p. 604.

(8) *The Letters of Queen Victoria: A Selection from Her Majesty's Correspondence between the Years 1837 and 1861*, 3 vols. (London, 1907–8), vol. 2, pp. 16–17; Martin, *The Life of His Royal Highness*, vol. 1, p. 219; Tatishchev, 'Imperator Nikolai', p. 609.

(9) Martin, *The Life of His Royal Highness*, vol. 1, p. 223; Stockmar, *Denkwürdigkeiten*, pp. 397, 400.

(10) Tatishchev, 'Imperator Nikolai', p. 615; Stockmar, *Denkwürdigkeiten*, p. 399.

(11) 同上, pp. 396–9.

(12) H. Ragsdale, 'Russian Projects of Conquest in the Eighteenth Century', in id. (ed.), *Imperial Russian Foreign Policy* (Cambridge, 1993), pp. 75–7; O. Subtelnyi, 'Peter I's Testament: A Reassessment', *Slavic Review*, 33 (1974), pp. 663–78.

(13) Ragsdale, 'Russian Projects', pp. 79–80.

(14) 同上, p. 81.

(15) J. Gleason, *The Genesis of Russophobia in Great Britain* (Cambridge, Mass., 1950), pp. 39, 43.

(16) R. Wilson, *A Sketch of the Military and Political Power of Russia in the Year 1817* (London, 1817); Gleason, *Genesis of Russophobia*, p. 56.

(17) [Lieut. Col.] Sir George de Lacy Evans, *On the Designs of Russia* (London, 1828), pp. 191, 199–219.

(18) *The Portfolio; or a Collection of State Papers, etc. etc., Illustrative of the History of Our Times*, 1 (1836), p. 103.

(19) 同上, pp. 187–95. See further, M. Kukiel, *Czartoryski and European Unity 1770–1861* (Princeton, 1955), p. 236.

(20) Hansard, HC Deb. 23 Feb. 1848, vol. 96, pp. 1132–1242; HC Deb. 1 Mar. 1848, vol. 47, pp. 66–123 (Palmerston quotation at p. 122).

(21) *The Times*, 20 July 1831; *Northern Liberator*, 3 Oct. 1840.

(22) Gleason, *Genesis of Russophobia*, p. 126.

(23) Kukiel, *Czartoryski*, p. 205.

(24) R. McNally, 'The Origins of Russophobia in France: 1812–1830', *American Slavic and East European Review*, 17/2 (Apr. 1958), pp. 179–83.

(25) A. Mickiewicz, *Livre des pèlerins polonais, traduit du polonais d'A. M. par le Comte C. de Montalembert; suivi d'un hymne à la Pologne par F. de La Menais* (Paris, 1833).

(26) *Cinq millions de Polonais forcés par la czarine Catherine, les czars Paul, Alexandre et*

récemment Nicolas d'abjurer leur foi religieuse. Eclaircissements sur la question des GrecsUnis sous le rapport statistique, historique et religieux (Paris and Strasburg, 1845); *Journal des débats*, 23 Oct. 1842.

(27) *The Nuns of Minsk: Narrative of Makrena Mieczysławska, Abbess of the Basilian Convent of Minsk; The History of a Seven Years' Persecution Suffered for the Faith, by Her and Her Nuns* (London, 1846), pp. 1–16; Hansard, HL Deb. 9 Mar. 1846, vol. 84, p. 768; M. Cadot, *La Russie dans la vie intellectuelle française, 1839–1856* (Paris, 1967), p. 464.

(28) [Count] V. Krasinski, *Is the Power of Russia to be Reduced or Increased by the Present War? The Polish Question and Panslavism* (London, 1855), p. 4.

(29) Marquis de Custine, *Russia*, 3 vols. (London, 1844), vol. 3, pp. 21, 353; G. Kennan, *The Marquis de Custine and His Russia in 1839* (London, 1971).

(30) Cadot, *La Russie dans la vie intellectuelle française*, p. 471.

(31) S. Pavlowitch, *AngloRussian Rivalry in Serbia, 1837–39* (Paris, 1961).

(32) N. Tsimbaev, *Slavianofil'stvo: Iz istorii russkoi obshchestvennopoliticheskoi mysli XIX veka* (Moscow, 1986), p. 36.

(33) A. Bitis, *Russia and the Eastern Question: Army, Government and Society, 1815–1833* (Oxford, 2006), pp. 93–7.

(34) N. Riasanovsky, *Nicholas I and Official Nationality in Russia 1825–1855* (Berkeley, 1959), p. 152.

(35) 同上, p. 166.

(36) P. Mérimée, *Correspondence générale*, 18 vols. (Paris, 1941–65), vol. 5, p. 420; Cadot, *La Russie dans la vie intellectuelle française*, p. 516; L. Namier, *1848: The Revolution of the Intellectuals* (Oxford, 1946), pp. 40–42.

(37) Cadot, *La Russie dans la vie intellectuelle française*, p. 468.

(38) R. Florescu, *The Struggle against Russia in the Romanian Principalities 1821–1854* (Monachii, 1962), chaps. 7 and 8.

(39) FO 195/321, Colquhoun to Palmerston, 16 Aug. 1848.

(40) FO 195/332, Colquhoun to Stratford Canning, 2 July 1849.

(41) Florescu, *Struggle against Russia*, pp. 217–18.

(42) D. Goldfrank, *The Origins of the Crimean War* (London, 1995), pp. 68–71.

第4章◆「欧州協調」の終焉

(1) フランスを仮想敵国とする英国海軍の防備態勢についてはA. Lambert, *The*

Crimean War: British Grand Strategy, 1853–56 (Manchester, 1990), pp. 25–7.

(2) RA VIC/MAIN/QVJ/1855, 16 Apr.

(3) *Mémoires du duc De Persigny* (Paris, 1896), p. 212.

(4) A. J. P. Taylor, *The Struggle for Mastery in Europe 1848–1918* (Oxford, 1955), p. 49.

(5) *Mémoires du duc De Persigny*, p. 225; E. Bapst, *Les Origines de la Guerre en Crimée: La France et la Russie de 1848 à 1851* (Paris, 1912), pp. 325–7.

(6) FO 78/895, Rose to Malmesbury, 28 Dec. 1852.

(7) K. Vitzthum von Eckstädt, *St Petersburg and London in the Years 1852–64*, 2 vols. (London, 1887), vol. 1, p. 38; D. Goldfrank, *The Origins of the Crimean War* (London, 1995), pp. 109–10.

(8) FO 65/424, Seymour to Russell, 11 and 22 Jan., 22 Feb. 1853.

(9) FO 65/424, Seymour to Russell, 11 Jan., 21 Feb. 1853; A. Cunningham, *Eastern Questions in the Nineteenth Century: Collected Essays*, 2 vols. (London, 1993), vol. 2, p. 136.

(10) FO 65/424, Seymour to Russell, 22 Feb. 1853; FO 65/425, Seymour to Clarendon, 29 Mar. 1853.

(11) Cunningham, *Eastern Questions*, vol. 2, pp. 139–40.

(12) FO 65/424, Seymour to Russell, 10 Feb. 1853.

(13) RGAVMF, f. 19, op. 7, d. 135, l. 37; FO 65/424, Seymour to Russell, 7 Jan. 1853; *Correspondence Respecting the Rights and Privileges of the Latin and Greek Churches in Turkey*, 2 vols. (London, 1854–6), vol. 1, pp. 121–4.

(14) RGAVMF, f. 19, op. 7, d. 135, l. 43; J. Curtiss, *Russia's Crimean War* (Durham, NC, 1979), p. 94.

(15) FO 65/420, Clarendon to Seymour, 23 Mar., 5 Apr. 1853; Goldfrank, *Origins of the Crimean War*, pp. 136–8.

(16) *Mémoires du duc De Persigny*, pp. 226–31; Bapst, *Origines de la Guerre en Crimée*, p. 354.

(17) *Mémoires du comte Horace de Viel-Castel sur le règne de Napoléon III, 1851–1864*, 2 vols. (Paris, 1979), vol. 1, p. 180; J. Ridley, *Napoleon III and Eugenie* (London, 1979), p. 365; S. Lane-Poole, *The Life of the Right Honourable Stratford Canning*, 2 vols. (London, 1888), vol. 2, p. 237.

(18) *Correspondence Respecting the Rights and Privileges of the Latin and Greek Churches*, vol. 1, pp. 256–8; Cunningham, *Eastern Questions*, pp. 159–62; Goldfrank, *Origins of the Crimean War*, pp. 147–8, 156–7; A. Saab, *The Origins of the Crimean Alliance* (Charlottesville, Va., 1977), pp. 135–7; Lane-Poole, *The Life of the Right Honourable*

Stratford Canning, vol. 2, p. 248.

(19) BOA, AMD, 44/81, Musurus to Reshid Pasha, 13 May 1853; RGAVMF, f. 19, op. 7, d. 135, l. 52; C. Badem, 'The Ottomans and the Crimean War (1853–1856)', Ph.D. diss. (Sabanci University, 2007), pp. 74–6.

(20) A. Zaionchkovskii, *Vostochnaia voina 1853–1856*, 3 vols. (St Petersburg, 2002), vol. 1, pp. 739–40.

(21) *Russkii arkhiv*, 1891, no. 8, p. 169; 'Voina s Turtsiei 1828–1829 i 1853–1854', *Russkaia starina*, 16 (1876), pp. 681–7; P. Schroeder, *Austria, Great Britain and the Crimean War: The Destruction of the European Concert* (Ithaca, NY, 1972), p. 76.

(22) RGVIA, f. 846, op. 16, d. 5407, ll. 7–11; d. 5451, ll. 13–14; Zaionchkovskii, *Vostochnaia voina*, vol. 1, p. 74.

(23) *Za mnogo let: Zapiski (vospominaniia) neizvestnogo 1844–1874 gg.* (St Petersburg, 1897), p. 74; RGB OR, f. 743, T. Klemm, 'Vospominaniia starogo-soldata, rasskazannye synu, kadetu VII klacca Pskovskogo kadetskogo korpusa', l. 6.

(24) F. Kagan, *The Military Reforms of Nicholas I: The Origins of the Modern Russian Army* (London, 1999), p. 221; E. Brooks, 'Reform in the Russian Army, 1856–1861', *Slavic Review*, 43/1 (Spring 1984), p. 64; E. Wirtschafter, *From Serf to Russian Soldier* (Princeton, 1990), p. 24.

(25) Brooks, 'Reform', pp. 70–71; K. Marx, *The Eastern Question: A Reprint of Letters Written 1853–1856 Dealing with the Events of the Crimean War* (London, 1969), pp. 397–8; J. Curtiss, *The Russian Army under Nicholas I, 1825–1855* (Durham, NC, 1965), p. 115; P. Alabin, *Chetyre voiny: Pokhodnye zapiski v voinu 1853, 1854, 1855 i 1856 godov*, 2 vols. (Viatka, 1861), vol. 1, p. 43.

(26) Curtiss, *Russian Army*, pp. 248–9.

(27) *Za mnogo let*, pp. 34–5, 45–7; RGB OR, f. 743, T. Klemm, 'Vospominaniia starogo-soldata', ll. 4, 7–8; Wirtschafter, *From Serf to Russian Soldier*, p. 87.

(28) BOA, I, HR, 328/21222; S. Kiziltoprak, 'Egyptian Troops in the Crimean War (1853–1856)', in *Vostochnaya (Krymskaya) Voina 1853–1856 godov: Novye materialy i novoe osmyslenie*, 2 vols. (Simferopol, 2005), vol. 1, p. 49; Lane-Poole, *The Life of the Right Honourable Stratford Canning*, vol. 2, p. 296.

(29) A. Slade, *Turkey and the Crimean War: A Narrative of Historical Events* (London, 1867), p. 186; E. Perret, *Les Français en Orient: Récits de Crimée 1854–1856* (Paris, 1889), pp. 86–7.

(30) T. Buzzard, *With the Turkish Army in the Crimea and Asia Minor* (London, 1915), p. 121; J. Reid, *Crisis of the Ottoman Empire: Prelude to Collapse 1839–1878* (Stuttgart,

2000), p. 257.
(31) RGVIA, f. 450, op. 1, d. 33, ll. 4–12; *A Visit to Sebastopol a Week after Its Fall: By an Officer of the AngloTurkish Contingent* (London, 1856), p. 53; *Vospominaniia ofitsera o voennyh deistviyah na Dunae v 1853–54 gg.: Iz dnevnika P.B.* (St Petersburg, 1887), p. 566.
(32) M. Chamberlain, *Lord Aberdeen: A Political Biography* (London, 1983), p. 476; FO 65/421, Palmerston to Seymour, 16 July 1853; *Correspondence Respecting the Rights and Privileges of the Latin and Greek Churches*, vol. 1, p. 400.
(33) R. Florescu, *The Struggle against Russia in the Romanian Principalities 1821–1854* (Monachii, 1962), pp. 241–6.
(34) FO 65/422, Palmerston to Seymour, 2 Aug. 1853.
(35) *Correspondence Respecting the Rights and Privileges of the Latin and Greek Churches*, vol. 1, pp. 400–404.
(36) Goldfrank, *Origins of the Crimean War*, pp. 190–213.
(37) *The Greville Memoirs 1814–1860*, ed. L. Strachey and R. Fulford, 8 vols. (London, 1938), vol. 1, p. 85.
(38) H. Maxwell, *The Life and Letters of George William Frederick, Fourth Earl of Clarendon*, 2 vols. (London, 1913), vol. 2, p. 25.
(39) Slade, *Turkey and the Crimean War*, pp. 101–2, 107; Saab, *Origins of the Crimean Alliance*, p. 64; Cunningham, *Eastern Questions*, pp. 198–9.
(40) Saab, *Origins of the Crimean Alliance*, p. 81; Badem, 'The Ottomans and the Crimean War', pp. 80, 90.
(41) *The Times*, 27 Sept. 1853; *Correspondence Respecting the Rights and Privileges of the Latin and Greek Churches*, vol. 1, pp. 562–3.
(42) A. Türkgeldi, *Mesâili Mühimmei Siyâsiyye*, 3 vols. (Ankara, 1957–60), vol. 1, pp. 319–21; Badem, 'The Ottomans and the Crimean War', p. 93.

第5章◆疑似戦争

(1) BOA, HR, SYS, 907/5.
(2) BOA, HR, SYS, 903/2–26.
(3) RGVIA, f. 846, op. 16, d. 5429, ll. 11–17; 'Vospominaniia A. A. Genritsi', *Russkaia starina*, 20 (1877), p. 313.
(4) 'Vostochnaia voina: Pis' ma kn. I. F. Paskevicha k kn. M. D. Gorchakovu', *Russkaia starina*, 15 (1876), pp. 163–91, 659–74 (quotation, p. 182); E. Tarle, *Krymskaia voina*,

2 vols. (Moscow, 1944), vol. 1, pp. 216–18.

(5) 'Voina s Turtsiei 1828–1829 i 1853–1854', *Russkaia starina*, 16 (1876), pp. 700–701; S. Nikitin, 'Russkaia politika na Balkanakh i nachalo vostochnoi voiny', *Voprosy istorii*, 4 (1946), pp. 3–29.

(6) A. Zaionchkovskii, *Vostochnaia voina 1853–1856*, 3 vols. (St Petersburg, 2002), vol. 2, pp. 523–4; 'Voina s Turtsiei 1828–1829 i 1853–1854', p. 708.

(7) Zaionchkovskii, *Vostochnaia voina*, vol. 1, pp. 321–2, 564.

(8) 'Voina s Turtsiei 1854 g.', *Russkaia starina*, 18 (1877), p. 141; *Correspondence Respecting the Rights and Privileges of the Latin and Greek Churches in Turkey*, 2 vols. (London, 1854–6), vol. 1, pp. 415–18; RGVIA, f. 846, op. 16, d. 5417, l. 7.

(9) RGIA, f. 711, op. 1, d. 35, ll. 1–3; A. Tiutcheva, *Pri dvore dvukh imperatov: Vospominaniia, dnevnik, 1853–1882* (Moscow, 1928–9), pp. 129–30, 146–8, 162–3.

(10) Zaionchkovskii, *Vostochnaia voina*, vol. 1, pp. 702–8.

(11) 同上, pp. 559–61.

(12) L. Vyskochkov, *Imperator Nikolai I: chelovek i gosudar'* (St Petersburg, 2001), pp. 296–7.

(13) Zaionchkovskii, *Vostochnaia voina*, vol. 1, p. 535.

(14) 'Vostochnaia voina: Pis'ma kn. I. F. Paskevicha k kn. M. D. Gorchakovu', p. 190.

(15) M. Pinson, 'Ottoman Bulgaria in the First Tanzimat Period – the Revolts in Nish (1841) and Vidin (1850)', *Middle Eastern Studies*, 11/2 (May 1975), pp. 103–46; H. Inalcik, *Tanzimat ve Bulgar Meselesi* (Ankara, 1943), pp. 69–71; 'Vospominaniia o voine na Dunae v 1853 i 1854 gg.', *Voennyi sbornik*, 14/8 (1880), p. 420; *Rossiia i Balkany: Iz istorii obshchestvennopoliticheskikh i kul'turnykh sviazei (XVIII veka–1878 g.)* (Moscow, 1995), pp. 180–82.

(16) FO 195/439, Grant to Clarendon, 11 Jan. 1854; FO 78/1014, Grant to Clarendon, 9 Jan. 1854; *Vospominaniia ofitsera o voennyh deistviyah na Dunae v 1853–54 gg.: Iz dnevnika P.B.* (St Petersburg, 1887), pp. 531, 535, 543; 'Vospominaniia A. A. Genritsi', p. 313; A. Ulupian, 'Russkaia periodicheskaia pechat' vremen krymskoi voiny 1853–56 gg. o Bolgarii i bolgarakh', in *Rossiia i Balkany*, pp. 182–3; A. Rachinskii, *Pokhodnye pis'ma opolchentsa iz iuzhnoi Bessarabii 1855–1856* (Moscow, 1858), pp. 8–11.

(17) *Vospominaniia ofitsera o voennyh deistviyah na Dunae*, pp. 585–9; A. Baumgarten, *Dnevniki 1849, 1853, 1854 i 1855* (n.p., 1911), pp. 82–7.

(18) FO 78/1008, Fonblanque (consul in Belgrade) to Stratford Canning, 31 Dec. 1853, 11, 17, 24 and 26 Jan. 1854.

(19) L. Guerrin, *Histoire de la dernière guerre de Russie (1853–1856)*, 2 vols. (Paris,

1858), vol. 1, p. 63; J. Koliopoulos, 'Brigandage and Insurgency in the Greek Domains of the Ottoman Empire, 1853–1908', in D. Gondicas and C. Issawi (eds.), *Ottoman Greeks in the Age of Nationalism: Politics, Economy, and Society in the Nineteenth Century* (Princeton, 1999), pp. 147–8.

(20) *Shamil' – stavlennik sultanskoi Turtsii i angliiskikh kolonizatorov: Sbornik dokumental'nykh materialov* (Tbilisi, 1953), p. 367; 'Voina s Turtsiei 1828–1829 i 1853–1854', p. 696.

(21) E. Adamov and L. Kutakov, 'Iz istorii proiskov inostrannoy agentury vo vremia Kavkazskikh voyn', *Voprosy istorii*, 11 (Nov. 1950), pp. 101–25.

(22) M. Gammer, 'Shamil and the Ottomans: A Preliminary Overview', in *V. Milletlerarasi Türkiye Sosyal ve Iktisat Tarihi Kongresi: Tebligler. Istanbul 21–25 Agustos 1989* (Ankara, 1990), pp. 387–94; M. Budak, '1853–1856 Kırım Harbi Baslarinda Dogu Anadolu-Kafkas Cephesi ve Seyh Samil', *Kafkas Arastirmalari*, 1 (1988), pp. 132–3; Tarle, *Krymskaia voina*, vol. 1, p. 294.

(23) B. Lewis, 'Slade on the Turkish Navy', *Journal of Turkish Studies/Türklük Bilgisi Aras¸tırmaları*, 11 (1987), pp. 6–7; C. Badem, 'The Ottomans and the Crimean War (1853–1856)', Ph.D. diss. (Sabanci University, 2007), pp. 107–9.

(24) FO 195/309, Slade to Stratford Canning, 7 Dec. 1853.

(25) A. Slade, *Turkey and the Crimean War: A Narrative of Historical Events* (London, 1867), p. 152.

(26) BOA, HR, SYS, 1346/38; S. Lane-Poole, *The Life of the Right Honourable Stratford Canning*, 2 vols. (London, 1888), vol. 2, pp. 333–5; *Correspondence Respecting the Rights and Privileges of the Latin and Greek Churches*, vol. 1, p. 814.

(27) *Morning Post*, 16 Dec. 1853; *The Times*, 13 and 18 Dec. 1853; *Sheffield and Rotherham Independent*, 17 Dec. 1853; *Chronicle*, 23 Dec. 1853.

(28) *The Letters of Queen Victoria: A Selection from Her Majesty's Correspondence between the Years 1837 and 1861*, 3 vols. (London, 1907–8), vol. 2, p. 126.

(29) RA VIC/MAIN/QVJ/1853, 13 Nov. and 15 Dec.

(30) FO 65/423, Palmerston to Seymour, 27 Dec. 1853; RA VIC/ MAIN/QVJ/1853, 15 Dec.; P. Schroeder, *Austria, Great Britain and the Crimean War: The Destruction of the European Concert* (Ithaca, NY, 1972), p. 122.

(31) 同上, pp. 123–6.

(32) A. Saab, *The Origins of the Crimean Alliance* (Charlottesville, Va., 1977), pp. 126–7; A. Lambert, *The Crimean War: British Grand Strategy, 1853–56* (Manchester, 1990), p. 64.

(33) 次の著作に引用されている。S. Brady, *Masculinity and Male Homosexuality in Britain, 1861–1913* (London, 2005), p. 81; G. Henderson, *Crimean War Diplomacy and Other Historical Essays* (Glasgow, 1947), p. 136.

(34) M. Taylor, *The Decline of British Radicalism, 1847–1860* (Oxford, 1995), pp. 230–31; R. Seton Watson, *Britain in Europe 1789–1914: A Survey of Foreign Policy* (Cambridge, 1937), pp. 321–2; RA VIC/MAIN/QVJ/1853, various entries, Nov. and Dec.

(35) RA VIC/MAIN/QVJ/1853, 8 Dec.; RA VIC/MAIN/QVJ/1854, 15 Feb.

(36) Saab, *Origins of the Crimean Alliance*, p. 148; id., *Reluctant Icon: Gladstone, Bulgaria, and the Working Classes, 1856–1878* (Cambridge, Mass., 1991), p. 31.

(37) O. Anderson, 'The Reactions of Church and Dissent towards the Crimean War', *Journal of Ecclesiastical History*, 16 (1965), pp. 211–12; B. Kingsley Martin, *The Triumph of Lord Palmerston: A Study of Public Opinion in England before the Crimean War* (London, 1963), pp. 114–15, 164.

(38) R. Marlin, *L'Opinion franccomtoise devant la guerre de Crimée*, Annales Littéraires de l'Université de Besançon, vol. 17 (Paris, 1957), pp. 19–20; Taylor, *Decline of British Radicalism*, p. 226.

(39) Marlin, *L'Opinion franccomtoise*, pp. 22–3.

(40) L. Case, *French Opinion on War and Diplomacy during the Second Empire* (Philadelphia, 1954), pp. 16–24.

(41) Tarle, *Krymskaia voina*, vol. 1, pp. 405–28.

(42) たとえば、次の著作を参照した。V. Vinogradov, 'The Personal Responsibility of Emperor Nicholas I for the Coming of the Crimean War: An Episode in the Diplomatic Struggle in the Eastern Question', in H. Ragsdale (ed.), *Imperial Russian Foreign Policy* (Cambridge, 1993), pp. 159–70.

(43) GARF, f. 678, op. 1, d. 451, l. 306.

(44) T. Schiemann, *Geschichte Russlands unter Kaiser Nikolaus I*, 4 vols. (Berlin, 1904–19), vol. 4, p. 430.

(45) E. Boniface, Count de Castellane, *Campagnes de Crimée, d'Italie, d'Afrique, de Chine et de Syrie, 1849–1862* (Paris, 1898), pp. 75–6; J. Ridley, *Napoleon III and Eugenie* (London 1979), p. 365.

(46) Lambert, *The Crimean War*, pp. 64 ff.

(47) Schroeder, *Austria, Great Britain and the Crimean War*, p. 150; Lady F. Balfour, *The Life of George, Fourth Earl of Aberdeen*, 2 vols. (London, 1922), vol. 2, p. 206.

(48) RA VIC/MAIN/QVJ/1854, 6 Mar.; W. Baumgart, *The Peace of Paris 1856: Studies*

in War, Diplomacy and Peacemaking (Oxford, 1981), p. 13; Henderson, *Crimean War Diplomacy*, p. 72; BLO Clarendon Papers, Stratford Canning to Clarendon, 7 Apr. 1854, c. 22; Lane-Poole, *The Life of the Right Honourable Stratford Canning*, vol. 2, pp. 354–8; PRO 30/22/11, Russell to Clarendon, 26 Mar. 1854.

(49) RA VIC/MAIN/QVJ/1854, 26 Mar.

(50) K. Vitzthum von Eckstädt, *St Petersburg and London in the Years 1852–64*, 2 vols. (London, 1887), vol. 1, pp. 83–4; A. Kinglake, *The Invasion of the Crimea: Its Origin and an Account of Its Progress down to the Death of Lord Raglan*, 8 vols. (London, 1863), vol. 1, pp. 476–7.

(51) 次の著作を参照した。R. Ellison, *The Victorian Pulpit: Spoken and Written Sermons in Nineteenth-Century Britain* (Cranbury, NJ, 1998), pp. 43–9.

(52) H. Beamish, *War with Russia: God the Arbiter of Battle. A Sermon Preached on Sunday April 2, 1854* (London, 1854), p. 6; T. Harford Battersby, *Two First-Day Sermons Preached in the Church of St John, Keswick* (London, 1855), p. 5; J. James, *The War with Russia Imperative and Righteous: A Sermon Preached in Brunswick Chapel, Leeds, on the Day of National Humiliation* (London, 1854), pp. 14–15.

(53) G. Croly, *England, Turkey, and Russia: A Sermon Preached on the Embarkation of the Guards for the East in the Church of St Stephen, Walbrook, February 26, 1854* (London, 1854), pp. 8, 12–13, 26–7, 30–31. For similar sermons, see H. Bunsen, *'The War is a Righteous War': A Sermon Preached in Lilleshall Church on the Day of Humiliation and Prayer* (London, 1854); R. Burton, *The War of God's Sending: A Sermon Preached in Willes den Church on the Occasion of the Fast, April 26, 1854* (London, 1854); R. Cadlish, *The Sword of the Lord: A Sermon Preached in the Free St George's Church, Edinburgh on Wednesday, April 26, 1854* (London, 1854); H. Howarth, *Will God Be for Us? A Sermon Preached in the Parish Church of St George's, Hanover Square, on Wednesday, April 26, 1854* (London, 1854); *A Sermon Preached by the Rev. H. W. Kemp, Incumbent of St John's Church, Hull, on Wednesday, April 26th: Being the Day Appointed by Her Gracious Majesty the Queen for the Humiliation of the Nation on the Commencement of the War with Russia* (London, 1854); J. Cumming, *The War and Its Issues: Two Sermons* (London, 1854); J. Hall, *War with Russia Both Just and Expedient: A Discourse Delivered in Union Chapel, Brixton Hill, April 26, 1854* (London, 1854); John, Bishop of Lincoln, *War: Its Evils and Duties: A Sermon Preached in the Cathedral Church of Lincoln on April 26th, 1854* (London, 1854).

(54) FO 195/445, Finn to Clarendon, 28 Apr. 1854; E. Finn (ed.), *Stirring Times, or, Records from Jerusalem Consular Chronicles of 1853 to 1856*, 2 vols. (London, 1878), vol.

2, pp. 130–31.

第6章◆ドナウ両公国をめぐる攻防

(1) *Tolstoy's Letters*, ed. and trans. R. F. Christian, 2 vols. (London, 1978), vol. 1, p. 38.

(2) A. Maude, *The Life of Tolstoy: First Fifty Years* (London, 1908), pp. 96–7.

(3) 'Voina s Turtsiei 1854 g.', *Russkaia starina*, 18 (1877), p. 327.

(4) RGADA, f. 1292, op. 1, d. 6, l. 68; E. Tarle, *Krymskaia voina*, 2 vols. (Mos- cow, 1944), vol. 1, p. 273; 'Vospominaniia kniazia Emiliia Vitgenshteina', *Russkaia starina*, 104 (1900), p. 190.

(5) A. Khomiakov, *Polnoe sobranie sochinenii*, 8 vols. (Moscow, 1900), vol. 8, p. 350.

(6) FO 78/1014, Cunningham to Stratford Canning, 4, 20, 23 and 30 Mar. 1854.

(7) E. Jouve, *Guerre d'Orient: Voyage à la suite des armées alliées en Turquie, en Valachie et en Crimée* (Paris, 1855), p. 115; FO 78/1008, Fonblanque to Stratford Canning, 27 Mar. 1854; FO 78/1014, Cunningham to Stratford Canning, 23 Mar. 1854.

(8) RGVIA, f. 9198, op. 6/264, cb. 6, d. 14, ll. 101, 104, 106.

(9) FO 78/1009, Fonblanque to Palmerston, 27 May 1854; Palmerston to Fonblanque, 10 July 1854.

(10) RGVIA, f. 846, op. 16, d. 5417, ll. 41–4; E. Kovalevskii, *Voina s Turtsiei i razryv s zapadnymi derzhavami v 1853–1854* (St Petersburg, 1871), pp. 203–15; S. Plaksin, *Shchegolovskii al'bom: Sbornik istoricheskikh faktov, vospominanii, zapisok, illiustratsii i.t.d. za vremia bombardirovki Odessy v 1854* (Odessa, 1905), pp. 43–7.

(11) RGVIA, f. 481, op. 1, d. 89, ll. 1–5; M. Bogdanovich, *Vostochnaia voina 1853–1856*, 4 vols. (St Petersburg, 1876), vol. 2, pp. 89–93; L. Guerrin, *Histoire de la dernière guerre de Russie (1853–1856)*, 2 vols. (Paris, 1858), vol. 1, pp. 111–15; J. Reid, *Crisis of the Ottoman Empire: Prelude to Collapse 1839–1878* (Stuttgart, 2000), pp. 255–7; NAM 1968–03–45 ('Journal of Captain J. A. Butler at the Siege of Silistria').

(12) NAM 1968–03–45 ('Journal of Captain J. A. Butler at the Siege of Silistria'); RGVIA, f. 846, op. 16, d. 5520, ch. 2, l. 62.

(13) *Tolstoy's Letters*, vol. 1, pp. 39–40.

(14) Tarle, *Krymskaia voina*, vol. 1, pp. 445–7.

(15) B. Gooch, *The New Bonapartist Generals in the Crimean War* (The Hague, 1959), pp. 82, 109; NAM 1973–11–170 (Kingscote letter, 15 May, p. 2).

(16) J. Herbé, *Français et russes en Crimée: Lettres d'un officier français à sa famille pendant la campagne d'Orient* (Paris, 1892), p. 30.

（17）L. Noir, *Souvenirs d'un simple zouave: Campagnes de Crimée et d'Italie* (Paris, 1869), p. 222.

（18）P. de Molènes, *Les Commentaires d'un soldat* (Paris, 1860), pp. 58–9.

（19）*The Times*, 26 Apr. 1854.

（20）C. Bayley, *Mercenaries for the Crimean: The German, Swiss, and Italian Legions in British Service 1854–6* (Montreal, 1977), p. 20. アイルランド出身の英国軍兵士については D. Murphy, *Ireland and the Crimean War* (Dublin, 2002), pp. 17–25.

（21）NAM 1968–07–289 (Raglan to Herbert, 15 May 1854).

（22）NAM 1994–01–215 (Bell letter, June 1854).

（23）A. Slade, *Turkey and the Crimean War: A Narrative of Historical Events* (London, 1867), p. 355.

（24）NAM 1973–11–170 (Kingscote letter, 29 Apr. 1854, p. 3); Noir, *Souve nirs d'un simple zouave*, p. 212.

（25）J. Howard Harris, Earl of Malmesbury, *Memoirs of an ExMinister*, 2 vols. (London, 1884), vol. 1, p. 412; *The Diary and Correspondence of Henry Wellesley, First Lord Cowley, 1790–1846* (London, 1930), p. 54.

（26）*Tolstoy's Letters*, vol. 1, pp. 40–41.

（27）A. Tiutcheva, *Pri dvore dvukh imperatov: Vospominaniia, dnevnik, 1853–1882* (Moscow, 1928–9), p. 195; *Akten zur Geschichte des Krimkriegs: Österreichische Akten zur Geschichte des Krimkriegs*, ser. 1, vol. 2 (Munich, 1980), p. 248.

（28）Bogdanovich, *Vostochnaia voina*, vol. 2, pp. 107–8.

（29）Jouve, *Guerre d'Orient*, p. 121; A. Kinglake, *The Invasion of the Crimea: Its Origin and an Account of Its Progress down to the Death of Lord Raglan*, 8 vols. (London, 1863), vol. 2, p. 56; Guerrin, *Histoire de la dernière guerre*, vol. 1, pp. 123–5.

（30）Jouve, *Guerre d'Orient*, pp. 108, 116.

（31）*Tolstoy's Letters*, vol. 1, p. 41.

（32）Jouve, *Guerre d'Orient*, p. 123; Guerrin, *Histoire de la dernière guerre*, vol. 1, p. 127; FO 195/439, Colquhoun to Clarendon, 13 Aug. 1854.

（33）Tarle, *Krymskaia voina*, vol. 1, pp. 454–5; M. Levin, 'Krymskaia voina i russkoe obshchestvo', in id., *Ocherki po istorii russkoi obshchestvennoi mysli, vtoraia polovina XIX veka* (Leningrad, 1974), pp. 293–304.

（34）P. Schroeder, *Austria, Great Britain and the Crimean War: The Destruction of the European Concert* (Ithaca, NY, 1972), pp. 207–9; R. Florescu, *The Struggle against Russia in the Romanian Principalities 1821–1854* (Monachii, 1962), pp. 284–6.

（35）La Vicomte de Noë, *Les Bachi-Bazouks et les Chasseurs d'Afrique* (Paris, 1861), pp.

9–11; Noir, *Souvenirs d'un simple zouave*, p. 215.

(36) Noë, *Les Bachi-Bazouks*, pp. 34, 38–42, 56–68; J. Reid, 'Social and Psychological Factors in the Collapse of the Ottoman Empire, 1780–1918', *Journal of Modern Hellenism*, 10 (1993), pp. 143–52.

(37) C. Mismer, *Souvenirs d'un dragon de l'armée de Crimée* (Paris, 1887), p. 34; Molènes, *Les Commentaires d'un soldat*, p. 30; FO 78/1009, Fonblanque to Palmerston, 10 June 1854; C. Hibbert, *The Destruction of Lord Raglan: A Tragedy of the Crimean War, 1854–1855* (London, 1961), p. 164; J. Spilsbury, *The Thin Red Line: An Eyewitness History of the Crimean War* (London, 2005), p. 26; H. Rappaport, *No Place for Ladies: The Untold Story of Women in the Crimean War* (London, 2007), pp. 61–2.

(38) M. Thoumas, *Mes souvenirs de Crimée 1854–1856* (Paris, 1892), pp. 107–9; Herbé, *Français et russes en Crimée*, p. 55.

(39) K. Marx, *The Eastern Question: A Reprint of Letters Written 1853–1856 Dealing with the Events of the Crimean War* (London, 1969), p. 451.

(40) A. Lambert, *The Crimean War: British Grand Strategy, 1853–56* (Manchester, 1990), p. 106.

(41) L. Noir, *Souvenirs d'un simple zouave*, pp. 218–19.

(42) Lambert, *The Crimean War*, p. 84.

(43) WO 28/199, Newcastle to Raglan, 29 June 1854.

(44) W. Mosse, *The Rise and Fall of the Crimean System, 1855–1871: The Story of the Peace Settlement* (London, 1963), p. 1; W. Baumgart, *The Peace of Paris 1856: Studies in War, Diplomacy and Peacemaking* (Oxford, 1981), p. 13.

(45) Schroeder, *Austria, Great Britain and the Crimean War*, pp. 193–4.

(46) 同上, p. 204; Lambert, *The Crimean War*, pp. 86–7.

(47) S. Harris, *British Military Intelligence in the Crimean War* (London, 2001), p. 37; H. Small, *The Crimean War: Queen Victoria's War with the Russian Tsars* (Stroud, 2007), pp. 36–7; V. Rakov, *Moi vospominaniia o Evpatorii v epokhu krymskoi voiny 1853–1856 gg.* (Evpatoriia, 1904), p. 10; FO 881/550, Raglan to Newcastle, 19 July 1854.

(48) E. Boniface, Count de Castellane, *Campagnes de Crimée, d'Italie, d'Afrique, de Chine et de Syrie, 1849–1862* (Paris, 1898), pp. 90–91; L. de Saint-Arnaud, *Lettres du Maréchal SaintArnaud*, 2 vols. (Paris, 1858), vol. 2, p. 462.

(49) Herbé, *Français et russes en Crimée*, p. 59; R. Portal, *Letters from the Crimea, 1854–55* (Winchester, 1900), pp. 17, 25; FO 78/1040, Rose to Clarendon, 6 Sept. 1854.

(50) Kinglake, *Invasion of the Crimea*, vol. 2, pp. 148–9.

第7章◆アリマ川の戦い

(1) J. Cabrol, *Le Maréchal de SaintArnaud en Crimée* (Paris, 1895), p. 312; L. Noir, *Souvenirs d'un simple zouave: Campagnes de Crimée et d'Italie* (Paris, 1869), p. 219; M. O. Cullet, *Un régiment de ligne pendant la guerre d'orient: Notes et souvenirs d'un officier d'infanterie 1854–1855–1856* (Lyon, 1894), p. 68; NAM 2000–02–94 (Rose letter, 28 Aug. 1854).

(2) P. de Molènes, *Les Commentaires d'un soldat* (Paris, 1860), p. 5; E. Vanson, *Crimée, Italie, Mexique: Lettres de campagnes 1854–1867* (Paris, 1905), p. 23; NAM 1978–04–39–2 (Hull letter, 12 July 1854); NAM 2000–02–94 (Rose letter, 28 Aug. 1854).

(3) A. de Damas, *Souvenirs religieux et militaires de la Crimée* (Paris, 1857), pp. 147–8.

(4) RGVIA, f. 846, op. 16, d. 5492, ll. 50–51; V. Rakov, *Moi vospominaniia o Evpatorii v epokhu krymskoi voiny 1853–1856 gg.* (Evpatoriia, 1904), pp. 13–14, 21–2; A. Markevich, *Tavricheskaia guberniia vo vremia krymskoi voiny: Po arkhivnym materialam* (Simferopol, 1905), pp. 18–23; A. Kinglake, *The Invasion of the Crimea: Its Origin and an Account of Its Progress down to the Death of Lord Raglan*, 8 vols. (London, 1863), vol. 2, p. 166.

(5) RGVIA, f. 846, op. 16, d. 5450, ll. 29–32; N. Mikhno, 'Iz zapisok chinovnika o krymskoi voine', in N. Dubrovin (ed.), *Materialy dlia istorii krymskoi voiny i oborony sevastopolia; Sbornik izdavaemyi komitetom po ustroistvu sevastopol'skogo muzeia*, vyp. 3 (St Petersburg, 1872), p. 7.

(6) W. Baumgart, *The Crimean War, 1853–1856* (Oxford, 1999), p. 116.

(7) R. Hodasevich, *A Voice from within the Walls of Sebastopol: A Narrative of the Campaign in the Crimea and the Events of the Siege* (London, 1856), p. 35.

(8) Cullet, *Un régiment*, p. 68; Molènes, *Les Commentaires d'un soldat*, p. 45.

(9) L. de Saint-Arnaud, *Lettres du Maréchal SaintArnaud*, 2 vols. (Paris, 1858), vol. 2, p. 490.

(10) V. Bonham-Carter (ed.), *Surgeon in the Crimea: The Experiences of George Lawson Recorded in Letters to His Family* (London, 1968), p. 70.

(11) NAM 2003–03–634 ('The Diary of Bandmaster Oliver', 15, 16, 17 Sept. 1854); J. Hume, *Reminiscences of the Crimean Campaign with the 55th Regiment* (London, 1894), p. 47.

(12) H. Small, *The Crimean War: Queen Victoria's War with the Russian Tsars* (Stroud, 2007), p. 44.

(13) N. Dubrovin, *Istoriia krymskoi voiny i oborony Sevastopolia*, 3 vols. (St Petersburg,

1900), vol. 1, pp. 215–17; Hodasevich, *A Voice*, pp. 47, 68; Damas, *Souvenirs*, p. 11; M. Bot'anov, *Vospominaniia sevastopoltsa i kavkatsa, 45 let spustia* (Vitebsk, 1899), p. 6; Noir, *Souvenirs d'un simple zouave*, p. 235.

(14) E. Perret, *Les Français en Orient: Récits de Crimée 1854–1856* (Paris, 1889), p. 103.

(15) Dubrovin, *Istoriia krymskoi voiny*, vol. 1, p. 222; id., *349-dnevnaia zashchita Sevastopolia* (St Petersburg, 2005), p. 52; A. Seaton, *The Crimean War: A Russian Chronicle* (London, 1977), pp. 75–6.

(16) Hodasevich, *A Voice*, pp. 55–6.

(17) Perret, *Les Français en Orient*, p. 106; Hodasevich, *A Voice*, p. 32; M. Vrochenskii, *Sevastopol'skii razgrom: Vospominaniia uchastnika slavnoi oborony Sevastopolia* (Kiev, 1893), p. 21.

(18) R. Egerton, *Death or Glory: The Legacy of the Crimean War* (London, 2000), p. 82.

(19) Small, *The Crimean War*, p. 47; N. Dixon, *On the Psychology of Military Incompetence* (London, 1994), p. 39.

(20) M. Masquelez, *Journal d'un officier de zouaves* (Paris, 1858), pp. 107–8; Noir, *Souvenirs d'un simple zouave*, pp. 226–8; Molènes, *Les Commentaires d'un soldat*, pp. 232–3; A. Gouttman, *La Guerre de Crimée 1853–1856* (Paris, 1995), pp. 294–8; RGVIA, f. 846, op. 16, d. 5575, l. 4.

(21) Small, *The Crimean War*, p. 50; Noir, *Souvenirs d'un simple zouave*, pp. 230–31; E. Tarle, *Krymskaia voina*, 2 vols. (Moscow, 1944), vol. 2, p. 20; Hodasevich, *A Voice*, pp. 69–70.

(22) 同上, p. 70; J. Spilsbury, *The Thin Red Line: An Eyewitness History of the Crimean War* (London, 2005), p. 61; A. Massie, *The National Army Museum Book of the Crimean War: The Untold Stories* (London, 2004), p. 36.

(23) Spilsbury, *Thin Red Line*, pp. 64–5; Kinglake, *Invasion of the Crimea*, vol. 2, pp. 332 ff.; NAM 1976–06–10 ('Crimean Journal, 1854', pp. 54–5).

(24) Small, *The Crimean War*, pp. 51–4; Spilsbury, *Thin Red Line*, pp. 65–9; E. Totleben, *Opisanie oborony g. Sevastopolia*, 3 vols. (St Petersburg, 1863–78), vol. 1, p. 194.

(25) A. Khrushchev, *Istoriia oborony Sevastopolia* (St Petersburg, 1889), p. 13; Hodasevich, *A Voice*, pp. 73–6; Tarle, *Krymskaia voina*, vol. 2, p. 20.

(26) A. du Picq, *Battle Studies* (Charleston, SC, 2006), pp. 112, 223.

(27) Dubrovin, *Istoriia krymskoi voiny*, vol. 1, pp. 267–8; Baron de Bazancourt, *The Crimean Expedition, to the Capture of Sebastopol*, 2 vols. (London, 1856), vol. 1, pp. 260–62.

(28) NAM 1974–02–22–86–4 (21 Sept. 1872); Bonham-Carter, *Surgeon in the Crimea*,

p. 73.

(29) S. Calthorpe, *Letters from Headquarters; or the Realities of the War in the Crimea by an Officer of the Staff* (London, 1858), pp. 76–7.

(30) Seaton, *The Crimean* War, pp. 96–7; Kh. Giubbenet, *Slovo ob uchastii narodov v popechenii o ranenyh voinakh i neskol'ko vospominanii iz krymskoi kampanii* (Kiev, 1868), p. 15.

(31) *The Times*, 1 Dec. 1854.

(32) Noir, *Souvenirs d'un simple zouave*, p. 234; Egerton, *Death or Glory*, pp. 219–20; H. Drummond, *Letters from the Crimea* (London, 1855), pp. 49–50.

(33) RGVIA, f. 846, op. 16, d. 5450, ll. 41–2; H. Elphinstone, *Journal of the Operations Conducted by the Corps of Royal Engineers* (London, 1859), pp. 21–2; J. Curtiss, *Russia's Crimean War* (Durham, NC, 1979), pp. 302–5; Totleben, *Opisanie*, vol. 1, pp. 66 ff.

(34) Dubrovin, *Istoriia krymskoi voiny*, vol. 1, pp. 268–9.

(35) *Den' i noch' v Sevastopole: Stseny iz boevoi zhizni (iz zapisok artillerista)* (St Petersburg, 1903), pp. 4–5; Gouttman, *La Guerre de Crimée*, p. 305.

(36) Egerton, *Death or Glory*, p. 92.

(37) NAM 1989–06–41 (Nolan diary, p. 35).

(38) Noir, *Souvenirs d'un simple zouave*, p. 239; Perret, *Les Français en Orient*, pp. 119–20.

(39) RGVIA, f. 846, op. 16, d. 5492, ll. 62–3; Dubrovin, *Istoriia krymskoi voiny*, vol. 1, pp. 293–302; Tarle, *krymskaia voina*, vol. 2, p. 23; Hodasevich, *A Voice*, pp. 119–21.

(40) RGVIA, f. 846, op. 16, d. 5492, ll. 57–8; Markevich, *Tavricheskaia guberniia*, pp. 9–10; '1854 g.', *Russkaia starina*, 19 (1877), p. 338; Rakov, *Moi vospominaniia*, pp. 16–39; Molènes, *Les Commentaires d'un soldat*, pp. 46, 71–2.

(41) T. Royle, *Crimea: The Great Crimean War 1854–1856* (London, 1999), p. 244.

(42) J. Herbé, *Français et russes en Crimée: Lettres d'un officier français à sa famille pendant la campagne d'Orient* (Paris, 1892), p. 104.

第8章◆秋のセヴァストポリ

(1) L. Tolstoy, *The Sebastopol Sketches*, trans. D. McDuff (London, 1986), pp. 39, 42–3) Reproduced by permission.

(2) M. Vrochenskii, *Sevastopol'skii razgrom: Vospominaniia uchastnika slavnoi oborony Sevastopolia* (Kiev, 1893), p. 9; N. Berg, *Desiat' dnei v Sevastopole* (Moscow, 1855), p. 15.

(3) Tolstoy, *Sebastopol Sketches*, p. 43; E. Ershov, *Sevastopol'skie vospominaniia artilleri-*

iskogo ofitsera v semi tetradakh (St Petersburg, 1858), p. 29.

(4) M. Bot'anov, *Vospominaniia sevastopoltsa i kavkatsa 45 let spustia* (Vitebsk, 1899), p. 6.

(5) E. Totleben, *Opisanie oborony g. Sevastopolia*, 3 vols. (St Petersburg, 1863–78), vol. 1, p. 218; *Vospominaniia ob odnom iz doblestnykh zashchitnikov Sevastopolia* (St Petersburg, 1857), p. 7; *Sevastopol' v nyneshnem sostoianii: Pis'ma iz kryma i Sevastopolia* (Moscow, 1855), p. 19; WO 28/188, Burgoyne to Airey, 4 Oct. 1854; FO 78/1040, Rose to Clarendon, 8 Oct. 1854.

(6) *Tolstoy's Letters*, ed. and trans. R. F. Christian, 2 vols. (London, 1978), vol. 1, p. 44. この場面は Sebastopol Sketches (p.57) にも描かれている。

(7) S. Gershel'man, *Nravstvennyi element pod Sevastopolem* (St Petersburg, 1897), p. 84; R. Egerton, *Death or Glory: The Legacy of the Crimean War* (London, 2000), p. 91.

(8) E. Tarle, *Krymskaia voina*, 2 vols. (Moscow, 1944), vol. 2, p. 38; Gershel'man, *Nravstvennyi element*, pp. 70–71; Totleben, *Opisanie*, vol. 1, pp. 198 ff.; J. Herbé, *Français et russes en Crimée: Lettres d'un officier français à sa famille pendant la campagne d'Orient* (Paris, 1892), p. 133.

(9) RGVIA, f. 846, op. 16, d. 5613, l. 12; N. Dubrovin, *Istoriia krymskoi voiny i oborony Sevastopolia*, 3 vols. (St Petersburg, 1900), vol. 2, p. 31.

(10) NAM 1968–07–292 (Cathcart to Raglan, 27 Sept. 1854); NAM 1983–11–13–310 (12 Oct. 1854).

(11) E. Perret, *Les Français en Orient: Récits de Crimée 1854–1856* (Paris, 1889), pp. 142–4; Baron de Bazancourt, *The Crimean Expedition, to the Capture of Sebastopol*, 2 vols. (London, 1856), vol. 1, pp. 343–8.

(12) NAM 1982–12–29–13 (Letter, 12 Oct. 1854).

(13) H. Clifford, *Letters and Sketches from the Crimea* (London, 1956), p. 69; E. Wood, *The Crimea in 1854 and 1894* (London, 1895), pp. 88–9.

(14) S. Calthorpe, *Letters from Headquarters; or the Realities of the War in the Crimea by an Officer of the Staff* (London, 1858), p. 111.

(15) *Sevastopol' v nyneshnem sostoianii*, p. 16.

(16) V. Bariatinskii, *Vospominaniia 1852–55 gg.* (Moscow, 1904), pp. 39–42; A. Seaton, *The Crimean War: A Russian Chronicle* (London, 1977), pp. 126–9.

(17) NAM 1969–01–46 (Private journal, 17 Oct. 1854); *Den' i noch' v Sevastopole: Stseny iz boevoi zhizni (iz zapisok artillerista)* (St Petersburg, 1903), pp. 7, 11.

(18) A. Khrushchev, *Istoriia oborony Sevastopolia* (St Petersburg, 1889), p. 30; WO 28/188, Lushington to Airey, 18 Oct. 1854.

(19) *Mrs Duberly's War: Journal and Letters from the Crimea*, ed. C. Kelly (Oxford, 2007),

p. 87.

(20) *Sevastopol' v nyneshnem sostoianii*, p. 16.

(21) WO 28/188, Burgoyne to Raglan, 6 Oct. 1854; J. Spilsbury, *The Thin Red Line: An Eyewitness History of the Crimean War* (London, 2005), p. 138.

(22) Calthorpe, *Letters*, p. 125; NAM 1968–07–270 ('Letters from the Crimea Written during the Years 1854, 55 and 56 by a Staff Officer Who Was There'), p. 125; H. Rappaport, *No Place for Ladies: The Untold Story of Women in the Crimean War* (London, 2007), pp. 82–3.

(23) D. Austin, 'Blunt Speaking: The Crimean War Reminiscences of John Elijah Blunt, Civilian Interpreter', *Crimean War Research Society: Special Publication*, 33 (n.d.), pp. 24, 32, 55.

(24) *Mrs Duberly's War*, p. 93; NAM 1968–07–270 ('Letters from the Crimea Written during the Years 1854, 55 and 56 by a Staff Officer Who Was There'), pp. 119–20; W. Munro, *Records of Service and Campaigning in Many Lands*, 2 vols. (London, 1887), vol. 2, p. 88.

(25) H. Franks, *Leaves from a Soldier's Notebook* (London, 1904), p. 80; NAM 1958–04–32 (Forrest letter, 27 Oct. 1854).

(26) Spilsbury, *Thin Red Line*, pp. 155–6; H. Small, *The Crimean War: Queen Victoria's War with the Russian Tsars* (Stroud, 2007), pp. 71–2.

(27) Small, *The Crimean War*, pp. 73–82.

(28) R. Portal, *Letters from the Crimea, 1854–55* (Winchester, 1900), p. 112. その時のノーラン大尉は部下を督励して突撃しようとしていた、という説は次の著作に見られる。D. Austin, 'Nolan Did Try to Redirect the Light Brigade', *War Correspondent*, 23/4 (2006), pp. 20–21.

(29) Spilsbury, *Thin Red Line*, pp. 161–2.

(30) S. Kozhukov, 'Iz krymskikh vospominanii o poslednei voine', *Russkii arkhiv*, 2 (1869), pp. 023–025.

(31) G. Paget, *The Light Cavalry Brigade in the Crimea* (London, 1881), p. 73.

(32) *Mrs Duberly's War*, p. 95.

(33) Small, *The Crimean War*, pp. 64, 86–8; RGVIA, f. 846, op. 16, d. 5585, l. 31; Dubrovin, *Istoriia krymskoi voiny*, vol. 2, pp. 144–7.

(34) N. Woods, *The Past Campaign: A Sketch of the War in the East*, 2 vols. (London, 1855), vol. 2, pp. 12–14; Austin, 'Blunt Speaking', pp. 54–6.

(35) N. Dubrovin, *349-dnevnaia zashchita Sevastopolia* (St Petersburg, 2005), p. 91; A. Tiutcheva, *Pri dvore dvukh imperatov: Vospominaniia, dnevnik, 1853–1882* (Moscow,

1928–9), p. 161.

(36) A. Kinglake, *The Invasion of the Crimea: Its Origin and an Account of Its Progress down to the Death of Lord Raglan*, 8 vols. (London, 1863), vol. 5, pp. 1–24.

(37) NAM 1963–11–151 (Letter, 27 Oct. 1854); NAM 1986–03–103 (Letter, 31 Oct. 1854).

(38) Tarle, *Krymskaia voina*, vol. 2, p. 140.

(39) B. Gooch, *The New Bonapartist Generals in the Crimean War* (The Hague, 1959), p. 145.

(40) NAM 1994–02–172 (Letter, 22 Feb. 1855).

(41) Khrushchev, *Istoriia oborony Sevastopolia*, pp. 38–42; Seaton, *The Crimean War*, pp. 161–4.

(42) A. Andriianov, *Inkermanskii boi i oborona Sevastopolia (nabroski uchastnika)* (St Petersburg, 1903), p. 16.

(43) Dubrovin, *Istoriia krymskoi voiny*, vol. 2, pp. 194–5; Spilsbury, *Thin Red Line*, pp. 196–8.

(44) NAM 1968–07–264–1 ('The 95th Regiment at Inkerman').

(45) 同上.

(46) Andriianov, *Inkermanskii boi*, p. 20.

(47) P. Alabin, *Chetyre voiny: Pokhodnye zapiski v voinu 1853, 1854, 1855 i 1856 godov*, 2 vols. (Viatka, 1861), vol. 2, pp. 74–5; Dubrovin, *Istoriia krymskoi voiny*, vol. 2, pp. 203–5.

(48) Spilsbury, *Thin Red Line*, pp. 211–12.

(49) G. Higginson, *Seventy-One Years of a Guardsman's Life* (London, 1916), pp. 197–8; Kinglake, *Invasion of the Crimea*, vol. 5, pp. 221–57.

(50) R. Hodasevich, *A Voice from within the Walls of Sebastopol: A Narrative of the Campaign in the Crimea and the Events of the Siege* (London, 1856), pp. 190–8; Seaton, *The Crimean War*, p. 169.

(51) L. Noir, *Souvenirs d'un simple zouave: Campagnes de Crimée et d'Italie* (Paris, 1869), p. 278.

(52) J. Cler, *Reminiscences of an Officer of Zouaves* (New York, 1860), p. 211; *Historique de 2e Régiment de Zouaves 1830–1887* (Oran, 1887), pp. 66–7.

(53) Spilsbury, *Thin Red Line*, p. 214.

(54) Higginson, *Seventy-One Years*, p. 200; Spilsbury, *Thin Red Line*, p. 232.

(55) Seaton, *The Crimean War*, pp. 175–6.

(56) M. O. Cullet, *Un régiment de ligne pendant la guerre d'orient: Notes et souvenirs d'un*

officier d'infanterie 1854–1855–1856 (Lyon, 1894), p. 112.
(57) Noir, *Souvenirs d'un simple zouave*, pp. 281–3.
(58) Woods, *The Past Campaign*, vol. 2, pp. 143–4; Noir, *Souvenirs d'un simple zouave*, p. 278; Cler, *Reminiscences*, p. 216; A. de Damas, *Souvenirs religieux et militaires de la Crimée* (Paris, 1857), p. 70.
(59) RA VIC/MAIN/F/1/38.
(60) Cler, *Reminiscences*, pp. 219–20.
(61) RA VIC/MAIN/F/1/36 (Colonel E. Birch Reynardson to Colonel Phipps, Sebastopol, 7 Nov.); H. Drummond, *Letters from the Crimea* (London, 1855), p. 75; *A Knouting for the Czar! Being Some Words on the Battles of Inkerman, Balaklava and Alma by a Soldier* (London, 1855), pp. 5–9.
(62) RGVIA, f. 846, op. 16, d. 5634, ll. 1–18; Bazancourt, *The Crimean Expedition*, pp. 116–17; Noir, *Souvenirs d'un simple zouave*, pp. 278–9; Kinglake, *Invasion of the Crimea*, vol. 5, pp. 324, 460–63.
(63) FO 78/1040, Rose to Clarendon, 7 Nov. 1854.
(64) Small, *The Crimean War*, p. 209.
(65) NAM 1984–09–31–63 (Letter, 7 Nov. 1854); *Vospominaniia ob odnom iz doblestnykh zashchitnikov Sevastopolia*, pp. 11, 15; RGVIA, f. 846, op. 16, d. 5629, l. 7; d. 5687, l. 1; Dubrovin, *Istoriia krymskoi voiny*, vol. 2, p. 384.
(66) RGVIA, f. 846, op. 16, d. 5450, ll. 34–42; d. 5452, ch. 2, ll. 16–18; Dubrovin, *Istoriia krymskoi voiny*, vol. 2, pp. 272–3; Tiutcheva, *Pri dvore dvukh imperatov*, p. 165.
(67) *Tolstoy's Diaries*, vol. 1: *1847–1894*, ed. and trans. R. F. Christian (London, 1985), p. 95.
(68) H. Troyat, *Tolstoy* (London, 1970), pp. 161–2.
(69) *Tolstoy's Letters*, vol. 1, p. 45; A. Opul'skii, *L. N. Tolstoi v krymu: Literaturno-kraevedcheskii ocherk* (Simferopol, 1960), pp. 27–30.
(70) Troyat, *Tolstoy*, p. 162.
(71) *Tolstoy's Letters*, vol. 1, pp. 44–5.

第9章◆冬将軍

(1) NAM 1988–06–29–1 (Letter, 17 Nov. 1854).
(2) *Mrs Duberly's War: Journal and Letters from the Crimea*, ed. C. Kelly (Oxford, 2007), pp. 102–3; NAM 1968–07–288 (Cambridge to Raglan, 15 Nov. 1854).
(3) Ia. Rebrov, *Pis'ma sevastopol'tsa* (Novocherkassk, 1876), p. 26.

(4) *Lettres d'un soldat à sa mère de 1849 à 1870: Afrique, Crimée, Italie, Mexique* (Montbéliard, 1910), p. 66; L. Noir, *Souvenirs d'un simple zouave: Campagnes de Crimée et d'Italie* (Paris, 1869), p. 288; V. Bonham-Carter (ed.), *Surgeon in the Crimea: The Experiences of George Lawson Recorded in Letters to His Family* (London, 1968), p. 104.

(5) WO 28/162, 'Letters and Papers Relating to the Administration of the Cavalry Division'.

(6) NAM 1982–12–29–23 (Letter, 22 Nov. 1854); D. Boulger (ed.), *General Gordon's Letters from the Crimea, the Danube and Armenia* (London, 1884), p. 14; K. Vitzthum von Eckstadt, *St Petersburg and London in the Years 1852–64*, 2 vols. (London, 1887), vol. 1, p. 143.

(7) J. Herbé, *Français et russes en Crimée: Lettres d'un officier français à sa famille pendant la campagne d'Orient* (Paris, 1892), p. 144.

(8) J. Baudens, *La Guerre de Crimée: Les campements, les abris, les ambulances, les hôpitaux, etc.* (Paris, 1858), pp. 63–6; Noir, *Souvenirs d'un simple zouave*, p. 248.

(9) Herbé, *Français et russes en Crimée*, p. 151; *Mrs Duberly's War*, pp. 110–11.

(10) NAM 1968–07–270 ('Letters from the Crimea Written during the Years 1854, 55 and 56 by a Staff Officer Who Was There'), pp. 188–9.

(11) I. G. Douglas and G. Ramsay (eds.), *The Panmure Papers, Being a Selec tion from the Correspondence of Fox Maule, 2nd Baron Panmure, afterwards 11th Earl of Dalhousie*, 2 vols. (London, 1908), vol. 1, pp. 151–2; B. Gooch, *The New Bonapartist Generals in the Crimean War* (The Hague, 1959), pp. 159–60.

(12) C. Mismer, *Souvenirs d'un dragon de l'armée de Crimée* (Paris, 1887), pp. 59–60, 96–7.

(13) Noir, *Souvenirs d'un simple zouave*, p. 291; Herbé, *Français et russes en Crimée*, pp. 225–6.

(14) *Mrs Duberly's War*, p. 118.

(15) Noir, *Souvenirs d'un simple zouave*, p. 288; H. Rappaport, *No Place for Ladies: The Untold Story of Women in the Crimean War* (London, 2007), p. 38; Bonham-Carter, *Surgeon in the Crimea*, p. 65.

(16) NAM 1996–05–4–19 (Pine letter, 8 Jan. 1855); Mismer, *Souvenirs d'un dragon*, pp. 124–5; NAM 1996–05–4 (Letter, 8 Jan. 1855).

(17) NAM 1984–09–31–79 (4 Feb. 1855); NAM 1976–08–32 (Hagger letter, 1 Dec. 1854); G. Bell, *Rough Notes by an Old Soldier: During Fifty Years' Service, from Ensign G.B. to Major-General, C.B.*, 2 vols. (London, 1867), vol. 2, pp. 232–3.

(18) K. Chesney, *Crimean War Reader* (London, 1960), p. 154; Herbé, *Français et russes*

en Crimée, p. 343.

(19) Baudens, *La Guerre de Crimée*, pp. 101–3; J. Shepherd, *The Crimean Doctors: A History of the British Medical Services in the Crimean War*, 2 vols. (Liverpool, 1991), vol. 1, pp. 135–6, 237; *Health of the Army in Turkey and Crimea: Paper, being a medical and surgical history of the British army which served in Turkey and the Crimea during the Russian war*, Parliamentary Papers 1857–8, vol. 38, part 2, p. 465.

(20) N. Pirogov, *Sevastopol'skie pis'ma i vospominaniia* (Moscow, 1950), pp. 28–37, 66, 147–8, 220–23; *Za mnogo let: Zapiski (vospominaniia) neizvestnogo 1844–1874 gg.* (St Petersburg, 1897), pp. 82–3; Kh. Giubbenet, *Ocherk meditsinskoi i gospital'noi chasti russkih voisk v Krymu v 1854–1856 gg.* (St Petersburg, 1870), p. 2.

(21) N. Berg, *Desiat' dnei v Sevastopole* (Moscow, 1855), pp. 17–19; R. Hoda- sevich, *A Voice from within the Walls of Sebastopol: A Narrative of the Campaign in the Crimea and the Events of the Siege* (London, 1856), p. 129; E. Kovalevskii, *Voina s Turtsiei i razryv s zapadnymi derzhavami v 1853–1854* (St Petersburg, 1871), p. 82; Pirogov, *Sevastopol'skie pis'ma*, pp. 151–2.

(22) 同上, pp. 155–6, 185.

(23) L. Tolstoy, *The Sebastopol Sketches*, trans. D. McDuff (London, 1986), pp. 44, 47–8.

(24) Giubbenet, *Ocherk*, pp. 5, 7.

(25) H. Connor, 'Use of Chloroform by British Army Surgeons during the Crimean War', *Medical History*, 42/2 (1998), pp. 163, 184–8; Shepherd, *The Crimean Doctors*, vol. 1, pp. 132–3.

(26) Pirogov, *Sevastopol'skie pis'ma*, p. 27; *Istoricheskii obzor deistvii krestovozdvizhenskoi obshchiny sester' popecheniia o ranenykh i vol'nykh k voennykh gospitaliakh v Krymu i v Khersonskoi gubernii c 1 dek. 1854 po 1 dek. 1855* (St Petersburg, 1856), pp. 2–4; *Sobranie pisem sester Krestovozdvizhenskoi obshchiny popecheniia o ranenykh* (St Petersburg, 1855), p. 22.

(27) *Gosudarstvennoe podvizhnoe opolchenie Vladimirskoi gubernii 1855–56: Po materialam i lichnym vospominaniiam* (Vladimir, 1900), p. 82; Rappaport, *No Place for Ladies*, pp. 115–17.

(28) NAM 1951–12–21 (Bellew journal, 23 Jan. 1855); Rappaport, *No Place for Ladies*, pp. 101, 125.

(29) G. St Aubyn, *Queen Victoria: A Portrait* (London, 1991), p. 295.

(30) A. Lambert and S. Badsey (eds.), *The War Correspondents: The Crimean War* (Strand, 1994), p. 13; S. Markovits, *The Crimean War in the British Imagination* (Cambridge, 2009), p. 16.

(31) E. Gosse, *Father and Son* (Oxford, 2004), p. 20.

(32) M. Lalumia, *Realism and Politics in Victorian Art of the Crimean War* (Epping, 1984), p. 120.

(33) H. Clifford, *Letters and Sketches from the Crimea* (London, 1956), p. 146.

(34) NAM 1968–07–284 (Raglan to Newcastle, 4 Jan. 1855).

(35) Gooch, *The New Bonapartist Generals*, p. 192.

(36) L. Case, *French Opinion on War and Diplomacy during the Second Empire* (Philadelphia, 1954), pp. 2–6, 32; H. Loizillon, *La Campagne de Crimée: Lettres écrites de Crimée par le capitaine d'étatmajor Henri Loizillon à sa famille* (Paris, 1895), p. 82; RA VIC/MAIN/QVJ/1856, 19 Apr.

(37) *Za mnogo let*, pp. 75–8.

(38) *The Englishwoman in Russia: Impressions of the Society and Manners of the Russians at Home* (London, 1855), pp. 292–3, 296–8.

(39) 同上, pp. 294–5; *Za mnogo let*, p. 73.

(40) E. Tarle, *Krymskaia voina*, 2 vols. (Moscow, 1944), vol. 1, pp. 454–9; *The Englishwoman in Russia*, p. 305.

(41) A. Zaionchkovskii, *Vostochnaia voina 1853–1856*, 3 vols. (St Peters- burg, 2002), vol. 2, p. 76; GARF, f. 109, op. 1, d. 353 (*chast'* 2), l. 7.

(42) I. Ignatovich, *Pomeshchichie krest'iane nakanune osvobozhdeniia* (Lenin- grad, 1925), pp. 331–7; *The Englishwoman in Russia*, pp. 302–3, 313.

(43) J. Curtiss, *Russia's Crimean War* (Durham, NC, 1979), pp. 532–46; D. Moon, 'Russian Peasant Volunteers at the Beginning of the Crimean War', *Slavic Review*, 51/4 (Winter 1992), pp. 691–704. 1855年の初頭にキエフ、ポドリア、ヴォルィニなどの地域で発生した同様の現象については、次の公文書館資料を参照。RGVIA, f. 846, op. 16, d. 5496, ll. 18–52.

(44) RGVIA, f. 846, op. 16, d. 5452, ch. 2, l. 166; Rebrov, *Pis'ma sevastopol'tsa*, p. 3.

(45) Pirogov, *Sevastopol'skie pis'ma*, p. 148; A. Markevich, *Tavricheskaia guberniia vo vremia krymskoi voiny: Po arkhivnym materialam* (Simferopol, 1905), pp. 107–51; A Opul'skii, *L. N. Tolstoi v krymu: Literaturnokraevedcheskii ocherk* (Simferopol, 1960), p. 12; Hodasevich, *A Voice*, pp. 24–5; RGVIA, f. 9198, op. 6/264, sv. 15, d. 2.

(46) 'Vostochnaia voina: Pis'ma kn. I. F. Paskevicha k kn. M. D. Gorchakovu', *Russkaia starina*, 15 (1876), pp. 668–70; Tarle, *Krymskaia voina*, vol. 2, pp. 224–8.

(47) RGVIA, f. 846, op. 16, d. 5450, ll. 50–54; RGVIA, f. 846, op. 16, d. 5452, ch. 2, ll. 166, 199–201; 'Doktor Mandt o poslednikh nedeliiakh imperatora Nikolaia Pavlovicha (iz neizdannykh zapisok odnogo priblizhennogo k imperatoru litsa)', *Russkii arkhiv*, 2

(1905), p. 480.

(48) *Poslednie minuty i konchina v bozhe pochivshego imperatora, nezabvennogo i vechnoi slavy dostoinogo Nikolaia I* (Moscow, 1855), pp. 5–6; 'Noch' c 17-go na 18 fevralia 1855 goda: Rasskaz doktora Mandta', *Russkii arkhiv*, 1 (1884), p. 194; 'Nekotorye podrobnosti o konchine imperatora Nikolaia Pavlovicha', *Russkii arkhiv*, 3/9 (1906), pp. 143–5; Tarle, *Krymskaia voina*, vol. 2, p. 233.

(49) たとえば、次の著作を参照。V. Vinogradov, 'The Personal Responsibility of Emperor Nicholas I for the Coming of the Crimean War: An Episode in the Diplomatic Struggle in the Eastern Question', in H. Ragsdale (ed.), *Imperial Russian Foreign Policy* (Cambridge, 1993), p. 170.

(50) A. Tiutcheva, *Pri dvore dvukh imperatov: Vospominaniia, dnevnik, 1853–1882* (Moscow, 1928–9), p. 178.

(51) 同上, pp. 20–21.

第10章◆大砲の餌食

(1) RA VIC/MAIN/QVJ/1856, 2 Mar.

(2) L. Noir, *Souvenirs d'un simple zouave: Campagnes de Crimée et d'Italie* (Paris, 1869), p. 312.

(3) F. Charles-Roux, *Alexandre II, Gortchakoff et Napoléon III* (Paris, 1913), p. 14.

(4) *The Later Correspondence of Lord John Russell, 1840–1878*, ed. G. Gooch, 2 vols. (London, 1925), vol. 2, pp. 160–61; Lady F. Balfour, *The Life of George, Fourth Earl of Aberdeen*, 2 vols. (London, 1922), vol. 2, p. 206.

(5) H. Verney, *Our Quarrel with Russia* (London, 1855), pp. 22–4.

(6) G. B. Henderson, 'The Two Interpretations of the Four Points, December 1854', in id., *Crimean War Diplomacy and Other Historical Essays* (Glasgow, 1947), pp. 119–22; *The Letters of Queen Victoria: A Selection from Her Majesty's Correspondence between the Years 1837 and 1861*, 3 vols. (Lon- don, 1907–8), vol. 3, pp. 65–6.

(7) P. Schroeder, *Austria, Great Britain and the Crimean War: The Destruction of the European Concert* (Ithaca, NY, 1972), pp. 256–77.

(8) P. Jaeger, *Le mura di Sebastopoli: Gli italiani in Crimea 1855–56* (Milan, 1991), p. 245; C. Thoumas, *Mes souvenirs de Crimée 1854–1856* (Paris, 1892), p. 191.

(9) RGVIA, f. 846, op. 16, d. 5855, ll. 36–7.

(10) H. Bell, *Lord Palmerston*, 2 vols. (London, 1936), vol. 2, p. 125; Hansard, HC Deb. 21 May 1912, vol. 38, p. 1734; C. Bayley, *Mercenaries for the Crimean: The German,*

Swiss, and Italian Legions in British Service 1854–6 (Montreal, 1977).

(11) F. Kagan, *The Military Reforms of Nicholas I: The Origins of the Modern Russian Army* (London, 1999), p. 243.

(12) RGVIA, f. 846, op. 16, d. 5496, ll. 1–4, 14, 18–19, 22–8.

(13) C. Badem, 'The Ottomans and the Crimean War (1853–1856)', Ph.D. diss. (Sabanci University, 2007), pp. 182–4.

(14) FO 881/1443, Clarendon to Cowley, 9 Apr. 1855.

(15) FO 881/1443, Clarendon to Cowley, 13 Apr. 1855; Stratford to Clarendon, 11 June 1855; Longworth to Clarendon, 10 June, 2 and 26 July 1855; FO 881/547, Brant memo on Georgia, 1 Feb. 1855; L. Oliphant, *The Transcaucasian Provinces: the Proper Field of Operation for a Christian Army* (London, 1855).

(16) RA VIC/MAIN/F/2/96.

(17) T. Royle, *Crimea: The Great Crimean War 1854–1856* (London, 1999), pp. 377–8; B. Greenhill and A. Giffard, *The British Assault on Finland* (London, 1988), p. 321.

(18) WO 28/188, Burgoyne to Raglan, Dec. 1854.

(19) A. de Damas, *Souvenirs religieux et militaires de la Crimée* (Paris, 1857), pp. 149–50; NAM 6807–295–1 (Sir Edward Lyons to Codrington, March 1855).

(20) H. Small, *The Crimean War: Queen Victoria's War with the Russian Tsars* (Stroud, 2007), pp. 125–33.

(21) V. Rakov, *Moi vospominaniia o Evpatorii v epokhu krymskoi voiny 1853–1856 gg.* (Evpatoriia, 1904), pp. 52–6; E. Tarle, *Krymskaia voina*, 2 vols. (Moscow, 1944), vol. 2, p. 217; *The Times*, 14 June 1856, p. 5.

(22) WO 6/74, Panmure to Raglan, 26 Mar. 1855; Royle, *Crimea*, p. 370.

(23) FO 78/1129/62, Rose to Clarendon, 2 June 1855.

(24) A. Kinglake, *The Invasion of the Crimea: Its Origin and an Account of Its Progress down to the Death of Lord Raglan*, 8 vols. (London, 1863), vol. 8, pp. 48–55; E. Perret, *Les Français en Orient: Récits de Crimée 1854–1856* (Paris, 1889), pp. 287–9; *The Times*, 28 May 1855.

(25) RGVIA, f. 846, op. 16, d. 5563, l. 322; N. Dubrovin, *Istoriia krymskoi voiny i oborony Sevastopolia*, 3 vols. (St Petersburg, 1900), vol. 3, p. 179.

(26) J. Herbé, *Français et russes en Crimée: Lettres d'un officier français à sa famille pendant la campagne d'Orient* (Paris, 1892), p. 337; Noir, *Souvenirs d'un simple zouave*, p. 314.

(27) *A Visit to Sebastopol a Week after Its Fall: By an Officer of the AngloTurkish Contingent* (London, 1856), p. 34.

(28) M. Vrochenskii, *Sevastopol'skii razgrom: Vospominaniia uchastnika slavnoi oborony*

Sevastopolia (Kiev, 1893), pp. 77–84; H. Loizillon, *La Campagne de Crimée: Lettres écrites de Crimée par le capitaine d'étatmajor Henri Loizillon à sa famille* (Paris, 1895), pp. 106–7.

(29) Herbé, *Français et russes en Crimée*, p. 199; RGVIA, f. 846, op. 16, d. 5452, ch. 2, l. 166; W. Porter, *Life in the Trenches before Sevastopol* (London, 1856), p. 111.

(30) E. Boniface, Count de Castellane, *Campagnes de Crimée, d'Italie, d'Afrique, de Chine et de Syrie, 1849–1862* (Paris, 1898), pp. 168–73.

(31) Noir, *Souvenirs d'un simple zouave*, p. 313; E. Ershov, *Sevastopol'skie vospominaniia artilleriiskogo ofitsera v semi tetradakh* (St Petersburg, 1858), pp. 167–73; NAM 1965–01–183–10 (Steevens letter, 26 Mar. 1855).

(32) H. Clifford, *Letters and Sketches from the Crimea* (London, 1956), p. 194; Porter, *Life in the Trenches*, pp. 64–5.

(33) C. Mismer, *Souvenirs d'un dragon de l'armée de Crimée* (Paris, 1887), p. 140; Porter, *Life in the Trenches*, pp. 68–9.

(34) F. Luguez, *Crimée-Italie 1854–1859: Extraits de la correspondence d'un officier avec sa famille* (Nancy, 1895), pp. 61–2.

(35) J. Cler, *Reminiscences of an Officer of Zouaves* (New York, 1860), pp. 233–4; S. Calthorpe, *Letters from Headquarters; or the Realities of the War in the Crimea by an Officer of the Staff* (London, 1858), pp. 215–16.

(36) Ershov, *Sevastopol'skie vospominaniia*, pp. 224–30.

(37) Damas, *Souvenirs*, p. 265.

(38) Porter, *Life in the Trenches*, p. 127.

(39) WO 28/126, Register of Courts Martial; Clifford, *Letters and Sketches*, p. 269）ロシア軍兵士の飲酒泥酔事件についても膨大な量の報告があり、その一部が次の公文書館資料に保存されている。RGVIA, f. 484, op. 1, dd. 398–403.

(40) Herbé, *Français et russes en Crimée*, p. 225; *The Times*, 17 Mar. 1855.

(41) M. Seacole, *Wonderful Adventures of Mrs Seacole in Many Lands* (London, 2005), p. 117.

(42) A. Soyer, *Soyer's Culinary Campaign* (London, 1857), p. 405.

(43) B. Cooke, *The Grand Crimean Central Railway* (Knutsford, 1990).

(44) Herbé, *Français et russes en Crimée*, p. 223.

(45) RGVIA, f. 481, op. 1, d. 18, ll. 1–8.

(46) V. Kolchak, *Voina i plen 1853–1855 gg.: Iz vospominanii o davno perezhitom* (St Petersburg, 1904), pp. 41–2; Vrochenskii, *Sevastopol'skii razgrom*, p. 113; *Sobranie pisem sester Krestovozdvizhenskoi obshchiny popecheniia o ranenykh* (St Petersburg, 1855), pp.

37–40; Ershov, *Sevastopol'skie vospominaniia*, p. 91.

(47) Porter, *Life in the Trenches*, p. 144; Ershov, *Sevastopol'skie vospominaniia*, pp. 97–107; *Sobranie pisem sester Krestovozdvizhenskoi obshchiny*, pp. 49–55; N. Pirogov, *Sevastopol'skie pis'ma i vospominaniia* (Moscow, 1950), p. 62.

(48) *Vospominaniia ob odnom iz doblestnykh zashchitnikov Sevastopolia* (St Petersburg, 1857), pp. 14–18; Ershov, *Sevastopol'skie vospominaniia*, p. 34.

(49) H. Troyat, *Tolstoy* (London, 1970), pp. 170–71; *Tolstoy's Diaries*, vol. 1: *1847–1894*, ed. and trans. R. F. Christian (London, 1985), p. 103; A. Maude, *The Life of Tolstoy: First Fifty Years* (London, 1908), pp. 111–12.

(50) *Tolstoy's Diaries*, vol. 1, p. 104; V. Nazar'ev, 'Zhizn' i liudi bylogo vremeni', *Istoricheskii vestnik*, 11 (1890), p. 443; M. Vygon, *Krymskie stranitsy zhizni i tvorchestva L. N. Tolstogo* (Simferopol, 1978), p. 37.

(51) Vrochenskii, *Sevastopol'skii razgrom*, p. 117; N. Dubrovin, *349-dnevnaia zashchita Sevastopolia* (St Petersburg, 2005), pp. 161–7; NAM 1968–07–484 (Gage letter, 13 Apr. 1855).

(52) J. Jocelyn, *The History of the Royal Artillery (Crimean Period)* (London, 1911), p. 359; NAM 1965–01–183–10 (Letter, 23 Apr. 1855).

(53) Mismer, *Souvenirs d'un dragon*, pp. 179–80; *Mrs Duberly's War: Journal and Letters from the Crimea*, ed. C. Kelly (Oxford, 2007), pp. 186–7.

(54) M. O. Cullet, *Un régiment de ligne pendant la guerre d'orient: Notes et souvenirs d'un officier d'infanterie 1854–1855–1856* (Lyon, 1894), pp. 165–6; Herbé, *Français et russes en Crimée*, pp. 260–65.

(55) NAM 1974–05–16 (St George letter, 9 June 1855).

(56) A. du Casse, *Précis historique des opérations militaires en orient de mars 1854 à septembre 1855* (Paris, 1856), p. 290; Herbé, *Français et russes en Crimée*, pp. 267–72.

(57) Cullet, *Un régiment*, p. 182; J. Spilsbury, *The Thin Red Line: An Eye witness History of the Crimean War* (London, 2005), pp. 278–9.

(58) Cullet, *Un régiment*, pp. 278, 296–9.

(59) Herbé, *Français et russes en Crimée*, p. 285; NAM 1962–10–94–2 (Alexander letter, 22 June 1855).

(60) V. Liaskoronskii, *Vospominaniia Prokofiia Antonovicha Podpalova* (Kiev, 1904), p. 17.

(61) Small, *The Crimean War*, p. 159.

(62) Herbé, *Français et russes en Crimée*, pp. 280–81; Liaskoronskii, *Vospom inaniia*, p. 17.

(63) Boniface, *Campagnes de Crimée*, p. 235.

(64) Kinglake, *Invasion of the Crimea*, vol. 8, pp. 161–2.

(65) A. Massie, *The National Army Museum Book of the Crimean War: The Untold Stories* (London, 2004), pp. 199–200.
(66) T. Gowing, *A Soldier's Experience: A Voice from the Ranks* (London, 1885), p. 115; Spilsbury, *Thin Red Line*, pp. 282–6; *A Visit to Sebastopol*, pp. 31–2.
(67) NAM 1966–01–2 (Scott letter, 22 June 1855); NAM 1962–10–94–2 (Alexander letter, 24 June 1855).
(68) Luguez, *CriméeItalie*, pp. 47–9.
(69) NAM 1968–07–287–2 (Raglan to Panmure, 19 June 1855); NAM 1963–05–162 (Dr Smith to Kinglake, 2 July 1877).

第11章◆セヴァストポリ陥落

(1) E. Boniface, Count de Castellane, *Campagnes de Crimée, d'Italie, d'Afrique, de Chine et de Syrie, 1849–1862* (Paris, 1898), p. 247.
(2) A. Maude, *The Life of Tolstoy: First Fifty Years* (London, 1908), p. 119.
(3) NAM 1984–09–31–129 (Letter, 9 July 1855); NAM 1989–03–47–6 (Ridley letter, 11 Aug. 1855).
(4) A. de Damas, *Souvenirs religieux et militaires de la Crimée* (Paris, 1857), pp. 84–6.
(5) L. Noir, *Souvenirs d'un simple zouave: Campagnes de Crimée et d'Italie* (Paris, 1869), p. 282; J. Cler, *Reminiscences of an Officer of Zouaves* (New York, 1860), pp. 231–2; C. Mismer, *Souvenirs d'un dragon de l'armée de Crimée* (Paris, 1887), p. 117.
(6) H. Loizillon, *La Campagne de Crimée: Lettres écrites de Crimée par le capitaine d'état-major Henri Loizillon à sa famille* (Paris, 1895), pp. x–xi, 116–17.
(7) J. Baudens, *La Guerre de Crimée: Les campements, les abris, les ambu lances, les hôpitaux, etc.* (Paris, 1858), pp. 113–15; G. Guthrie, *Commentaries on the Surgery of the War in Portugal . . . with Additions Relating to Those in the Crimea* (Philadelphia, 1862), p. 646.
(8) Kh. Giubbenet, *Ocherk meditsinskoi i gospital'noi chasti russkih voisk v Krymu v 1854–1856 gg.* (St Petersburg, 1870), pp. 143–4.
(9) 同上, pp. 10, 13, 88–90; RA VIC/MAIN/QVJ/1856, 12 Mar.
(10) M. Vrochenskii, *Sevastopol'skii razgrom: Vospominaniia uchastnika slavnoi oborony Sevastopolia* (Kiev, 1893), pp. 164–9; W. Baumgart, *The Crimean War, 1853–1856* (London, 1999), p. 159.
(11) E. Tarle, *Krymskaia voina*, 2 vols. (Moscow, 1944), vol. 2, p. 328.
(12) RGVIA, f. 846, op. 16, d. 5732, l. 28; E. Ershov, *Sevastopol'skie vospominaniia artilleriiskogo ofitsera v semi tetradakh* (St Petersburg, 1858), pp. 244–5; L. Tolstoy, *The*

Sebastopol Sketches, trans. D. McDuff (London, 1986), p. 139.

(13) RGVIA, f. 9196, op. 4, sv. 2, d. 1, ch. 2, ll. 1–124; f. 9198, op. 6/264, sv. 15, d. 2/2, ll. 104, 112; f. 484, op. 1, d. 264, ll. 1–14; d. 291, ll. 1–10; Boniface, *Campagnes de Crimée*, p. 267; Loizillon, *La Campagne de Crimée*, pp. 105, 139; H. Clifford, *Letters and Sketches from the Crimea* (London, 1956), p. 249.

(14) A. Seaton, *The Crimean War: A Russian Chronicle* (London, 1977), p. 195.

(15) 同上, p. 196.

(16) A. Khrushchev, *Istoriia oborony Sevastopolia* (St Petersburg, 1889), pp. 120–22; Tarle, *Krymskaia voina*, vol. 2, pp. 344–7; Seaton, *The Crimean War*, p. 197.

(17) M. O. Cullet, *Un régiment de ligne pendant la guerre d'orient: Notes et souvenirs d'un officier d'infanterie 1854–1855–1856* (Lyon, 1894), pp. 199–203; Seaton, *The Crimean War*, p. 202; D. Stolypin, *Iz lichnyh vospominanii o krymskoi voine i o zemledel'cheskikh poriadkakh* (Moscow, 1874), pp. 12–16; I. Krasovskii, *Iz vospominanii o voine 1853–56* (Moscow, 1874); P. Jaeger, *Le mura di Sebastopoli: Gli italiani in Crimea 1855–56* (Milan, 1991), pp. 306–9.

(18) Cullet, *Un régiment*, pp. 207–8.

(19) Seaton, *The Crimean War*, p. 205; J. Herbé, *Français et russes en Crimée: Lettres d'un officier français à sa famille pendant la campagne d'Orient* (Paris, 1892), p. 318.

(20) Jaeger, *Le mura di Sebastopoli*, p. 315; Loizillon, *La Campagne de Crimée*, pp. 168–70; M. Seacole, *Wonderful Adventures of Mrs Seacole in Many Lands* (London, 2005), p. 142; T. Buzzard, *With the Turkish Army in the Crimea and Asia Minor* (London, 1915), p. 145.

(21) Seaton, *The Crimean War*, pp. 206–7.

(22) Herbé, *Français et russes en Crimée*, p. 321; N. Berg, *Zapiski ob osade Sevastopolia*, 2 vols. (Moscow, 1858), vol. 2, p. 1.

(23) Vrochenskii, *Sevastopol'skii razgrom*, p. 201.

(24) H. Small, *The Crimean War: Queen Victoria's War with the Russian Tsars* (Stroud, 2007), pp. 169–70; Ershov, *Sevastopol'skie vospominaniia*, pp. 157, 242–3; Cullet, *Un régiment*, p. 220.

(25) *Za mnogo let: Zapiski (vospominaniia) neizvestnogo 1844–1874 gg.* (St Petersburg, 1897), pp. 90–91; Giubbenet, *Ocherk*, p. 148.

(26) RGVIA, f. 846, op. 16, d. 5758, l. 57; Vrochenskii, *Sevastopol'skie razgrom*, pp. 213–20; Tarle, *Krymskaia voina*, vol. 2, pp. 360–61. 捕虜となった連合軍兵士を対象とするロシア軍の諜報活動については、次の公文書館に資料が残されている。RGVIA, f. 846, op. 16, d. 5687, l. 7.

(27) A. Niel, *Siège de Sébastopol: Journal des opérations du génie* (Paris, 1858), pp. 492–502; E. Perret, *Les Français en orient: Récits de Crimée 1854–1856* (Paris, 1889), pp. 377–9; Herbé, *Français et russes en Crimée*, pp. 328–9; V. Liaskoronskii, *Vospominaniia Prokofiia Antonovicha Podpalova* (Kiev, 1904), pp. 19–20; *Tolstoy's Letters*, ed. and trans. by R. F. Christian, 2 vols. (London, 1978), vol. 1, p. 52.

(28) RGVIA, f. 846, op. 16, d. 5758, ll. 58–60; A. Viazmitinov, 'Sevastopol' ot 21 marta po 28 avgusta 1855 goda', *Russkaia starina*, 34 (1882), pp. 55–6; Ershov, *Sevastopol'skie vospominaniia*, pp. 277–9.

(29) J. Spilsbury, *The Thin Red Line: An Eyewitness History of the Crimean War* (London, 2005), p. 303.

(30) Spilsbury, *Thin Red Line*, p. 304; C. Campbell, *Letters from Camp to His Relatives during the Siege of Sebastopol* (London, 1894), pp. 316–17; Clifford, *Letters and Sketches*, pp. 257–8.

(31) RGVIA, f. 846, op. 16, d. 5758, l. 65.

(32) M. Bogdanovich, *Vostochnaia voina 1853–1856*, 4 vols. (St Petersburg, 1876), vol. 4, p. 127.

(33) RGVIA, f. 846, op. 16, d. 5758, l. 68; T. Tolycheva, *Rasskazy starushki ob osade Sevastopolia* (Moscow, 1881), pp. 87–90.

(34) *Tolstoy's Letters*, vol. 1, p. 52.

(35) *Sobranie pisem sester Krestovozdvizhenskoi obshchiny popecheniia o ranenykh* (St Petersburg, 1855), pp. 74, 81–2.

(36) Giubbenet, *Ocherk*, pp. 19, 152–3; *The Times*, 27 Sept. 1855.

(37) Boniface, *Campagnes de Crimée*, pp. 295–6; Buzzard, *With the Turkish Army*, p. 193.

(38) E. Vanson, *Crimée, Italie, Mexique: Lettres de campagnes 1854–1867* (Paris, 1905), pp. 154, 161; NAM 2005–07–719 (Golaphy letter, 22 Sept. 1855).

(39) WO 28/126; NAM 6807–379/4 (Panmure to Codrington, 9 Nov. 1855).

(40) S. Tatishchev, *Imperator Aleksandr II: Ego zhizn' i tsarstvovanie*, 2 vols. (St Petersburg, 1903), vol. 1, pp. 161–3.

(41) RGVIA, f. 481, op. 1, d. 36, ll. 1–27; A. Tiutcheva, *Pri dvore dvukh imperatov: Vospominaniia, dnevnik, 1853–1882* (Moscow, 1928–9), p. 65; W. Mosse, 'How Russia Made Peace September 1855 to April 1856', *Cambridge Historical Journal*, 11/3 (1955), p. 301; W. Baumgart, *The Peace of Paris 1856: Studies in War, Diplomacy and Peacemaking* (Oxford, 1981), p. 7.

(42) Tarle, *Krymskaia voina*, vol. 2, pp. 520–24; H. Sandwith, *A Narrative of the Siege of Kars* (London, 1856), pp. 104 ff.; *Papers Relative to Military Affairs in Asiatic Turkey and*

the Defence and Capitulation of Kars: Presented to Both Houses of Parliament by Command of Her Majesty (London, 1856), p. 251; C. Badem, 'The Ottomans and the Crimean War (1853–1856)', Ph.D. diss. (Sabanci University, 2007), pp. 197–223.
(43) Mosse, 'How Russia Made Peace', pp. 302–3.
(44) Baumgart, *The Peace of Paris 1856*, pp. 5–7.
(45) BLMD, Add. MS 48579, Palmerston to Clarendon, 25 Sept. 1855.
(46) Argyll, Duke of, *Autobiography and Memoirs*, 2 vols. (London, 1906), vol. 1, p. 492; *The Greville Memoirs 1814–1860*, ed. L. Strachey and R. Fulford, 8 vols. (London, 1938), vol. 7, p. 173.
(47) BLMD, Add. MS 48579, Palmerston to Clarendon, 9 Oct. 1855.
(48) C. Thoumas, *Mes souvenirs de Crimée 1854–1856* (Paris, 1892), pp. 256–60; *Lettres d'un soldat à sa mère de 1849 à 1870: Afrique, Crimée, Italie, Mexique* (Montbéliard, 1910), pp. 106–8; Loizillon, *La Campagne de Crimée*, pp. xvii–xviii.
(49) A. Gouttman, *La Guerre de Crimée 1853–1856* (Paris, 1995), p. 460; L. Case, *French Opinion on War and Diplomacy during the Second Empire* (Philadelphia, 1954), pp. 39–40; R. Marlin, *L'Opinion franccomtoise devant la guerre de Crimée*, Annales Littéraires de l'Université de Besançon, vol. 17 (Paris, 1957), p. 48.
(50) W. Echard, *Napoleon III and the Concert of Europe* (Baton Rouge, La., 1983), pp. 50–51.
(51) Gouttman, *La Guerre de Crimée*, p. 451; A. J. P. Taylor, *The Struggle for Mastery in Europe 1848–1918* (Oxford, 1955), p. 78.
(52) Mosse, 'How Russia Made Peace', p. 303.
(53) BLMD, Add. MS 48579, Palmerston to Clarendon, 1 Dec. 1855; Baumgart, *The Peace of Paris*, p. 33.
(54) Mosse, 'How Russia Made Peace', p. 304.
(55) 同上, pp. 305–6.
(56) 同上, pp. 306–13.
(57) Boniface, *Campagnes de Crimée*, p. 336.
(58) D. Noël, *La Vie de bivouac: Lettres intimes* (Paris, 1860), p. 254.
(59) Liaskoronskii, *Vospominaniia*, pp. 23–4.

第12章◆パリ和平会議と戦後の新秩序

(1) E. Gourdon, *Histoire du Congrès de Paris* (Paris, 1857), pp. 479–82.
(2) W. Baumgart, *The Peace of Paris 1856: Studies in War, Diplomacy and Peacemaking*

(Oxford, 1981), p. 104.

(3) P. Schroeder, *Austria, Great Britain and the Crimean War: The Destruction of the European Concert* (Ithaca, NY, 1972), p. 347; BLMD, Add. MS 48579, Palmerston to Clarendon, 25 Feb. 1856.

(4) Schroeder, *Austria, Great Britain and the Crimean War*, p. 348; W. Echard, *Napoleon III and the Concert of Europe* (Baton Rouge, La., 1983), p. 59.

(5) FO 78/1170, Stratford Canning to Clarendon, 9 Jan. 1856; Baumgart, *The Peace of Paris 1856*, pp. 128–30.

(6) 同上, pp. 140–41; BLMD, Add. MS 48579, Palmerston to Clarendon, 4 Mar. 1856; M. Kukiel, *Czartoryski and European Unity 1770–1861* (Princeton, 1955), p. 302.

(7) Gourdon, *Histoire*, pp. 523–5.

(8) RGVIA, f. 846, op. 16, d. 5917, ll. 1–2; J. Herbé, *Français et russes en Crimée: Lettres d'un officier français à sa famille pendant la campagne d'Orient* (Paris, 1892), p. 402; BLMD, Add. MS 48580, Palmerston to Clarendon, 24 Mar. 1856.

(9) NAM 1968–07–380–65 (Codrington letter, 15 July 1856).

(10) *The Times*, 26 July 1856.

(11) RGVIA, f. 846, op. 16, d. 5838, ll. 10–12; NAM 6807–375–16 (Vote of thanks to Codrington, undated).

(12) M. Kozelsky, 'Casualties of Conflict: Crimean Tatars during the Crimean War', *Slavic Review*, 67/4 (2008), pp. 866–91.

(13) M. Kozelsky, *Christianizing Crimea: Shaping Sacred Space in the Russian Empire and Beyond* (De Kalb, Ill., 2010), p. 153. ロシア帝国領から脱出した移民の数ついては次の著作が詳しい。A. Fisher, 'Emigration of Muslims from the Russian Empire in the Years after the Crimean War', *Jahrbücher für Geschichte Osteuropas*, 35/3 (1987), pp. 356–71. 次の著作は最新の推定として「少なくとも 30 万人」が流出したとしている。J. McCarthy, *Death and Exile: The Ethnic Cleansing of Ottoman Muslims 1821–1922* (Princeton, 1995), p. 17.

(14) Kozelsky, *Christianizing Crimea*, p. 151.

(15) 同上, p. 155; A. Fisher, *Between Russians, Ottomans and Turks: Crimea and Crimean Tatars* (Istanbul, 1998), p. 127.

(16) BLMD, Add. MS 48580, Palmerston to Clarendon, 24 Mar. 1856.

(17) FO 195/562, 'Report on the Political and Military State of the Turkish Frontier in Asia', 16 Nov. 1857; FO 97/424, Dickson to Russell, 17 Mar. 1864; *Papers Respecting Settlement of Circassian Emigrants in Turkey, 1863–64* (London, 1864).

(18) McCarthy, *Death and Exile*, pp. 35–6.

(19) FO 78/1172, Stratford to Clarendon, 31 Jan. 1856; *Journal de Constantinople*, 4 Feb. 1856; Lady E. Hornby, *Constantinople during the Crimean War* (London, 1863), pp. 205–8; C. Badem, 'The Ottomans and the Crimean War (1853–1856)', Ph.D. diss. (Sabanci University, 2007), p. 290; D. Blaisdell, *European Financial Control in the Ottoman Empire* (New York, 1929), p. 74.
(20) Badem, 'The Ottomans', pp. 291–2.
(21) 同上, pp. 281–3; R. Davison, 'Turkish Attitudes Concerning Christian– Muslim Equality in the 19th Century', *American Historical Review*, 59 (1953–4), pp. 862–3.
(22) 同上, p. 861.
(23) FO 195/524, Finn to Clarendon, 10, 11, 14 and 29 Apr., 2 May, 6 June 1856; 13 Feb. 1857; E. Finn (ed.), *Stirring Times, or, Records from Jerusalem Consular Chronicles of 1853 to 1856*, 2 vols. (London 1878), vol. 2, pp. 424–40.
(24) *Correspondence Respecting the Rights and Privileges of the Latin and Greek Churches in Turkey*, 2 vols. (London, 1854–6), vol. 2, p. 119; FO 78/1171, Stratford to Porte, 23 Dec. 1856.
(25) FO 195/524, Finn to Stratford, 22 July 1857; Finn, *Stirring Times*, vol. 2, pp. 448–9.
(26) 次の著作を参照した。H. Wood, 'The Treaty of Paris and Turkey's Status in International Law', *American Journal of International Law*, 37/2 (Apr. 1943), pp. 262–74.
(27) W. Mosse, *The Rise and Fall of the Crimean System, 1855–1871: The Story of the Peace Settlement* (London, 1963), p. 40.
(28) BLMD, Add. MS 48580, Palmerston to Clarendon, 7 Aug. 1856; Mosse, *The Rise and Fall*, pp. 55 ff.
(29) 同上, p. 93.
(30) G. Thurston, 'The Italian War of 1859 and the Reorientation of Russian Foreign Policy', *Historical Journal*, 20/1 (Mar. 1977), pp. 125–6.
(31) C. Cavour, *Il carteggio Cavour-Nigra dal 1858 al 1861: A cura della R. Commissione Editrice*, 4 vols. (Bologna, 1926), vol. 1, p. 116.
(32) Mosse, *The Rise and Fall*, p. 121.
(33) K. Cook, 'Russia, Austria and the Question of Italy, 1859–1862', *International History Review*, 2/4 (Oct. 1980), pp. 542–65; FO 65/574, Napier to Russell, 13 Mar. 1861.
(34) A. J. P. Taylor, *The Struggle for Mastery in Europe 1848–1918* (Oxford, 1955), p. 85.
(35) A. Tiutcheva, *Pri dvore dvukh imperatov: Vospominaniia, dnevnik, 1853–1882*

(Moscow, 1928–9), p. 67; A. Kelly, *Toward Another Shore: Russian Thinkers between Necessity and Chance* (New Haven, 1998), p. 41.
(36) *Tolstoy's Diaries*, vol. 1: *1847–1894*, ed. and trans. R. F. Christian (London, 1985), pp. 96–7.
(37) M. Vygon, *Krymskie stranitsy zhizni i tvorchestva L. N. Tolstogo* (Simferopol, 1978), pp. 29–30, 45–6; H. Troyat, *Tolstoy* (London, 1970), p. 168.
(38) Kelly, *Toward Another Shore*, p. 41; Vygon, *Krymskie stranitsy*, p. 37.
(39) IRL, f. 57, op. 1, n. 7, l. 16; RGIA, f. 914, op. 1, d. 68, ll. 1–2.
(40) F. Dostoevskii, *Polnoe sobranie sochinenii*, 30 vols. (Leningrad, 1972–88), vol. 18, p. 57.
(41) N. Danilov, *Istoricheskii ocherk razvitiia voennogo upravleniia v Rossii* (St Petersburg, 1902), *prilozhenie* 5; *Za mnogo let: Zapiski (vospominaniia) neizvestnogo 1844–1874 gg.* (St Petersburg, 1897), pp. 136–7.
(42) E. Brooks, 'Reform in the Russian Army, 1856–1861', *Slavic Review*, 43/1 (Spring 1984), pp. 66–78.
(43) 次の著作に引用されている。J. Frank, *Dostoevsky: The Years of Ordeal, 1850–1859* (London, 1983), p. 182.
(44) E. Steinberg, 'Angliiskaia versiia o "russkoi ugroze" v XIX–XX vv', in *Problemy metodologii i istochnikovedeniia istorii vneshnei politiki Rossii, sbornik statei* (Moscow, 1986), pp. 67–9; R. Shukla, *Britain, India and the Turkish Empire, 1853–1882* (New Delhi, 1973), pp. 19–20; *The Politics of Autocracy: Letters of Alexander II to Prince A. I. Bariatinskii*, ed. A. Rieber (The Hague, 1966), pp. 74–81.
(45) M. Petrovich, *The Emergence of Russian Panslavism, 1856–1870* (New York, 1956), pp. 117–18.
(46) D. MacKenzie, 'Russia's Balkan Policies under Alexander II, 1855–1881', in H. Ragsdale (ed.), *Imperial Russian Foreign Policy* (Cambridge, 1993), pp. 223–6.
(47) 同上, pp. 227–8.
(48) Lord P. Kinross, *Ottoman Centuries: The Rise and Fall of the Turkish Empire* (London, 1977), p. 509.
(49) A. Saab, *Reluctant Icon: Gladstone, Bulgaria, and the Working Classes, 1856–1878* (Cambridge, Mass., 1991), pp. 65–7.
(50) 同上, p. 231.
(51) F. Dostoevsky, *A Writer's Diary*, trans. K. Lantz, 2 vols. (London, 1995), vol. 2, pp. 899–900.
(52) Taylor, *The Struggle for Mastery in Europe*, p. 253; *The Times*, 17 July 1878.

(53) Finn, *Stirring Times*, vol. 2, p. 452.
(54) FO 195/524, Finn to Canning, 29 Apr. 1856.

エピローグ　クリミア戦争の伝説と記憶

(1) RA VIC/MAIN/QVJ/1856, 11 and 13 Mar.
(2) T. Margrave, 'Numbers & Losses in the Crimea: An Introduction. Part Three: Other Nations', *War Correspondent*, 21/3 (2003), pp. 18–22.
(3) R. Burns, *John Bell: The Sculptor's Life and Works* (Kirstead, 1999), pp. 54–5.
(4) T. Pakenham, *The Boer War* (London, 1979), p. 201.
(5) N. Hawthorne, *The English Notebooks, 1853–1856* (Columbus, Oh., 1997), p. 149.
(6) 'Florence Nightingale', *Punch*, 29 (1855), p. 225.
(7) S. Markovits, *The Crimean War in the British Imagination* (Cambridge, 2009), p. 68; J. Bratton, 'Theatre of War: The Crimea on the London Stage 1854–55', in D. Brady, L. James and B. Sharatt (eds.), *Performance and Politics in Popular Drama: Aspects of Popular Entertainment in Theatre, Film and Television 1800–1976* (Cambridge, 1980), p. 134.
(8) M. Bostridge, *Florence Nightingale: The Woman and Her Legend* (London, 2008), pp. 523–4, 528; M. Poovey, 'A Housewifely Woman: The Social Construction of Florence Nightingale', in id., *Uneven Developments: The Ideological Work of Gender in Victorian Fiction* (London, 1989), pp. 164–98.
(9) W. Knollys, *The Victoria Cross in the Crimea* (London, 1877), p. 3.
(10) S. Beeton, *Our Soldiers and the Victoria Cross: A General Account of the Regiments and Men of the British Army: And Stories of the Brave Deeds which Won the Prize 'For Valour'* (London, n.d.), p. vi.
(11) Markovits, *The Crimean War*, p. 70.
(12) T. Hughes, *Tom Brown's Schooldays* (London, n.d.), pp. 278–80.
(13) T. Hughes, *Tom Brown at Oxford* (London, 1868), p. 169.
(14) O. Anderson, 'The Growth of Christian Militarism in Mid-Victorian Britain', *English Historical Review*, 86/338 (1971), pp. 46–72; K. Hendrickson, *Making Saints: Religion and the Public Image of the British Army, 1809–1885* (Cranbury, NJ, 1998), pp. 9–15; M. Snape, *The Redcoat and Religion: The Forgotten History of the British Soldier from the Age of Marlborough to the Eve of the First World War* (London, 2005), pp. 90–91, 98.
(15) *Memorials of Captain Hedley Vicars, NinetySeventh Regiment* (London, 1856), pp. x, 216–17.

(16) 次の著作に引用されている。Markovits, *The Crimean War*, p. 92.

(17) M. Lalumia, *Realism and Politics in Victorian Art of the Crimean War* (Epping, 1984), pp. 80–86.

(18) 同上, pp. 125–6.

(19) 同上, pp. 136–44; P. Usherwood and J. Spencer-Smith, *Lady Butler, Battle Artist, 1846–1933* (London, 1987), pp. 29–31.

(20) Mrs H. Sandford, *The Girls' Reading Book* (London, 1875), p. 183.

(21) たとえば、次の著作が参考になる。R. Basturk, *Bilim ve Ahlak* (Istanbul, 2009).

(22) Genelkurmay Askeri Tarih ve Stratejik Etüt Başkanlığı, *Selçuklular Döneminde Anadoluya Yapılan Akınlar – 1799–1802 Osmanlı-Fransız Harbinde Akka Kalesi Savunması – 1853–1856 Osmanlı-Rus Kırım Harbi Kafkas Cephesi* (Ankara, 1981), quoted in C. Badem, 'The Ottomans and the Crimean War (1853–1856)', Ph.D. diss. (Sabanci University, 2007), pp. 20–21 (translation altered for clarity).

(23) A. Khrushchev, *Istoriia oborony Sevastopolia* (St Petersburg, 1889), pp. 159–6.

(24) L. Tolstoy, *The Sebastopol Sketches*, trans. D. McDuff (London, 1986), pp. 56–7.

(25) N. Dubrovin, *349-dnevnaia zashchita Sevastopolia* (St Petersburg, 2005), p. 15.

(26) A. Apukhtin, *Sochineniia*, 2 vols. (St Petersburg, 1895), vol. 2, p. iv. Translation by Luis Sundkvist and the author.

(27) M. Kozelsky, *Christianizing Crimea: Shaping Sacred Space in the Russian Empire and Beyond* (De Kalb, Ill., 2010), pp. 130–39; R. Wortman, *Scenarios of Power: Myth and Ceremony in Russian Monarchy*, vol. 2: *From Alexander II to the Abdication of Nicholas II* (Princeton, 2000), p. 25; O. Maiorova, 'Searching for a New Language of Self: The Symbolism of Russian National Belonging during and after the Crimean War', *Ab Imperio*, 4 (2006), p. 199.

(28) RGVIA, f. 481, op. 1, d. 27, l. 116; M. Bogdanovich (ed.), *Istoricheskii ocherk deiatel'nosti voennago upravlennia v Rossii v pervoe dvatsatipiatiletie blagopoluchnago tsarstvoivaniia Gosudaria Imperatora Aleksandra Nikolaevicha (1855–1880 gg.)*, 6 vols. (St Petersburg, 1879–81), vol. 1, p. 172.

(29) S. Plokhy, 'The City of Glory: Sevastopol in Russian Historical Mythology', *Journal of Contemporary History*, 35/3 (July 2000), p. 377.

(30) S. Davies, 'Soviet Cinema and the Early Cold War: Pudovkin's *Admiral Nakhimov* in Context', *Cold War History*, 4/1 (Oct. 2003), pp. 49–70.

(31) 次の著作に引用されている。Plokhy, 'The City of Glory', p. 382.

(32) このシンポジウムの記録はウエブサイトで読むことができる。http://www.cnsr.ru/projects.php?id=10.

主要参考文献

Aksan, V., *Ottoman Wars 1700–1870: An Empire Besieged* (London, 2007).

Akten zur Geschichte des Krimkriegs: Französische Akten zur Geschichte des Krimkriegs, 3 vols. (Munich, 1999–2003).

Akten zur Geschichte des Krimkriegs: Österreichische Akten zur Geschichte des Krimkriegs, 3 vols. (Munich, 1979–80).

Akten zur Geschichte des Krimkriegs: Preussische Akten zur Geschichte des Krimkriegs, 2 vols. (Munich, 1990–91).

Alabin, P., *Chetyre voiny: Pokhodnye zapiski v voinu 1853, 1854, 1855 i 1856 godov*, 2 vols. (Viatka, 1861).

Alberti, M., *Per la storia dell'alleanza e della campagna di Crimea, 1853–1856: Lettere e documenti* (Turin, 1910).

Anderson, M., *The Eastern Question* (London, 1966).

Anderson, O., *A Liberal State at War: English Politics and Economics during the Crimean War* (London, 1967).

—'The Growth of Christian Militarism in Mid-Victorian Britain', *English Historical Review*, 86/338 (1971), pp. 46–72.

Andriianov, A., *Inkermanskii boi i oborona Sevastopolia (nabroski uchastnika)* (St Petersburg, 1903).

[Anon.] *The Englishwoman in Russia: Impressions of the Society and Manners of the Russians at Home* (London, 1855).

Ascherson, N., *Black Sea* (London, 1995).

Baddeley, J., *The Russian Conquest of the Caucasus* (London, 1908).

Badem, C., 'The Ottomans and the Crimean War (1853–1856)', Ph.D. diss. (Sabanci University, 2007).

Bailey, F., *British Policy and the Turkish Reform Movement, 1826–1853* (London, 1942).

Bapst, E., *Les Origines de la Guerre en Crimée: La France et la Russie de 1848 à 1851* (Paris, 1912).

Baudens, J., *La Guerre de Crimée: Les campements, les abris, les ambulances, les hôpitaux, etc.* (Paris, 1858).

Baumgart, W., *The Peace of Paris 1856: Studies in War, Diplomacy and Peace making* (Oxford, 1981).

Bayley, C., *Mercenaries for the Crimean: The German, Swiss, and Italian Legions in British Service 1854–6* (Montreal, 1977).

Bazancourt, Baron de, *The Crimean Expedition, to the Capture of Sebas topol*, 2 vols. (London, 1856).

Berg, M., *Desiat' dnei v Sevastopole* (Moscow, 1855).

Bestuzhev, I., *Krymskaia voina 1853–1856* (Moscow, 1956).

Bitis, A., *Russia and the Eastern Question: Army, Government and Society, 1815–1833* (Oxford, 2006).

Bogdanovich, M., *Vostochnaia voina 1853–1856*, 4 vols. (St Petersburg, 1876).

Bolsover, G., 'Nicholas I and the Partition of Turkey', *Slavonic Review*, 27 (1948), pp. 115–45.

Bonham-Carter, V. (ed.), *Surgeon in the Crimea: The Experiences of George Lawson Recorded in Letters to His Family* (London, 1968).

Boniface, E., Count de Castellane, *Campagnes de Crimée, d'Italie, d'Afrique, de Chine et de Syrie, 1849–1862* (Paris, 1898).

Bostridge, M., *Florence Nightingale: The Woman and Her Legend* (London, 2008).

Bresler, F., *Napoleon III: A Life* (London, 1999).

Brown, D., *Palmerston and the Politics of Foreign Policy, 1846–55* (Manchester 2002).

Buzzard, T., *With the Turkish Army in the Crimea and Asia Minor* (London, 1915).

Cadot, M., *La Russie dans la vie intellectuelle française, 1839–1856* (Paris, 1967).

Calthorpe, S., *Letters from Headquarters; or the Realities of the War in the Crimea by an Officer of the Staff* (London, 1858).

Case, L., *French Opinion on War and Diplomacy during the Second Empire* (Philadelphia, 1954).

Cavour, C., *Il carteggio Cavour-Nigra dal 1858 al 1861: A cura della R. Commissione Editrice*, 4 vols. (Bologna, 1926).

Charles-Roux, F., *Alexandre II, Gortchakoff et Napoléon III* (Paris, 1913).

Cler, J., *Reminiscences of an Officer of Zouaves* (New York, 1860).

Clifford, H., *Letters and Sketches from the Crimea* (London, 1956).

Cooke, B., *The Grand Crimean Central Railway* (Knutsford, 1990).

Correspondence Respecting the Rights and Privileges of the Latin and Greek Churches in Turkey, 2 vols. (London, 1854–6).

Crimée 1854–6, Exhibition catalogue, Musée de l'Armée (Paris, 1994).

Cullet, M. O., *Un régiment de ligne pendant la guerre d'orient: Notes et sou venirs d'un officier d'infanterie 1854–1855–1856* (Lyon, 1894).

Cunningham, A., *Eastern Questions in the Nineteenth Century: Collected Essays*, 2 vols. (London, 1993).
Curtiss, J., *The Russian Army under Nicholas I, 1825–1855* (Durham, NC, 1965).
— *Russia's Crimean War* (Durham, NC, 1979).
Damas, A. de, *Souvenirs religieux et militaires de la Crimée* (Paris, 1857).
Dante, F., *I cattolici e la guerra di Crimea* (Rome, 2005).
David, S., *The Homicidal Earl: The Life of Lord Cardigan* (London, 1997).
— *The Indian Mutiny* (London, 2002).
Davison, R. H., 'Turkish Attitudes Concerning Christian–Muslim Equality in the 19th Century', *American Historical Review*, 59 (1953–4), pp. 844–64.
— *Reform in the Ottoman Empire, 1856–1876* (Princeton, 1963).
— *Essays in Ottoman and Turkish History, 1774–1923: The Impact of the West* (Austin, Tex., 1990).
Doré, G., *Histoire pittoresque, dramatique et caricaturale de la Sainte Russie* (Paris, 1854).
Dubrovin, N., *Istoriia krymskoi voiny i oborony Sevastopolia*, 3 vols. (St Petersburg, 1900).
Egerton, R., *Death or Glory: The Legacy of the Crimean War* (London, 2000).
Ershov, E., *Sevastopol'skie vospominaniia artilleriiskogo ofitsera v semi tetradakh* (St Petersburg, 1858).
Fisher, A., *The Russian Annexation of the Crimea, 1772–1783* (Cambridge, 1970).
— *The Crimean Tatars* (Stanford, Calif., 1978).
—'Emigration of Muslims from the Russian Empire in the Years after the Cri- mean War', *Jahrbücher für Geschichte Osteuropas*, 35/3 (1987), pp. 356–71.
Florescu, R., *The Struggle against Russia in the Romanian Principalities 1821–1854* (Monachii, 1962).
Gammer, M., *Muslim Resistance to the Tsar: Shamil and the Conquest of Chechnya and Dagestan* (London, 1994).
Gershel'man, S., *Nravstvennyi element pod Sevastopolem* (St Petersburg, 1897).
Giubbenet, Kh., *Ocherk meditsinskoi i gospital'noi chasti russkih voisk v Krymu v 1854–1856 gg.* (St Petersburg, 1870).
Gleason, J., *The Genesis of Russophobia in Great Britain* (Cambridge, Mass., 1950).
Goldfrank, D., *The Origins of the Crimean War* (London, 1995).
—'The Holy Sepulcher and the Origin of the Crimean War', in E. Lohr and M. Poe (eds.), *The Military and Society in Russia: 1450–1917* (Leiden, 2002), pp. 491–506.
Gondicas, D., and Issawi, C. (eds.), *Ottoman Greeks in the Age of Nationalism: Politics, Economy, and Society in the Nineteenth Century* (Princeton, 1999).

Gooch, B., *The New Bonapartist Generals in the Crimean War* (The Hague, 1959).

Gouttman, A., *La Guerre de Crimée 1853–1856* (Paris, 1995).

Guerrin, L., *Histoire de la dernière guerre de Russie (1853–1856)*, 2 vols. (Paris, 1858).

Harris, S., *British Military Intelligence in the Crimean War* (London, 2001).

Henderson, G., *Crimean War Diplomacy and Other Historical Essays* (Glasgow, 1947).

Herbé, J., *Français et russes en Crimée: Lettres d'un officier français à sa famille pendant la campagne d'Orient* (Paris, 1892).

Hibbert, C., *The Destruction of Lord Raglan: A Tragedy of the Crimean War, 1854–1855* (London, 1961).

Hodasevich, R., *A Voice from within the Walls of Sebastopol: A Narrative of the Campaign in the Crimea and the Events of the Siege* (London, 1856).

Hopwood, D., *The Russian Presence in Palestine and Syria, 1843–1914: Church and Politics in the Near East* (Oxford, 1969).

Ingle, H., *Nesselrode and the Russian Rapprochement with Britain, 1836–1844* (Berkeley, 1976).

Jaeger, P., *Le mura di Sebastopoli: Gli italiani in Crimea 1855–56* (Milan, 1991).

Jewsbury, G., *The Russian Annexation of Bessarabia: 1774–1828. A Study of Imperial Expansion* (New York, 1976).

Jouve, E., *Guerre d'Orient: Voyage à la suite des armées alliées en Turquie, en Valachie et en Crimée* (Paris, 1855).

Kagan, F., *The Military Reforms of Nicholas I: The Origins of the Modern Russian Army* (London, 1999).

Keller, U., *The Ultimate Spectacle: A Visual History of the Crimean War* (London, 2001).

Khrushchev, A., *Istoriia oborony Sevastopolia* (St Petersburg, 1889).

King, C., *The Black Sea: A History* (Oxford, 2004).

— *The Ghost of Freedom: A History of the Caucasus* (Oxford, 2008).

Kinglake, A., *The Invasion of the Crimea: Its Origin and an Account of Its Progress down to the Death of Lord Raglan*, 8 vols. (London, 1863).

Kovalevskii, E., *Voina s Turtsiei i razryv s zapadnymi derzhavami v 1853–1854* (St Petersburg, 1871).

Kozelsky, M., *Christianizing Crimea: Shaping Sacred Space in the Russian Empire and Beyond* (De Kalb, Ill., 2010).

Krupskaia, A., *Vospominaniia krymskoi voiny sestry krestovozdvizhenskoi obshchiny* (St Petersburg, 1861).

Kukiel, M., *Czartoryski and European Unity 1770–1861* (Princeton, 1955).

Lalumia, M., *Realism and Politics in Victorian Art of the Crimean War* (Epping, 1984).

Lambert, A., *Battleships in Transition: The Creation of the Steam Battlefleet, 1815–1860* (Annapolis, Md., 1984).

— *The Crimean War: British Grand Strategy, 1853–56* (Manchester, 1990).

— and Badsey, S. (eds.), *The War Correspondents: The Crimean War* (Stroud, 1994).

Lane-Poole, S., *The Life of the Right Honourable Stratford Canning*, 2 vols. (London, 1888).

The Letters of Queen Victoria: A Selection from Her Majesty's Correspondence between the Years 1837 and 1861, 3 vols. (London, 1907–8).

Lettres du maréchal Bosquet à sa mère 1829–58, 4 vols. (Pau, 1877–9).

Lettres du maréchal Bosquet à ses amis, 1837–1860, 2 vols. (Pau, 1879).

Lettres d'un soldat à sa mère de 1849 à 1870: Afrique, Crimée, Italie, Mexique (Montbéliard, 1910).

Levin, M., 'Krymskaia voina i russkoe obshchestvo', in id., *Ocherki po istorii russkoi obshchestvennoi mysli, vtoraia polovina XIX veka* (Leningrad, 1974), pp. 293–304.

Loizillon, H., *La Campagne de Crimée: Lettres écrites de Crimée par le capitaine d'étatmajor Henri Loizillon à sa famille* (Paris, 1895).

Luguez, F., *CriméeItalie 1854–1859: Extraits de la correspondence d'un officier avec sa famille* (Nancy, 1895).

McCarthy, J., *Death and Exile: The Ethnic Cleansing of Ottoman Muslims 1821–1922* (Princeton, 1995).

MacKenzie, D., 'Russia's Balkan Policies under Alexander II, 1855–1881', in H. Ragsdale (ed.), *Imperial Russian Foreign Policy* (Cambridge, 1993), pp. 219–46.

McNally, R., 'The Origins of Russophobia in France: 1812–1830', *American Slavic and East European Review*, 17/2 (Apr. 1958), pp. 179–83.

Markevich, A., *Tavricheskaia guberniia vo vremia krymskoi voiny: Po arkhivnym materialam* (Simferopol, 1905).

Markovits, S., *The Crimean War in the British Imagination* (Cambridge, 2009).

Marlin, R., *L'Opinion franccomtoise devant la guerre de Crimée*, Annales Littéraires de l'Université de Besançon, vol. 17 (Paris, 1957).

Martin, K., *The Triumph of Lord Palmerston: A Study of Public Opinion in England before the Crimean War* (London, 1963).

Marx, K., *The Eastern Question: A Reprint of Letters Written 1853–1856 Dealing with the Events of the Crimean War* (London, 1969).

Masquelez, M., *Journal d'un officier de zouaves* (Paris, 1858).

Massie, A., *A Most Desperate Undertaking: The British Army in the Crimea, 1854–56*

(London, 2003).
— *The National Army Museum Book of the Crimean War: The Untold Stories* (London, 2004).
Mémoires du comte Horace de VielCastel sur le règne de Napoléon III, 1851–1864, 2 vols. (Paris, 1979).
Mémoires du duc De Persigny (Paris, 1896).
Mismer, C., *Souvenirs d'un dragon de l'armée de Crimée* (Paris, 1887).
Molènes, P. de, *Les Commentaires d'un soldat* (Paris, 1860).
Moon, D., 'Russian Peasant Volunteers at the Beginning of the Crimean War', *Slavic Review*, 51/4 (Winter 1992), pp. 691–704.
Mosse, W., *The Rise and Fall of the Crimean System, 1855–1871: The Story of the Peace Settlement* (London, 1963).
Mrs Duberly's War: Journal and Letters from the Crimea, ed. C. Kelly (Oxford, 2007).
Niel, A., *Siège de Sébastopol: Journal des opérations du génie* (Paris, 1858).
Nilojkovic-Djuric, J., *Panslavism and National Identity in Russia and in the Balkans, 1830–1880* (Boulder, Colo., 1994).
Noël, D., *La Vie de bivouac: Lettres intimes* (Paris, 1860).
Noir, L., *Souvenirs d'un simple zouave: Campagnes de Crimée et d'Italie* (Paris, 1869).
Osmanli Belgelerinde Kirim Savasi (1853–1856) (Ankara, 2006).
Pavlowitch, S., *AngloRussian Rivalry in Serbia, 1837–39* (Paris, 1961).
Perret, E., *Les Français en orient: Récits de Crimée 1854–1856* (Paris, 1889).
Petrovich, M., *The Emergence of Russian Panslavism, 1856–1870* (New York, 1956).
Picq, A. du, *Battle Studies* (Charleston, SC, 2006).
Pirogov, N., *Sevastopol'skie pis'ma i vospominaniia* (Moscow, 1950).
Plokhy, S., 'The City of Glory: Sevastopol in Russian Historical Mythology', *Journal of Contemporary History*, 35/3 (July 2000), pp. 369–83.
Ponting, C., *The Crimean War: The Truth behind the Myth* (London, 2004).
Prousis, T., *Russian Society and the Greek Revolution* (De Kalb, Ill., 1994).
Rachinskii, A., *Pokhodnye pis'ma opolchentsa iz iuzhnoi Bessarabii 1855–1856* (Moscow, 1858).
Ragsdale, H. (ed.), *Imperial Russian Foreign Policy* (Cambridge, 1993).
Rakov, V., *Moi vospominaniia o Evpatorii v epokhu krymskoi voiny 1853–1856 gg.* (Evpatoriia, 1904).
Rappaport, H., *No Place for Ladies: The Untold Story of Women in the Crimean War* (London, 2007).

Rebrov, Ia., *Pis'ma sevastopol'tsa* (Novocherkassk, 1876).
Reid, D., *SoldierSurgeon: The Crimean War Letters of Dr Douglas A. Reid, 1855–1856* (Knoxville, Tenn., 1968).
Reid, J., *Crisis of the Ottoman Empire: Prelude to Collapse 1839–1878* (Stuttgart, 2000).
Riasanovsky, N., *Nicholas I and Official Nationality in Russia 1825–1855* (Berkeley, 1959).
Rich, N., *Why the Crimean War?* (New York, 1985).
Royle, T., *Crimea: The Great Crimean War 1854–1856* (London, 1999).
Russell, W., *The British Expedition to the Crimea* (London, 1858).
Saab, A., *The Origins of the Crimean Alliance* (Charlottesville, Va., 1977).
— *Reluctant Icon: Gladstone, Bulgaria, and the Working Classes, 1856–1878* (Cambridge, Mass., 1991).
Sandwith, H., *A Narrative of the Siege of Kars* (London, 1856).
Schiemann, T., *Geschichte Russlands unter Kaiser Nikolaus I*, 4 vols. (Berlin, 1904–19).
Schroeder, P., *Austria, Great Britain and the Crimean War: The Destruction of the European Concert* (Ithaca, NY, 1972).
Seacole, M., *Wonderful Adventures of Mrs Seacole in Many Lands* (London, 2005).
Seaton, A., *The Crimean War: A Russian Chronicle* (London, 1977).
Shepherd, J., *The Crimean Doctors: A History of the British Medical Services in the Crimean War*, 2 vols. (Liverpool, 1991).
Slade, A., *Turkey and the Crimean War: A Narrative of Historical Events* (London, 1867).
Small, H., *Florence Nightingale, Avenging Angel* (London, 1998).
— *The Crimean War: Queen Victoria's War with the Russian Tsars* (Stroud, 2007).
Southgate, D., *The Most English Minister: The Policies and Politics of Palmerston* (New York, 1966).
Soyer, A., *Soyer's Culinary Campaign* (London, 1857).
Spilsbury, J., *The Thin Red Line: An Eyewitness History of the Crimean War* (London, 2005).
Stockmar, E., *Denkwürdigkeiten aus den Papieren des Freiherrn Christian Friedrich V. Stockmar* (Brunswick, 1872).
Stolypin, D., *Iz lichnyh vospominanii o krymskoi voine i o zemledel'cheskikh poriadkakh* (Moscow, 1874).
Strachan, H., *From Waterloo to Balaclava: Tactics, Technology and the British Army* (London, 1985).
Sweetman, J., *War and Administration: The Significance of the Crimean War for the British Army* (London, 1984).
Tarle, E., *Krymskaia voina*, 2 vols. (Moscow, 1944).

Taylor, A. J. P., *The Struggle for Mastery in Europe 1848–1918* (Oxford, 1955).

Thoumas, M., *Mes souvenirs de Crimée 1854–1856* (Paris, 1892).

Thouvenal, L., *Nicolas Ier et Napoléon III: Les préliminaires de la guerre de Crimée 1852–1854* (Paris, 1891).

Thurston, G., 'The Italian War of 1859 and the Reorientation of Russian Foreign Policy', *Historical Journal*, 20/1 (Mar. 1977), pp. 121–44.

Tiutcheva, A., *Pri dvore dvukh imperatov: Vospominaniia, dnevnik, 1853–1882* (Moscow, 1928–9).

Tolstoy, L., *The Sebastopol Sketches*, trans. D. McDuff (London, 1986).

Tolstoy's Diaries, ed. and trans. R. F. Christian, 2 vols. (London, 1985).

Tolstoy's Letters, ed. and trans. R. F. Christian, 2 vols. (London, 1978).

Totleben, E., *Opisanie oborony g. Sevastopolia*, 3 vols. (St Petersburg, 1863–78).

Ubicini, A., *Letters on Turkey*, trans. Lady Easthope, 2 vols. (London, 1856).

Urquhart, D., *England and Russia* (London, 1835).

Vanson, E., *Crimée, Italie, Mexique: Lettres de campagnes 1854–1867* (Paris, 1905).

A Visit to Sebastopol a Week after Its Fall: By an Officer of the Anglo-Turkish Contingent (London, 1856).

Vrochenskii, M., *Sevastopol'skii razgrom: Vospominaniia uchastnika slavnoi oborony Sevastopolia* (Kiev, 1893).

Vyskochkov, L., *Imperator Nikolai I: Chelovek i gosudar'* (St Petersburg, 2001).

Warner, P., *The Crimean War: A Reappraisal* (Ware, 2001).

Wirtschafter, E., *From Serf to Russian Soldier* (Princeton, 1990).

Zaionchkovskii, A., *Vostochnaia voina 1853–1856*, 3 vols. (St Petersburg, 2002).

Za mnogo let: Zapiski (vospominaniia) neizvestnogo 1844–1874 gg. (St Petersburg, 1897).

図版出所一覧

口絵（上巻）

1. エルサレム聖墳墓教会前の復活祭の雑踏（1900 年頃）
G. Erick and Edith Matson Photograph Collection, Library of Congress Prints and Photographs Division, Washington, D.C.
2. エルサレムのロシア人向け巡礼宿に到着した巡礼たち（1899 年頃、B. W. Kilburn 撮影）
Library of Congress Prints and Photographs Division, Washington, D.C.
3. ボスポラス海峡に臨む波打際に展示された大砲の列。背景はイスタンブールのヌスレティエ・モスク（1855 年、James Robertson 撮影）
National Army Museum, London. Photo: The Bridgeman Art Library.
4. ニコライ一世の肖像（1852 年、Franz Kruger 画）
Hermitage, St Petersburg. Photo: The Bridgeman Art Library.
5. 「銅像を砲撃するロシア軍」（1854 年、Gustav Doré 画）
The Rare and Extraordinary History of Holy Russia (Histoire pittoresque et caricaturale de la Sainte Russie).
6. 「試合開始！ ダウニング街の寵児パム〔パーマストン〕対ロシアの蜘蛛男〔ニコライ一世〕のボクシング・マッチ」
Punch, February 1855.
7. 「ロシアの聖ニコラス」〔ニコライ一世〕（John Tenniel 画）
Punch, 18 March 1854.
8. ドナウ戦線のトルコ兵（1854 年、Carol Szathmari 撮影）
The Royal Collection © 2010, Her Majesty Queen Elizabeth II.
9. スクタリに進駐した英国近衛歩兵旅団コールドストリーム連隊の兵士たち（1854 年、James Robertson 撮影）
Courtesy Keith Smith.
10. バラクラヴァの平原で野営する英国騎兵連隊（1855 年、Roger Fenton 撮影）
Library of Congress Prints and Photographs Division, Washington, D.C.
11. バラクラヴァのコサック湾（1855 年、Roger Fenton 撮影）
Library of Congress Prints and Photographs Division, Washington, D.C.
12. カムイシュ湾に上陸し、野営するフランス軍（1855 年、James Robertson 撮影）

Courtesy King's Own Royal Regiment Museum, Lancaster (Acc. No. KO0438/10).

13. クリミアに上陸したフランス兵（立っている）とズアーヴ兵（1855 年、Roger Fenton 撮影）
Library of Congress Prints and Photographs Division, Washington, D.C.

14. バラクラヴァの道路補修工事に使役されるタタール人（1855 年、Roger Fenton 撮影）
Library of Congress Prints and Photographs Division, Washington, D.C.

15. 「ジャック〔英国軍〕はバラクラヴァでどのようにトルコ軍を役立てているか」（1855 年、John Leech 画）
Punch, 1855.

口絵（下巻）

16. マメロン稜堡からマラホフ要塞を望む（1855 年、James Robertson 撮影）
Courtesy Manuscripts and Special Collections, The University of Nottingham (Ref. Ne C 10884/2/19).

17. セヴァストポリ城外マラホフ要塞の内部（1855 年、James Robertson 撮影）
Courtesy Manuscripts and Special Collections, The University of Nottingham (Ref. Ne C 10884/2/16).

18. 『1855 年 9 月のセヴァストポリ』（Léon-Eugène Méhédin 撮影）
Photo: © Musée de l'Armée, Paris / Dist. RMN / Christian Moutarde

19. マラホフ要塞からセヴァストポリを望む（1855 年、James Robertson 撮影）
Courtesy Manuscripts and Special Collections, The University of Nottingham (Ref. Ne C 10884/2/7).

20. レダン要塞からセヴァストポリを望む（1855 年、James Robertson 撮影）
Courtesy Manuscripts and Special Collections, The University of Nottingham (Ref. Ne C 10884/2/7).

21. 近衛歩兵連隊兵士を称えるクリミア戦勝記念碑（John Bell 作、1885 年撮影）
London Transport Museum, London.

22. 近衛歩兵連隊兵士を称えるクリミア戦勝記念碑。近くにフローレンス・ナイチンゲール像とシドニー・ハーバート像が加えられた。（John Bell 作）
Photo: © The Courtauld Institute of Art, London.

23. 『傷病兵を初めて慰問するヴィクトリア女王』（1856 年、Jerry Barrett 画）
Purchased with help from the National Heritage Memorial Fund and The Art Fund, 1993. © National Portrait Gallery, London.

24. 『クリミア戦争、作戦後の点呼』(1874年、Elizabeth Thompson, Lady Butler 画)
The Royal Collection © 2010, Her Majesty Queen Elizabeth II.
25. 『三人のクリミア戦争傷痍兵』(1855年、Joseph Cundall and Robert Howlett 撮影)
The Royal Collection © 2010, Her Majesty Queen Elizabeth II.
26. 英国砲兵隊のクリスティー曹長とマッギフォード軍曹(1856年、Joseph Cundall and Robert Howlett 撮影)
National Army Museum, London. Photo: The Bridgeman Art Library.
27. パリのセーヌ川にかかるアルマ橋(1910年の大洪水時)
Photo: Roger-Viollet/Topfoto.
28. 1856年にアレクサンドル・ショヴローが建造した「マラコフ・タワー」(1860年、Lévis 作のリトグラフ)
Photo: © Ville de Malakoff, Archives Municipales.
29. パノラマ『セヴァストポリ防衛戦』(部分)(1905年、Franz Alekseevich Rouband 作、1950年代に入ってから修復された)
Panorama Museum, Sevastopol. Photo: Jaxpix/Alamy.
30. バラクラヴァで戦ったロシア兵の最後の生存者(1903年、モスクワ、Dr James Young 撮影)
National Army Museum, London. Photo: The Bridgeman Art Library.

本文挿絵(上巻)

p.21　エリクール村(フランス)のクリミア戦争戦没者記念碑(Byans memorial)
Photo: Georges Simon/MemorialGenWeb www.memorial-genweb.org
p.65(上)　イスタンブールにあるハギア・ソフィア(1855年、James Robertson 撮影)
Courtesy Manuscripts and Special Collections, The University of Nottingham.(Ref. Ne C 10884/2/38)
p.65(下)　イスタンブールにあるハギア・ソフィアの壁面のモザイク・パネルを白く塗りつぶし、その上にフォッサーティ兄弟が描いた八角形の星
Photo: P. Iskender, 1932 © Dumbarton Oaks, Image Collections and Fieldwork Archives, Washington, D.C.
p.170　ルイ・ナポレオン(1854年) Photo: Roger-Viollet/Topfoto
p.234　パーマストン子爵(1860年頃、Mayer & Pierson 撮影)
Photo: Hulton Archive/Getty Images
p.260　レフ・トルストイ(1854年)
Photo: RIA Novosti/Topfoto

p.274　陸軍元帥ラグラン男爵（1855年、Roger Fenton 撮影）
Library of Congress Prints and Photographs Division, Washington, D.C.
p.333　ヒュー・アンズリー少尉（1854年）
Reproduced by permission of The Deputy Keeper of the Records, Public Record Office of Northern Ireland.

本文挿絵（下巻）

p.21　「クリミアの冬、クリミアの夏」（1850年代、Henry Hope Crealock　© South Lanarkshire Council, Licensor www.scran.ac.uk
p.27　ズアーヴ兵の制服を着たフランス軍の軍隊食堂の女将（1855年、Roger Fenton 撮影）
Library of Congress Prints and Photographs Division, Washington, D.C.
p.39　ニコライ・ピロゴーフ（1880年）
Photo: Science Photo Library
p.55　『死の影の谷』（1855年、Roger Fenton 撮影）
Library of Congress Prints and Photographs Division, Washington, D.C.
p.56　『冬用の軍服を着た第68連隊の兵士たち』（1855年、Roger Fenton 撮影）
Library of Congress Prints and Photographs Division, Washington, D.C.
p.80　皇帝アレクサンドル二世（1870年頃、Levitskii 撮影）
Library of Congress Prints and Photographs Division, Washington, D.C.
p.104　ペリシエ将軍（1855年、Roger Fenton 撮影）
Library of Congress Prints and Photographs Division, Washington, D.C.
p.211　キャスカート・ヒルの英国軍人墓地（1855年、Roger Fenton 撮影）
Library of Congress Prints and Photographs Division, Washington, D.C.
p.239　フランソワ・ロシュブルン（1863年頃、Walery Rzewuski 撮影）
Photo: Biblioteka Narodowa, Warsaw
p.293　「悪と戦う正義」（*Punch*, 1854年4月8日号）
p.307　『ナヒーモフ提督の死』（1856年、Vasily Timm 画）
Photo: RIA Novosti/Topfoto